Dr. Julia F. Christensen

Der Flow-Kompass

DR. JULIA F. CHRISTENSEN

Der Flow-Kompass

Ein wissenschaftlicher Wegweiser
zu mehr Gelassenheit und Glücksmomenten

Aus dem Englischen von
Anne Flückiger und Sebastian Vogel

Ullstein extra

Wir verpflichten uns zu Nachhaltigkeit
• Papiere aus nachhaltiger Waldwirtschaft und anderen kontrollierten Quellen
• ullstein.de/nachhaltigkeit

Die englische Originalausgabe erschien erstmals 2024 unter dem Titel *Pathway to Flow. The New Science of Harnessing Creativity to Heal and Unwind the Body & Mind* bei Square Peg, einem Verlag der Penguin Random House UK.

MIX
Papier | Fördert gute Waldnutzung
FSC® C021394
www.fsc.org

Ullstein extra ist ein Verlag der Ullstein Buchverlage GmbH
www.ullstein-extra.de

ISBN 978-3-86493-255-7

Satz: Arnold & Domnick
Gesetzt aus der Scala Pro
Druck und Bindung: ScandBook, Litauen

Inhalt

Für meine Eltern

Vorbemerkung

Ein kleiner Hinweis, bevor wir loslegen: Das Gehirn und wie es mit dem Körper, unserem Verhalten und unserer Umwelt verknüpft ist, ist sehr komplex. Es ist ein System im anderen, alle sind miteinander verbunden, greifen ineinander, können sich wieder loskoppeln und auch mal gegenseitig blockieren. Über die genauen Vorgänge gibt es Tausende wissenschaftliche Arbeiten – und sehr vieles wissen wir auch einfach noch gar nicht. Auf das alles hier genauer einzugehen würde dieses Buch sprengen und wäre auch nicht sehr spannend. Deshalb gebe ich mein Bestes, mich für diese praktische Anleitung nicht zu sehr am wissenschaftlichen Jargon zu bedienen. Ich gebe kurze und bündige Informationen statt langer Abhandlungen. Das bedeutet aber natürlich, dass meine Kolleginnen und Kollegen aus der Wissenschaft die genauen Details und die Terminologie ungenau finden werden. Ich hoffe, es wird mir verziehen, aber ich will verschiedene Wege zum Flow so beleuchten, dass es für möglichst viele Leserinnen und Leser praktisch, leicht zu merken und nützlich ist.

Dieses Buch ersetzt keine medizinische oder therapeutische Behandlung, und es ist wichtig, im Kopf zu behalten, dass dieses Forschungsfeld noch in den Kinderschuhen steckt. Falls du unter großer psychischer Belastung stehst oder an medizinischen oder psychischen Problemen leidest, solltest du mit deinem Arzt, deiner Ärztin oder einem Psychotherapeuten bzw. einer Psychotherapeutin sprechen und deren Rat befolgen.

Einleitung:

Warum sich unsere Gedanken im Kreis drehen – neu erforscht

Dass du dieses Buch in den Händen hältst, ist eins dieser verrückten Beispiele dafür, wie uns das Leben manchmal in unvorhersehbare Richtungen katapultiert. Ich bin eine ehemalige Profi-Tanzschülerin aus Dänemark, die in Frankreich, Spanien und Großbritannien zur Neurowissenschaftlerin wurde. Als mir eine ernste Rückenverletzung vor Jahren jede Aussicht auf eine Tanzkarriere zunichtemachte, musste ich mein Leben komplett neu aufgleisen. Ich möchte hier aber kein Salz in die Wunde streuen, sondern lieber erzählen, wie ich mit dieser schwierigen Zeit fertigwurde.

Kurz nachdem ich meine Spitzenschuhe an den Nagel gehängt hatte, musste ich feststellen, dass ich meine Gedanken nur schwer stillhalten konnte und dieses Gefühl der Verbindung und des Ausdrucks vermisste, das mir das Tanzen gegeben hatte – immer wieder, ohne dass es mir bewusst gewesen war. Also beschloss ich, eine wissenschaftliche Karriere in Angriff zu nehmen, um herauszufinden, was wir eigentlich über unser Gehirn wissen, und um dieses Gefühl besser zu verstehen. Als kreatives Ventil begann ich, zu zeichnen und zu schreiben, und das wurde zu meinem Mittel gegen die Rastlosigkeit. In diesem Buch möchte ich erzählen, wie ich einen eigenen, neuen Weg zum Flow gefunden habe, und wie auch dein Kompass dich dahin führen kann.

Möchtest du eine ruhige, ausgeglichene Konzentration erreichen, einen Zustand, in dem du ganz und gar absorbiert und produktiv bist, mühelos und wann immer du es benötigst? Dann ist dieses Buch für dich. Es vermittelt dir einen Überblick über die wissenschaftlichen Erkenntnisse, mit denen auch du diesen Flow-Zustand erreichen kannst. Erinnerst du dich, wie du als Kind stundenlang gemalt hast, selig versunken? Das ist Flow. Oder auch, wie du dich in einem guten Buch verlieren kannst oder gedankenlos und unbeschwert bist beim Joggen, Tanzen, im Kampfkunst- oder Yogatraining, beim Musikmachen oder wenn du beim Kochen dein Lieblingsalbum hörst? Was auch immer es für dich ist, das ist deine *Me-time*. Auf diese Weise absorbiert, merkst du vielleicht nicht einmal, wie die Zeit vergeht, und vergisst möglicherweise sogar diesen einen dringenden Punkt auf deiner To-do-Liste, den du unbedingt noch vor dem Wochenende erledigen wolltest. Das ist die Macht des Flow-Zustandes – überwältigend, beruhigend und völlig befreiend!

Der verstorbene ungarische Wissenschaftler Mihaly Csikszentmihalyi, von dem dieses Konzept ursprünglich stammt[1], bezeichnet Flow als einen sehr schätzenswerten, angenehmen Zustand physischer und geistiger Erholung und Entspannung, welcher das Gehirn auf einzigartige Art und Weise aktiviert. Dieser Zustand kann sich einstellen, wenn wir lesen[2], völlig in eine Geschichte abtauchen[3,4], wenn wir Musik hören oder Musik machen[5,6], tanzen[7], fotografieren, Kunst schaffen, einen Film machen oder uns ein Hörbuch anhören. Seit Jahrhunderten, wenn nicht Jahrtausenden, berichten Künstlerinnen und Künstler über die Vorteile dieses tranceartigen Zustandes, und jetzt tauchen auch erste Forschungsresultate auf, dass regelmäßiger Flow möglicherweise mit besserer Gesundheit zusammenhängt – nicht zuletzt, weil es unserem Geist zuverlässig eine Auszeit verschafft.

Es gibt aber viele Gründe, die es schwierig machen, diese Konzentration zu erreichen. Zum Beispiel, dass wir in einer sich rasant entwickelnden modernen Welt leben, das Betriebssystem unseres Gehirns aber etwa 300.000 Jahre alt ist und über keinen USB-Anschluss verfügt, um Updates für die moderne Welt zu installieren. Wir können nur so viel wie möglich darüber lernen, wie es funktioniert und wie wir damit arbeiten können – und dafür ist dieses Buch da.

Unser Gehirn ist in einer harten prähistorischen Welt entstanden und hat sich entwickelt, um möglichst sensibel eventuelle Gefahren und Vergnügungsmöglichkeiten wahrzunehmen – dieser Radar hat uns am Leben erhalten. In der heutigen Welt sind wir aber ständig und immer irgendwelchen Reizen ausgesetzt. Unsere Umwelt wimmelt nur so von Signalen, die uns Vergnügen versprechen, und wir leben in einer großen, stark vernetzten Gesellschaft, in der uns Konflikte und Gefahren (egal, ob echt oder eingebildet) quasi im Minutentakt begegnen, sowohl im echten Leben als auch auf unseren allgegenwärtigen Bildschirmen. Egal, ob unser Gehirn uns befiehlt, uns möglichst schnell einer Futterquelle, Sex oder einer Benachrichtigung auf dem Handy zuzuwenden oder sofort zu kämpfen, zu flüchten oder zu erstarren, neurobiologische Prozesse lösen einen Zustand der erhöhten Alarmbereitschaft im Körper aus. Das wiederum aktiviert die Gedächtnissysteme in unserem Gehirn, welche Informationen über frühere Erfahrungen hervorholen. Diese Systeme haben sich entwickelt, um uns zu beschützen, indem sie uns Informationen über frühere Gefahren- oder Belohnungsquellen schnell ausspielen, aber tatsächlich holen sie heute eher schlechte Erinnerungen, Ängste, Sorgen und Ablenkungen hervor.

Wenn all diese negativen Gedanken hochkommen und wir nicht wissen, wie wir unserem Körper helfen können, wieder ins Gleichgewicht zu finden, kann unser Geist in eine Grübelspirale geraten. Die gute Nachricht: Genau dieser Mechanismus ist auch der Schlüssel, um unseren Geist zu befreien und positive Gedanken zu bilden. Wir können unseren Körper in einen Entspannungs- und Gelassenheitszustand führen, der in unserem Gehirn ruhige, freudige und positive Erinnerungen aktiviert.

Wissen über unser Sondereditions-Gehirn in unserer Werkzeugkiste stattet uns im Alltag mit einfachen Strategien aus, um uns zu entspannen, Probleme zu lösen und Verhaltensweisen zu vermeiden, die uns das Gefühl geben, unser Potenzial nicht auszuschöpfen. Und damit können wir uns unseren Weg zum Flow-Zustand bahnen.

Heute erforsche ich als Wissenschaftlerin die Zusammenhänge zwischen Kunst, Kreativität und dem Gehirn, aktuell am Max-Planck-

Institut für empirische Ästhetik in Frankfurt am Main. Und was machen wir in der Wissenschaft? Experimente. Also fangen wir doch gleich mal mit einem kleinen Experiment an:

Stell dir einen rosaroten Elefanten vor. Male ihn dir so richtig aus, sieh ihn vor deinem inneren Auge tanzen ...

Hast du ihn vor dir?

Gut.

Und jetzt versuche bitte, sechzig Sekunden lang nicht an diesen rosaroten Elefanten zu denken.

Na los, versuch es.

Hast du es geschafft? Oder nicht?

Eins will ich verraten – wenn du es nicht geschafft hast, bist du damit nicht allein. Es ist sogar quasi unmöglich. Du kannst gar nicht aufhören, daran zu denken.

Warum nicht? Weil wir niemals *nicht* denken. Tatsächlich will unser Geist ständig etwas zu denken haben. Wir können unsere Gedanken nicht loswerden, indem wir beschließen, sie nicht mehr zu denken. Das ist kein Zeichen für fehlende Willenskraft, sondern eine ganz grundlegende Ausstattung unseres Gehirns. Solange das Gehirn lebt, ist es mit Eindrücken aus unserer Umwelt beschäftigt, mit Sinneswahrnehmungen von unserem Körper und mit Gedanken in unserem Kopf. Diesen Prozess können wir nicht stoppen, und evolutionär gesehen ist er auch vollkommen notwendig.

Die Neurowissenschaft hat gezeigt, dass es in unserem Gehirn Systeme gibt, welche blitzschnell und automatisch arbeiten und die dafür sorgen, dass wir das Gehirn nicht mit unserem Bewusstsein, unserem Willen anhalten können. Der Grund dafür scheint zu sein, dass uns das schaden würde. Stell dir vor, dein Gehirn würde plötzlich aufhören, alles zu verarbeiten, oder würde sich plötzlich und ohne Vorwarnung leeren. Katastrophal. Also keine Sorge, wenn es dir noch nie gelungen ist, deine Gedanken zu leeren – so wie man den Stöpsel der Badewanne zieht, wie es im Meditationsunterricht so schön heißt. Es bedeutet schlicht, dass dein Gehirn wie vorgesehen funktioniert.

Aber was, wenn unsere Gedanken zum mahlenden Folterwerkzeug werden, uns stressen, den Schlaf und den Frieden rauben und selbst Achtsamkeit und Meditation nichts mehr helfen? Was können wir tun, wenn wir uns auf nichts mehr konzentrieren können? Wir haben ungefähr 4000 Wochen auf der Erde, sagt Oliver Burkeman in seinem gleichnamigen Bestseller. Wie wollen wir sie verbringen? Grübelnd?

Meine Verwandlung von einer Tänzerin zur Wissenschaftlerin trimmte meinen neugierigen Geist darauf, neue Lösungen für altbekannte Probleme zu finden und daraus etwas zu machen, was wir anwenden können, um in unserem Gehirn und im Leben glücklicher und produktiver zu sein. Ich bin überzeugt, dass wir genau wie beim Kintsugi (金継ぎ, »goldene Verbindung«), dem japanischen Kunsthandwerk, bei welchem aus zerbrochener Keramik etwas schönes Neues entsteht, aus unserer Rolle in unserer persönlichen Tragödie ausbrechen können, indem wir unsere Ecken und Kanten mit golddurchsetztem Lack zusammenfügen – mit kreativer Energie. Wer du auch bist, ob es ein lebensveränderndes Trauma ist, das deine Gedanken außer Kontrolle geraten lässt, oder »nur« alltägliche Sorgen, ich bin überzeugt, dass wir unseren Gedanken und Handlungen Schönheit und wertvolle kreative Energie geben und uns selbst dadurch heilen können. Zahlreiche Künstlerinnen und Künstler verarbeiten mit ihrem Schaffen traumatische Kindheitserlebnisse, Neurodiversität, psychische oder Identitätsprobleme und so weiter. Genau wie unsere Vorfahren, die sich von Natur aus der Kunst zuwandten, um mit einer harten Welt fertigzuwerden, so viel härter als diejenige, in der die meisten von uns heute leben.

Meine eigenen vergeblichen Versuche, kreisende unproduktive Gedanken im Zaum zu halten, ließen mich wissenschaftliche Erkenntnisse aus der ganzen Welt erforschen, um herauszufinden, warum Flow so schwierig zu erreichen ist, warum Achtsamkeitsmeditation nicht für alle Menschen funktioniert und vor allem, um eine Alternative zu finden für all diejenigen, deren Geist wie meiner andauernd überfüllt ist. Dabei habe ich herausgefunden, dass in der modernen Neurowissenschaft die Erklärung liegt, warum so viele von uns damit kämpfen und warum das nicht nur eine Willensfrage ist. Außerdem habe ich eine wissenschaftlich erklärbare, zuverlässige Abkürzung gefunden, mit der wir den flüchtigen Zustand der friedlichen Konzentration jederzeit erreichen können. Gönnen wir uns eine regelmäßige kreative Freizeitaktivität, sei das nun tanzen, malen, nähen, kochen, zeichnen, Gitarre spielen oder Schmuck basteln, aktiviert das Systeme in unserem Gehirn, die uns ein umfassendes Gefühl der Ruhe und Gelassenheit geben. Regelmäßig ausgeübt, kann das tiefschürfend verändern, wie wir arbeiten, denken und uns fühlen, und unsere Konzentration, Produktivität und unsere Geduld verbessern.

Aber dazu musst du wissen, wie.

Als Kompass auf deinem persönlichen Weg zum Flow und um dir die ersten Schritte auf diesem Weg zu erleichtern, werde ich dir zeigen, wie du Prompts, also konstruktive Anreger und Auslöser, für deine Nervenbahnen nutzen kannst (Kapitel 8).

Es gibt jede Menge Forschung zu diesen ständigen Gedanken, die unseren Geist besiedeln und uns die Konzentration, den Schlaf und den Frieden rauben. Leider schlummert das Wissen über diese ungebetenen Gedanken, warum wir sie haben und was wir dagegen tun können, in wissenschaftlichen Publikationen, verborgen hinter einer Mauer aus wissenschaftlichem Jargon.

Mit diesem Buch möchte ich dieses Wissen für dich übersetzen und dir eine Alternative bieten zum ständigen Grübeln und dem Frust von ewigen Gedankenspiralen, die du nicht unterbrechen kannst. Mithilfe hochaktueller neurowissenschaftlicher Forschung und einem genauen Blick auf die künstlerischen Impulse, denen sich der Mensch schon immer hingegeben hat, lernen wir, unsere herumirrenden Gedanken zu gesunden, friedlichen und nachhaltigen Gedankenmustern zu begleiten, um ruhiger und produktiver zu werden – und auf andere Menschen sympathischer zu wirken. Regelmäßige kreative Beschäftigung konditioniert den Geist, den Flow leichter zu finden, und ermöglicht es uns, uns den Weg dahin sogar dann zu bahnen, wenn wir gerade keinen Pinsel in der Hand halten. Du brauchst lediglich ein Element deines kreativen Hobbys zu sehen, zu hören, zu riechen, zu schmecken oder zu spüren, und schon fließt dein Geist, und hinterher tauchst du erfrischt und voller Energie wieder auf. Das hier ist eine leicht lesbare wissenschaftsbasierte Anleitung mit wirklich umsetzbaren Ratschlägen. Für mich hat es funktioniert, und ich hoffe, dass mindestens Teile davon auch dir helfen.

Zu verstehen gilt es den wichtigen Punkt, dass unser Körper ein System aus vielen miteinander verknüpften Organen, Gewebe und Nervenbahnen ist. Meistens bilden sich unsere Gedanken nicht bewusst, aber es gibt neurokognitive Prozesse, durch die sie mit den Abläufen im Körper verbunden sind. Wir bemerken das, wenn unser Gehirn eine Belohnung oder eine Gefahr entdeckt oder uns befiehlt, uns zu bewegen.

Uns einen zuverlässigen Weg zum Flow zu bahnen heißt nicht, dass wir in perfekter yogischer Harmonie leben und alle Hochs und Tiefs vermeiden müssen. Unser Gehirn und unser Körper werden gerne genutzt. Sie wollen Aufregung und Begeisterung empfinden und genauso auch Ruhe und Besänftigung. Dadurch bleiben sie in der Übung, genau wie unsere Muskeln, die nur durch regelmäßiges Training stark bleiben. Die beste Tätigkeit, um das alles an einem sicheren Ort erleben zu können, ist in meinen Augen ein regelmäßiges kreatives Hobby. Die Neurowissenschaft zeigt, dass eine künstlerische Beschäftigung uns am besten zum Flow führt – egal, ob wir selbst Kunst schaffen oder sie uns anschauen. Tatsächlich gibt es archäologische Hinweise, dass Menschen das, was wir heute Kunst nennen würden, bereits seit den frühesten Anfängen der Zivilisation praktiziert haben. Warum? Weil sie so viele mächtige Möglichkeiten bietet, der Welt ein Gesicht und eine Bedeutung zu geben, sich selbst auszudrücken und sich mitzuteilen. Finden wir die für uns passende Kunstform, verwandelt sie unseren grübelnden Geist und ermöglicht uns Flow. Dann können wir in Gedanken versinken – aber mit einem hilfreichen, guten Richtungsgeber.

Vielleicht denkst du jetzt, dass du keine Künstlerin, kein Künstler bist und das alles deshalb nichts für dich ist. Aber solange du ein menschliches Gehirn hast, kann eine passende künstlerische Tätigkeit auch dich zu einem friedlich ruhigen Geist führen. Regelmäßiger Flow durch eine kreative Tätigkeit scheint einen Zusammenhang mit größerer Kreativität, Produktivität und sogar Sympathie zu haben. Und je öfter wir das Hobby ausüben, umso einfacher wird es, diesen

Flow zu erreichen. Der Schlüssel dieser Herangehensweise ist eine kreative Tätigkeit, die wir gerne ausüben und bei der uns kein Perfektionismus oder Wunsch, ein Meisterwerk zu produzieren, im Weg stehen. Es sollte sich in allererster Linie um eine persönliche kreative Tätigkeit handeln, welche bei der Ausübung fast schon nebenbei gesunde Verbindungen im Gehirn aktiviert (und dadurch auch im ganzen Körper). Das bedeutet, dass das Werk, das bei unserer Tätigkeit entsteht, völlig unwichtig ist. Wenn wir am Schluss ein Objekt, ein Gemälde, einen Tanz oder einen Text produziert haben, welche einem Kunstkritiker nicht standhalten würden, egal. Es kommt auf die neurobiologischen Veränderungen in unserem Gehirn und Körper an, welche entstehen, wenn wir uns der künstlerischen Tätigkeit voll hingeben.

Also los, machen wir uns auf die Reise zum Flow.

Der Flow-Kompass besteht aus zwei Teilen, wovon einer auf die Theorie und der zweite auf die praktische Ausübung eingeht. Im ersten Teil sehen wir uns die neurowissenschaftliche Forschung zu unseren Gewohnheiten und dem ewigen Grübeln an – das wird dir helfen, die wichtigsten Prozesse zu verstehen, durch die dein Gehirn ständig in Alarmbereitschaft ist und wieso dir das manchmal im Weg steht, wenn du etwas bewusst machen willst, zum Beispiel produktiv sein oder dich entspannen.

Im zweiten Teil gehen wir auf wissenschaftsbasierte, kunstfokussierte Lösungen für das ständige Grübeln ein, von praktischen Tricks, die du bei deiner Arbeit anwenden kannst, bis zu Fallbeispielen von Menschen und Gemeinden, die künstlerische Tätigkeiten anwenden, um eine ganze Bandbreite von persönlichen oder systemischen Herausforderungen zu meistern, von Ängsten über Depressionen bis hin zu schwerem Trauma. Wir werden die Filmemacherin Susana kennenlernen, die auf ihrem Instagram-Kanal Fotografie nutzt, um ihren Flow zu finden, Jamie Oliver, der Flow beim Kochen findet und es auch als Auszeit von dem belastenden Gefühl nutzt, neurodivers zu sein in einer Welt, die es nicht ist, und Nazanin Zaghari-Ratcliffe, die völlig willkürlich in einem iranischen Gefängnis eingesperrt wurde und dort ein Freiheitskleid für ihre Tochter Gabriella strickte, das es ihr erlaubte, immer wieder in einen Kokon aus Farbe, Textur und Bewegung zu fliehen, der ihre Zeit ausfüllte und ihren Gedanken eine positive Richtung gab, bis sie endlich wieder frei war. Und wir werden noch viele andere antreffen, darunter auch eigene kleine Beispiele, wie das Zeichnen und der Tango Argentino zu meinem persönlichen Flow-Kompass wurden.

Schon bald wirst du auch dazugehören und durch deine Kunst deinen eigenen Flow finden. Ich hoffe, dass dieses Buch uns daran erinnert, was unsere Vorfahren vor all dieser Zeit bereits wussten: Einen Weg zu finden, sich selbst Ausdruck zu verleihen, ist nicht schöngeistig – es ist der Kern unserer Menschlichkeit und ein Schlüssel zur Selbstheilung.

TEIL 1

Der unruhige Geist

Die Neurowissenschaft hinter Gewohnheiten und Grübeln

Kapitel 1
Haß-Acht!-samkeit

Solange du lebst, hast du ein Gehirn. Ein ganz besonderes Gehirn, einzigartig im Tierreich. Es verfügt über ganz grundlegende Nervensysteme, die es dir ermöglichen, in der Wildnis zu überleben, aber auch solche, die Gedichte und Märchen schreiben, Ballett in Spitzenschuhen tanzen, auf einem Saxofon improvisieren und als Liebesbeweis leckere Pasta kochen können. Merkwürdiger- oder wunderbarerweise überlappen diese beiden Systeme auch. Das können wir uns zunutze machen, um unseren Flow zu finden.

Tatsächlich wissen wir aber nur sehr wenig über unsere Sonderedition eines Gehirns – wie es funktioniert, wie wir es stimulieren oder besänftigen können. Um zu lernen, wie wir zuverlässig in einen Flow-Zustand finden und mit unserem Gehirn arbeiten können, um uns besser zu fühlen, müssen wir zunächst einmal besser verstehen, wie das alles eigentlich funktioniert.

Dein Körperorchester

Denk dir deinen Körper als Orchester. Lege eine Hand auf deine Brust, und stell dir vor, dass sich genau dort ein Orchestergraben befindet. Kannst du es sehen? Deine Organe, dein Gewebe und deine Muskeln als Instrumente. Die Streicher schlagen sanft den Bogen an und bringen das Blut in deinem Körper zum Fließen. Geigen, Cellos und Gitarren spielen deine Melodie. Und es gibt auch Blechbläser wie Trompeter und einige Becken, die für ein starkes, vielschichtiges Wummern sorgen, wenn Hormone aus Milz und Leber ins Blut übergehen. Manche Instrumente gibt es in deinem Körperorchester nur ein- oder zweimal: ein Herz, eine Milz, zwei Lungenflügel. Stell sie dir als Instrumente vor, von denen auch ein Orchester nur wenige hat und die wichtige Akzente setzen: eine große Trommel, eine Harfe, zwei Ziehharmonikas. Und irgendwie rasseln zwischen den Taktschlägen immer ein paar Maracas. Cha Cha Cha ... das sind die Botenstoffe, zum Beispiel Endorphine oder Bindungshormone, die durch den Körper wandern, wenn es aufregend und dann wieder ruhiger wird.

Warum sollst du dir Organe, Gewebe und biochemische Transmitter in unserem Körper wie Instrumente in einem Orchester vorstellen?

1. Genau wie Instrumente sind unsere Organe wertvoll, teils unersetzlich, und haben die beste Pflege verdient.
2. Ich möchte dir klarmachen, dass du wesentlich mehr Vorgänge in deinem Körper dirigieren kannst, als du vielleicht denkst.

Kurzum: Du kannst mitbestimmen, welche Musik dein Körperorchester spielt – ein bisschen so, wie du aussuchen kannst, ob du dir Brahms anhörst oder zu einem Metallica-Konzert gehst. Je nach deinen persönlichen Vorlieben kann es sein, dass das eine dich zu Tode langweilt, während dich das andere vielleicht gleichzeitig beflügelt und beruhigt – dich vielleicht sogar in den Flow versetzt. In deiner Kindheit und Jugend wirst du entdeckt haben, was unterschiedliche Arten von Musik bei dir auslösen, und dass du entscheiden kannst, welches Album du abspielst oder welche Spotify-Playlist du anklickst. Je nachdem, was du wählst, setzt die Musik eine ganze Fülle biochemischer Prozesse zwischen deinen Ohren und deinem Gehirn in Gang, bevor es dir überhaupt bewusst wird.

Es beginnt mit den physiologischen Prozessen, die es dir überhaupt ermöglichen, Musik zu hören. Kleine Härchen in deinen Ohren vibrieren im Rhythmus des Stücks und »übersetzen« die Musik in kleine elektrische Impulse in den auditiven Kortexen deines Gehirns. Diese Impulse wandern dann bis zu den umfassenderen neuronalen Schaltkreisen, die im limbischen System Gefühle entstehen lassen. Diese Prozesse gehen automatisch und unmittelbar vonstatten, wenn du Musik hörst, und beeinflussen, wie du dich fühlst. Die neuronale Aktivität spricht auch die Gedächtnissysteme hinter deinen Schläfen an. Die dort abgespeicherten Erinnerungen verleihen der Musik eine ganz besondere Note, ein spezielles, tief verwurzeltes »Ich«-Gefühl. Und wenn die Musik so richtig einfährt, kann es sein, dass sie dich zum Weinen bringt oder zum Tanzen – oder beides gleichzeitig. Wir alle kennen das: Unterschiedliche Musik in verschiedenen Formaten und verschiedenen Momenten löst, wer hätte es gedacht, unterschiedliche Gefühle aus.

Für dieses Buch kannst du dir deinen Körper also so vorstellen: als Orchester, das aus verschiedenen wertvollen Instrumenten besteht und bei dem du mitbestimmen kannst, was es in dir drin spielt. Seine »Musik« spürst du dann durch biochemische Prozesse (»biochemische Prozesse« bedeutet, dass in dir drin chemische Reaktionen mit biologischen Zutaten aus deinem Körper stattfinden). Indem du entscheidest, wie sich dein Körper in der Welt verhält, kannst du diese Prozesse bis zu einem gewissen Grad anregen und so beeinflussen, wie du dich fühlst.

Aber wie funktioniert dieses Körperorchester? Die Instrumente spielen sich selbst, und zwar die ganze Zeit. Zum Glück arbeiten unsere Organe genauso; solange alles in Ordnung ist und alle Verbindungen zwischen dem Dirigenten (dem Gehirn) und dem Orchester funktionieren, müssen wir nicht daran denken, jedes einzelne von ihnen zu spielen. Dank automatischer Systeme in unserem Gehirn schlägt unser Herz, füllt sich unsere Lunge ungefähr alle vier Sekunden mit Luft und müssen wir nicht ständig bewusst daran denken, im Takt zu bleiben.

Würden alle Instrumente einfach drauflosspielen, klänge das bald sehr chaotisch. Deshalb stellt die Natur mittels neurobiologischer Mechanismen sicher, dass unser Körperorchester die richtige Symphonie im Einklang spielt. Um diese grundlegenden Mechanismen kümmert sich unser Stammhirn, ein Nervensystem, das tief im Gehirn sitzt, direkt über dem Rückenmark. Es gehört zu den ältesten Strukturen unseres Gehirns – die wir sogar mit den meisten Tieren gemeinsam haben. Das Stammhirn funktioniert komplett automatisch und instinktiv. Balle die Hand zur Faust, und halte sie dir so vors Gesicht, dass der Daumen zu dir schaut. Jetzt kannst du dir den Arm als Rückenmark vorstellen, das in deinen Körper hinunterreicht, und dann liegt das Stammhirn mit seinen zahlreichen weichen Lappen in deiner Faust. Das Stammhirn sitzt direkt über dem Genick und etwas weiter vorne, etwa 2,5 Zentimeter in Richtung der Nase. Im Laufe der menschlichen Entwicklung kamen in einer Lage nach der anderen neue Gehirnsysteme zu dieser grundlegenden Struktur dazu, bis sich schließlich unser heutiges Gehirn gebildet hatte, aber angefangen hat alles mit dem instinktgesteuerten, automatisch arbeitenden Stammhirn.

All diese verschiedenen Lagen des Gehirns sind miteinander verknüpft, das ist sehr wichtig. Sie liegen nicht einfach übereinander. Hältst du noch einmal die Hand hoch und legst jetzt die andere Hand um deine Faust, kannst du dir vorstellen, dass Nervenbahnen diese Lagen – die beiden Hände – miteinander verbinden und der einen Hand mitteilen, was die andere tut. Diese Nervenbahnen sind ein bisschen wie Autobahnen mit mehreren Spuren, über die Informationen effizient hin und her rauschen. Diese Verbindung dient dazu, dass die verschiedenen Gehirnsysteme miteinander kommunizieren können. Das Stammhirn funktioniert also automatisch, steht gleichzeitig aber auch in ständigem Austausch mit allen anderen Gehirnsystemen. Es tauscht Informationen mit Gehirnstrukturen aus, die phylogenetisch gesehen sogar noch älter sind (das bedeutet, dass bereits Lebewesen über diese Strukturen verfügten, die weit vor dem Homo sapiens gelebt haben), zum Beispiel mit dem Gedächtnis und all den Sinnessystemen, mit denen wir sehen, hören, riechen, fühlen und schmecken können, sowie mit einigen etwas neueren Teilen des Gehirns, die wir mit anderen Säugetieren gemeinsam haben. Dazu gehören der sogenannte Inselkortex und das limbische System, die soziale Informationen, Gefühle und Informationen zur Homöostase (also Sinneseindrücke über Dinge wie die Körpertemperatur, mit denen unser Gehirn unsere Körperumgebung möglichst konsistent hält) verarbeiten.

Natürlich gibt es auch Verbindungen zum jüngsten Teil des Gehirns, dem präfrontalen Kortex, der direkt hinter unserer Stirn liegt und für Vernunft, Denk- und Vorstellungsvermögen sowie die Fähigkeiten, Pläne für die Zukunft zu schmieden und komplexe Entscheidungen zu treffen, verantwortlich ist. Diese Gehirnregion ist ziemlich einzigartig im Tierreich, aber vergiss nicht: Alles baut auf den elementaren Überlebensmechanismen des Stammhirns auf.[1] Selbst der modernste Teil des Gehirns, der präfrontale Kortex, der uns so eindeutig menschlich macht, wird durch Übermittlungsstationen im ganzen Gehirn mit Informationen aus diesem grundlegenden automatischen System versorgt.[2–4]

Wir nehmen kaum wahr, was diese fundamentalen Überlebensmechanismen dem präfrontalen Kortex einflüstern, bevor es von dort in unser Bewusstsein gelangt.[5–8] Aber diese uralten Strukturen beeinflussen unser Verhalten[9,10], darunter auch die Fähigkeit, Flow zu finden – also wollen wir uns dieses Geflüster etwas genauer ansehen.

Goldene Fäden: Wie Gehirn und Körper verbunden sind

Die Hauptaufgabe des Stammhirns ist es, die grundlegenden Konstanten unseres Körpers zu steuern, zum Beispiel den Herzschlag, die Atmung oder den Hormonhaushalt. Wir können uns das Stammhirn vorstellen wie eine Jukebox mit im Voraus aufgenommenen Platten. Es kümmert sich um biologische Prozesse, die genetisch vorprogrammiert sind, zum Beispiel Atmung, Herzfrequenz und die hormonellen Veränderungen für den Tag-Nacht-Rhythmus. Wir können diese Musik nicht bewusst steuern, und jedes der im Voraus aufgenommenen Stücke löst jeweils bestimmte Gefühle aus. Diese lebensrettenden Platten sind bereits in den Genen abgespeichert, aus denen das Gehirn nach der Zeugung entsteht. Es gibt eine Platte für jedes Grundbedürfnis: Schlaf, Nahrung, Wasser, Luft, Unterschlupf und Sicherheit, Fortpflanzung und so weiter. Stören wir diese automatischen Funktionen wiederholt mit unserem gewählten Verhalten, macht das unseren Geist unruhig. Eine Disziplin namens Psychoneuroendokrinologie untersucht diese Zusammenhänge zwischen unserem Verhalten und unserem Inneren.[11,12] »Psycho« steht dabei für psychologisch, also alles, was wir denken, fühlen oder was mit unserem »Geist« zusammenhängt. »Neuro« steht für das, was im Gehirn passiert. »Endokrine« ist ein anderes Wort für Hormone. Die Psychoneuroendokrinologie ist also die Wissenschaft, die sich damit beschäftigt, wie unser Gehirn, unsere Hormone, unser Verhalten und unsere Gefühle zusammenhängen.

Wir fühlen uns zum Beispiel müde, wenn unsere innere Jukebox ein Schlaflied statt eines Popsongs spielt. Dieses Stück – das mit dem Anstieg des Schlafhormons Melatonin im Blut beginnt – lässt unseren ganzen Körper herunterfahren.[13,14]

Wir können zwar die Lieder auf diesen Platten nicht ändern, manchmal können wir aber mitbestimmen, welches Stück gespielt wird. Merken wir, dass unser Herz wie wild schlägt und wir Angst haben, wütend oder gestresst sind, ist es gut zu wissen, dass unser Körper dieses Lied oft gerade spielt, weil wir selbst etwas Bestimmtes tun oder uns etwas aussetzen. Das kann eine ganz bestimmte Tätigkeit sein oder auch nur stressige oder bedrohliche Gedanken, zu langes Stillsitzen oder ein Austausch mit einem anstrengenden Kollegen. In all diesen Situationen führen wir ein Verhalten aus oder ermöglichen eines. Sobald wir unser rasendes Herz und sich überschlagende Gedanken bemerken, haben wir aber die Macht, ein anderes Verhalten zu wählen, uns in eine andere Umgebung zu begeben oder die aktuelle Umgebung zu verändern. Dank des präfrontalen Kortex im Gehirn können wir bewusst entscheiden, was wir tun wollen und was wir nicht tun wollen. Durch die Verbindung von Körper und Gehirn hilft uns ein neues Verhalten, eine andere Platte in die Jukebox zu laden – und dadurch die Herzfrequenz zu beruhigen, damit wir uns weniger ängstlich, wütend oder gestresst fühlen.

Eine solche Entscheidung kann verändern, wie wir uns körperlich fühlen, weil Körper und Gehirn eng miteinander verbunden sind[4,15]. Berührst du den Haaransatz in deinem Nacken und streichst mit den Fingern den Hals hinab, kannst du dir das Rückenmark vorstellen, geschützt durch die Wirbel, jene harten Knochen, die du im Nacken spürst. Durch das Rückenmark erstrecken sich lange Nervenzellen, sogenannte Ganglien, bis in deinen Körper hinab. Wie lange Goldfäden verbinden sie die Nervensysteme deines Gehirns mit den Organen, Muskeln und dem Gewebe in deinem ganzen Körper, damit diese ihren Beitrag zum Orchester leisten können, sobald sie gebraucht werden[6,10,16]. Diese goldenen Fäden reichen bis in die äußersten Fingerspitzen und in die Haut unserer Zehen, damit wir auch spüren können, was wir berühren – und als Ballerina auf Zehenspitzen tanzen können. Über diese Verbindungen zwischen Gehirn und Körper strömen Informationen, hin und zurück. Das geschieht mittels *neuronaler Übertragung*, wie es wissenschaftlich heißt.[17–19] Dabei handelt es sich um einen komplexen biochemischen Prozess, den wir uns hier jetzt nicht genauer anschauen – wichtig ist, sich zu merken, dass Informationen *vom* Gehirn *zum* Körper fließen können, aber auch *vom* Körper *zum* Gehirn.

Noch einmal zusammengefasst: Zwischen unserem Gehirn und unserem Körper gibt es Kommunikationskanäle, und mit unserem Verhalten und unseren Körperbewegungen können wir bis zu einem gewissen Grad einige der Vorgänge in unserem Gehirn verändern, sowohl zum Guten wie zum Schlechten. Es gibt spezielle im Voraus aufgenommene Symphonien für verschiedene Grundbedürfnisse, etwa zum Einschlafen oder wenn wir Hunger haben. Schauen wir uns diese zwei Beispiele genauer an.

Die Schlafsymphonie

Mit der Abenddämmerung spielt die Jukebox des Stammhirns automatisch die Schlafsymphonie. Rezeptoren in den Augen und unserer Haut nehmen das schwindende Licht wahr und teilen den verschiedenen Hirnsystemen mittels Botenstoffen mit, dass Schlafenszeit ist.[14] Diese Symphonie wurde während unserer Evolution komponiert, aufgenommen und in unseren Genen abgespeichert. Vom Stammhirn dirigiert, lässt sie uns nach einem fixen Muster einschlafen. Die beruhigenden Klänge aus der Zirbeldrüse (einem Teil des Stammhirns) streuen das Hormon Melatonin in unser Blut. Wir reiben uns die Augen, werden schläfrig und gleiten langsam ins Traumland hinüber, wobei unsere Herzfrequenz sich verlangsamt und der Blutdruck absinkt. Das alles geschieht automatisch – wenn wir es durch unser

Verhalten auch zulassen. Erlauben wir unserem Körper vor dem Einschlafen zum Beispiel, sich beim Lesen, Stricken oder Musikhören zu entspannen, spielt die Schlafsymphonie ungestört. Setzen wir unseren Körper aber beispielsweise blauem Licht aus, treiben intensiven Sport oder schauen uns etwas an, was uns beängstigt oder erzürnt, sei es ein spannender Thriller, Social Media oder Kriegsnews, kann die Schlafsymphonie nicht richtig aufspielen. Blaues Licht, Angst oder Wut lassen unsere Jukebox Platten auflegen, die einen ganz anderen Cocktail an Hormonen und Botenstoffen in unser Blut schütten.[20–22] Und der hat so gar nichts mit Einschlafen zu tun. Stattdessen hält er uns wach oder aktiviert Kampf- oder Fluchtbereitschaft. So kann keiner einschlafen.

Im schlimmsten Fall wiederholen wir dieses Verhalten regelmäßig (schauen zum Beispiel *immer* vor dem Schlafengehen fern oder scrollen durch Social Media), wodurch die Platte mit der Schlafsymphonie so zerkratzt wird, dass es einer Reparatur bedarf. In der Medizin nennt man das ein *gestörtes Schlafmuster.*

Der präfrontale Kortex des menschlichen Gehirns ist eine im Tierreich einzigartige Maschine. Er erlaubt es uns, durch bestimmte Entscheidungen die Kontrolle über unser Verhalten zu gewinnen. Wir können uns zum Beispiel entscheiden, fernzusehen oder stattdessen etwas anderes zu tun, was dem Einschlafen zuträglicher ist. Wenn es doch nur so einfach wäre, oder? Wir kommen später noch dazu, warum es manchmal so schwierig ist, uns *richtig* zu entscheiden …

Die Hungersymphonie

Kommen wir zum zweiten Beispiel. Die Platte mit der Hungersymphonie wird automatisch in die Jukebox unseres Stammhirns geladen, sobald Rezeptoren im Darm, der Bauchspeicheldrüse und den Fettreserven unseres Körpers einen niedrigen Nährstoff- oder Energiestand verzeichnen. Im Vergleich zur Schlafsymphonie entlassen die Organe, die bei Hunger im Spiel sind, einen ganz anderen Cocktail an Botenstoffen ins Blut, um die Systeme des Stammhirns über die niedrigen Energiereserven zu informieren. Das Appetithormon Ghrelin – immer schlecht gelaunt und aggressiv – schießt ins Blut und macht uns hungrig. Und verzieht sich erst wieder, wenn wir etwas gegessen haben. Die Hungersymphonie klingt manchmal vielleicht etwas unharmonisch, aber sie stellt sehr effektiv die Energieversorgung unseres Körpers sicher.

Auch diese prähistorische Melodie kann durch unser Verhalten entgleisen. Essen wir zum Beispiel etwas mit Süßungsmitteln, lassen bestimmte Botenstoffe unseren Darm wissen, dass gleich jede Menge Zucker kommt. Die Geschmacksknospen in unserem Mund senden diese Signale über das Stammhirn an den Darm, durch die Ganglien im Rückenmark. Im Falle von künstlichen Süßungsmitteln lässt diese Information unseren Magen viel zu viele Verdauungssäfte produzieren. Bleiben diese ungenutzt, was sie in diesem Fall tun, da Süßungsmittel anders als natürlicher Zucker keine echte Energie enthalten, wird dem Gehirn wiederum signalisiert, dass weitere Nährstoffe und Energie gebraucht werden, um die Menge an Verdauungssäften auszugleichen. Dann haben wir immer noch Hunger und überessen uns logischerweise.

Grundsätzlich gilt es zu verstehen, dass das wechselseitige Prozesse sind. Unsere automatischen Gehirn- und Körpersysteme lassen unsere Organe von innen heraus funktionieren, unser Verhalten da draußen in der Welt und die Welt selbst, der wir uns aussetzen, können unsere inneren Systeme und Organe aber ebenso beeinflussen. Wir haben große Macht darüber, welche guten oder schlechten Abläufe wir in unserem Körper und unserem Gehirn auslösen. Haben wir erst einmal verstanden, welche Platten es in der Jukebox des Stammhirns gibt und wie wir unser Verhalten modifizieren können, um unser Körperorchester zu unterstützen, statt es disharmonisch aufheulen zu lassen, befinden wir uns auf dem Weg zum Erfolg.

Denk drüber nach

Geht es um unsere Gefühle, scheint alle Wissenschaft in die gleiche Richtung zu deuten: Wie wir uns fühlen, hängt von unseren Entscheidungen ab, denn zwischen unserem Gehirn und unserem Verhalten besteht eine symbiotische Beziehung. Unser Verhalten kann unsere

Laune beeinflussen. Leg mal deine Hand an deine Stirn, als müsstest du sehr fest über etwas nachdenken. Unter deinen Fingerspitzen, hinter deiner Stirn, liegt der präfrontale Kortex. Diese Hirnlappen aus grauen und weißen Hirnzellen verleihen uns eine im Tierreich einzigartige Fähigkeit: Wir können denken, uns Dinge vorstellen, symbolische Verbindungen schaffen, kreativ sein, Vernunft walten lassen, Entscheidungen treffen, *bewusst* und *zielgerichtet* aktiv werden und Einfluss darauf nehmen, was mit uns geschieht. Anders als die Platten in der Jukebox des Stammhirns, die jeweils nur ein Stück spielen, reagiert die Musik, die wir durch unser Verhalten in unserem Gehirn abspielen, viel empfindlicher auf Veränderungen und Fehler, kann uns aber auch richtig guttun. Wir können das Stück in unserem Kopf – unsere Gedanken – durch unser Verhalten komponieren.

Wie wir wissen, gehört auch unser Verhalten zu jenen Mechanismen, welche die Abläufe im Gehirn, dem Herzen, der Lunge, Milz, Leber und in all den anderen Organen steuern, die wiederum die Botenstoffe und Hormone in unserem Blut dirigieren. Das alles geschieht zusätzlich zu den grundlegenden Melodien und dem Takt, den die Jukebox in unserem Stammhirn vorgibt. Und manchmal ist unser Verhalten sogar mächtig genug, um wohl oder übel selbst diese fundamentalen Prozesse zu beeinflussen. Je nachdem, was für ein Stück wir durch unser *Verhalten* anstimmen, schlägt unser Herz schneller oder langsamer und spielen die Schilddrüsen eine Hormonmelodie, die unser Befinden beeinflusst. Manchmal ist das gut, manchmal aber auch schlecht. Schauen wir uns noch ein paar weitere Beispiele an.

Stillleben

Sitzen ist ein Verhalten. Selbst wenn wir uns dabei gar nicht bewegen. Sind wir voll bewegungsfähig, ist Sitzen eine Anweisung an unseren Körper. Die meisten von uns sitzen sehr viel. Bei der Arbeit, vor dem Fernseher, wenn wir Videospiele spielen, Social Media durchstöbern und so weiter. Eine Studie zeigt, dass Menschen mittleren Alters etwa 597 Minuten pro Tag sitzen (plus/minus 122 Min./Tag) – das sind fast zehn Stunden. Dieses Verhalten kann unsere Organe eine Symphonie mit verheerenden Folgen spielen lassen, sowohl für unseren Körper als auch für unseren Geist. Wenn wir sitzen, ist unser Blutdruck zum Beispiel höher, als wenn wir stehen[23], was zu einem Gesundheitsrisiko werden kann. Die Forschung zeigt, dass es im Allgemeinen den Blutdruck bedeutend senken würde, wenn wir verteilt über einen 8-Stunden-Arbeitstag zwischendurch 2,5 Stunden stehen oder uns leicht bewegen würden.[24,25] Sich nur zweimal die Woche körperlich zu betätigen senkt das Risiko für eine koronare Herzkrankheit um 41 Prozent.[26] Und dennoch bleiben die meisten von uns sitzen. Vielleicht weil uns gar nicht klar ist, dass unsere ewig kreisenden, dicht gedrängten Gedanken zumindest teilweise neurobiologische Auslöser haben, wie zum Beispiel so viel zu sitzen.

Zu langes Sitzen kann in unserem Körper eine ausgewachsene Stressantwort auslösen. Das bedeutet, dass der Körper einen Cocktail bestimmter Hormone und Botenstoffe ins Blut ausschüttet, die ihn in Kampfbereitschaft versetzen (Cortisol, Adrenalin, Dopamin und so weiter).

Als ich auf diese Zusammenhänge stieß, wurde mir klar, warum meine Gedanken plötzlich wild geworden waren, wie ich das als Tänzerin nie gekannt hatte. Als Tänzerin saß ich nicht sehr oft. Jetzt, als Wissenschaftlerin, sitze ich ständig. Natürlich sind diese Botenstoffe nicht per se schlecht; müssen wir vor einem Löwen fliehen, sind sie genau das, was wir brauchen. Bleiben sie aber zu lange im Blut und *werden nicht gebraucht*, kocht der Körper quasi in seiner eigenen Brühe. Die Botenstoffe machen die Blutgefäße durchlässig und schwächen die körpereigene Abwehr, anstatt ihn zu beschützen. Natürlich sind beim Profitanz auch mehr als genug Stresshormone im Spiel. Tänzer haben dabei aber einen Vorteil: Sie tanzen sie aus. Bewegung hilft, Stresshormone loszuwerden (denn um Bewegung auszulösen, waren diese Hormone ja ursprünglich gedacht). Beim Sitzen *verbrauchen* wir den Stresshormoncocktail aber nicht. Bleibt dieser über längere Zeit bestehen, belastet die Stresssymphonie nachweislich die Organe unseres Körperorchesters. Unter größter Anstrengung spielen sie ihre Instrumente, um den Körper auf einen unmittelbar bevorstehenden Sprint oder Kampf vorzubereiten – der dann aber nie kommt. Wir sitzen einfach nur da.

Diese Forschungsresultate haben mich so aufgerüttelt, dass mich mittlerweile ein Timer stündlich daran erinnert, vom Schreibtisch aufzustehen und mich zu bewegen.

Das sagt die Wissenschaft dazu: Halten wir die Wirbelsäule über längere Zeit unverändert in einer Position, belastet das die Hüften, die dabei unnatürlich nach vorne gebeugt sind. Auch auf die Schultern und den Nacken wirkt es sich negativ aus. In unserem ganzen Körper gibt es Rezeptoren, die feststellen, ob und wo im Körper Verletzungsgefahr herrscht, und unser Gehirn informieren, wenn etwas nicht stimmt. Erhält das Gehirn diese Information, signalisiert es verschiedenen Körperteilen über die Ganglien im Rückenmark, das Problem zu lösen: Es schlägt zum Beispiel die Saiten der Nebenniere an (welche hinter der Gürtellinie liegt), um das Stresshormon Cortisol ins Blut zu entlassen. Cortisol ist ein aktionsauslösendes Hormon. Es rauscht durch unseren still sitzenden Körper und singt dabei lauthals: Bewegung, los, beweg dich! Vielleicht werden wir jetzt etwas unruhig. Bleiben wir immer noch sitzen, meint unser Gehirn, dass es uns nicht richtig beschützt, und schon driften unsere Gedanken ab in gefährliche Gewässer. Aber wie können wir unser Körperorchester überzeugen, richtig zusammenzuspielen? Zunächst müssen wir verstehen, warum die Stresssymphonie so funktioniert.

Die Stresssymphonie

Die Stresssymphonie wurde während unserer Entwicklung komponiert, um uns in der gefährlichen Welt unserer Vorfahren vor Urzeitlöwen und anderen Bedrohungen zu beschützen. Sie ist die lebensrettende Platte in der Jukebox des Stammhirns. Sie sendet Botenstoffe aus, die in Höchstgeschwindigkeit durch unsere Adern schrillen, und lässt das Blut bis in die Extremitäten des Körpers, in die Arme und Beine, brausen, damit die großen Muskeln über genug Sauerstoff verfügen, falls wir vor einem Löwen davonrennen oder einen Feind bekämpfen müssen. Die Atemfrequenz der Lungen erhöht sich, die Nebenniere schüttet Cortisol aus, und das Herz hämmert. In diesem Zustand wird unsere Aufmerksamkeit eng wie ein Tunnel und ist nur noch auf die Gefahr fokussiert. Unser Gedächtnis und das Denkvermögen sind beeinträchtigt, und es fällt uns vielleicht sogar schwer, ganze Sätze zu bilden. Unser Körper befindet sich in einem biologischen Alarmzustand.

Das alles ist dazu da, uns zu beschützen, aber dieser Zustand ist für den Körper sehr kräftezehrend, und ist der Stress vorbei, brauchen wir Erholung.

Der »Vorteil«, wenn unsere Organe die Stresssymphonie wegen eines echten Löwen spielen, ist, dass wir aufspringen und entweder wegrennen oder kämpfen. Davonrennen, ebenfalls ein Verhalten, hat ganz spezifische Auswirkungen auf den Körper. Aufgrund des höheren Energieverbrauchs, des Sauerstoffverbrauchs und der Ermüdung, die es im ganzen Körper auslöst, bauen wir den Stresshormoncocktail wieder ab. So hat die Natur es eingefädelt. Dafür sind diese Hormone da: Bewegung. Action. Haben sie ihren Zweck erfüllt und uns zum Handeln getrieben, lösen sich die Hormone wieder auf. Am Ende der Stresssymphonie werden Endorphine ausgeschüttet, das ist ebenfalls vorprogrammiert. Sie geben uns ein wohliges Gefühl der Erleichterung. Das ist Balsam für den Körper, der jetzt in die Erholungsphase gleitet, angeleitet von den letzten Strophen der Stresssymphonie. Diese Endorphinantwort ist auch der Grund für das sogenannte Läuferhoch[27], einen Zustand der Euphorie, den manche Menschen empfinden, wenn sie ihren Körper beim Laufen an seine Grenzen bringen. (Nicht alle Läufer und Athletinnen erleben ein Läuferhoch; Studien zeigen, dass es nur bei etwa zwei Dritteln eintritt[28] und auch seine Nachteile hat, dazu aber später mehr.)

Neuroendokrinologische Forschungsresultate zeigen, dass unser Körper die Stresssymphonie aus vielen verschiedenen Gründen anstimmen kann. Vielleicht haben wir wirklich einen Löwen oder einen Feind in der Wildnis angetroffen. Es passiert aber auch, wenn wir zu lange vor unserer immer volleren Mailbox still sitzen, wegen eines aggressiv auftretenden Kollegen oder durch anstehende Aufgaben.

Den meisten von uns hilft es nicht, mit hohen Cortisolwerten im Blut weiterhin sitzen zu bleiben, wenn unser Körper eigentlich bereit wäre, davonzurennen, die Lungen mit Luft gefüllt, die Beine mit Sauerstoff versorgt. Selbst wenn wir in diesem Moment eine Achtsamkeitsmeditation durchführen. Du musst wissen, dass Stresshormone wie Cortisol neurotoxisch (also ungesund für unsere Nerven) sind, wenn sie zu lange im Körper verbleiben. Der Körper greift sich dann nach einer Weile quasi selbst an und lässt unsere Gedanken noch mehr außer Rand und Band geraten.

Gedankenkontrolle

Das Gehirn zwischen deinen Ohren ist nicht nur ein brillanter Dichter, sondern auch ein brutaler Überlebenskünstler. Vergiss das nicht. Der junge, empfindliche, vielschichtig gefaltete präfrontale Kortex beschäftigt sich mit symbolischem Denken, Kreativität, Abstraktion und Ideen, aber er hängt von uralten Überlebensmechanismen ab, die auf grundlegenden binären Prinzipien basieren: Belohnung oder Bestrafung, Zu- oder Abneigung, Ja oder Nein, Freund oder Feind, Gefahr oder Sicherheit, Kampf oder Flucht.

Was unsere Sinne aufnehmen, sortieren diese grundlegenden Sinnessysteme unseres Gehirns und Stammhirns sehr schnell in solche binären Kategorien.[29] Das lässt sich nicht umgehen. Abhängig vom Resultat dieser ersten, schnellen und unbewussten Einordnung wird die Information dann für die Weiterverarbeitung weitergeschickt.[30,31]

Bei diesen schnellen grundlegenden Systemen geht es um nichts als »ich, ich, ich«. Um Sicherheit und Überleben – zuerst handeln, dann denken. Das hat uns in einer schwierigen, gefährlichen Welt durch unsere ganze Entwicklungsgeschichte gerettet. Vielleicht siehst du die Vorteile, in unserer modernen Welt des Überflusses zuerst zu denken, aber weil diese grundlegenden Systeme nun einmal so funktionieren, schaffen wir das nur, indem wir unser Verhalten ändern. Unser Stammhirn sortiert schlicht zu schnell, als dass wir es mit unserem Bewusstsein einholen könnten.

Das Gehirn im Ruhezustand

Das bringt uns zur Frage, warum die Aktivierungsmuster in unserem Körper und das, was in unserem Kopf vorgeht, zusammenhängen.

Über die enge Verbindung zwischen Kopf und Gehirn haben wir bereits gesprochen. Aber wo kommt unser Geist ins Spiel? In der Psychologie ist mit dem *Geist* das bewusste Erleben gemeint. Was wir denken und fühlen: unsere Wahrnehmung, Erinnerung, was wir glauben. Sehr schwer zu fassen und ähnlich flüchtig wie der Begriff der Seele. Ganze Forschungsfelder von der Philosophie über die Anthropologie, Psychologie und Neurowissenschaften bis zu den Computerwissenschaften tun sich mit dem Begriff des Bewusstseins schwer. Um eine praktische Lösung zu finden, vereinfachen wir es mal. Kurz gesagt entstehen unsere Gedanken zumindest teilweise durch die Musik des Körperorchesters. Vielleicht tanzen sie anmutig zu dieser Musik, vielleicht aber auch nicht. Das hängt davon ab, ob das Orchester sanft und harmonisch vor sich hin summt oder eine Stresssymphonie anspielt. Erinnerst du dich noch an die rosaroten Elefanten, diese Gedanken, die wir einfach nicht loslassen können? Die Stresssymphonie löst mit großer Wahrscheinlichkeit genau solche Gedanken aus und lässt die rosaroten Elefanten ihre Pirouetten drehen und unsere Konzentration stehlen. Spätestens jetzt möchten wir unbedingt und ganz dringend einfach mal abschalten und an gar nichts mehr denken.

Es beschäftigte mich selbst sehr, dass ich es einfach nicht schaffte, unerwünschte Gedanken abzustellen, als ich eine Studie über das sogenannte Ruhezustandsnetzwerk im Gehirn entdeckte. 2001 nutzten Marcus Raichle und sein Team von der Washington University School of Medicine in St. Louis funktionale Magnetresonanztomografie, um die Gehirne von Studienteilnehmenden zu scannen.[32, 33] Sie taten dabei aber etwas eher Untypisches in der Neurowissenschaft. Normalerweise wird die Gehirnaktivität analysiert, während die Teilnehmenden eine bestimmte Aufgabe ausführen. Raichle und sein Team analysierten sie stattdessen bei gar keiner Aufgabe, sondern während sie zwischen zwei Aufgaben Pause machten.

Die Ergebnisse waren erstaunlich.

Während die Teilnehmenden scheinbar gar nichts taten, waren ihre Gehirne alles andere als unbeschäftigt. Die Ergebnisse dieser Hirnscans zeigten, dass das Ruhen selbst ebenfalls ein Verhalten ist und unsere Gehirne dabei sehr aktiv sind. Das Forschungsteam entdeckte, dass im Ruhezustand ein ganz spezifisches Netzwerk verschiedener Hirnregionen bemerkenswert aktiv ist.

Sie tauften dieses Netzwerk das *Ruhezustandsnetzwerk* des Gehirns, weil weitere Nachforschungen ergaben, dass dieses Netzwerk immer »an« ist, selbst wenn die Teilnehmenden aufgefordert wurden, Pause zu machen.

Stell dir das Ruhezustandsnetzwerk wie eine Art glitzerndes Netz aus Nervenzellen in deinem Gehirn vor. Ein Netz, das verschiedene Gehirnregionen miteinander verbindet und vor Aktivität pulsiert, während wir uns ausruhen und unsere Gedanken schweifen lassen. Raichles Team und seither auch viele weitere Studien haben gezeigt, dass dieses Netzwerk sowohl Gehirnregionen umfasst, welche aktiviert sind, wenn wir über uns selbst nachdenken, als auch solche, die aktiviert sind, wenn wir an andere denken. Außerdem leuchten auch Regionen aktiviert auf, mit denen das Gehirn Bilder erzeugt, die es für das Ich-Empfinden benötigt und damit wir uns an die Vergangenheit erinnern und die Zukunft planen können. Weißt du noch, als du zuletzt dein Lieblingslied gehört hast? Beim Zuhören warst du fest im gegenwärtigen Augenblick verankert, gleichzeitig bist du in Gedanken aber auch vor und zurück durch die Zeit gereist, hast dir verschiedene Situationen, Menschen und dich selbst vorgestellt, alles miteinander. Das ist die Arbeit deines Ruhezustandsnetzwerks.[34–36] Und jetzt pass mal auf: Die Forschung hat herausgefunden, dass das Ruhezustandsnetzwerk auch dann *eingeschaltet* ist, wenn wir Kunstwerke betrachten, die wir sehr gerne mögen.

Unser Gehirn ist niemals aus, selbst dann nicht, wenn wir uns ausruhen. Zu versuchen, »unsere Gedanken einfach abzuschalten«, ist also von Anfang an zum Scheitern verurteilt. Die ganze Zeit hallt eine wunderschöne Musik durch den Körper, durch das Gehirn – und deshalb auch durch unsere Gedanken.

Aber was macht das Gehirn dabei? Wir wissen, dass unser Gehirn ungefähr 20 Prozent des gesamten Energieverbrauchs unseres Körpers ausmacht. Selbst im Ruhezustand sinkt sein Energieverbrauch nur um gerade 5 Prozent. Es ist dann also nicht bloß noch aktiv, es verrichtet dabei immer noch sehr viel Arbeit.

Wahrscheinlich ist es damit beschäftigt, das herzustellen, was wir als »Bewusstsein« wahrnehmen. Aber das ist noch nicht alles. 2008 gab eine Studie von einem Team um Fei Du an der University of Minnesota Medical School eine weitere vorsichtige Antwort auf diese Frage: Es räumt auf.[37] Große Mengen Energie benötigt das Gehirn für die *neuronale Kommunikation* – also um während seiner verschiedenen Funktionen durch komplizierte biochemische Abläufe Signale durch die Nerven zu senden –, aber auch für seinen Unterhalt. Gemäß den Autoren dieser Studie fließt ein Drittel des Energieverbrauchs des Gehirns in seine eigene Instandhaltung. Die Forschung zeigt, dass es einen Großteil der Energie dafür braucht, Toxine zu eliminieren, beschädigte Nervenzellen zu reparieren, Zellabfall zu entsorgen und so weiter. Erlauben wir unserem Gehirn diesen Zustand, ist das vielleicht wie Frühjahrsputz im Haus oder wie im Winter ein Fenster zu öffnen, um durchzulüften.

Diese Ergebnisse sind noch sehr jung, aber es könnte sein, dass das Ruhezustandsnetzwerk für unser Gehirn auch eine regenerative Funktion hat. Das scheinen Ergebnisse zu bestätigen, die zeigen, dass das Ruhezustandsnetzwerk bei Menschen mit Depression, Alzheimer, Parkinson, Schizophrenie oder Epilepsie nicht richtig zu funktionieren scheint. Bei einigen dieser Krankheiten ist das Ruhezustandsnetzwerk hyperaktiv, während es bei anderen wiederum nicht aktiv genug ist. Bei Menschen mit Depression oder Angstzuständen ist die Aktivität des Ruhezustandsnetzwerks unbeständig oder weicht von der Norm ab, und oft sind einige Interaktionen in den Untersystemen des Netzwerks gestört. Diese klinischen Ergebnisse lassen vermuten, dass unser Gehirn auf ein regelmäßig und auf richtige Art und Weise aktiviertes Ruhezustandsnetzwerk angewiesen ist, um gesund zu funktionieren. Und es bedeutet, dass es eine richtig dumme Idee wäre, unser Gehirn »abzuschalten«.

Aber wenn wir unsere Gehirne nicht abschalten können, was sollen wir denn dann tun, wenn unsere Gedanken nur noch kreisen? Wie wir jetzt wissen, ist der Grund dafür, dass wir unser Körperorchester Stücke wie die Stresssymphonie zu lange spielen lassen. Die gute Neuigkeit ist, dass wir der Folter ein Ende setzen können, indem wir uns für das richtige *Verhalten* entscheiden. Es geht darum, ein Verhalten zu wählen, das die Platte in der Jukebox wechselt, statt die Gedanken durch pure Willenskraft »abschalten« zu wollen.

Die ganze Menschheitsgeschichte hindurch kamen immer wieder neue Techniken auf, die wild gewordenen rosaroten Elefanten zu zähmen, und verschwanden wieder. Ähnlich wie beispielsweise das Achtsamkeitstraining gehen diese Techniken davon aus, dass wir vom Körper losgelöst allein an unseren Gedanken arbeiten können. Für viele von uns ist das aber, als würden wir versuchen, einem rosaroten Elefanten ein Halfter anzulegen, um ihn unserem Willen zu unterwerfen. Rosarote Elefanten lassen sich aber nicht zähmen. Versuchen wir es doch, entrinnen sie uns wie Rauch zwischen den Fingern, denn genau das sind sie: der rosafarbene Rauchnebel unserer Gedanken. Ohne das richtige Verhalten, das unsere Gedanken in eine andere Richtung lenken kann, sind Versuche, unseren Geist zu kontrollieren, meist erfolglos.

Betrachten wir drei Klassiker solcher Techniken zur Gedankenkontrolle und sehen uns an, warum sie aus Sicht der Neurowissenschaft nicht funktionieren. Anders als Achtsamkeit (die bei manchen Menschen klappt und bei anderen nicht) können diese Techniken gar nicht funktionieren, weil unser Gehirn nun einmal ist, wie es ist. Merk dir: Wir suchen ein Verhalten, das Körper und Geist die so wichtige Regeneration ermöglicht, ohne dabei anderweitige Effekte auszulösen, die die Ruhe stören könnten – und die nachfolgend aufgeführten Methoden helfen dabei nicht.

Unterdrückung

In dem Film *Ghostbusters – Die Geisterjäger* aus dem Jahr 1984 gibt es eine Szene, in der Gozer, der Gott der Zerstörung, auf die Erde kommt, um sie – zu zerstören. Allerdings hat der Gott der Zerstörung eine Schwäche: Er ist darauf angewiesen, dass seine Opfer ihn sich zuerst einmal ausmalen. Er kann keine Menschen vernichten, die ihn sich nicht klar vorstellen können, sie müssen ihn zuerst *visualisieren*. Deshalb erscheint der Gott der Zerstörung zunächst nur als körperlose Stimme, die den Geisterjägern befiehlt, die »Form ihres Zerstörers« zu wählen. Das Publikum weiß natürlich, wie die Vernichtung verhindert werden kann: einfach an nichts denken! Aber alle, die dieses Buch lesen, wissen es jetzt besser; es ist unmöglich, an nichts zu denken. Ist ein Gedanke erst einmal in unseren Geist gedrungen – egal, ob der an den rosaroten Elefanten oder an den Gott der Zerstörung –, werden wir ihn nicht mehr los. Als Ray also an das Michelin-Männchen aus seiner Kindheit denkt, nimmt Gozer ganz einfach die Form eines riesengroßen Michelin-Männchens an und richtet mit jedem Schritt Verwüstung an.

Der Sozialpsychologe Daniel Wegner und sein Team von der Trinity University in San Antonio haben eine Reihe Experimente zur Kontrolle von Gedanken durchgeführt.[38, 39] Sie haben die Teilnehmenden gebeten, an gar nichts zu denken. Es überrascht vielleicht nicht, dass ihnen das nicht gelungen ist. In den letzten 30 Jahren hat die Sozialpsychologie jede Menge Hinweise aufgedeckt, dass es sogar noch schwieriger ist, an nichts zu denken, wenn man gesagt bekommt, *woran* man nicht denken soll.

Ich habe in der Einführung zwar die rosaroten Elefanten als Beispiel genommen, in der Sozialpsychologie ist dieses Phänomen allerdings als das *Eisbär-Problem* bekannt.[40, 41] Die Forschung ließ sich dabei von einer Geschichte des russischen Schriftstellers Fjodor Dostojewski inspirieren, der als Jugendlicher seinem kleinen Bruder einen Streich spielte. Weil er es leid war, auf den Bruder aufzupassen, wies er ihn an, eine Hand in die Höhe zu strecken. Er forderte ihn auf, die Hand erst wieder zu senken, wenn er es schaffte, nicht mehr an einen Eisbären zu denken.[42] Der arme Junge hielt die Hand stundenlang oben. Er senkte sie schließlich nur aus Erschöpfung. Dieser Eisbär hat Dostojewskis armen kleinen Bruder bis an das Ende seiner Tage verfolgt. Schwirren also beängstigende, schmerzhafte oder sonstige unerwünschte Gedanken durch deinen Kopf, macht es allein die Tatsache, dass du dir dieser Gedanken bewusst bist, unmöglich, sie nicht mehr zu denken. Befehlen wir unserem Gehirn, nicht mehr an etwas zu denken, wird es alles tun, um uns zu gehorchen. Dazu teilt es sich quasi in zwei Teile. Ein Teil denkt tatsächlich nicht mehr »daran«. Das Problem ist, dass der andere Teil ständig kontrolliert, ob der erste Teil auch wirklich nicht »daran« denkt. Im Fall von Dostojewskis kleinem Bruder aktivierte die Anweisung, *nicht an einen Eisbären zu denken,* das Muster für *Eisbär* in den Sprachsystemen seines Gehirns. Gleichzeitig erinnerte ihn sein Gedächtnis, wie ein Eisbär aussieht. Auf der anderen Seite wurden die Kontrollsysteme seines Gehirns (der präfrontale Kortex) und vielleicht die Entscheidungssysteme (Hirnregionen, bekannt als orbitofrontaler Kortex und ventromedialer präfrontaler Kortex) aktiviert und erhielten den Befehl, *den Eisbären zu unterdrücken.*

Das bedeutet, dass unser Gehirn beide Systeme aktivieren (und aktiv halten) muss, wenn wir einen Gedanken unterdrücken wollen, sowohl das System, das den zu unterdrückenden Gedanken darstellt (über die Sprachzentren und das Gedächtnis), als auch das System, das ihn unterdrückt (Systeme, welche die Ausführung kontrollieren, und Systeme zum Treffen von Entscheidungen). Erkennst du das Problem? Das Unterdrücken katapultiert den unerwünschten Gedanken erst recht immer wieder zurück in unser Bewusstsein.

Vermeiden

Merken wir, dass wir einen Gedanken einfach nicht unterdrücken können, versuchen wir die nächstbeste Lösung: davonzurennen. Wir alle haben unsere eigenen Vermeidungsstrategien: Wir arbeiten mehr, treiben Sport, gehen feiern, helfen anderen, schauen uns eine Folge nach der anderen einer Seifenoper an, spielen noch eine Runde oder räumen auf und putzen, als ob unser Leben davon abhinge. Beschäftigt zu sein ist ein sehr häufiger, wenn auch vollkommen nutzloser Versuch, die rosaroten Elefanten zu bekämpfen. Wir merken, dass wir davonrennen, aber bald auch, dass das nicht geht. All diese Verhalten und Tätigkeiten werden die rosaroten Elefanten nicht verscheuchen, die sich in unserem Geist versammelt haben, und sie werden das Problem auch nicht für uns lösen; halten wir einen Moment inne, um Luft zu holen, sind die Gedanken sofort wieder da und greifen uns an.

Geben wir uns solchem Vermeidungsverhalten hin, ignorieren wir die Tatsache, dass das, vor dem wir zu flüchten versuchen, in unseren Sprachzentren und dem Gedächtnis immer mit uns mitkommt, egal, wie schnell wir rennen oder wie lange wir rumscrollen. Uns abzulenken, um die rosaroten Elefanten zu umgehen, ist ein bisschen wie auf einem Karussell. Während du dich wieder und wieder im Kreis drehst und dein Gehirn einen Vergnügungs-Boost nach dem anderen abbekommt, drücken sich die rosaroten Elefanten einfach auf den Rücksitz. Sie verschwinden aber nicht, und sie sind sofort wieder an vorderster Front, sobald das Karussell anhält.

In der Psychologie heißt dieses Verhalten *Vermeidungsverhalten* – Dinge aufzuschieben, psychologische Flucht oder Verleugnung –, und es wird viel dazu geforscht, warum Menschen solches Verhalten an den Tag legen und warum es nicht funktioniert.

Vermeidungsverhalten verschafft uns eine kleine (vorübergehende) Auszeit. Das liegt daran, dass es meistens ziemlich aufregend ist (wie ein Karussell) und daher so etwas Ähnliches wie eine Stressantwort in unserem Körper auslöst, mit jeder Menge Dopaminkicks. Wie bereits erklärt, schränkt die Stressantwort unsere Aufmerksamkeit ein und beeinträchtigt unser Erinnerungsvermögen. Vermeidungsverhalten schenkt uns also – kurzzeitig – herrliches Vergessen, indem wir ganz auf das Hier und Jetzt konzentriert sind.

Lass mich das noch etwas ausführen. Die Symphonie, die Vermeidungsverhalten in unserem Körper spielt, ist sehr anstrengend. Sie lässt viele Prozesse gleichzeitig laufen, die größtenteils nichts miteinander zu tun haben. Vielleicht wollten wir ein Work-out machen, aber dann scrollen wir plötzlich durch Social Media, weil das Handy neben uns auf der Matte lag. Während wir so swipen und liken, fällt uns plötzlich die Arbeit ein, und wir beginnen, eine E-Mail zu schreiben. Von dort führt ein einziger Klick rüber zu Amazon. Wieder auf der Matte, spähen wir zwischen Liegestützen und Kniebeugen immer wieder rüber zum Regal, das wir schon lange abstauben wollten.

Das alles mag uns von dem ablenken, was wir umgehen wollen, aber es ist pures Chaos. All diese verschiedenen Neurohormone für all diese verschiedenen, zusammenhangslosen Verhaltensweisen zu jonglieren erfordert Höchstleistung. Das führt dazu, dass unsere inneren Systeme ziemlich genau so aussehen wie während der Stresssymphonie, außer dass die Vermeidungssymphonie im Gegensatz zur Stresssymphonie kein Ende hat. Arbeitssucht, Helfersyndrom und Putzfimmel sind nicht besser für uns, nur weil sie scheinbar positive Resultate bringen. Die Vermeidungssymphonie ertränkt unseren Körper in einer Brühe aus widerstreitenden Hormonen und anderen Botenstoffen. Das nutzt unsere Blutgefäße ab und verbraucht unsere Organe, und kaum halten wir inne, um uns von all diesem Chaos zu erholen, ist der unerwünschte Gedanke sofort wieder ganz vorne.

Ablenkung

Nachdem sie bestätigt hatten, dass Vermeidung nicht funktioniert, haben der Sozialpsychologe Daniel Wegner und sein Team versucht, ein anderes Mittel gegen das Eisbär-Problem zu finden: Sie erforschten den Nutzen von Ablenkung. Ablenkung bedeutet, dass wir versuchen, an etwas anderes zu *denken* als an das, was uns belastet.

Die Grundlage dieses neuen Experiments war: Willst du aufhören, an etwas zu denken, in unserem Fall zum Beispiel an rosarote Elefanten, dann befiehl deinem Gehirn ganz einfach, *an etwas anderes* zu denken. Aber wie du jetzt wahrscheinlich auch schon weißt, schaffst du das nicht mit bloßer Willenskraft, dem Bizeps deines Geistes. Weil dein Geist gar keinen Bizeps hat. Den Bizeps anspannen kann nur dein Körper; nur mit deinem Körper, deinem *Verhalten*, kannst du etwas bewegen. Ich werde schon noch erklären, was denn nun funktioniert, aber lass uns zunächst anschauen, warum Wegners Teilnehmende daran scheiterten, ihren mentalen Bizeps einzusetzen.

Daniel Wegner und sein Team wiesen die Teilnehmenden an, *nicht* an einen Eisbären und *stattdessen* an einen roten Sportwagen zu denken. Sie entdeckten, dass es den Studienteilnehmenden unglaublich schwerfiel, ihre Gedanken bei dem neuen Objekt oder Gedanken zu behalten, den sie ihnen vorgegeben hatten. Ihr Geist sprang einfach hin und her. Einige behaupteten, ein roter Sportwagen sei für sie einfach nicht besonders interessant, und deshalb wüsste ihr Gehirn nicht, was es damit anstellen solle, und der Eisbär dringe immer wieder in ihre Gedanken – bei einigen von ihnen tat er das sogar noch, nachdem das Experiment bereits beendet war! Was die Forscher nicht bedacht hatten, war, dass das Gehirn niemals ruhen kann. Vom Moment unserer Geburt bis zu unserem Tod haben unsere Gehirne ihre eigenen, grundsätzlichen Ziele: sich zu bewegen, die Welt zu erkunden, Neues zu lernen – und zu genießen. Während die Gedanken von Wegners Studienteilnehmenden in ihren Sprachzentren von einem Konzept (Eisbär) zum anderen (roter Sportwagen) hin und her sprangen, konnte ihr Geist nicht einfach wie angewiesen bei dem einen verbleiben.

Um unsere Aufmerksamkeit bei einer Sache zu halten (zum Beispiel bei einem roten Sportwagen), benötigen unsere Gehirne eine Motivation, eine Belohnung. Überleg dir mal, woran du alles denkst – bei allem gibt es eine intrinsische Belohnung für dich, etwas, das deine Aufmerksamkeit zu diesem Gedanken leitet. Und denk daran, was manche der Teilnehmenden in Wegners Experimenten sagten: Es sei für sie einfach zu langweilig, an einen roten Sportwagen zu denken. Das Gehirn benötigt immer wieder ein bisschen Dopamin, damit unsere Aufmerksamkeit bei einer Sache bleibt. Ist es zu langweilig, wird es uns schwerfallen, unsere Aufmerksamkeit zum Bleiben zu überreden. Das, worauf wir uns konzentrieren, muss für uns wichtig sein. Das Gehirn mag Gefühle, es lebt davon – sogar von den schlechten. Wahrscheinlich lässt sich das entwicklungsgeschichtlich begründen. Nun würde natürlich kaum jemand zugeben, Dramen zu mögen oder Trauer, Angst, Ekel oder dass wir solche Emotionen auch gerne bei anderen Menschen beobachten. Aber die Zuschauerzahlen von YouTube- und Facebook-Videos mit genau solchem Inhalt verraten uns. Unsere Aufmerksamkeit wird sofort festgehalten, sobald es möglicherweise eine Aussicht auf Drama gibt.

In der gefährlichen urgeschichtlichen Welt war es von großem Vorteil, schnell zu erkennen, ob jemand Angst hatte, Wut, Trauer oder Ekel empfand oder in ein Drama verwickelt war, denn was auch immer diese Gefühle auslöste, konnte auch anderen gefährlich werden. Also haben sich diese Gefahrenerkennungsmechanismen in den Tiefen unseres Gehirns entwickelt, die wir nicht wirklich kontrollieren können. Unser Bewusstsein kann zwar erkennen, dass etwas, was wir uns anschauen, keine Gefahr für uns darstellt; allerdings hindert das unser Stammhirn nicht daran, unsere Aufmerksamkeit zum Drama zu lenken.

Haben wir also einen Gedanken, an dem ein schön saftiges dramatisches Gefühl hängt, wird sich unser Geist darauf stürzen und sich festkrallen. Vielleicht sagst du jetzt, an einen Eisbären zu denken ist nicht wirklich spannend, warum sollte unser Geist sich darauf stürzen? Tja, den Eisbären selbst mag das Gehirn nicht besonders spannend finden, ein *Verbot* aber schon. Die Metapher der verbotenen Frucht ist im westlichen Gedankengut eine große Sache, weil sie genau das illustriert: Unser Gehirn lechzt nach allem Verbotenen. Willst du, dass jemand wirklich ohne Ende an etwas denkt, dann verbiete es. Ein Verbot ist dramatisch und unglaublich anziehend für unser Gehirn – denk nur mal daran, als du zuletzt Eltern ihrem Nachwuchs etwas hast verbieten hören und was daraus für ein Theater entstand. Verbote haben einen ganz besonderen Effekt auf das Gehirn; sie können jeden Gedanken unwiderstehlich machen, besonders, wenn es um grundlegende Bedürfnisse wie Nahrung, Sex, Status oder Sicherheit geht. Vergiss den Donut! Kein Sex vor der Ehe! Aber selbst völlig abstrakte Gedanken wie ein Eisbär können uns ewig verfolgen, wenn sie uns nur jemand verbietet. Versuchst du, deinen Geist zu einem anderen Gedanken hinzuzerren, zu irgendeinem Bild vor deinem inneren Auge, das du dir ausgemalt hast, um die verbotene Frucht zu ersetzen, sieht dein Geist diesen neuen Gedanken – und springt sofort wieder zurück, wie ein Pingpongball.

Dein Arbeitsspeicher

Gedanken unterdrücken, abstellen, verbieten oder uns davon ablenken zu wollen funktioniert nicht. Sehr wenige Menschen können unerwünschte Gedanken allein mit der Kraft ihres Geistes erfolgreich umleiten (darunter einige wenige erfahrene Meister der Achtsamkeitsmeditation). Versuchen wir, nicht an etwas zu denken, ignorieren wir unser Körperorchester. Mittlerweile wissen wir aber, dass es seine Symphonien so oder so spielen wird, egal, wie fest wir weghören.

Die Auswirkungen davon werden in der Psychologie als *Zeigarnik-Effekt* zusammengefasst.[43,44] Im frühen zwanzigsten Jahrhundert führte die Psychologin Bluma Zeigarnik eine Reihe Experimente zu einem merkwürdigen Effekt durch. Menschen erinnern sich besser an die Details von unfertigen Aufgaben als von fertigen. Noch nicht abgeschlossene Aufgaben scheinen unseren Arbeitsspeicher einzunehmen und zu beschäftigen, bis wir sie abgeschlossen haben. Und das ist nicht unbedingt eine gute Sache.[45] Studien zeigen, dass unbeendete Arbeiten die Schlafqualität von Angestellten beeinträchtigen und vielleicht zu krankhaftem Grübeln beitragen.[46,47] Bei einem Experiment konnten Teilnehmende Aufgaben nicht vor dem Wochenende abschließen, was sie ins Grübeln versetzte und schlechter einschlafen ließ.[48] Eine schlechtere Schlafqualität war die Folge.[49] Es ist also wichtig, was du in deinen Arbeitsspeicher lädst. Serien machen sich mit Cliffhangern genau diesen Effekt zunutze. Die Geschichte ist noch nicht abgeschlossen, und die Serie lässt dich nicht mehr los, weil sie das Verlangen des Gehirns ausnutzt, Aufgaben zu lösen und abzuschließen. Dein Arbeitsspeicher holt die Geschichte und das Drama der Serie immer und immer wieder in dein Bewusstsein – bis du dir endlich die nächste Folge anschaust.

Lotse deinen Geist, aber trickse ihn nicht aus – er ist schlauer als du

Wir müssen unsere Gedanken also steuern, denn es funktioniert nicht, einfach den mentalen Bizeps anzuspannen, um den Geist zu kontrollieren. Wir können unsere Gedanken nicht abschalten. Unsere einzige Hoffnung ist, unseren Geist *in Bewegung* zu halten; um aber sicherzustellen, dass er sich in die richtige Richtung bewegt, müssen wir ein Alternativverhalten finden, mit dem wir unser Körperorchester dirigieren können.

Du kennst jetzt dein Körperorchester und die enge Verknüpfung von Körper, Gehirn und Geist. Du weißt, dass es unmöglich ist, nicht zu denken oder einen einmal gefassten Gedanken zu vermeiden, zu unterdrücken oder zu verbieten – denk daran, der Zeigarnik-Effekt stellt sicher, dass er in deinem Gedächtnis und deinen Sprachzentren immer und immer wieder hervorgeholt wird. Er lädt ihn in deinen Arbeitsspeicher, holt das, woran du am wenigsten denken willst, also immer wieder in dein Bewusstsein. Wir verstehen, dass demnach richtiges Verhalten der Schlüssel zu einem ruhigen, friedlichen Geist ist und dass wir uns für solches Verhalten bewusst entscheiden können. Na, dann sollte das doch eigentlich eine ziemlich unkomplizierte Lösung sein, oder? Wenn es nur so einfach wäre!

Kapitel 2
Fallstricke des Geistes

Auf der Insel Korfu im Ionischen Meer, versteckt hinter riesigen Steinmauern, gibt es einen Garten. Es handelt sich um den Garten des Schlosses Achilleion, den die Kaiserin Elisabeth von Österreich, vielen als Sisi bekannt, 1889 entwarf. In tiefster, unausweichlicher Trauer bestieg Kaiserin Sisi ein Boot nach Korfu, um dem vergifteten Leben am Hof und einem großen persönlichen Schicksalsschlag zu entkommen. Ihr Sohn, Kronprinz Rudolf, hatte sich und seiner Geliebten das Leben genommen, als er hatte einsehen müssen, dass diese Beziehung ihnen niemals erlaubt werden würde. In Griechenland suchte Sisi Veränderung und hoffte auf Heilung für ihre traumatisierte Psyche, aber egal, wie weit weg sie auch vom Hof war, ihre Gedanken waren gefangen in den ewigen Spiralen der Trauer, dem Gefühl des Verrates und den schrecklichen Erinnerungen, die sie vergessen wollte.

Fluten von negativen Gedanken*

Stell dir vor, du wärst in den Klauen schrecklicher, nicht auszuhaltender Trauer. Was auch immer es ist, erlaube dir diese Vorstellung, hol das Gefühl aus deiner Erinnerung hervor, aus deinem Herzen, und halte es fest. Du steckst so tief in der Trauer, dass du an nichts anderes mehr denken kannst. Bei Sorgen und anderen negativen Gefühlen werden jene Gehirnareale aktiviert, die für körperliche Schmerzen verant-

* Führe diese Aufgabe vorsichtig durch, und erinnere dich an den Disclaimer am Anfang des Buches. Wenn du therapeutische Hilfe benötigst, suche bitte eine Fachperson auf.

wortlich sind. Das bedeutet, dass für das Gehirn emotionaler Schmerz genauso stark ist wie körperlicher Schmerz. Wie so viele andere unangenehme Symphonien in unserem Gehirn ist auch die Schmerzsymphonie entstanden, um unser Überleben zu sichern. Wir haben im ersten Kapitel bereits angerissen, dass das Schmerzsystem mit unserem Gedächtnis zusammenhängt. Diese Verknüpfung stellt sicher, dass wir Verhaltensweisen, die uns in der Vergangenheit Schmerzen oder Sorgen bereitet haben, in Zukunft vermeiden. Das gelingt, indem selektiv Erinnerungen aktiviert werden, die mit Schmerzen zusammenhängen; deshalb kommen, wenn wir Schmerzen haben, auch ganz spezifische Erinnerungen an traurige Erlebnisse oder Gefühle hoch.

Mein Bekannter Erol ist Übersetzer für das Militär eines europäischen Landes und war im Frühling 2023, nach dem verheerenden Erdbeben in der Südosttürkei und Westsyrien, in Hatay stationiert. Er half europäischen Ärzten und türkischen Erdbebenopfern, sich im Feldspital zu verständigen. In dem Monat, in dem er dort war, schrieb er mir sehr traurige Nachrichten.

»Ich habe Menschen gesehen, die ihre Ehegatten und Kinder, ihre Mütter und Väter verloren haben. Ich sah die Leere in ihnen, die Einsamkeit. Sie fühlten sich, als würden ihre Körper nicht länger ihnen selbst gehören. Wie unfair fanden sie es alle, dass sie noch lebten und allein zurückbleiben mussten.«

Dieser Zeugenbericht von der vordersten Leidensfront könnte direkt aus der Fachliteratur über Traumata stammen. Depersonalisation und Derealisation sind häufige Symptome von überwältigender Trauer. Vermutlich handelt es sich dabei um eine Kampf-oder-Flucht-Reaktion des Geistes. Angesichts einer übermächtigen Gefahr löst sich das Gehirn von der Leidensquelle los – und wenn es der Körper ist, der leidet, oder deine direkte Umwelt, nun, dann flieht das Gehirn. Und auch wenn der einzige gangbare Weg der ist, wieder in diesen Körper und diese Realität zu finden – deinen Körper von Neuem Vertrauen und Wohlgefühl erleben zu lassen –, macht genau das auch Schuldgefühle. Der Begriff der Überlebensschuld ist in Gemeinschaften, die viel Leid zu erdulden hatten, nur allzu bekannt. In der klinischen Psychologie wurde er in den 1960er-Jahren erstmals beschrieben. Therapeuten und Therapeutinnen diagnostizierten bei Überlebenden der nationalsozialistischen Konzentrationslager immer und immer wieder das »Überlebenden-Syndrom«. Studien mit Opfern von Terrorismus, Naturkatastrophen, Krieg, Unfällen und so weiter haben gezeigt, dass ungefähr 60 Prozent aller Überlebenden an Überlebensschuld leiden.[1]

Das ist aber gar nicht zwingend auf leidvolle Erfahrungen beschränkt, denn das Stammhirn ist ein uraltes System, das eher kategorisch mit Gut und Schlecht, Vorlieben und Abneigungen arbeitet. Manchmal packt es deshalb traurige, aufregende, wütende und beängstigende Gedanken zusammen. Allein Aufregung kann unsere Gedanken kreisen lassen. Sind wir emotional aufgewühlt, wird zusätzlich das Gedächtnis aktiviert, und das uns zu den merkwürdigsten Zeiten plötzlich mit schlechten Gedanken überfluten kann.

Wie wir jetzt wissen, funktioniert es schlichtweg nicht, dieses Karussell negativer Gedanken zu unterdrücken, zu vermeiden, zu verbieten oder uns davon abzulenken. Für Kaiserin Sisi war es wahrscheinlich ein guter erster Schritt, eine Seereise zu unternehmen, um vor ihrem Schmerz zu flüchten und einer schrecklichen Situation zu entkommen – aber um ihre Gedanken zu lotsen? Da war die Reise von Anfang an zum Scheitern verurteilt. Was sie gebraucht hätte – und was wir alle brauchen, wenn unsere Gedanken nur noch kreisen –, ist das richtige Verhalten, um unser Körperorchester so zu dirigieren, dass es eine *Veränderung* in unserem Körper und in unserem Gehirn veranlasst.

Allerdings ist es schwierig, sich für »richtige« Verhaltensweisen zu entscheiden, und zwar aus einem ganz bestimmten Grund. Wir haben eine Achillesferse – oder besser: Unser Gehirn hat sie. Achilles war der größte Krieger im alten Griechenland, unaufhaltbar, unbesiegbar – abgesehen von einer einzigen verwundbaren Stelle an seiner Ferse, die schließlich seinen Niedergang bedeuten sollte. So ähnlich sind auch unsere Gehirne, stark und beeindruckend, entstanden, um in einer harten urzeitlichen Welt zu überleben. In unserer modernen Welt tendiert genau dieses Höhlengehirn – ganz besonders die grundlegenden Systeme der in unserem Stammhirn angelegten Jukebox, die gewisse

Platten automatisch abspielt – aber dazu, genau das falsche Verhalten auszuwählen und unseren Geist noch mehr aus der Ruhe zu bringen. Diese Verhaltensweisen angeln sich unseren Geist, weil sie süchtig machen und nach mehr verlangen, als habe man etwas Köstliches vor sich. Sie regen die Jukebox des Stammhirns an, wodurch sie schwer zu kontrollieren sind. Und genau das ist unsere Achillesferse.

Die zwei Nervensysteme der Entscheidungssteuerung

Im ersten Kapitel haben wir uns die verschiedenen Teile unseres Gehirns anhand unserer Faust vor Augen geführt. Das limbische System ist die zweite Schicht um die Faust. Dieses entwicklungsgeschichtlich ebenfalls uralte System ist unglaublich wichtig für unsere Fähigkeit, zwischen verschiedenen Optionen auszuwählen. Grob gesagt hilft es uns, den Wert jeder Option zu »spüren«, um dann »die beste« auszuwählen. Das ist wunderbar arrangiert und geschieht größtenteils ohne unser Bewusstsein.[2–6] Nicht bewusst ist uns auch, dass die verschiedenen Schichten unseres Gehirns jedes Mal, wenn wir vor einer Entscheidung stehen, eine Art philosophische Debatte führen: Entscheiden wir uns für die sofortige Belohnung, oder warten wir und bauen etwas auf, was später eine viel größere Belohnung verspricht?

Zum Thema Belohnung und Bedeutung gab es im alten Griechenland grob gesagt zwei Denkrichtungen. Zum einen die Hedonisten, die ein glückliches Leben durch Vergnügen erstrebten, zum anderen die Eudämonisten, angeführt von Epikur, die für ein glückliches Leben eine tiefere Bedeutung suchten. Nicht ganz zufällig entsprechen diese zwei Denkrichtungen ziemlich genau den beiden Gegenspielern unseres limbischen Systems, die sich genauso diametral gegenüberstehen wie diese beiden Philosophien. Der eine von beiden schreit im Grunde die ganze Zeit: »Spaß! Vergnügen! JETZT!«, während der andere ermahnt: »Nein, warte noch, zögere die Belohnung hinaus, später wird sie noch viel besser sein. Wartest du jetzt, wirst du später richtig belohnt werden und ein bedeutungsvolles Leben führen!«

Im Gehirn gehören zum ersten System die Amygdala, der hintere ventromediale präfrontale Kortex (VMPFC) und das Striatum, zu dem auch der Nucleus accumbens gehört. Das sind die hedonistischen Zentren unseres Gehirns. Das zweite System umfasst den Inselkortex, den vorderen ventromedialen präfrontalen Kortex, den Hippocampus, den dorsolateralen präfrontalen Kortex (DLPFC) und den vorderen cingulären Kortex (ACC).[7–9] Das zweite System ist mit den sinnstiftenden Teilen unseres Gehirns verknüpft – vergleichbar mit den eudämonistischen Philosophen im alten Griechenland.

Ich könnte dir mit einer Grafik zeigen, wo diese verschiedenen Teile in unserem Gehirn liegen. Allerdings hilft uns das auch nicht, unsere Gefühle zu regulieren. Nicht wie beim Tanzen, bei dem ich dir sagen kann, auf welchen Körperteil du dich konzentrieren sollst, damit deine Bewegung harmonischer wird. Ich kann dir sagen, dass du grundsätzlich beim Gehen darauf achten solltest, den Fuß von hinten (von der Ferse aus) nach vorne (zu den Zehen) abzurollen statt umgekehrt. Das stabilisiert dich beim Tanzen. Und wenn du am Ende jedes Schritts auf dem ganzen gespreizten Fächer deiner Zehen »lehnst«, ist das besser, als wenn du nur zur großen Zehe hin abrollst, denn dann kannst du dich nur auf einer einzigen Zehe ausbalancieren. Beim Tanzen kann ich dir einzelne Körperteile beschreiben und wie sich die Bewegung anfühlt, und du kannst dich darauf konzentrieren und dich von meiner Beschreibung führen lassen. Das Gehirn ist aber anders. Gehirnregionen zu nennen wird dir nicht helfen, deine Gefühle zu verändern. Deshalb versuchen wir diese Gehirnregionen auf indirektem Weg zu erreichen, durch unser Verhalten, und manchmal, indem wir sie uns mithilfe einer Metapher vorstellen.

Denken wir uns diese zwei Philosophien und die beiden Hirnregionen als zwei Lager, zwei gespaltene, sich oft zankende Lager. Im alten Athen lebten die Philosophen in verschiedenen Stadtteilen, die einen im oberen (die Eudämonisten) und die anderen im unteren (die Hedonisten); und genauso sind die beiden Nervensysteme in unserem Gehirn in verschiedenen Regionen angesiedelt – das hedonistische tief im Inneren, das sinnstiftende etwas weiter oben –, aber sie gehören alle zu ein und demselben Belohnungssystem.

Im alten Griechenland gab es schmale Trampelpfade zwischen den beiden Lagern. Je öfter die Philosophen sie nahmen, um sich zu besuchen und ihre Ansichten zu diskutieren, umso breiter wurden diese Pfade, immer mehr wie Straßen – heute sind es Autobahnen. Ähnlich ist es im limbischen Belohnungssystem des Gehirns. Seine Untersysteme sind durch Nervenbahnen miteinander verbunden[10–12] und tauschen so Informationen untereinander[13,14] und mit dem Gleichgewichtssystem aus[15], das die Homöostase aufrechterhält. Diese Systeme und Nervenbahnen sind bei unserer Geburt bereits angelegt, aber ich behaupte, dass du mitbestimmen kannst, wie diese Systeme miteinander harmonieren, und vielleicht auch, wie stark die Bahnen zwischen diesen beiden Nervensystemen sind. Du hast die Wahl, wie du dich in der Welt verhältst, und kannst dadurch die Neuroplastizität[16] deines Gehirns ausnutzen und deine Nervenbahnen stärken.

Verbindungen

Bleiben wir bei dieser Idee: Das erste Lager, Lager 1, die Hedonisten, ist auf möglichst sofortige Belohnung aus. Das zweite Lager, Lager 2, die Eudämonisten, denkt an Belohnung und Wohlstand in der Zukunft. Lager 1 sitzt tiefer im Gehirn, näher an der Jukebox des Stammhirns, und ist nervöser. Es will auf alles, was unsere Sinne wahrnehmen, reagieren; entweder, indem wir darauf anspringen, oder indem wir es meiden, je nachdem, wie nützlich es für unseren physiologischen Zustand ist.[17–19] Das geschieht mittels der Neurochemie, die das autonome Nervensystem reguliert. Wir sind allzeit bereit, zu reagieren.[20–23] Diese Prozesse sind uns gar nicht wirklich bewusst, und genau deshalb spielt es eine Rolle, welchen Eindrücken wir unsere Sinne aussetzen.

Das zweite System ist auf eine Weise verkabelt, dass es Informationen vom Gleichgewichtssystem unseres Körpers erhält (zum Beispiel über Nährstoff- oder Flüssigkeitsmangel, Schlaf und so weiter). Diese Informationen werden an den Inselkortex weitergeleitet und werden uns über unsere Interozeption (das Empfinden der Signale aus dem Körperinneren) vielleicht bewusst. Ein Teil der Informationen, über die Lager 2 verfügt, stammt auch aus Lager 1. Allerdings verknüpft Lager 2 die Informationen aus all diesen Quellen mit früheren Erfahrungen, Erinnerungen und ihrem möglichen langfristigen Wert oder den Konsequenzen – so gibt unser Gehirn dem, was unsere Sinne wahrnehmen, eine Bedeutung. Lager 2 lässt uns ebenfalls aktiv werden oder nicht, tut dies aber überlegt. Das ermöglicht uns Belohnungsaufschub, also auf eine größere Belohnung später zu warten und so schlussendlich lang andauerndes, bleibendes Vergnügen und eine größere Zufriedenheit aufzubauen. So können einfache Sinneseindrücke plötzlich bedeutungsvoll werden.[17, 24–26]

Drei Dinge, an denen dein Geist sich aufhängt

Wir brauchen das Belohnungssystem, um zu überleben, Neues zu lernen, für intrinsische Belohnung und das, was ich »Vergnügenplus«-Verhaltensweisen nenne – Verhalten, das sowohl eine süße, sofortige Belohnung als auch bleibende, langfristige Lebensfreude verspricht. Das Belohnungssystem und seine Verknüpfungen sind deshalb zentral für unseren Flow. Allerdings ist das gleiche System auch an unseren schlechten Angewohnheiten und ewigem Grübeln beteiligt. Auch Grübeln ist für unser Gehirn eine schlechte »Angewohnheit«. Die gute Neuigkeit ist, dass wir uns schlechte Angewohnheiten abtrainieren können, auch wenn es oft sehr schwierig ist, und neue, bessere erlernen können. Denk daran – es geht darum, deine Schwächen in Stärken umzuwandeln. Du kannst das Belohnungssystem als Kompass auf deinem Weg zum Flow nutzen, oder du kannst es, ganz unverblümt gesagt, nutzen, um dir schnelle, sofortige Belohnungen zu verschaffen und vor dich hin zu grübeln.

Mit diesen Informationen im Hinterkopf möchte ich auf drei Verhaltensweisen eingehen, an denen dein Geist sich sehr leicht aufhängt. Wir können uns mit Absicht für sie entscheiden, aber es sollte uns bewusst sein, dass sie unser Körperorchester auch in scheinbar unüberwindbares Grübeln versetzen können, weil sie sich ebenso gut anfühlen – zumindest am Anfang. Und genau da tappen wir in die Falle.

Der erste Fallstrick: Konkurrenzkampf

Anfang 2020 gelangte eine Studie über Fußball und Stresshormone in die Schlagzeilen.[27] Bei Spielen der FIFA-Weltmeisterschaft 2014 hatten Martha Newson und ihr Team an der Oxford University Speichel von brasilianischen Fans genommen. Im Labor untersuchten sie die Konzentration des Stresshormons Cortisol in diesen Proben. Sie entdeckten, dass die Zuschauer gefährliche Mengen Cortisol im Körper hatten, wenn sie ihrem Team bloß beim Verlieren *zusehen* mussten. Als Brasilien in einer legendären Niederlage gegen Deutschland verlor, sah das Forschungsteam das Cortisollevel der brasilianischen Fans so stark hochschießen, dass es sogar das Risiko erhöhte, nach dem Spiel krank zu werden.

Leistungssport

Fußball ist der populärste Sport weltweit, und verschiedene Forschungsteams haben seine Auswirkungen auf die Cortisolwerte im Blut untersucht. Welche Symphonie lässt dieses populäre Verhalten unser Körperorchester spielen? 2017 haben Maamer Slimani und sein Team vom National Centre of Medicine, Science and Sport in Tunesien siebzehn kritisch beachtete Studien dazu genauer analysiert.[28] Sie verglichen dabei die Cortisolwerte von Zuschauern bei zwei verschiedenen Arten von Spielen: Profi- und Hobbyfußball. Sie unterschieden außerdem, ob die Teams ein Spiel verloren oder gewannen. Das Ergebnis der Analyse war nicht gerade erfreulich: Sowohl bei Spielern als auch Zuschauern stiegen die Cortisolwerte bei *egal welcher Art* von Spiel an, auch bei freundschaftlichen Hobbyturnieren. Außerdem zeigen mehrere Studien, dass die Cortisolwerte bei einer *Niederlage* sogar noch weiter hochschießen.

Immunologisch gesprochen bedeutet ein hoher Cortisolwert, dass das Immunsystem von der sogenannten *Th-1-Immunantwort* (Zellimmunität) zur *Th-2-Immunantwort* (humorale Immunität) übergeht.[29,30] Wie das genau funktioniert, ist ziemlich kompliziert, aber der folgende Grundgedanke reicht zum Verständnis: In einem normalen, entspannten Zustand ist Th-1 eingeschaltet. Das schützt uns vor Viren und anderen Krankheitserregern. Th-2 wird durch die Stresssymphonie in unserem Stammhirn aktiviert und soll uns in Kampf-oder-Flucht-Situationen schützen.

Herrscht unmittelbare Verletzungsgefahr, ist die Th-2-Immunantwort aktiv, um unsere Körperhülle im Falle von Hautverletzungen zu beschützen oder falls Erreger über Schleimhäute und Körperöffnungen in den Körper einfallen. Sie errichtet sozusagen eine Schranke. Vielleicht ist dir schon aufgefallen, dass du bei länger andauerndem Stress häufiger niesen musst oder Hautprobleme bekommst; das kann ein Zeichen sein, dass dein Körper dabei ist, seine Verteidigungsschranke gegen eine Invasion aufzubauen.

Die Stresssymphonie dirigiert den Wechsel von der Th-1- zur Th-2-Immunantwort. Das ist wunderbar, wenn wir uns tatsächlich in Gefahr befinden, aber wie die Studie mit den brasilianischen Fußballfans gezeigt hat, kann die Stresssymphonie schon allein, wenn wir Sport *schauen*, aktiviert werden (und Th-2 einschalten). Eine Studie hat sogar gezeigt, dass Fans von Profifußball-, Baseball- und Rugbyspielen ein erhöhtes Risiko für Herz-Kreislauf-Probleme haben, besonders, wenn ihr Team verliert.

Abgesehen von den individuellen negativen Auswirkungen auf die Gesundheit gibt es aber auch noch etwas anderes zu bedenken. Erinnerst du dich noch, wie wir zuvor gesagt haben, dass Erregung in deinem Gehirn auch alle möglichen schlechten Erinnerungen aktiviert? Es wird dich kaum überraschen, dass solche erhöhten Stresshormone vermutlich in einem Zusammenhang stehen mit aggressivem Verhalten, wie es bei Spielen oft sowohl bei Fans des Gewinner- als auch des Verliererteams beobachtet werden kann. Ein Forschungsansatz hat gezeigt, wie explosiv die Aggression ist, die sich während eines Spiels aufbaut, und wie sie auch nach dem Spiel noch fortbesteht. Mehrere Forschungsteams haben sowohl US-amerikanische als auch britische Polizeiberichte studiert. Diese zeigen, dass an Tagen mit großen Sportveranstaltungen ungefähr 10 Prozent mehr Fälle von häuslicher Gewalt gemeldet werden – das ist die sogenannte Erregungsfehlattribution (siehe Seite 77).[31, 32]

Ja, auch bei Naturkatastrophen, Wirtschaftskrisen, großer Hitze und an öffentlichen Feiertagen werden mehr Fälle häuslicher Gewalt gemeldet. Es geht darum, dass *auch* gewisse (allerdings nicht alle[32, 33]) Sportveranstaltungen diesen Effekt haben. Mehr Cortisol im Blut bedeutet, dass wir hitzköpfig werden und um uns schlagen, teilweise mit schrecklichen Folgen für die Menschen, die uns am nächsten sind, und für die Gesellschaft als Ganzes.

Aber was hat das mit Flow zu tun? Diese Studien zeigen, dass Verhaltensweisen, bei denen man sich stark mit anderen misst, bei denen es also etwas zu *verlieren* gibt (ein Spiel, Geld, Status und so weiter), sehr wahrscheinlich zu einem erhöhten Stresshormonlevel führen. Erhält das Gehirn die Nachricht von Cortisol im Blut, wird es einen Zustand der erhöhten Wachsamkeit auslösen. Das kann automatisch schlechte Erinnerungen aktivieren, wodurch wir das, was wir gerade erleben, negativ interpretieren[34–36]. Dann ist es sehr wahrscheinlich, dass rosarote Elefanten sich in unsere Gedanken drängen und sich auf uns stürzen, kaum dass wir konzentriert arbeiten oder versuchen wollen, einzuschlafen.

In der Einführung habe ich versprochen, zu zeigen, wie du dir mit Kunst – ob es nun eine eigene kreative Tätigkeit oder das Betrachten von Kunst ist – *deinen* persönlichen Weg zu einem regelmäßigen, erfrischenden Flowzustand bahnen kannst. Aber kann das irgendeine kreative Tätigkeit, irgendein Kunstgenuss sein? Nein. Beides sind Verhaltensweisen, und es geht darum, die Richtige zu wählen, wenn du deine nagenden Gedanken loswerden willst.

Leistungskunst

Als ich gemeinsam mit meinem Kollegen Dong-Seon Chang mein erstes Buch *Tanzen ist die beste Medizin* schrieb,[37] kämpfte ich mit einem Gewissenskonflikt. Wie der Titel verrät, sollte das Buch all die wunderbaren Effekte beleuchten, die Tanzen auf die Gesundheit haben kann. Da war ich nun, eine Ex-Profitänzerin mit einer verletzten Wirbelsäule und einer verletzten Seele, und plädierte dafür, dass ausgerechnet Tanzen die beste Medizin sei. Ich bin zutiefst dankbar, dass ich mit diesem Buch hier die ganze Geschichte erzählen kann.

Eine Studie zeigt ganz besonders gut, welchen Effekt der Konkurrenzkampf auf uns haben kann: Nicolas Rohleder und sein Team an der Universität Dresden wollten messen, welche Auswirkungen Tanzen auf die Gesundheit hat, also begleiteten sie Turniertänzerinnen und -tänzer bei Training und Wettkämpfen.[38] Das Forschungsteam wollte wissen, ob sich die Cortisolwerte der Tänzerinnen und Tänzer in der Turnier- und der Trainingssituation unterschieden. Nachdem du den ersten Teil dieses Kapitels gelesen hast, wirst du bereits ahnen, was dabei herauskam. An Turniertagen ergaben die Messungen extrem hohe Cortisolwerte nach dem Wettkampf. Und das konnte nicht an der Bewegung selbst liegen, denn Messungen an einem normalen Trainingstag zeigten keinen solchen Anstieg. Dasselbe Ergebnis konnte auch von einem anderen Forschungsteam nachgewiesen werden: Eleanor Quested und ihr Team an der University of Birmingham maßen ebenfalls Cortisolwerte, allerdings von Balletttänzerinnen und -tänzern nach einer Einzelaufführung für eine Prüfung. Im Vergleich zum normalen Training schossen die Cortisolwerte am Tag der Prüfung hoch hinaus.[39]

Bei einer dritten Studie untersuchte ein Team die Auswirkungen von Stresshormonen beim Tanzen auf die Gesundheit. Tudor Vrinceanu und sein Team an der University of Montreal baten die Teilnehmenden, während drei Monaten eine von drei Aktivitäten auszuüben.[40] Eine Gruppe besuchte dreimal die Woche einen Tanzkurs, eine Gruppe einen Indoorcycling-Kurs, und die dritte Gruppe ging ihrem Alltag nach wie bisher. In den drei Monaten maß das Forschungsteam jeweils zu vordefinierten Zeiten das Cortisol im Blut, genau wie bei der anderen Studie. Die Ergebnisse waren überraschend: Während die Cortisolwerte der Tanzgruppe nach dem Training jeweils bedeutend sanken, schossen diejenigen der Cycling-Gruppe hoch. Bei der dritten Gruppe, der Kontrollgruppe, blieben sie unverändert.

Was war hier los?

Was bei der ersten Studie nicht bedacht wurde, ist, dass Konkurrenz und Wettkampf allein schon großen Stress für Kopf und Körper bedeuten. Dabei ist es unwichtig, in welcher Disziplin wir uns messen, den Unterschied macht die Wettkampfsituation selbst. Ein Wettkampf entzündet eine ganz bestimmte Angst in jenem Teil des Gehirns, den die Hirnforschung als »soziales Gehirn« bezeichnet: die Angst, zu verlieren. Und jede Menge neurowissenschaftliche Forschungsarbeiten zeigen, dass die Angstsymphonie das Cortisol hochschießen lässt, weil sie das Kampf-oder-Flucht-System aktiviert.

Sobald ein Verhalten eine Wettkampfseite hat, ist es unwahrscheinlich, dass dieses Verhalten dir zum Flow verhelfen wird.

Gefahr für Körper und Geist

Das soziale Gehirn liegt über der Jukebox des Stammhirns und ist mit dessen grundlegenden Prozessen sehr stark verknüpft. Das liegt daran, dass unser Sozialverhalten uns in der gefährlichen urgeschichtlichen Welt das Überleben sicherte: In großen Sozialverbänden leben zu können bedeutete Schutz. Nicht nur offizielle Wettkämpfe erhöhen unser Cortisol. Das menschliche Gehirn ist natürlicherweise darauf ausgelegt, besser zu sein als mögliche – sogar fiktive – Gegner, und das kann uns wahnsinnig wertend und ehrgeizig machen.

Diese automatischen sozialen Prozesse laufen oft ohne unser Bewusstsein ab und haben einen Haken. Auf der einen Seite half uns unsere kämpferische Seite, entwicklungsgeschichtlich gesprochen, zu überleben, als wir noch in Höhlen wohnten und jeder Tag ein Kampf war. Auf der anderen Seite machen uns diese Instinkte ehrgeizig, auch wenn es gar keinen Grund dafür gibt. Wir messen uns *zum Spaß*, nicht, weil unser Überleben davon abhängt. Zu gewinnen und dadurch Ruhm, Ehre und Macht zu erhalten aktiviert unser Belohnungssystem. Wir mögen es. Aber einen ruhigen Geist wird es uns nicht verschaffen.

Wie bereits besprochen, hat sich unser Gehirn seit diesen Zeiten nicht groß verändert und trägt immer noch all diese Vor- und Nachteile in sich. Was andere über uns denken, ist unserem Gehirn sehr wichtig. Es nimmt Blicke und Bewegungen von anderen automatisch wahr. Zu *verlieren* ist in erster Linie ein soziales Phänomen. Und es bringt Körper und Geist in Gefahr. Gäbe es niemanden außer uns, wäre uns scheitern egal, wir würden einfach weitermachen, bis wir besser werden. Praktizieren wir eine Tätigkeit aber nicht unabhängig vom »gesellschaftlichen Blick« oder mit Menschen, die uns selbstverständlich wohlwollend und urteilsfrei begegnen, besteht immer das

Risiko, zu verlieren. Die Psychologie hat dabei etwas namens *soziale Vergleichsprozesse* entdeckt. Sie umfassen alles von eifersüchtiger Bewunderung für das Aussehen anderer über den Vergleich eigener und fremder Besitztümer bis hin zu FOMO – *Fear Of Missing Out*, also die Angst, etwas zu verpassen. Diese Prozesse finden in Familien, am Arbeitsplatz, im Sport und ja, auch in der Kunst statt, wenn unsere ehrgeizige Seite überhandnimmt. Entwicklungsbedingt nehmen wir die Erfolge *anderer* ganz besonders wahr. Selbst in der heutigen Welt des Überflusses ist unser Höhlengehirn oft eifersüchtig: auf das Aussehen anderer, ihren Besitz, ihr Können, ihr Glück; wir wollen das auch haben, und unser erster Impuls ist Wettkampf. Deshalb sind soziale Wettkämpfe sehr stressig für unser Körperorchester, selbst wenn sie bei einem bloßen Hobby auftauchen, etwa beim Tanzen, beim Laufen, selbst beim Yoga, das uns ja eigentlich in einen Zen-Zustand versetzen sollte.

Vielleicht sollte ich eines erwähnen: Ich will dir nicht verbieten, dich mit anderen zu messen. Wettkämpfe haben Sinn und Zweck. Im Leben und in unserer Karriere streben wir manchmal nach einem Ziel und müssen uns vielleicht mit anderen messen, um Geld, Bewunderung oder Status zu gewinnen. Bis zu einem gewissen Grad ist das eine gute Sache. Es überrascht nicht, dass wir unser ganzes Leben lang immer wieder gesagt bekommen, dass wir uns messen sollen, nach etwas streben, andere und uns selbst immer wieder übertreffen sollen. Was uns nicht beigebracht wird, ist, dass zu viel Wettkampf, ein zu großer Fokus auf Gewinn und *externe* Belohnungen uns langfristig gefährlich werden können. Ein Nachteil davon ist ein ständig unruhiger Geist.

Um in den Flow zu finden, steht uns unser Kampfgeist mit seinen Auswirkungen auf Körper und Geist im Weg. Jedes Verhalten kann stressig werden, wenn es zum Wettkampf wird, selbst Tanz und jede andere Kunstform. Allerdings gibt es bei der Kunst einen Unterschied. Manche Tätigkeiten sind in sich selbst wettkampforientiert und daher stressig. Bei der Kunst und kreativen Tätigkeiten *muss* das aber nicht sein, wie wir im nächsten Kapitel sehen werden.

Wir können Wettkämpfe, bei denen viel auf dem Spiel steht, vermeiden und uns von Situationen fernhalten, die uns fast dazu zwingen, uns mit anderen zu vergleichen (unsere Haare, unseren Lohn, unsere Körper, unsere Kleider), aber unser Umfeld können wir nicht immer kontrollieren. Andere Menschen können uns bestimmte Verhaltensweisen aufdrängen, die in unserem Kopf und unserem Körper ehrgeizige Kampflieder anstimmen, und nicht immer können wir ihnen entgehen, ob im Büro oder bei Familienfeiern – selbst wenn wir das gern möchten. Die meisten von uns werden schon einmal ein ehrgeiziges Umfeld erlebt haben, das sie nicht kontrollieren und dem sie nicht entkommen konnten. Während der Corona-Pandemie strömten Debatten über Infektionszahlen, Hospitalisierungsraten, Impfungen und so weiter wie Gift in die sozialen Medien. Auf welcher Seite auch immer man stand, dieser Brand aus Angst, Wut und depressivem Grübeln ließ sich genauso wenig vermeiden wie die Schuldzuweisungen und die Missbilligung, während wir alle *recht haben* wollten. Die endlosen Schlaufen dieser Debatten ohne Einsicht oder Erleichterung waren nichts als ständiges Grübeln. Dieses Verhalten (egal, ob wir aktiv an der Debatte teilnahmen oder nur passiv mitlasen) schickte unseren Körper in furchterregende Symphonien, und der daraus resultierende neurobiologische Cocktail schadete Körper und Geist. Mach dir das bewusst, wenn du zum »Abschalten« durch Social Media surfst – es wird dich ziemlich sicher nicht von deinen unerwünschten Gedanken erlösen. Stress ist kein gutes Gefühl. Bleibt die Frage: Warum wirken Wettkämpfe so anziehend auf uns, wenn sie doch Stress bedeuten? Wegen der Belohnung. Wegen der schwindelerregenden Freude, die das Belohnungssystem in unserem Gehirn auslöst, vorausgesetzt, wir *gewinnen*.

Was sollen wir also tun? Wenn wir entwicklungsgeschichtlich auf Wettkampf programmiert sind und ständig von Gelegenheiten umgeben, uns zu messen, sind wir dazu verdammt, in alle Ewigkeit gestresst zu sein, mit streng urteilenden rosaroten Elefanten, die sich immer wieder um sich selbst drehen? Müssen wir unser Fußballteam aufgeben und nur noch Zeit mit Menschen verbringen, mit denen wir uns niemals vergleichen? Natürlich nicht.

Wie gesagt, schadet uns Wettkampf *an sich* nicht. Tatsächlich trainieren wir beim Spielen oder im Sport unsere Fähigkeit, nach einem Ziel zu streben und Hürden und Widersacher zu überwinden. Die

Welt ist nicht perfekt, und der Kampf um Ressourcen ist eine Tatsache. Beim gegenseitigen Messen fließen Wettkampfhormone, darunter auch Stresshormone, in unser Blut. Sie helfen uns, höher, besser und schneller zu sein. Wettkampf kann eine gute Sache sein – aber es kann auch kippen, wie bei den Fußballfans in der Studie.

Das Problem beginnt, wenn wir *süchtig* werden nach Wettkampf.

Wettkampf ist ein Verhalten, und wir müssen uns bewusst sein, dass unser Körper manchmal auch bei Tätigkeiten einen Wettkampf sieht, die wir selbst gar nicht als ehrgeizig wahrnehmen. Wenn uns die Stresshormone in unserem Körper nicht bewusst sind und wir uns nie eine Auszeit davon gönnen, wird das zum Problem. Wir wissen jetzt aber, dass wir nicht machtlos sind. Verstehen wir, dass gerade die Stresssymphonie spielt, können wir uns aktiv entscheiden, unserem Körperorchester gesündere Symphonien zu dirigieren und so unseren Geist zu befreien.

Das ist also der erste Schlüssel auf dem Weg zum Flow: Wollen wir, dass unser Körperorchester eine beruhigende Symphonie spielt, sollten wir Tätigkeiten meiden, die uns zum Wettkampf, gegenseitigen Vergleich und zur Wertung einladen: Tätigkeiten, zu denen irgendein Kampf zwischen uns und anderen, oder auch uns und uns selbst, gehört oder bei denen Abschätzung oder generell eine Form der Wertung im Spiel ist, egal, ob es sich dabei wirklich um eine Bewertung handelt oder wir einfach auf Lob von anderen aus sind. Denn genau daran hängt sich unser Geist auf, das Gehirn bleibt stecken und wir finden keinen Flow. Wird unser Kampfgeist aktiviert, steigen die Stresshormone an. Lass das ruhig zu, wenn dir danach ist – aber die Seele baumeln und deine Gedanken friedlich dahinfließen lassen, um Körper und Geist zu stärken, wirst du in diesem Moment nicht können.

Der zweite Fallstrick: Das Streben nach hohlem Vergnügen

Ich möchte dir gern die Ratte Barnaby vorstellen. Professor Burrhus Frederic Skinner, ein amerikanischer Psychologe und Forscher in den 1950er-Jahren, hat den Ausdruck der *operanten Konditionierung* geprägt.[41] Ihm schien es klar, dass der freie Wille eine Illusion ist, dass wir über unser Verhalten nicht frei entscheiden können. Wir werden vom Belohnungssystem unseres Gehirns kontrolliert. Wir gehen Belohnungen in die Falle. Skinner postulierte, dass er steuern könne, wie Menschen sich verhalten, indem er nur die Kontingenzen ihres Verhaltens aufmerksam beobachtet. Mit *Kontingenzen* meinte er die unmittelbaren Konsequenzen, die auf ein Verhalten folgen. Bringt uns das Verhalten eine Belohnung oder eine Bestrafung ein? Kriegen wir Aufmerksamkeit? Ein Like? Ein Leckerchen? Bringt uns das Verhalten vielleicht gar nichts? Am Ende läuft das alles auf eine einfache Grundannahme hinaus: Wir wiederholen, was uns schon einmal Spaß, Vergnügen oder ein gutes Gefühl beschert hat, und vermeiden, was uns Schmerzen bereitet hat.

In seinen berühmten Rattenexperimenten zeigte Professor Skinner, dass Ratten zufrieden waren, wenn sie jederzeit einen Hebel in ihrem Käfig drücken und dafür eine kleine Futterbelohnung kriegen konnten. Dann taten sie den ganzen Tag zufrieden, was Ratten in ihrem Käfig halt so tun. Verpasste das Drücken des Hebels ihnen allerdings einen elektrischen Schlag, drückten sie den Hebel nie wieder und mieden die Ecke mit dem Hebel sogar für den Rest ihres Lebens. Dann programmierte Skinner den Belohnungsdispenser so, dass er nur, sagen wir mal, in 30 Prozent der Fälle Futter ausspuckte. Also löste nur noch jedes dritte Drücken eine Belohnung aus. Das sorgte für Stress im Gehege. Nicht sehr großen Stress, aber ein bisschen. Nicht, weil die Ratten nicht genug Futter gehabt hätten; sie schienen aber irgendwie plötzlich ganz besessen von dem Futter aus dem Dispenser, wenn sie es nicht mehr zuverlässig bei jedem Drücken erhielten.

Eine echte Veränderung stellte sich ein, als Skinner das System so programmierte, dass es Futter nur noch komplett beliebig ausspuckte. Immer noch bei, sagen wir, 30 Prozent der Versuche, aber nicht mehr regelmäßig bei jedem dritten Drücken, sondern ganz zufällig verteilt. In der Psychologie nennt sich das *variable Verstärkung*. Die Ratte Barnaby und seine Kameraden im Käfig wurden davon ganz wild. Die Unvorhersehbarkeit machte sie wahnsinnig. Jetzt hatte Skinner wirklich vollkommen die Kontrolle über ihr Verhalten: Sie waren komplett süchtig danach, den Hebel zu drücken. Sie ignorierten alles andere im Käfig, vergaßen Paarungs- und Putzverhalten, zu trinken und etwas anderes als die Belohnungsstückchen zu fressen. Es gab für sie nur noch den Hebel. Diesen wunderbaren, magischen Hebel! Damit hatte sich der freie Rattenwille definitiv verabschiedet.

Variable Verstärkung

Diese Art Experiment konnte unzählige Male wiederholt werden, mit verschiedenen Belohnungen, verschiedenen Tieren, Menschen, und so weiter. Ratten, Menschen und andere Säugetiere, sogar Reptilien, bei allen ist das Belohnungssystem im Gehirn seit Urzeiten gleich verkabelt, weil das so wichtig ist für das Überleben in einer harten Welt. Das wunderbare Buch *Von Menschen und Ratten: Die berühmten Experimente der Psychologie* von Lauren Slater beschreibt diese Experimente sehr schön, ich kann aber auch schon gleich mal verraten: Die Resultate sind immer die gleichen. Wir *alle verlieren die Kontrolle,* sobald variable Verstärkung auf uns wirkt. Du glaubst, du hättest das Sagen – hast du aber nicht.

So entstehen Gewohnheiten: Wir neigen dazu, selbst dysfunktionales Verhalten zu wiederholen, wenn wir dafür einmal eine Belohnung erfahren haben. Ein Kind, das im Supermarkt einen Schreikrampf bekommt, weil es *genau diese Süßigkeit* haben will, wird sich wieder so aufführen, wenn es die Süßigkeit (die Belohnung) einmal bekommen hat. Ein einziges Mal nachzugeben und ihm die Süßigkeit zu kaufen reicht bereits, dass sein Gehirn variable Belohnung erfahren hat und die Süßigkeit das nächste Mal noch nachdrücklicher haben will.

Wir wiederholen, was uns schon einmal ein gutes Gefühl eingebracht hat, aber noch viel stärker, wenn uns dieses gute Gefühl nur hin und wieder vergönnt und die Erfolgsrate variabel und unvorhersehbar ist (manchmal ist der Vater müde und kauft dem Kind die Süßigkeit, manchmal hält er dem Schreikrampf stand und kauft sie nicht = variabel intermittierende Verstärkungsrate).

Wir alle sind dem ausgeliefert. Eine WhatsApp-Nachricht oder eine Benachrichtigung über Social Media, Glücksspiel oder den Spielstand eines Sportmatches zu überprüfen, all das kann uns eine angenehme

Dopaminausschüttung bringen, aber das alles ist eben unvorhersehbar, und ob sich das gute Gefühl einstellt, ist variabel. Sogar beim Daten wiederholt sich das Hebelexperiment quasi 1:1. Schreibt uns jemand nicht immer zurück, werden wir genau dieser Person verfallen – nicht, weil sie so toll ist, sondern weil ihr inkonsistentes Verhalten unser Belohnungssystem an der Angel hat.

Um dir den langfristigen Effekt dieser variablen, zwischenzeitlichen Dopaminausschüttung vor Augen zu führen, überleg dir nur mal, wie oft du völlig grundlos dein Handy in die Hand nimmst, ein neues Browserfenster öffnest, Benachrichtigungen und deine E-Mails checkst und es dann wieder hinlegst, nur um genau das Gleiche wenige Minuten später wieder zu tun. Genau das ist so eine schlechte gelernte Angewohnheit. Aber warum haben solche Verhaltensweisen so ein großes Suchtpotenzial? Warum sind sie dermaßen verführerisch für die rosaroten Elefanten, die deshalb gleich wieder die nächste Stampede in unserem Geist anzetteln? Und wie können wir uns schützen? Tja, zunächst einmal können wir etwas drüber lernen, was in der Psychologie *hedonistisches Verhalten* heißt, und über das Vergnügen, das damit einhergeht.

Sinne, Gefühle und Gewohnheiten

Während der Corona-Pandemie 2020 wurden meine Kolleginnen, Kollegen und ich immer wütender, als wir sahen, wie Freunde, Bekannte und wir selbst (!) zunehmend süchtiger wurden nach diversen Internetplattformen. Wir beschlossen, eine Zusammenfassung und Betrachtung der wissenschaftlichen Literatur darüber zu schreiben, wie die Privatwirtschaft sich die Neurowissenschaft zunutze macht, um uns mittels variabler Belohnung zu angeln, uns zum Kauf anzuregen und uns nach ihren Produkten süchtig zu machen.[42] Dabei haben wir gesehen, dass sich die angewandten Tricks grob in drei Kategorien einteilen lassen; sie sprechen unsere *Sinne* an, lösen *Gefühle* aus und machen unser Verhalten zu *Gewohnheiten*. Skinners Rattenexperimente haben gezeigt, dass purer Hedonismus, also das Verfolgen von nichts als dem unmittelbaren Vergnügen, durch variable Belohnung schlechte Gewohnheiten formt. Schauen wir uns kurz an, was mit unserem Gehirn passiert, wenn wir unsere Konzentration wieder und wieder zerstückeln, weil wir ständig irgendetwas an unseren Sinnen und Gefühlen zerren lassen. Unser Verhalten führt zu schlechten Gewohnheiten, und wir fühlen uns immer hilfloser und frustrierter, weil wir uns auf nichts mehr richtig konzentrieren können.

Neurowissenschaftliche Experimente zeigen, dass wir uns Bildern, Worten, Klängen und Gerüchen von natürlichen Belohnungen automatisch zuwenden, sobald unsere Sinne sie wahrnehmen. Zu den natürlichen Belohnungen gehören Dinge wie Zucker, Fett, Sex, ein Dach über dem Kopf und sozialer Status. Sie alle sind wichtig für unser Überleben in der Wildnis, und unsere seit 300.000 Jahren unveränderten Gehirne sind darauf programmiert, zu reagieren. In der Psychologie wird das *Orientierungsreaktion* genannt. Die Forschung setzt Technologien ein, die schnelle Augenbewegungen zu einem Objekt hin messen können. Solches Hinschauen zu einer natürlichen Belohnung dauert nur Millisekunden – deshalb ist klar, dass wir nicht bewusst hinschauen. Es passiert einfach. Du glaubst, du hättest alles unter Kontrolle; hast du aber gar nicht.

Stränge von Nervenzellen sind mit den Muskeln verbunden, die die Augenbewegung kontrollieren. Unser Sehsinn, genauso wie auch alle anderen Sinne, wurde von der Evolution so geformt, dass wir Formen und Bewegungen, die auf eine Quelle natürlicher Belohnung hindeuten könnten, automatisch wahrnehmen. Diese Fähigkeit, Belohnungen möglichst schnell wahrzunehmen, ist ein Riesenvorteil im Kampf ums Überleben in der Wildnis. In der modernen Welt, die nur so sprüht vor möglichen Belohnungen, wird unsere Aufmerksamkeit dadurch aber ständig abgelenkt. Wir sehen einen Burger auf einem Werbeplakat, riechen ein verführerisches Parfüm, hören, wie ein spritziges, sprudelndes Getränk eingeschenkt wird, und sofort hat das unsere Aufmerksamkeit. Darüber hinaus kann auch alles, was uns nur schon an ein Vergnügen erinnert, die rosaroten Elefanten heraufbeschwören, die dann ganz wild Dopamin-Randale machen. Da sind wir wieder beim roten Sportwagen: Sobald wir versuchen, unsere Gedanken von einem potenziellen Vergnügen abzulenken, prallen sie sofort ab und springen wieder zurück. Setzen wir uns durch unser Verhalten der Aussicht auf Vergnügen aus, wird das automatisch die gierigen rosaroten Elefanten auf den Plan rufen und unsere Aufmerksamkeit zerschmettern. Wir können gar nicht anders.

Zusätzlich sind auch Erregungsbotenstoffe und -hormone wie Dopamin, Adrenalin und andere im Umlauf, wenn wir plötzlich starke, unvorhergesehene Gefühle empfinden, zum Beispiel Freude, Gänsehaut oder Ergriffenheit, und sogar bei negativen Gefühlen wie Angst, Wut, Trauer oder Ekel. Manche Gefühle wie Neugier, Überraschung oder wenn uns etwas tief berührt sind sogenannte *Bindungsemotionen*. Sie »binden« uns an die Person, das Objekt oder die Erfahrung, die das Gefühl verursacht hat. Und weil sich diese Erregung so gut anfühlt und meistens unvorhersehbar eintritt (also ganz gemäß variabler Belohnung), wollen wir sie wieder spüren.

So spielen auch Serien mit unseren Gefühlen. Schauen wir uns eine Serie an, lösen die Geschichte und die Figuren bestimmte Gefühle in uns aus. Nicht alle sind positiv; auch Sorgen, Drama und Angst können dazugehören, aber wir empfinden sie gerne – weil sie die Erregungsbotenstoffe aktivieren, durch die wir uns emotional an die Geschichte und die Figuren binden. Bei einer gut gemachten Serie werden wir nach einer Folge weiterschauen wollen, und die Cliffhanger am Ende jeder Folge lassen uns die nächste schauen, und die nächste, und die nächste ... voilà, der Netflix-Effekt.

Deshalb ist es so schwer, Netflix und Co. auszuschalten. Obwohl wir *wissen*, dass das eine schlechte Angewohnheit ist, die uns rastlos macht, unsere Konzentration zerschmettert und uns vom Schlafen abhält. Episodische Serien sind absichtlich so gemacht, dass dein Körperorchester den letzten Satz der Vergnügungssymphonie immer und immer wieder spielt, damit du immer *noch mehr* willst. Und zusätzlich sorgt der Zeigarnik-Effekt, über den wir im ersten Kapitel gesprochen haben, dafür, dass die noch offene Geschichte sich in deinen Gedanken immer wieder aufdrängt.

Dein Gehirn arbeitet genau, wie es soll. Vorfreude und Neugier sind verlockend, das ist vollkommen menschlich und auch völlig in Ordnung. Willst du deinen Geist aber beruhigen, hilft dir variable Verstärkung dabei nicht, auch wenn sie herrlich aufregend ist.

Mit jedem bisschen Vergnügen schütten Hirnareale wie der Hypothalamus und die Substantia nigra Dopamin und andere verwandte Botenstoffe aus. Diese signalisieren unserem Geist zuerst Vergnügen und danach Sättigung. Je nach Situation können sie aber auch nur die *Aussicht* auf Vergnügen signalisieren. Diese Erwartung kann dann ein Gefühl auslösen, das gemeinhin als *Verlangen* bezeichnet wird. Verlangen führt wie eine Schnellstraße zu Stress und steht dem Flow völlig im Weg. Wir riskieren, dass unser Gehirn Verlangen entwickelt, wenn wir Verhalten nur noch zugunsten von Vergnügen ausführen und sich dieses Vergnügen dann aber nur ab und zu, in variablen Intervallen, einstellt.

Manche Verhaltensweisen lassen dein Körperorchester die Vergnügungssymphonie anspielen und in Sättigung und Entspannung ausklingen, aber andere halten uns in einer endlosen Spirale des ständigen Strebens nach Vergnügen gefangen. Nennen wir diese letztgenannten mal die »nach Vergnügen strebenden Verhaltensweisen«.

Eine vielleicht eher überraschende Quelle verrät uns recht viel über das komplexe Belohnungssystem unseres Gehirns: Menschen, die mit Depressionen zu kämpfen haben. Ein Symptom der Depression ist die sogenannte *Anhedonie*: das Unvermögen, Spaß und Vergnügen zu empfinden, durch Belohnung zu lernen oder Motivation zu verspüren, etwas zu tun, was früher einmal Spaß bereitet hat. Sehr einfach ausgedrückt lernen Menschen mit Anhedonie nicht durch Belohnungen, wie das die Ratte Barnaby und andere Säugetiere, zum Beispiel wir Menschen, normalerweise tun; das Gehirn stellt schlichtweg keine Verbindung her zwischen früher einmal empfundenem Vergnügen und Möglichkeiten, sich dieses Vergnügen wieder zu beschaffen. Die Wissenschaft hat aber etwas Erstaunliches herausgefunden: Während an Depression erkrankte Menschen bei Dingen wie einer ausgelassenen Party, einer schönen Bootsfahrt oder einem Abendessen unter Freunden kein Vergnügen empfinden, löst ein Stück Schokolade bei ihnen genau gleich viel Vergnügen aus wie bei Menschen ohne Depression. Das ist einer der Gründe, weshalb an Depression erkrankte Menschen auch Übergewicht entwickeln können: Zucker und

Fett gehören zu den wenigen Dingen, die ihnen noch Freude und Befriedigung schenken.[43–46] Forschungen in diese Richtung zeigen, wie komplex die Nervensysteme für das Vergnügen in unserem Gehirn sind. Ja, eine Fernsehserie oder eine Social-Media-Benachrichtigung gibt uns vorübergehend ein gutes Gefühl, das ist aber nur von kurzer Dauer. Wie wenn du ein Stück Schokolade isst. Auf dem Weg zum Flow sind diese Systeme an sehr vielen wichtigen Stellen beteiligt – sie sorgen dafür, dass wir lernen können (du erinnerst dich sicher noch an das grundlegende Lernprinzip, dass wir wiederholen, was uns einmal Vergnügen bereitet hat), kreativ sein können, ein Ich-Erleben und Erfolgsgefühle haben und unserem Leben und dem, was wir tun, eine *tiefere Bedeutung geben*. Um uns unseren Weg zum Flow zu bahnen und zu einem Leben, das uns bedeutungsvoll erscheint, müssen wir Verhaltensweisen kultivieren, die *beides* ansprechen: das tiefer gelegene Belohnungssystem und die übergeordneten Systeme unseres Bewusstseins, die Sinn und Bedeutung schaffen. Merk dir aber jetzt erst einmal einfach den zweiten Schlüssel, den du auf deinem Weg zum Flow benötigst: Wenn dein Geist eine Ruhepause braucht, frag dich bei der Entscheidung für ein Verhalten, ob dich das mit großer Wahrscheinlichkeit in eine Situation mit starken, aber unvorhersehbaren Belohnungen bringen wird. Auf der Suche nach einem Verhalten, das als Kompass zum Flow funktioniert, ist variable Belohnung nicht hilfreich.

Nach einem Jahr als Studentin in Frankreich beschloss ich weiterzuziehen. Mit gefiel es in Frankreich, aber ich fand das Studium zu stark auf Sozialpsychologie ausgerichtet. Während ich finde, dass soziale Prozesse ein unglaublich wichtiges und interessantes Forschungsfeld sind, wie wir im vierten Kapitel sehen werden, hatte ich schon immer das Gefühl, dass zunächst einmal eine ganze Menge biologische Prozesse in unserem Gehirn und unserem Körper ablaufen müssen, bevor wir Menschen irgendetwas Soziales tun. Und darüber wollte ich mehr wissen. Aus verschiedenen Gründen war es für mich also Zeit, wegzuziehen, und genau wie die Kaiserin Sisi fand auch ich auf einer Insel Zuflucht. Ich hatte gehört, dass es auf einer Insel im Mittelmeer eine gute Universität mit einem starken Fokus auf Psychobiologie und Statistik gab. Mir selbst war die Insel kein Begriff, aber falls du sie kennst, dann wahrscheinlich wegen ihres Rufs als Partyinsel schlechthin: Mallorca. Mein Leben lang hatte ich in meiner Ballettwelt gelebt – ich hatte noch nie von Mallorca gehört.

Einmal angekommen, merkte ich, dass es auf Mallorca zwei Welten gibt. Zufälligerweise erinnern sie an unsere beiden Philosophenlager. Die erste Welt ist eine des Massentourismus, in der es nur um Drinks, Drama und Dekolletés geht. Bis zu tausend Flieger täglich laden eine unendliche Menge Menschen ab, die auf der Jagd nach Spaß – und mit dem Streben nach Vergnügen – sofort zu ganz bestimmten Teilen der Insel strömen. Dort gibt es Resorts, bei denen sich komplett alles nur um hedonistisches Verhalten dreht. Alkohol, Drogen, Glücksspiel, Fritten, Burger und Sex, immer und überall und, so scheint's, jeder mit jedem. Wissenschaftliche Studien haben gezeigt, dass die Frequenz ihres Drogenkonsums, ungeschützten Geschlechtsverkehrs und Glücksspielverhaltens in diesen Ferienresorts im Mittelmeer für viele Menschen um bis zu 50 Prozent ansteigt.[47–51] Ich erinnere mich an einen Zeitungsartikel, den ich gleich in meiner ersten Woche auf Mallorca gelesen habe. Darin wurde die Gewalt an den Stränden und in den Clubs thematisiert, die durch das übermäßige, entfesselte Konsumverhalten entstand, das unserem Belohnungssystem ständige Kicks verpasst.

Die andere Welt steht in krassem Gegensatz zu diesem hedonistischen Wahnsinn und den endlosen Orgien. Ein Paradies. Die Insel zeugt von römischen, arabischen und spanischen Einflüssen. Das ganze Jahr in ein einzigartiges sienafarbenes Licht getaucht, bietet sie eine fantastisch vielfältige Vegetation und die Bergkette Serra de Tramuntana, die zum UNESCO-Welterbe gehört und seit jeher ein Zufluchtsort für Künstlerinnen und Künstler war, die hier Trost und Inspiration suchten. Mallorca mit seiner roten Erde hat eine lange kulturelle, kulinarische und künstlerische Tradition, die etwa 5000 Jahre zurückreicht.[52,53] An jeder Ecke erwartet einen atemberaubende Schönheit. Zu den zugewanderten Söhnen und Töchtern neuerer Zeit, die sich auf der Insel sowohl vergnügt, aber auch eine Tiefe gefunden und diese in ihrer Kunst ausgedrückt haben, gehören Joan Miró, Frédéric Chopin, Pablo Picasso, George Sand, Robert Graves, Coll Bardolet und viele weitere. In der Hauptstadt Palma sind architektonische Juwelen von Gaudí zu finden, Statuen von Eduardo Chillida – und die Universität, an der ich studierte. Ich erfuhr bald, dass die Universität nach Ramón Llull benannt ist, einem mittelalterlichen Philosophen und Schutzheiliger der Insel. Dank seiner Schriften wissen wir, dass es auf Mallorca die katalanische Sprache vor der spanischen gab. Einige seiner bekannten Werke aus dem 13. Jahrhundert hat er auf Katalanisch, Lateinisch und wahrscheinlich auch auf Arabisch verfasst. Sein Kennzeichen ist eine Schreibfeder, die für seine Schriften steht. Nahe dem Strand in Palma gibt es eine Statue von ihm.

All diese kleinen Wissenseinheiten sind jetzt in deinem Gehirn irgendwie verknüpft, rund um den Knotenpunkt Mallorca. Du hast dein Wissen über Mallorca »vertieft«, und zwar im wahrsten Sinne des Wortes. Was du jetzt an Sinneswahrnehmungen von Mallorca weißt, wie es dort aussieht, die Schönheit der Natur, an der man sich nicht sattsehen kann, wie ausgelassen man dort feiern kann und so weiter, hat sich mit anderen Erfahrungen, die du bereits in *deinem* Gedächtnis hattest, verbunden und harmonisiert jetzt mit deinem Ich-Empfinden. Das Wissensnetz über Mallorca in deinem Gehirn ist jetzt etwas größer und etwas enger geknüpft. Es ist sowohl mit den Gehirnarealen für die Sinneswahrnehmung als auch mit dem Belohnungssystem verbunden, und vor allem mit deinem eigenen, persönlichen Erleben. Und, Überraschung: Gespeichert hat dein Gehirn diese Wissenseinheiten mithilfe des Belohnungssystems. Denk dran: Das Belohnungssystem ist unglaublich wichtig, damit wir lernen können – dank kleiner Dopaminschauer, die wir *beim Lernen* abkriegen.

Drinks, Drama und Dekolletés

Unsere Gehirne lieben das Vergnügen. *Wir* lieben das Vergnügen. Zucker, Fett, Wein, Sex, such dir was aus. Das liegt daran, dass unsere Gehirne in einer Welt entstanden sind, in der Vergnügen nicht leicht zu finden war. Unsere Vorfahren mussten sich jede Kalorie, Unterschlupf, Sicherheit und Sex hart erkämpfen. Vergnügen hielt uns bei der Stange. Hätten wir nicht jedes Mal einen kleinen Vergnügungsstups erhalten, wenn wir aßen, uns sicher fühlten oder Sex hatten, hätten wir aufgegeben, und unsere Art wäre schon lange ausgestorben. Das Streben nach Vergnügen hat solch große Macht über unser Gehirn, weil unsere Evolution ohne gar nicht stattgefunden hätte. Aber in einer modernen Wohlstandsgesellschaft wie auf Mallorca haben wir ein ganz anderes Problem. In dieser Welt herrscht ein Vergnügungsüberfluss, und wir sind nicht dafür gemacht, Vergnügungen zu widerstehen. Außerdem sieht das Leben der meisten von uns so aus, dass unser Gehirn ein leicht zugängliches High nach dem anderen abkriegt. Lassen wir unser nach Vergnügen strebendes Verhalten unser Körperorchester dirigieren, wird es immer nur um das schnelle, einfache Glück gehen, um starke Gefühle, Vergnügen und darum, alles mit Erregungsbotenstoffen zu berieseln, die uns so viel Vergnügen wie möglich verschaffen wollen. Kopfloser Hedonismus zerstört aber unsere Gehirne und dadurch auch unser Leben, unsere Freundschaften und Beziehungen und unsere Gesellschaft.

Was ich auf Mallorca erlebt habe, hat mein Verständnis des Belohnungssystems unseres Gehirns geprägt. Auf dieser Insel kann man im extremsten Hedonismus leben oder nach einem zutiefst bedeutungsvollen, zufriedenen Leben streben. Genau wie Mallorca selbst kann dein Belohnungssystem dich in den Wahnsinn treiben, dich dazu bringen, deinen freien Willen für das nächste Hoch zu opfern, sei es durch Glücksspiel, Alkohol oder indem du dich kaputtlikst. Gleichzeitig ist unser Belohnungssystem eines der wichtigsten Systeme für das Lernen und gesunde Gewohnheiten, und auch dazu bietet Mallorca jede Menge Gelegenheit, mit all dem Wissen in jahrhundertealten Bibliotheken, seiner Kunst und seiner Kulturgeschichte. Lernen wir etwas Neues und tun das richtig, geschieht *auch das* über das Dopamin-Feuerwerk im Belohnungssystem, das dort Vergnügen zündet.

Von alldem mitnehmen sollst du, dass die Erregungshormone in unserem Blut ansteigen, sobald wir einen Impuls verspüren, nach Vergnügen zu streben. Es ist völlig in Ordnung, diesen Impulsen nachzugeben, aber für den Flow braucht es noch etwas zum Vergnügen dazu. Wir brauchen das Vergnügen, es ist gut, wenn uns etwas gefällt, aber wenn es uns gelingt, in unserem Gehirn Verbindungen zu schaffen zwischen diesem Hoch und Tätigkeiten, welche die übergeordneten, einzigartig menschlichen Gehirnareale ansprechen, dann erleben wir »Vergnügenplus«, das uns nicht in einer Spirale des ewigen Verlangens einschließt, sondern uns befreit und uns ein Gefühl von Glück und Zufriedenheit vermittelt. Während wir lernen, uns einen Weg zum Flow zu bahnen, werde ich dir zeigen, mit welchen Schritten du das erreichen kannst.

Im Moment reicht es erst einmal, dir zu merken: Social Media, Shopping, Videospiele, Glücksspiele, Onlinedating ... das alles ist ganz gezielt so gestaltet, dass es dir schnelle kleine Hochs beschert. Diese Bonbons sind nicht per se ein Problem, lösen aber häufige Dopaminschauer im Belohnungssystem aus, tief drin in den urzeitlichen Falten des Gehirns. Übertreiben wir es damit, können diese variabel auftretenden Schauer süchtig machen und sind sehr ungesund.[54–57] Je nachdem, wie du diese Verhaltensweisen zulässt, können sie unsere Konzentration zerschlagen und unseren freien Willen manipulieren. Sie verlocken uns, immer dem nächsten Hoch nachzujagen, das dort vorne verführerisch funkelt. Diese neuronalen Prozesse, die sich dabei in deinem Gehirn abspielen, sind damit vergleichbar, was mit deinem Körper bei zu viel Zucker oder einer zwanghaften Drogensucht geschieht.

Der dritte Fallstrick: Nervenkitzel und Risikolust

Im Jahr 2008 ging eine Studie von Siri Leknes und Irene Tracey von der Oxford University durch die Wissenschaftsnews.[58] Sie hatten entdeckt, dass das, was wir als schmerzhafte oder angenehme Gefühle wahrnehmen, im Gehirn teilweise in den gleichen Schaltkreisen entsteht. Aber sind Schmerz und Vergnügen nicht Gegensätze? Es hat sich gezeigt, dass es nicht so einfach ist. Viele Wissenschaftler haben in diese Richtung weitergeforscht, um herauszufinden, wie Schmerz und Vergnügen zusammenhängen, aber wir verstehen heute, fünfzehn Jahre später, immer noch nicht genau, wie diese Verknüpfung funktioniert. Provozieren wir manchmal vielleicht ganz bewusst Schmerzen, um danach Erleichterung und Vergnügen zu erleben?

Jedes Mal, wenn wir uns in ein Abenteuer stürzen, jedes Mal, wenn wir uns nach Erregung oder Spannung sehnen, setzen wir uns bewusst einem kleinen Schmerzgefühl aus. Denk nur an den letzten Thriller, den du dir angesehen und es fast nicht ausgehalten hast. Vielleicht hattest du sogar einen Druck in deiner Brust, direkt hinter deinem Brustbein; das war das Nervenbündel des Solarplexus, das genau dort liegt. Lassen wir mit unserem Verhalten die Risikosymphonie spielen (zum Beispiel, indem wir uns einen Gruselfilm anschauen, Bungee springen oder wetten), versetzen Erregungsbotenstoffe wie Adrenalin und Dopamin dieses Nervenbündel in einen Zustand der erhöhten Wachsamkeit. Wir spüren diesen Druck, vielleicht sogar Schmerz, schauen uns den Film aber trotzdem weiter an. Wir mögen dieses Gefühl des neuen Nervenkitzels. Wenn unsere Neugier sich mit durchgestreckten Beinen, gespitzten Ohren und lechzender Zunge hoch aufrichtet, um so viel spannendes Neues wie möglich aufzunehmen, sind die Nervensysteme, die für das Gefühl des Verlangens verantwortlich sind, sehr aktiv, und deshalb machen wir immer weiter, Schritt für Schritt, schneller und schneller. Diese Erregung kann uns komplett einnehmen; wir spüren das Herz gegen die Rippen schlagen, ein Kribbeln direkt unter unserer Haut, bis es fast schmerzhaft wird. Oft genießen wir das Gefühl selbst gar nicht wirklich; es ist das Versprechen auf die Erleichterung danach, das uns weitermachen lässt, auf diesen Moment, wenn unsere Neugier befriedigt ist, wir über unseren Schatten gesprungen sind und uns zufrieden zurücklehnen, in einem Hoch aus einem berauschenden Neurohormoncocktail aus körpereigenen Opioiden, schmerzstillenden Substanzen, die unsere Muskeln entspannen und uns ein Gefühl der Erleichterung geben. Rauscht dieser natürliche Drogencocktail in unser Blut, ist das, wie ein High zu erleben. Und wer würde dieses Gefühl nicht wieder und wieder suchen?

Hat die Evolution hier einen Fehler gemacht? Ganz und gar nicht. Einmal mehr wären wir vielleicht gar nicht hier, wenn die Neugier sich unseren Geist nicht so effizient angeln könnte, das Belohnungssystem uns nicht dieses fantastische Gefühl vermitteln könnte, das uns übermannt, wenn wir uns von spannenden Neuentdeckungen erholen. In der prähistorischen Zeit hat das Belohnungssystem unsere Vorfahren so darin bestätigt, die Welt zu erkunden, wofür wir uns Gefahren aussetzen und uns auf unser Glück verlassen mussten. Das ist der grundlegende Antrieb hinter Innovationen, Entwicklungen und Fortschritt in allen Aspekten des menschlichen Lebens, persönlich, gesellschaftlich, wissenschaftlich. Wenn unsere Vorfahren sich mit dem zufriedengegeben hätten, was sie hatten, wäre die Menschheit vermutlich ausgestorben. Aber einmal mehr funktioniert unser Leben heute nicht mehr so wie damals. Damals gab es natürliche Gefahren, wie die wenigsten von uns sie heute noch erleben. Unsere Vorfahren mussten Gefahren und die süße Versuchung von riskanten Unternehmungen nicht aktiv suchen. Wir schon. Immer wieder lockt das Risiko, und in der modernen westlichen Gesellschaft gibt es mehr als genug Möglichkeiten, ständig etwas Neues zu erleben. Die Folge ist ein ruheloser Geist, konstant auf der Suche nach dem nächsten Thrill.

Womit beschäftigst DU deinen Arbeitsspeicher?

Die Folgen von Risiko für unseren Körper und Geist lassen sich sehr gut nachvollziehen, wenn wir uns anschauen, welche Effekte etwas in unserer smartphonedominierten Welt sehr Alltägliches auf uns hat: die Nachrichten. Newsticker, Schlagzeilen und Pressebilder sind allgegenwärtig. Sie angeln sich unsere Aufmerksamkeit sofort, und die Sprachzentren unseres Gehirns springen an und verarbeiten die Headlines mit nur einem flüchtigen Blick. Wusstest du, dass die Sprachsysteme in deinem Gehirn, die dafür verantwortlich sind, wie ein Wort für dich klingt und was es bedeutet, ganz automatisch sofort anspringen, kaum dass du ein Wort wahrgenommen hast? Stammt dieses Wort aus einer dir bekannten Sprache, kannst du das gar nicht verhindern.[59] Der einzige Weg, zu verhindern, dass dein Gehirn ungewollt etwas liest, ist, deinen Augen keinen Text vorzusetzen.

Heute führt uns in Versuchung, dass Nachrichten jederzeit verfügbar sind, in allen möglichen Medien, und wir endlos weiterlesen könnten.

Leider können wir aber nicht so richtig kontrollieren, welche Neuigkeiten wir sehen. Wir wissen letztlich nie, was die Nachrichten für uns bereithalten. Manche Nachrichtensender wie die BBC sind so nett, dass sie uns vorwarnen, wenn Inhalte für manche Menschen möglicherweise belastend sein könnten; allerdings macht das für viele diese spezifischen Neuigkeiten nur noch attraktiver. Wir wissen nicht, was da auf unseren Geist zukommt, welche Worte und Konzepte in unseren Arbeitsspeicher und unsere Sprachzentren geladen werden, um dann wie ein Pingpongball in unserem Bewusstsein hin und her zu hüpfen, je nachdem, was wir gelesen haben. Plötzlich sind wir vielleicht eifersüchtig, angeekelt, verängstigt, wütend, traurig und so weiter. Das ist das Risiko.

Sehr häufig vernebeln die Nachrichten unsere Gedanken durch einen neurokognitiven Prozess, der in der experimentellen Psychologie *Stimmungsinduktion* genannt wird. Stimmungsinduktion wird in psychologischen Experimenten dafür genutzt, Gefühle in einer Laborumgebung zu untersuchen. Vielleicht erforscht eine Studie zum Beispiel den Einfluss von Angst oder Wut auf andere kognitive Funktionen wie unsere Erinnerungsfähigkeit oder unsere Konzentration: Kannst du Erinnerungsaufgaben besser lösen, wenn du glücklich bist oder wenn du wütend bist? Oder bringst du die beste Leistung in einer neutralen Laune? Um Fragen wie diese zu testen, müssen die Teilnehmenden diese Emotionen spüren, bevor sie auf Erinnerungsfähigkeit oder Konzentration getestet werden.

Die stärkste Technik zur Emotionsinduktion, um in einem Laborsetting bestimmte Gefühle auszulösen, ist, den Teilnehmenden entsprechend Angst oder Wut auslösende Kurzgeschichten zu lesen zu geben oder ihnen Bilder zu zeigen, die diese Gefühle auslösen. Natürlich werden solche Experimente zunächst immer durch einen komplexen Prozess von einer Ethikkommission zugelassen, und die Forschenden sind verpflichtet, die Teilnehmenden am Ende wieder in eine neutrale Laune, in ein emotionales Gleichgewicht zu bringen. Das wird als Debriefing bezeichnet. Aber genau die Inhalte, denen viele von uns sich fast ständig aussetzen – kaum aufgewacht, kurz vor dem Einschlafen, in Pausen, zwischen zwei Sitzungen oder wenn wir im Bus auf unserem Handy rumscrollen –, würden bei Experimenten als so launen- und emotionsschädigend eingestuft werden, dass es als unethisch gälte, Teilnehmende dem auszusetzen, ohne das sorgsam rückgängig zu machen, bevor sie wieder in die Welt entlassen werden.

1997 haben Johnston und Davey von der University of Sussex die Folgen untersucht, die das Anschauen von Nachrichten auf ewig kreisende Gedanken haben kann.[60] Natürlich fragten sie ihre Teilnehmenden nicht nach rosaroten Elefanten. Sie nannten es *die Auswirkungen negativer Nachrichtenschlagzeilen auf unsere persönlichen Sorgen.* In ihrem Versuch teilten sie die Teilnehmenden in drei Gruppen auf und ließen sie vierzehn Minuten lang Nachrichten anschauen. Die Versuchsanordnung war ein bisschen wie im richtigen Leben: Die Teilnehmenden wussten nicht, was für Neuigkeiten sie sehen würden. Eine Gruppe sah nur positive Nachrichten, die zweite neutrale und die dritte nur negative. Die Forschenden maßen die Launen der Teilnehmenden und befragten sie zu ihren Gedanken vor und nach den Nachrichten. Die Gruppe, die die negativen Schlagzeilen gesehen hatte, zeigte eine traurigere und ängstlichere Laune als die anderen beiden Gruppen. Außerdem berichtete sie von Gedanken voller persönlicher Sorgen, die keinerlei Verbindung zu den gesehenen Nachrichten hatten.

Diese und ähnliche Ergebnisse wurden in einem Review-Artikel zusammengetragen, den Pfefferbaum und sein Team von der University of Oklahoma mitten in der Corona-Pandemie veröffentlichten. Sie warnten vor der Verbindung von sogenanntem massentraumatischen Medienkontakt (und depressiven und ängstlichen rosaroten Elefanten) mit unseren Gedanken. Uns den Nachrichten auszusetzen ist ein riskantes Verhalten.[61,62]

2007 setzten Szabo und Hopkinson vom National Institute for the Sport Talent Care in Ungarn zwei Gruppen zufälligen Nachrichten aus.[63] Vor und nach den Nachrichten wurden Laune, gedankliche Unruhe und positive sowie negative Effekte gemessen. Beide Gruppen zeigten nach den Nachrichten deutlich weniger gute Laune, mehr Angst und stärkere gedankliche Unruhe. Anschließend machte die erste Gruppe eine fünfzehnminütige geführte Meditation, während die zweite Gruppe zur Ablenkung einen fünfzehnminütigen Vortrag erhielt. Nur die erste Gruppe erreichte wieder die gleiche gute Laune wie vor den Nachrichten. In der echten Welt gibt es aber kein solches

Debriefing. Natürlich wären die Nachrichten nun einmal nicht die Nachrichten, wenn sie nicht neu, riskant und unerwartet wären. Aber es ist wichtig, dass wir uns bewusst sind, welche Auswirkungen riskantes Neues auf unseren Körper und unseren Geist haben kann. Es kann unsere Laune ändern und unseren Geist benebeln. Und es bedeutet Spannung. Es versetzt uns in einen Zustand der erhöhten Erregung, allzeit bereit, loszupoltern. Dann können wir etwas unterliegen, was in der Wissenschaft als *Erregungsfehl-* oder *Erregungsmissattribution* bekannt ist.

Eine gefährliche Brücke

Die Theorie der Erregungsmissattribution wurde in der Wissenschaft 1974 zum ersten Mal von Dutton und Aron von der University of British Columbia erwähnt, um einen merkwürdigen Effekt zu beschreiben.[64] Traf eine Gruppe Männer eine Frau auf einer gefährlich hohen Brücke, fanden sie sie mit größerer Wahrscheinlichkeit attraktiver als eine Gruppe Männer, die dieselbe Frau auf der Straße antraf. Warum? In großer Höhe auf einer gefährlichen Brücke versetzt unser Gehirn unseren Körper in einen erhöhten Wachsamkeitszustand. Und offenbar ist unser Gehirn nicht besonders gut darin, die Quelle unserer Erregung zu identifizieren. Versetzt unser Verhalten das Körperorchester in gespannte Erregung, aktiviert das auch verschiedenste Erinnerungen und Gefühle. Natürlich ist es im Grunde kein Problem, einen zufällig angetroffenen Menschen attraktiv zu finden, aber ist unser Gehirn auf Spannung aus, kann unsere Unfähigkeit, den genauen Spannungsauslöser zu erkennen, dir unter Umständen im Weg stehen, wenn du eigentlich Ruhe und eine friedliche Auszeit suchst. Bevor du weißt, was los ist, sind deine Gedanken vielleicht schon wieder in alle Himmelsrichtungen zerstreut. Auch im Arbeitskontext kann das ein Problem sein: Manche Manager halten es für eine gute Idee, einen Teamausflug in einen Escape-Room zu machen, um die Mitarbeitenden zusammenzuschweißen. Das Spannungslevel hochzuschrauben aktiviert auf jeden Fall Erregungsbotenstoffe im Körper – und wir mögen dieses Gefühl. Allerdings erhöht es auch Bindungshormone wie Oxytocin, und durch die Erregungsfehlattribution entsteht vielleicht plötzlich eine ganz andere, sexuell motivierte Bindung, die für die mentale Gesundheit und auch für die Produktivität am Arbeitsplatz nicht besonders förderlich ist.

Uns abzulenken oder einfach ganz normal weiterzumachen reguliert die Effekte von Stimmungsinduktion und Erregungsmissattribution nicht. Wir erleben sogar mit größerer Wahrscheinlichkeit schlechte Laune, Konzentrationsprobleme und eine ganze Parade von erhitzten negativen Gedanken, wenn wir nicht aktiv aus der Spirale der ständigen Lust auf Neues ausbrechen, in der wir ständig nach Erleichterung, nach dem goldenen Lichtblick streben, der vielleicht nie eintritt. Wir wissen, dass unsere Neigung zum Nervenkitzel unseren Geist ins Chaos stürzt, weil alle möglichen tief sitzenden Wahrnehmungsprozesse aktiviert werden, die uns evolutionsgeschichtlich eigentlich schützen sollten. Und wir verstehen, dass wir unseren Nachrichtenkonsum und ähnlich anregendes Verhalten besser auf bestimmte Tageszeiten beschränken. Allerdings wissen wir auch, dass sich unser Höhlengehirn hie und da einfach nach Neuem sehnt. Aber wie viel ist dabei genau richtig?

Unser Gehirn hasst Stillstand. Individuell gibt es aber große Unterschiede, wie viel Erregung das Gehirn benötigt. Mittels funktioneller Magnetresonanztomografie wurden die Gehirne von Menschen mit unterschiedlichen Persönlichkeitsprofilen neurowissenschaftlich untersucht. Dabei kam heraus, dass das Nervensystem mancher Menschen ganz einfach mehr Stimulation braucht, um zufrieden zu sein, als das anderer.

Das Persönlichkeitsmerkmal, das hier untersucht wird, ist das in der Psychologie sogenannte Sensation Seeking, eine Verhaltenstendenz, bei der Personen nach abwechslungsreichen, komplexen und intensiven Eindrücken und Erlebnissen im Leben suchen, die ihnen einen Adrenalinkick verschaffen – diese Menschen lieben den Nervenkitzel. Mittels einer Art Mütze mit Elektroden, einem sogenannten Elektroenzephalogramm (EEG), wird die Nervenaktivität im Gehirn gemessen, wenn es etwas Neues wahrnimmt. In einem 2019 veröffentlichten Experiment ermittelten die Forscherin Xintong Jiang und ihr Team[65] zunächst mit einem Fragebogen, wie stark dieses Sensation

Seeking bei ihren Teilnehmenden ausgeprägt war. So bildeten sie zwei Gruppen, eine mit Menschen, die einen hohen Grad dieser Aktivität aufwiesen, und eine mit eher niedrigem Grad. Sie zeigten beiden Gruppen verschiedene Objekte am Computerbildschirm, während sie die elektrische Aktivität im Gehirn maßen. Einige der Objekte waren bekannt, andere eher weniger.

Nehmen wir etwas Neues und Unerwartetes auf, ist die Orientierungsreaktion auf dem EEG als Spitze zu sehen. Als ob das Gehirn sagen würde: »Wow, was ist das denn?«, und deshalb die elektrische Aktivität im Gehirn für einen kurzen Moment ansteigt. Xintong Jiang und ihr Team entdeckten, dass bei Teilnehmenden mit hohem Sensation Seeking diese Spitze viel schneller wieder zurückging als bei Menschen mit niedrigem Sensation Seeking. In der Wissenschaft wird das eine *abnormal schnelle Gewöhnung* an Neues genannt.

Ob nun abnormal oder nicht, es kann manchmal von Vorteil sein, ein hohes Sensation Seeking zu haben und sich schnell an Neues zu gewöhnen. Solche Menschen passen sich einer neuen oder sich verändernden Umgebung schneller an und erholen sich schneller von der fast schmerzhaften Erfahrung einer unbekannten Situation.

Das ist in gewissen Berufen praktisch, da sie sich neuen Situationen und Kulturen schnell anpassen und sich eingewöhnen. Oft haben diese Menschen ein gutes Gespür für neue Chancen, sie sind kreativ und gut in Situationen, die vielleicht Risiken oder Unbekanntes versprechen, und es stört sie auch nicht, andere mitzunehmen.

Wir alle müssen für uns selbst herausfinden, wie viel Stimulation unser Gehirn braucht, um glücklich zu sein. Wir testen unsere Toleranz für neue Dinge, Orte, Menschen oder Gefühle, indem wir uns verschiedenen Situationen aussetzen und mit den Tätigkeiten und Verhaltensweisen, für die wir uns entscheiden. Vielleicht reisen wir, leben in einer uns fremden Kultur und merken, dass unsere Sinne ständig in Alarmbereitschaft sind. Vielleicht machen wir Extremsport, der unsere Nerven kitzelt, vielleicht experimentieren wir mit Schmerz, oder wir bleiben zu Hause, schauen uns Horrorfilme an und essen scharfe Gerichte. Im modernen Leben gibt es unzählige Möglichkeiten, unsere Lust auf Nervenkitzel und Thrill (Sensation Seeking) zu stillen.

Es ist nichts Schlechtes, und auch das darauffolgende Gefühl der Erleichterung nicht, aber die wissenschaftlichen Ergebnisse lassen sich nicht verleugnen, die darauf hindeuten, dass ein solch übermäßiges Verhalten für Körper und Geist nicht gesund ist und auch andere in Gefahr bringen könnte. Das liegt am Cocktail an Neurohormonen im Blut während solch riskanter Situationen. Die Grundzutaten sind Stresshormone und andere Erregungsbotenstoffe. Herzfrequenz und Blutdruck steigen an, wir können das Surren unter der Haut förmlich spüren, all unsere Sinne sind geweitet und wir nehmen so viel Informationen aus unserer Umwelt auf wie nur möglich, während unser Körper gespannt auf die Katastrophe wartet. Forschungsergebnisse zeigen, dass unsere Blutgefäße tatsächlich kleine Verletzungen erleiden, wenn unser Verhalten das Körperorchester die Risikosymphonie zu oft spielen lässt. Setzen wir unser Herz diesem Cocktail an Neurohormonen zu oft aus, werden die Herzwände durchlässig und dadurch das Risiko für Herzkrankheiten im Alter höher.[66, 67] Unmittelbarer beschert uns ein gestresster Körper einen gestressten Geist. Und natürlich riskierst du auch, dich bei solchen Tätigkeiten zu verletzen.

Der Balconing-Hype

Als ich in den 2010er-Jahren auf Mallorca lebte, erlebten die hedonistischen Hotspots der Insel den Hype eines verrückten Risikoverhaltens: das sogenannte Balconing.[68] Deutsche und britische Touristen sprangen zum Spaß von einem Balkon zum nächsten. Jedes Jahr kommt es dadurch zu vielen ernsten Verletzungen und sogar Todesfällen. Von Balkon zu Balkon zu hüpfen ist tückisch. Vor allem im Dunkeln, nach Alkohol- oder Drogenkonsum und angetrieben vom Ehrgeiz, andere zu beeindrucken. Mit großer Wahrscheinlichkeit werden dann Distanzen und die eigenen Fähigkeiten falsch eingeschätzt. Es ist bekannt, dass sich Menschen in solchen Situationen immer wieder überschätzen.

Risiken herauszufordern kann uns als Individuen und als Spezies ziemlich effektiv vorankommen lassen; es füttert aber die rosaroten Elefanten, wenn wir uns dem zu oft hingeben. Rosarote Elefanten leben von Angst, Wut, Frust und ganz generell Erregung. Wahrscheinlich wollen wir Neues nicht erleben, um Erinnerungen an frühere Ängste und Frustmomente wieder aufleben zu lassen, aber durch die Tendenz unseres Gehirns zur Erregungsfehlattribution ist genau das der Preis, den wir bezahlen. Das macht uns nervös; vielleicht lassen wir unsere Wut und unseren Frust an anderen Menschen aus, provozieren Streit oder bereiten uns und anderen Sorgen, alles aufgrund der Auswirkungen von riskantem Verhalten auf unser Gehirn. Genau wie Vergnügen, Genuss und Wettkampf ist Risiko aufregend. Das Gefühl der Erleichterung, das auf das Risiko folgt, fühlt sich befreiend an, ist aber auch kurzlebig. Vor allem ist es aber unglaublich verführerisch und hat viele Nachteile. Hier ist also der dritte Schlüssel auf deinem Weg zum Flow: Ist ein Verhalten riskant für unsere eigene mentale und körperliche Gesundheit oder die anderer, wird es unsere Seele nicht baumeln lassen; wir sind dann zu sehr damit beschäftigt, unsere Ängste zu navigieren, egal, ob echt oder eingebildet, während das Gehirn versucht, sich selbst zu schützen. Wie wir später noch sehen werden, haben Verhaltensweisen, die dir zum Flow verhelfen, gemeinsam, dass sie dir eine gute Balance zwischen *Aufregung* und *Kontrolle* bieten. Es geht darum, die Dosierung des Neurohormoncocktails im Gehirn zu finden, die für *dich* stimmt. Du wirst merken, dass Kunst und Kreativität uns einen sicheren Ort bieten können, an dem wir Staunen, Ehrfurcht, Angst und Freude erleben können, ohne dabei unsere geistige und körperliche Gesundheit aufs Spiel zu setzen.

Das Verlangen nach Spannung, dem vertrauten Umfeld zu entkommen und uns ins Unbekannte zu stürzen, Neues zu entdecken, für uns zu erobern oder ehrfürchtig zu bewundern ist zutiefst menschlich. Hier schalten unsere Gehirne in den kreativen Modus, finden neue Verbindungen zwischen einzelnen Nervenbahnen und üben sich darin, Probleme zu lösen. Wir Menschen *müssen* Risiken eingehen.

Um dem sogenannten Sensation Seeking zu entkommen und einen Weg zum Flow zu finden, müssen wir aber sicherstellen, dass wir nicht einzig und allein Erregung priorisieren. Aufgrund von Erregungsfehlattribution kann es passieren, dass ein riskantes Verhalten uns mit dem darauffolgenden guten Gefühl der Erleichterung süchtig macht. Es ist aber eine verlockende Falle für unseren Geist und wird uns auf dem Weg zum Flow nicht weiterbringen.

Jetzt weißt du, an welchen drei Verhaltensweisen (Fallstricken!) sich deine Gedanken ganz besonders aufhängen und damit deinen Flow verhindern. Wünschst du dir einen ruhigen Geist, lautet die einfache Devise: Halte dich fern von Konkurrenzkampf und dem Streben nach hohlem Vergnügen und zu viel Nervenkitzel, meide möglichst Sensation Seeking.

Kapitel 3
Das Ballett der rosaroten Elefanten

Unser Geist hat keine Löschtaste. Wir können Dinge, die wir gesehen, gedacht oder gefühlt haben, nicht einfach ausradieren. Wurden Sinneseindrücke aus unserer Innen- oder Außenwelt als wichtig genug eingestuft, um vom Gehirn weiterverarbeitet zu werden, holen unser Gedächtnis und unsere Sprachsysteme sie ständig wieder in unser Bewusstsein zurück. Du brauchst nicht von einem einschneidenden Ereignis traumatisiert worden zu sein, um die verheerenden Folgen eines auf Abwege geratenen Gedankens zu kennen. Das Fazit ist: Befinden wir uns einmal in der Gedankenspirale, ist es sehr wahrscheinlich, dass wir darin gefangen bleiben, und je länger das so geht, umso mehr unliebsame Gedanken stimmen in den sich immer schneller drehenden Reigen ein. In der Psychologie heißt das *Grübeln*.[1–3] Ich nenne es das Ballett der rosaroten Elefanten.

Im Zeichentrickfilm *Dumbo* von Disney aus den 40er-Jahren wird Trauma-induziertes Grübeln als, nun ja, Ballett rosaroter Elefanten dargestellt. Mit übergroßen Ohren geboren, wird der kleine Elefant Dumbo ständig ausgelacht, schikaniert und verletzt. In einem zum Scheitern verurteilten Versuch, herauszufinden, was Dumbo wohl besonders gut kann, trinken er und die befreundete Zirkusmaus Timothy aus Versehen mit Alkohol versetztes Wasser. Es erstrahlt ein pinker Streifen, und wir können uns vorstellen, wie ein hinterhältiger Zirkusdirektor ankündigt: »Meine Damen und Herren, willkommen ZUM BALLETT DER ROSAROTEN ELEFANTEN!« Trompetenfanfare – und los legen Dumbos Gedanken. Vom Alkohol zum Leben erweckt, trabt und tanzt eine ganze Parade rosaroter Elefanten durch Dumbos gequälten Geist. Das Karussell explodiert schließlich in einem letzten rosaroten Feuerwerk, und wir sehen den schlafenden Dumbo – ausgerechnet auf einem Baum.

Zufällig entdeckt Dumbo so sein einzigartiges Talent: Er kann fliegen. *Dank* seiner Ohren.

Dumbo ist eine dieser typischen Geschichten, bei denen aus einer Schwäche eine Stärke wird. *Unsere* Schwäche ist, dass wir einen Körper mit Bedürfnissen und Verlangen haben, und wir haben unsere eigene »Geschichte«, unsere Erinnerungen, die vielleicht unter der Oberfläche brodeln und ihre Finger bis in die Gegenwart ausstrecken. Das alles hält unser Gehirn auf Trab. Genau das müssen wir in eine Stärke verwandeln: unseren Geist *mithilfe unseres Körpers* befreien – über Verhalten und Tätigkeiten, für die wir uns bewusst entscheiden.

Behalten wir diese Idee eines Balletts der rosaroten Elefanten mal im Kopf, während wir uns in diesem Kapitel die Wissenschaft hinter dem Grübeln genauer anschauen. Grübeln ist nicht angenehm. Sich ein bisschen über meine eigenen Gedankenspiralen lustig zu machen, indem ich sie mir als rosarote, Pirouetten drehende Elefanten vorstelle, hilft mir persönlich aber.

Für unser Gehirn sind Grübeln und Sinnieren schlechte Angewohnheiten. Es sind Verhaltensweisen – auch wenn es unser Geist ist, der sie ausführt. Und wir selbst *erzeugen* diese schlechten Gewohnheiten in unserem Geist. Die gute Nachricht ist, dass wir nicht nur schlechte Angewohnheiten erzeugen können, sondern auch gute, nämlich durch Verhalten und Tätigkeiten, die wir mit unserem Körper ausführen.

Ein Gegenmittel, das ich gefunden habe, um meine eigenen rosaroten Elefanten zu besiegen, ist: Dinge zu *tun*, die mich regelmäßig Flow erleben ließen. Das half zuverlässig, meine Gedanken zu entwirren, und verbesserte mit der Zeit und genügend Wiederholung meine Konzentration und meine Laune – und ich bin sicher, dass es mich auch gesünder machte, diese Spiralen rosaroter Elefanten zu unterbrechen.

Wir sind, was wir entscheiden

»Don't worry, be happy!« ist leicht gesagt – aber *getan*? Susana Bravo zeigt beispielhaft, wie man diesen Ratschlag umsetzen kann. Sie ist Filmemacherin und die CEO ihres eigenen Filmunternehmens auf Mallorca. Ihr ganzes Leben dreht sich um wunderschöne Hochglanzbilder und Filme, die Hochzeiten, Werbungen und Unternehmen ins perfekte Licht rücken. Susanas Berufsleben ist nichts als die Jagd nach Nervenkitzel und Risiko, und dieser Markt ist sehr hart umkämpft.

Um sich vom ständigen Drang nach Perfektion zu befreien und ihre Energiereserven aufzufüllen, fotografiert Susana mit ihrem Handy, ganz simpel und einfach. Das ist ihr Weg in den Flow. An regnerischen Sonntagen kuschelt sie sich auf dem Sofa in eine Decke und lässt ihren Geist durch die Linse fließen. Auf ihrem professionellen Instagram-Account dreht sich alles um Perfektion, aber auf ihrem persönlichen Account führt sie das ganz bewusst nicht perfekte *Tagebuch einer Kurzsichtigen*. Susana ist kurzsichtig, und ohne Kontaktlinsen ist ihre Welt verschwommen. Etwa acht Stunden am Tag, wenn sie Kontaktlinsen trägt, erscheint ihr die Welt scharf umrissen und klar definiert, aber ihre Realität sieht eigentlich ganz anders aus. Nimmt sie die Kontaktlinsen abends raus, kehrt sie in diese Realität zurück. Eine Realität, die sie beschäftigt, eine schwierige Realität für eine Frau, die als Künstlerin für die Schönheit lebt, die genau jene Details der Welt liebt, welche sie einen Großteil des Tages nicht klar sehen kann. Das macht ihr Sorgen. Wird sie ihrem anspruchsvollen Beruf trotz ihrer Sehschwäche langfristig gerecht werden können? Im Rahmen des *Tagebuchs einer Kurzsichtigen* verleiht sie dieser Realität Ausdruck und verwandelt sie in etwas Schönes, Sinnvolles.

In Momenten großer Belastung, wenn ihre Arbeit und ihre Sorgen sie zu überfluten drohen, öffnet sie Instagram und taucht in ihre Welt ein, sieht sich die Flow-Fotos an und lädt so ihre Batterien auf. Die Bilder sind konditionierte Auslöser, die Susanas Gehirn sofort mit erinnerten Gefühlen von Ruhe und Kraft verbindet. Sobald ihre Sinne die Fotos wahrnehmen, ruft die Konditionierung diese Gefühle hervor, die dann im ganzen Körper widerhallen. Du kennst sicher dieses Gefühl, wenn ein bestimmtes Musikstück oder ein Geruch plötzlich eine schöne Erinnerung hervorbringt und dich glücklich macht. Es ist bemerkenswert, wie authentisch Susana sich selbst durch ihre Bilder ausdrücken kann, nur dadurch, dass sie mit einem Foto zeigt, wie sie die Welt sieht. Tatsächlich zeigen wissenschaftliche Forschungsresultate, dass schon die bloße Erinnerung an Momente, in denen wir ganz authentisch wir selbst waren, unser Wohlbefinden erhöht und uns glücklich macht.[4]

Im Sommer 2023 brach sich Susana bei einem Motorradunfall mehrere Wirbel der Halswirbelsäule. Wochenlang lag sie unbeweglich im Krankenhaus und musste ihre Arbeit an Kollegen abtreten, wodurch sie das für Filmemacher so wichtige Sommereinkommen verlor, das sie sonst durch die Wintermonate brachte. Sorgen über Sorgen. Aber bei einem Kaffee zeigte sie mir die Flow-Bilder ihrer Realität, die sie während des Krankenhausaufenthalts gemacht hatte. »Zum Glück kann man heute selbst mit einer Handykamera gute Bilder machen. Ich musste nicht einmal vom Krankenbett aufstehen«, erzählte sie mir. Und sie war so optimistisch wie immer. »Wir sind, was wir entscheiden«, sagte sie. Sie hat ein Flow-Werkzeug, mit dem sie sich bewusst für ein Verhalten entscheidet und sich besser fühlt. Was andere in diesen Bildern sehen, ist ihr egal. Für sie zählt nur, dass ihr Geist im Flow Kapazität lockermacht und ihre Sorgen verfliegen. »Das gibt mir mentalen Freiraum, um meinen weiteren Weg zu gestalten.«

Die Wissenschaft scheint nahezulegen, dass wir *werden*, was wir sind und was uns wichtig ist, je nachdem, auf welche Auslöser wir *reagieren*. Solche Auslöser können aus der Außenwelt oder aus unserem eigenen Geist kommen.

In diesem Kapitel sehen wir uns die Neurowissenschaft dahinter an, warum schlechte Verhaltensweisen uns überhaupt an die Angel kriegen und welches Verhalten wir stattdessen *wählen* können. Das sind ebenjene »Vergnügenplus«-Verhaltensweisen, die ich im zweiten Kapitel schon erwähnt habe, die sowohl Spaß als auch einen tieferen Sinn in unser Leben bringen – und kreative Tätigkeiten können genau solche »Vergnügenplus«-Verhaltensweisen sein.

Belohnungen, Gewohnheiten, Zwänge und Sucht

Während meiner Ballettausbildung war Süßes und Fettiges etwa sechs Jahre lang von meinem Speiseplan gestrichen. Als ich aus der Tanzwelt auftauchte und mit dem Studium begann, entdeckte ich diese ganze Welt der Süßigkeiten und kulinarischen Freuden wieder. Wie ein Kind im, na ja, eben im Süßigkeitenladen stürzte ich mich in dieses Glück, das ich mir so lange verboten hatte. In meinem Gehirn war Lager 1 der Hedonisten am Steuer, und ich war nur noch auf sofortige Belohnung aus.

Künstliche Belohnungen

Hast du dich schon einmal gefragt, warum wir hungrig werden und dann satt? In der Jukebox unseres Stammhirns gibt es quasi eine Rückkopplungsschleife, die normalerweise signalisiert, wann wir das optimale Level erreicht haben – also genug Fett, Zucker, Wärme und so weiter haben.[5] Das hält uns davon ab, uns zu überessen oder etwas länger zu tun als nötig. Haben wir Hunger, rauscht zum Beispiel das Hungerhormon Ghrelin durch unseren Körper.[6] Haben wir genug gegessen, sendet unsere Verdauung das Sättigungshormon Leptin zu unserem Gehirn, um dort »Danke, ich hatte genug« zu sagen.[7–9] Das ist die »Rückkopplungsschleife«, die Gehirn und Körper verbindet, um unser Verhalten auf die körperlichen Bedürfnisse abzustimmen: nicht genug Nährstoffe im Körper → Hungergefühl → essen → genug Nährstoffe im Körper → Sättigungsgefühl → aufhören, zu essen.

Theoretisch scheint es also völlig in Ordnung, dass ich all diese Süßigkeiten gegessen habe, als ich mit dem Tanzen aufhörte. Dank dieser Rückkopplungsschleife würde mein Gehirn mir ja sagen, wann es genug wäre. Dem ist aber leider nicht so.[10] Das Problem ist, dass unser Belohnungssystem sehr, sehr alt ist. Entwicklungsgeschichtlich entstand es weit vor den ersten Menschen. Das bedeutet, dass es unser Eidechsengehirn schon gab, als wir noch *weit* von künstlichen Belohnungen entfernt waren. Unter künstlicher Belohnung verstehe ich Dinge, die wir zwar genießen können, die aber für das Überleben unseres Körpers keine »tiefere Bedeutung« haben, zum Beispiel zuckerhaltige Nahrungsmittel.[11] Unser Belohnungssystem kann schlichtweg nicht zwischen natürlichen und künstlichen Belohnungen unterscheiden. Es ist ein bisschen dumm. Deshalb kann es passieren, dass es uns austrickst und wir von gewissen in der Wissenschaft als »übermäßig schmackhaft« bezeichneten Lebensmitteln mehr essen, als wir benötigen.[12,13]

Übermäßig schmackhafte Lebensmittel sind extra so zusammengesetzt, dass sie für unser Eidechsenhirn besonders verlockend sind[14,15], für unseren Körper aber keinen Mehrwert im Sinne von Nährstoffen oder sonstigen für unsere Gesundheit nützlichen Mitteln bieten. Einer der Tricks, um unsere Geschmacksnerven anzuregen, ist der sogenannte »Glückspunkt«.[16] Der Glückspunkt bezeichnet eine perfekte Mischung aus Salz, Zucker und Fett in einem Nahrungsmittel – an diesem Punkt stellt sich beim Menschen keine Sättigung mehr ein.[17–20] Die Rückkopplungsschleife funktioniert nicht mehr, und wir überessen uns.[19,21] Ein anderer Trick besteht darin, viele verschiedene Zutaten (vor allem Geschmacksstoffe) zu kombinieren, die natürlicherweise nicht gleichzeitig in einem Nahrungsmittel vorkommen und es dadurch übermäßig schmackhaft machen.[22] Als Faustregel gilt: Verdächtig sind Lebensmittel mit mehr als fünf Zutaten.

Zu aktiv oder nicht aktiv genug

Ich war auf dem Höhepunkt meiner neu gefundenen Esslust, als ich Antoine Becharas Arbeiten über Entscheidungen, Impulskontrolle und den Verlust der Willenskraft entdeckte. Ich hatte einmal geglaubt, dass Menschen mit Drogensucht ja einfach entscheiden könnten, keine Drogen mehr zu nehmen, und dann alles wieder in Ordnung wäre. Antoine Becharas Artikel belehrten mich eines Besseren.

Kurz gesagt ist es so: Aktivieren wir die hedonistischen Hotspots unseres Gehirns wieder und wieder – zum Beispiel wie ich, als ich so viel Zucker aß –, aktiviert das bestimmte Teile unseres Belohnungssystems (z. B. die Amygdala) *übermäßig*.[23,24] Gleichzeitig werden bestimmte andere Teile des Belohnungssystems, die eng mit jenen sinnstiftenden Strukturen (speziell dem Inselkortex) des Gehirns verbunden sind, *nicht genug* aktiviert[25–27]; dadurch verkommen diese Nervenbahnen für die Sinnstiftung. Dieses Ungleichgewicht zwischen Lager 1 und 2 ist einer der Bausteine von Suchtverhalten.

Warum spreche ich im Kontext von Sucht von Essen?[28] Weil wir nur ein einziges Belohnungssystem haben und dieses um die grundlegenden Mechanismen herum aufgebaut ist, die unser Überleben sichern. Übermäßig schmackhafte Nahrungsmittel sind genauso verlockend wie jedes andere hedonistische Verhalten, ob bei Videospielen oder Substanzen wie Heroin oder Nikotin, und wir können genauso süchtig werden danach, mit genauso verheerenden Folgen für unsere Gesundheit (Übergewicht zum Beispiel). Nahrung gehört zu den absoluten Grundbedürfnissen für unser Überleben, und die Lust, die sie uns vermittelt, kommt vom gleichen System in unserem Gehirn wie jedes andere Vergnügen auch.

Weil bei Suchtverhalten Lager 1, die Hedonisten, übermäßig aktiv ist – worüber wir wenig Kontrolle haben –, können Menschen, die an einer Sucht leiden, nicht einfach aufhören. Ohne es zu wollen, haben sie ihr Gehirn auf das Lustprinzip getrimmt. Die Hedonisten sind begeistert, verlangen immer mehr Vergnügungen und machen Party. In einem gesunden Gehirn halten die Eudämonisten im Lager 2 die ganze Aufregung etwas im Zaum, indem sie ihr Wissen über die Langzeitfolgen solch ausufernden Konsums einbringen.[29] Im süchtigen Gehirn sind die Pfade zwischen den beiden Lagern aber einfach nicht stark genug, um das übererregte Lager 1 zu beruhigen, sozusagen *herunterzuregulieren*. Dann verlieren wir die Fähigkeit, über unser Verhalten zu entscheiden.[30] Diese Veränderung geschieht in unserem Gehirn, wenn wir immer weiter leere Vergnügungen suchen. Die erschreckende Wahrheit: Das können natürlich Drogen oder übermäßig schmackhafte Nahrungsmittel sein, aber auch *Verhaltensweisen*, die immer und immer wieder nur Lager 1 anregen.[31–33] Und wir leben heute in einer Welt mit unzähligen Möglichkeiten, sehr einfach an künstliche Belohnungen zu kommen, die für unseren Geist Fallstricke bedeuten, wie wir im zweiten Kapitel gesehen haben.

Gewisse Substanzen wirken als Drogen, weil sie bestimmte Wirkstoffe enthalten, die direkt an den Rezeptoren der Glücksbotenstoffe in unserem Gehirn ansetzen. Ein Verhalten löst Glücksgefühle ebenfalls mittels Botenstoffen aus, aber *durch das belohnende Verhalten selbst*.[34–41]

Tango Argentino

Während meiner Doktorarbeit litt ich extrem unter Rastlosigkeit. Ich saß ständig am Schreibtisch, aß viel zu viel Zucker und hatte traurige

Erinnerungen, die durch meinen Geist hin und her katapultiert wurden, ausgelöst durch Trigger in meiner Umgebung, die mich ständig an mein verpasstes Leben als Tänzerin erinnerten. Also suchte ich den Nervenkitzel und gab mich dem Sensation Seeking hin, um mich von all diesen unangenehmen Gefühlen und Gedanken abzulenken oder sie zu unterdrücken. Damit hatte ich meinem Geist aber Ruhelosigkeit antrainiert.

Wahrscheinlich hast du schon einmal von Heroin- oder Videospielsucht gehört, aber auch viele andere Verhaltensweisen können süchtig machen. Um mehr über dein Gehirn zu erfahren, schauen wir uns einmal an, wie auch Kunst und kreative Tätigkeiten zur Sucht werden können. Ich möchte das mit meiner persönlichen Erfahrung mit dem Tango Argentino veranschaulichen.

Als ich nach der Promotion für meine erste Stelle nach London zog, stürzte ich mich noch so gern in die fantastischen Vergnügungen dieser Stadt und entdeckte an jeder Ecke wundervoll schräge Abenteuer. Eins davon war der Tango Argentino. Mein Rücken hatte sich so weit erholt, dass ich wieder ohne große Schmerzen gehen und mich bewegen konnte. Dank ausgiebigem Bewegungstraining hatte ich genug Muskeln ausgebildet, um die irreversiblen Schäden an der Wirbelsäule zu kompensieren. Da flatterte eines Tages ein Groupon-Angebot in meine Mailbox: »10 x Tango Argentino für £20«.

Ich fühlte mich bereit, mich wieder ans Tanzen zu wagen, vor allem an einen Stil mit ganz anderen Bewegungen und anderer Musik, der mich nicht dauernd ans Ballett erinnern würde. Also besuchte ich noch am selben Abend meine erste Tangostunde. Und von da an bis zur Corona-Pandemie 2020 verbrachte ich jede Woche mindestens einen Abend mit Tango Argentino, sei es eine Tanzstunde oder eine Milonga (ein Tanzabend, bei dem Menschen zusammenkommen und Tango tanzen).

Mir gefiel sofort alles daran. Der ganz spezielle Rhythmus der Tangomusik, die Bewegungen, der starke Ausdruck, die glitzernden Kleider, die Schuhe und all diese wunderbaren Umarmungen, während wir tanzten und tanzten und tanzten.

Unser Säugetiergehirn reagiert auf solche sozialen Momente, in denen wir uns zum Beispiel umarmen und gemeinsam zur Musik tanzen, mit einem Feuerwerk von Bindungshormonen. Es entlässt sogenannte endogene Opioide (die der Körper selbst herstellt), und sofort spielt die Freudensymphonie in unserem Belohnungssystem auf. Genauso verlockend für unsere Sinne sind die schöne Umgebung, die Menschen, ihr Parfüm, die Kleider und Schuhe. Das alles macht die Welt in diesem Moment schöner, weckt die Hedonisten in unserem Gehirn und entzündet unser Belohnungssystem.

Oft ließ ich mich bis zu viermal die Woche mit meinen Milonga-Freunden in diesem speziellen Zustand, in diesem Flow treiben, in dieser Parallelwelt in Londons versteckten Milonga-Treffpunkten. Das Gefühl von all diesen Eindrücken zusammen springt von unseren Sinnen in unser Gehirn und hallt in unserem ganzen Körper wider, pulsiert im Takt mit der Musik dieser goldenen Milonga-Nächte.

Auf dem Heimweg nach einer Milonga fühlte ich mich immer glücklicher als jemals zuvor in meinem Leben, mein Herz leicht und keinerlei Schmerzen im Körper. Mehrere Studien haben gezeigt, dass Tanzen schmerzlindernd wirkt.[42,43] Es setzt bei den Schmerzrezeptoren an. Ich erlebte das am eigenen Leib. Ich grüßte die kalte Nachtluft wie einen alten Freund, der mich abholte. Selbst das schwarze Fell der Straßenkatzen, die durch das nächtliche London streiften, schien golden zu schimmern. Ich war ganz und gar im Bann des Tangos.

Dieses Gefühl hielt meistens ein paar Tage an. Es rettete mich durch das triste Winterwetter, die Jahre einer hart umkämpften, unsicheren Laufbahn in der Wissenschaft, die Schmerzen in meinem Körper, das bescheidene Zimmer, für dessen Miete ich jeden Monat einen viel zu großen Teil meines Gehalts hinlegte, und die Einsamkeit eines entwurzelten Lebens. Wollte ich flüchten, brauchte ich nur kurz die Augen zu schließen, die Musik zu hören, und schon war ich wieder auf der Tanzfläche. Oder ich erhaschte einen Blick auf meine glitzernden Tanzschuhe in ihrem Satinbeutel, und sofort spürte ich diesen goldenen Glanz.

Bis er wieder erlosch.

Also zog ich erneut hinaus in die Nacht, um in den Tango einzutauchen, in die Musik, die Bewegungen, um zu tanzen und zu vergessen.

Halt mal – merkst du etwas?

Im ersten Kapitel haben wir gesehen, dass Vermeidungsverhalten, Unterdrücken und Ablenkung uns nicht aus der Grübelspirale helfen.

Ich tanzte oft aus *extrinsischer Motivation*, wie es im Wissenschaftsjargon heißt. Ich tanzte, um die Vergangenheit zu vergessen und um die echte Welt um mich herum nicht spüren zu müssen, in der es nur schwierige Entscheidungen und kampflustige, ehrgeizige Haie zu geben schien. Ich nutzte dieses Versinken im Tango Argentino, um mich abzulenken.

Das dünne Eis, auf dem ich sozusagen tanzte, wurde mir plötzlich und mit Schrecken bewusst, als ich vor einer Milonga in Brüssel mit meinem Tango-Bekannten Hamish in einem Café saß.

Tango Argentino – ein weiteres Suchtverhalten? lautete der Titel des ausgedruckten Artikels, den Hamish auf den Tisch knallte. »Du publizierst Forschungsergebnisse, die sagen, dass Tanzen so gesund für uns sei, aber was ist damit?« Er deutete mit einem ziemlich schockierten Blick auf die Headline. »Das ist mein Leben«, fuhr er fort. »Das beschreibt genau, wie ich mich fühle.«

Zu diesem Zeitpunkt kannten Hamish und ich uns schon ein paar Jahre. Er ist ein fantastischer Tänzer, immer perfekt gestylt und immer mit dabei, in jeder Milonga.

Der Artikel von Remi Targhetta und seinem Team aus dem Jahr 2013 erzählt aber eine wahre Geschichte.[44] Jedes Verhalten, das starke Glücksgefühle auslösen kann, besonders, wenn diese Glücksgefühle nicht vorhersehbar sind, hat Suchtpotenzial. All diese Verhaltensweisen wirken am selben Ort wie Drogen. Tango Argentino und jede andere künstlerische oder kreative Tätigkeit können denselben Prozess anstoßen. Ganz besonders, wenn es *extrinsische Motivation* ist, die uns zum Tango oder einer anderen Kunst treibt. So wie bei mir. Ich verstand plötzlich, dass ich den Tango brauchte, um zu vergessen, zu fliehen, zu vermeiden und zu unterdrücken.

»Ich kann den ganzen Tag an nichts anderes als Tango denken«, sagte Hamish. »Egal, was ich tue. Ich versuche, mich abzulenken, aber meine Gedanken bleiben beim Tango kleben!« Und er fuhr fort: »Tango ist das Einzige, mit dem ich mich beruhigen kann. An Tango denken, Tangovideos anschauen, online Tangosachen shoppen, Tangomusik hören …«

Erinnerst du dich an die Studie, bei der die Gedanken der Teilnehmenden ständig zwischen dem Eisbären und dem roten Sportwagen hin und her sprangen wie ein Pingpongball? So etwas Ähnliches ging in Hamishs Kopf vor. Wann immer er versuchte, sich auf etwas anderes als Tango zu konzentrieren, auf seine Arbeit etwa, sprangen seine Gedanken wieder zurück zum Tango.

Plötzlich sah ich meinen Tangobekannten in einem neuen Licht. All die Reiserei zu Tango-Veranstaltungen, die Tatsache, dass man ihn an wirklich jeder Milonga in ganz Europa antraf, immer in einem brandneuen Outfit – ja, das klang mit einem Mal problematisch. Hamishs Gedanken schienen sich wirklich nur noch um den Tango zu drehen, in einem endlosen, verschwimmend schnellen Reigen rosaroter Elefanten. Aber noch schlimmer war, dass er keine Kontrolle mehr über diese Gedanken zu haben schien. Sie drehten sich immer weiter, egal, was er tat. Und um sie zu *neutralisieren*, konnte er nichts anderes tun, als an Tango zu denken oder sonst etwas mit Tango zu tun (Tangovideos auf YouTube anschauen, Tango tanzen gehen, ein neues Tango-Outfit kaufen).

»Ich habe nur noch Tango-Freunde. Und ich bin komplett pleite.« Hamish raufte sich die Haare, als er das sagte. Er war ziemlich verzweifelt.

Erste Warnzeichen einer Sucht sind nachlassende Produktivität, das Vernachlässigen sozialer Kontakte, die nichts mit dem Suchtgegenstand zu tun haben, und übermäßige Geldausgaben für die Sucht. Woran wir denken, womit wir Zeit verbringen und wofür wir Geld ausgeben, spielt für unser Gehirn eine Rolle.

Spaßsucht

Auslöser und Anreizfaktor

Inspiriert von meinen ersten Jahren in London, verfasste ich 2017 eine Übersichtsarbeit darüber, wie gewisse von uns gewählte Verhaltensweisen, zum Beispiel Süßigkeiten zu essen, Glücksspiel oder Social Media – selbst Freizeitaktivitäten wie Kunst oder kreative Hobbys –

durch ihr Suchtpotenzial unser Gehirn, unsere körperliche und unsere mentale Gesundheit beeinflussen. Schnell wurde mir klar, dass ein wichtiger Teil meiner Arbeit darin bestehen musste, die bestehende Wissenschaft zusammenzufassen und zu erklären, warum es bei manchen Verhaltensweisen eine Rolle spielt, *wie wir sie anwenden* und warum das darüber entscheidet, ob sie uns guttun oder schlecht für uns sind.[45] Um eins klarzustellen: Ich verlange nicht, dass du dich nicht mehr auf Social Media bewegst, keine Süßigkeiten mehr isst oder keinen Tango Argentino mehr tanzt. Ich tue all diese Dinge selbst auch. Es geht mir darum, dass du verstehst, wie dein Gehirn funktioniert, damit du dein Verhalten klug wählen kannst.

Ein wichtiger Punkt ist, dass dein Gehirn *Auslöser*[46–48] liebt, die Spaß und Vergnügen versprechen.[23,29,30,33]

Für Menschen, die sich auf dem Weg in die Sucht befinden, sind Auslöser, die ihr Gehirn an das Suchtverhalten erinnern, wie ein zu gewaltiger Größe aufgeblasener rosaroter Elefantenballon. Für Hamish und mich war das alles, was uns an Tango erinnerte: die Musik, die Kleidung, das Parfüm, die Schuhe. Bei einer Spielsucht ist es, Dinge zu sehen und zu hören, die zur Glücksspielumgebung gehören, und so weiter. Je mehr mit der Droge verbundene Auslöser unsere Sinne wahrnehmen, umso größer wird der rosarote Elefantenballon, bis im Kopf nichts anderes mehr Platz hat. Dann ist Lager 1 übermäßig aktiviert – außer Rand und Band feiern die Hedonisten rund um die Uhr und haben den Weg hoch zu Lager 2 der Eudämonisten blockiert.

In einer Arbeit über Sucht und das Gehirn zeigen Antoine Bechara und sein Team, dass der wachsende *Anreizfaktor,* also der zunehmende Reiz von mit der Droge verknüpften Auslösern ein echtes Problem ist. Das Belohnungssystem hat verschiedene Teile; manche sind dafür verantwortlich, uns ein gutes Gefühl zu geben, andere geben uns das Gefühl, etwas unbedingt zu *wollen.* Im zweiten Kapitel haben wir im Zusammenhang mit *variabler Belohnung* ebenfalls darüber gesprochen. Genau das löst nämlich aus, was in der Wissenschaft als *Verlangen* bezeichnet wird.[47,48] Es fällt uns immer schwerer, der »Droge« zu widerstehen, die Motivation, »da ranzukommen«[29,33], wird immer stärker und die für alles andere immer schwächer.

Die Gewohnheitsschleife

Jede künstlerische Tätigkeit ist mit bestimmten Klängen, Bewegungen, Gesten, Orten, Gedanken, Gerüchen, Geschmäcken, Bildern und Berührungen verbunden – mit Auslösern.

Diese kleinen Auslöser sind eine Art Magnete, die unserem Körper befehlen, aktiv zu werden[49]. Es sind Anreize, natürliche Auslöser, die uns aktiv werden lassen. Sie *motivieren* uns, loszulegen.

Für unser Gehirn ist eine Gewohnheit das Resultat einer Schleife zwischen einem Auslöser (ein glitzerndes Kleid sehen), einem Verhalten (aufstehen und sich für eine Milonga bereit machen) und der Belohnung, die durch das Verhalten in unserem Gehirn ausgelöst wird (ein fantastischer Tanzabend, Bindungs- und Glückshormone und so weiter):

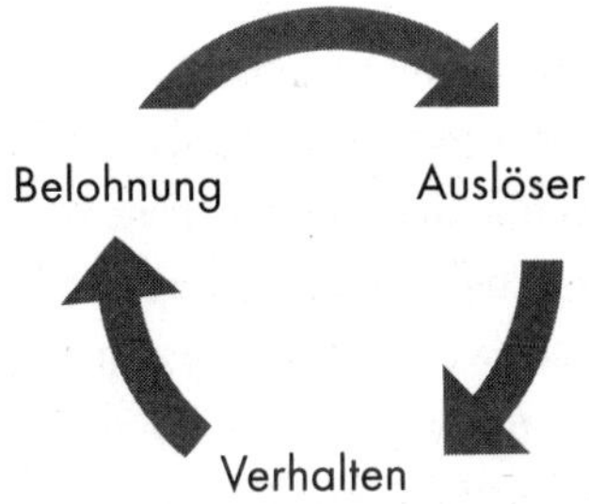

Ein Verhalten beginnt immer mit einem **Auslöser**, der uns ein Glücksgefühl verspricht, und geht damit weiter, dass wir das **Verhalten** ausführen, aktiv werden. Darauf folgt die **Belohnung**. Diese Belohnung zieht uns wiederum verstärkt zu den Auslösern hin, die mit ihr in Verbindung stehen; so *motiviert* sie uns, mehr davon zu holen.

Für Barnaby, die Ratte im zweiten Kapitel, war der Hebel der **Auslöser.** Das **Verhalten**, das Barnaby zeigte, war das Drücken des Hebels, und die **Belohnung** war das Futterstückchen. Bist du vielleicht ein bisschen süchtig nach Social Media, dann kann ein **Auslöser** zum Beispiel das Zeichen für eine neue Benachrichtigung sein, das **Verhalten** ist, dass du dein Handy in die Hand nimmst, die App öffnest und scrollst, und die **Belohnung** (die nicht immer erfolgt) sind Likes. Für jemanden auf dem Weg in eine Spielsucht kann der **Auslöser** zum Beispiel der Anblick eines Spielautomaten, der Würfel, Spielkarten oder Spielchips sein, das **Verhalten** ist, den Arm der Jackpot-Maschine zu bedienen, zu würfeln, die Karten aufzunehmen, die Chips zu setzen und so weiter, und die **Belohnung** ist das gewonnene Geld – welches, wie wir wissen, ein erstklassiges Beispiel für eine *variable Belohnung* ist, ein echtes Barnaby-und-der-Hebel-Experiment mit deinem Gehirn. Auf Mallorca ist es genau aus diesem Grund seit ein paar Jahren verboten, Spielsalons in typischen »Glücksspiel-Farben« zu streichen, um die Auslöser zu kontrollieren, die das Spielverhalten bei Süchtigen auslösen, damit sie gar nicht erst in Versuchung kommen, in die Spielhalle einzutreten.

Botenstoffe wie Dopamin spielen hierbei eine große Rolle, und das ist Teil des grundlegenden Lernprinzips. Wird ein Verhalten immer wieder belohnt, lernen wir, dieses Verhalten vermehrt zu zeigen. Eine Gewohnheit entsteht schnell, genauso wie Auslöser schnell gelernt sind, die mit deinem Lieblingsverhalten zusammenhängen, sei es nun Tango Argentino, Social Media oder Glücksspiel. Im Belohnungssystem meißeln die Hedonisten im übermäßig aktivierten Lager 1 sie in Stein. Das gilt für alles Positive, zum Beispiel, wenn wir eine neue Fähigkeit lernen oder gute Gewohnheiten. Aber es gilt eben auch für schlechte Gewohnheiten. Und Sucht. Wahrscheinlich denkst du, dass du die Zügel in der Hand hast, und vielleicht hast du das auch. Aber mit größter Wahrscheinlichkeit nicht, und noch schlimmer: Du weißt noch nicht einmal, dass du sie nicht in der Hand hast.[50–52] Leider lernen wir in der Schule nicht, wie wir in der modernen Welt mit unserem spaßsüchtigen Gehirn umgehen können. Wir erkennen die Warnzeichen nicht, weil sie uns anders als die Warntafeln des Straßenverkehrs nicht erklärt werden. Selbst wenn in unserem Kopf der lauteste Elefantenalarm trötet, machen viele von uns ganz ruhig weiter und glauben, das alarmierende Leuchten und Blinken in unserem Kopf gehöre irgendwie zur Weihnachtsdeko.

Die Silicon-Valley-Eltern

Laut Psychologen haben Facebook, Instagram und andere soziale Medien »Eigenschaften starker sekundärer Verstärker« aufgrund ihrer variablen Belohnungsfrequenz. Wir sind genau wie die Ratte Barnaby, wie er warten wir auf unser leckeres Futterstückchen: Wir wissen nie, wann das Icon der App aufblinken und uns über neue Nachrichten, Likes und Kommentare informieren wird oder was uns in unserem Feed für tolle neue Inhalte erwarten.

Außerdem zeigen Forschungsresultate, dass der übermäßige Gebrauch von Social Media dysfunktionale Persönlichkeitsakzentuierungen wie Narzissmus, ein geringes Selbstwertgefühl, Scheu oder übertriebenes Verlangen nach Bestätigung verstärkt.[53–56] Es fördert Eifersucht[57–60], ungesunden sozialen Vergleich[61,62] und psychische Erkrankungen, besonders Ängste und Depression. Die zwanghafte Nutzung dieser Plattformen setzt uns lang anhaltendem und unnatürlichem sozialen und psychischen Druck aus, wodurch wir Entscheidungen treffen, die für unsere psychische Gesundheit nicht optimal sind. In anderen Worten lässt das Verhalten »Social Media« im Kopf der User ganze *Herden* rosaroter Elefanten los.

Eltern im Silicon Valley kennen diesen Effekt nur zu gut. Die starke Netflix-Dokumentation *Das soziale Dilemma* zeigt, wie diese Eltern für ihre Kinder schon früh strikte Regeln aufstellen, wie viel Zeit sie hinter Bildschirmen verbringen dürfen, während sie bei der Arbeit immer noch schlauere Apps entwickeln, die den Geist *unserer* Kinder möglichst einnehmen sollen.[63–65] Die in China entwickelte App TikTok ist in China selbst stark eingeschränkt. Die personalisierten Feeds zeigen nur spaßige Videos mit pädagogisch wertvollen Inhalten, beispielsweise aus den Bereichen der Wissenschaft und Kunstgeschichte, oder Videos von musikalischen Kindertalenten.[66] User können die Videos nur liken, nicht teilen und selbst keine Videos hochladen, und die Nutzungszeit pro User ist auf 40 Minuten *pro Tag* beschränkt. Währenddessen erlauben wir unseren Kindern auf der anderen Seite der Welt, stundenlang im Hasenbau dieses Endlosfeeds zu verschwinden.

China gibt seinen TikTok-Nutzern eine Blase, in der die Benutzung der App (= das Verhalten) gesund ist. Im Westen haben wir freie Wahl, und zu der gehört Eigenverantwortung. Wir müssen uns unsere Blase selbst vorgeben. Aber bis ins Erwachsenenalter erhalten wir kaum Tipps oder Training für den Umgang mit unserer Psyche, wie wir Verlangen und Grübelspiralen verhindern können[67]. Im Gegenteil – sehr früh schon sorgen diese Apps dafür, dass wir geradezu besessen von der Benachrichtigungs-Belohnung sind. Damit riskieren wir, unserem Gehirn schlechte Angewohnheiten beizubringen.

Als Neurowissenschaftler die Gehirne von Menschen mit Suchtproblemen mittels sogenanntem Neuroimaging (Bildgebungsverfahren, mit denen wir Vorgänge im Gehirn sehen können) untersuchten, entdeckten sie noch etwas Schreckliches: Wir verlieren nicht nur die Kontrolle über unseren Geist, je mehr sich die Sucht verstärkt, sondern können auch keine Glücksgefühle oder Freude mehr empfinden.[68] Der klinische Psychologe Frank Tallis warnt, dass Sucht zu Beginn zwar durch Glücksgefühle aufrechterhalten wird, die Intensität dieser Gefühle aber mit wiederholtem Konsum abnimmt und wir schließlich an einem Punkt landen, an dem es nur noch darum geht, *Schmerzen und Verlangen zu vermeiden.* »Mein Leben ist ein einziger Schlamassel!«, sagte Hamish noch zu mir, bevor wir nach unserem Kaffee bei der Milonga, wo sonst, ankamen. Sind wir süchtig, benutzen wir dieses Verhalten irgendwann, *um dem schlechten Gefühl des Verlangens zu entgehen*, nicht, weil es uns Freude bereitet. Während der Milonga beobachtete ich, wie Hamish einen Tango nach dem anderen tanzte. Er war nicht im Flow, glückselig im Tanz verloren. Er sah ein bisschen verzweifelt und nervös aus. Da stand ein riesiger rosaroter Elefant auf der Tanzfläche.

Die Wissenschaft des Grübelns

Ein Großteil unseres heutigen Wissens über das Grübeln begann mit Neuroimaging-Forschung an Menschen mit Suchtproblemen, über die wir bereits gesprochen haben, und an Menschen mit sogenannten zwanghaften Verhaltensstörungen (*OCD*, aus dem Englischen *Obsessive-Compulsive Disorder*). Etwa 2 bis 3 Prozent aller Menschen könnten in ihrem Leben an zwanghaften Verhaltensstörungen leiden.[69] Sie werden ständig von ihren rosaroten Elefanten regiert, und ihr Belohnungssystem zeigt ähnlich abnormale Aktivierungsmuster wie bei einem süchtigen Gehirn.[70–74]

OCD gehört zu jenen Störungen, die die klinische Psychologie unter »Angsterkrankungen« einordnet. In der romantischen Komödie *Besser geht's nicht* aus den 90er-Jahren porträtiert Jack Nicholson herzerwärmend einen Menschen mit OCD. Nicholson spielt Melvin, der mit seiner OCD seine Beziehung zu der Kellnerin Carol (gespielt von Helen Hunt) riskiert. Verwirrt sieht der Zuschauer, wie Melvin einen kleinen Hund in einen Müllschacht steckt, weil er ihn zu laut und zu schmutzig findet. Überhaupt benimmt er sich furchtbar gegenüber Carol und den Menschen um ihn herum.

Aus der Sicht eines Menschen, der einfach nur versucht, seine Zwänge und Ängste unter Kontrolle zu behalten, sieht das gleich ganz anders aus. Melvins unlogische Ängste und Sorgen *zwingen* ihn zu diesen Dingen, *ganz egal, mit welchen Folgen*. Seine Obsession wird in der Psychologie »Kontaminationsangst« genannt, und sein Zwang ist das Putzen. Für ihn *muss* es immer sauber, ordentlich und still sein. Sonst foltern seine rosaroten Elefanten ihn immer weiter. Die persönlichen Grenzen anderer zu überschreiten und die Menschen um ihn herum mit seinem Verhalten zu verletzen, ist ganz einfach das kleinere Übel, bedenkt man, welche Schrecken in seinem Kopf drohen. Während er sich unbestreitbar danebenbenimmt und es für sein Verhalten keine Entschuldigung gibt, kann die klinische Psychologie dennoch erklären, warum er das immer und immer wieder tut; er leidet an OCD; seine Gedanken gelangen immer wieder zu etwas sehr, sehr Beängstigendem, was er unbedingt vermeiden will. Wer Menschen mit OCD nahesteht, weiß sehr genau, welchen Schrecken das obsessiv kontrollierende Verhalten verbreiten kann. Schauen wir uns die Wissenschaft dahinter noch genauer an.

Grübeln wir gerne?

Bevor wir zu dem Alternativverhalten kommen, das unseren Geist in einen friedlichen Flow versetzt, müssen wir zunächst noch ein scheinbar völlig widersprüchliches Forschungsresultat zur Kenntnis nehmen, das die Wissenschaft erst seit Kurzem genauer studiert: Wenn wir grübeln, wird unser Belohnungssystem, wissenschaftlich gesprochen, »abnormal aktiviert«.[75] Bedeutet das, dass uns das Grübeln eigentlich Freude bereitet? Bevor du jetzt das Buch zuklappst und entnervt denkst, dass du *ganz sicher nicht* gerne grübelst, lass mich das erklären.

Die Sache kann etwas verwirrend sein. Im Grunde würde man denken, dass alles, was uns negative Gefühle vermittelt, uns zum Beispiel wütend, traurig oder Angst macht, für unser Gehirn eigentlich eine Bestrafung sein sollte, von der uns die Kampf-oder-Flucht-Symphonie automatisch fernhält. Wir haben weiter oben schon gesehen, wie gut unser Gehirn sich an Dinge erinnert, die uns in der Vergangenheit schon einmal geängstigt oder wütend gemacht haben, damit wir diese Dinge in Zukunft meiden. Warum tun wir das also nicht? Na ja – Studien mit Menschen, die viel grübeln, haben ergeben, dass dabei Teile des Belohnungssystems abnormale Aktivierungsmuster zeigen. Aus der Neurowissenschaft wissen wir, dass das Gehirn von jemandem, der viel grübelt, sehr ähnlich aussieht wie das Gehirn von jemandem, der an einer Sucht leidet.

Süchtig nach Grübeln? Können wir süchtig sein nach Trauer? Wut? Spaß? Angst? Action? Das hört sich an, als würden wir eigentlich gerne grübeln. Und wenn nicht, sollten wir doch einfach aufhören damit.

Aber *natürlich* bedeutet es das *nicht*.

Das Belohnungssystem »leuchtet« auf Gehirnscans von grübelnden Menschen auf, weil das Grübeln eine Gewohnheit ist, und ein Teil der Gewohnheitsschleife sind gelernte Signale, die, wie du ja weißt, aus dem Belohnungszentrum kommen.

Grübeln ist auch ein Verhalten.[76,77] Ein mentales Verhalten zwar, aber trotzdem ein *Verhalten*. Und jedes Verhalten, das wiederholt belohnt wird, wird zu einer Gewohnheitsschleife gebunden. *Auslöser*, die eine Belohnung versprechen, ziehen uns immer und immer wieder zu dem Verhalten hin. Und hat sich eine Gewohnheit erst einmal gebildet, löst das Verhalten mit der Zeit immer weniger Glücksgefühle aus. Wie wir vorhin schon gesehen haben, ist das ganz einfach das Grundprinzip, wie unser Gehirn *lernt*, so widersprüchlich das auch ist: Ein Verhalten geht vom expliziten ins implizite Gedächtnis über, damit wir nicht mehr bewusst daran denken müssen. Das liegt daran, dass der grundsätzliche Belohnungsmechanismus des Gehirns nichts anderes ist als ein Lernsignal: Wiederhole, was dir ein gutes Gefühl gibt, und wiederhole nicht, was das nicht tut. Das ist eine ziemlich einfache Rechnung.

Dein ewig nagender Geist

Es gibt verschiedene Arten des Grübelns.[78] Wütendes Grübeln, das von Testosteron und Erregungsbotenstoffen geschürt wird, wenn wir über unseren blöden Kollegen, Chef, Nachbarn, den Busfahrer (und so weiter) nachdenken, und *dass die ja schon sehen werden*. Dann gibt es ängstliches Grübeln, bei dem die rosaroten Elefanten uns ständig vor einer bevorstehenden Gefahr warnen und wir nicht anders können, als immer nur »Was, wenn …« zu denken.[79] Es gibt trauriges Grübeln, eine Spirale, die in die dunkelsten Ecken unseres Geistes reicht, wo all unsere einsamsten Erinnerungen sitzen und das einzige Licht vom rosaroten Glühen der Elefanten kommt – die Einzigen, die uns in die Tiefe gefolgt sind. Und merkwürdigerweise gibt es auch eine Form des Grübelns, bei der es um Vergnügen geht und wie wir es beschaffen können, um unser Verlangen und, ach, all die schöne Spannung, *ich muss das haben … eins noch … aaah, ja!*

Unser Gehirn fällt aufgrund einer Gewohnheitsschleife ins Grübeln, was auch erklärt, warum wir beim Grübelverhalten bleiben, obwohl es uns ein schlechtes Gefühl gibt und uns aushöhlt.[45,80,81] Wie genau dies geschieht, ist aber unklar. Manche Menschen fangen an zu grübeln, wenn sie vor Hürden stehen, andere nicht.[82,83] Ein Trauma kann ein Grund sein, denn bei all diesen beängstigenden Gedanken ist es doch verständlich, dass wir sie lieber vermeiden möchten.[84] Die beängstigenden Gedanken sind der Auslöser, Grübeln ist das Verhalten, und die Belohnung ist die Erleichterung, die wir erfahren, wenn diese Gedanken kurzzeitig verschwinden.[85–87] Aber auch Menschen, die kein einschneidendes Trauma erlebt haben, tappen in die verlockende Grübelfalle.[1,88] Klar: Fliehst du vor dem geistigen Auslöser (»Dieser dumme Typ!«) durch Grübeln (indem du eine Szene gedanklich immer und immer wieder durchspielst, in der du ihn zur Schnecke machst), erlebst du einen kurzen Moment der Erleichterung (»Jetzt hab ich's dem aber gezeigt!«). Und genau da hast du's: Du hast den

Grundstein für eine Grübelgewohnheit gelegt. Du hast deinem Belohnungssystem ein Lernsignal gegeben: Das war gut, tu das wieder.

Psychische Gesundheit

Die Wissenschaft zeigt, dass Menschen, die regelmäßig grübeln, häufiger in eine Depression rutschen, Angstzustände, Schlaflosigkeit oder Essstörungen haben, einer Sucht wie zum Beispiel dem Rauchen in die Falle gehen oder auch eine Verhaltenssucht entwickeln. Genau wie eine Droge nimmt auch das Grübeln immer mehr unserer Zeit ein. Und was in der Welt geschieht, kannst du einfach nicht mit bloßer Willenskraft ändern, vor allem nicht, wenn es beim Grübeln darum geht, was andere Menschen getan haben. Andere Menschen sind »da draußen«, haben ihre eigene Persönlichkeit, ihre Meinungen und eigene Verhaltensweisen. Die Lösungen, über die wir nachgrübeln, sind da draußen in der echten Welt zum Scheitern verurteilt.[2,3] Menschen, die viel grübeln, rutschen deshalb immer tiefer hinab: Es fällt ihnen schwerer, positiv zu denken, sie werden schlechter darin, Probleme zu lösen, ihre Kreativität schwindet, und sie erleben immer mehr Konflikte mit ihren Mitmenschen. Wie Mark Twain gesagt hat: »Verlass dich nicht auf deine Augen, wenn deine Vorstellungen verschwommen sind.« Wir verstehen falsch, was wir sehen, nerven uns und teilen aus, scheinen tief in einem Strudel der Probleme zu stecken. Dann ziehen wir uns zurück, sitzen da und starren ins Nichts. Es sieht aus, als ob wir angenehm vor uns hin träumen würden; in Wirklichkeit versuchen wir aber der Hölle zu entgehen, die wir uns selbst auferlegt haben, indem wir unserem Gehirn die Gewohnheitsschleife des Grübelns beigebracht haben. [1,89]

In den letzten Jahren sind dazu bemerkenswerte Ergebnisse aufgetaucht: Menschen, die viel grübeln, haben schlechtere Immunmarker (zum Beispiel Leukozyten- und Lymphozyten-Werte sowie Anzahl der B-Zellen).[76,90,91] Wir haben den Zusammenhang zwischen Grübeln und hohen Entzündungswerten noch nicht wirklich durchschaut[92–96], aktuelle Ergebnisse legen aber zumindest nahe, dass andere Verhaltensweisen besser für uns wären.

Aber eine Gewohnheit ist ein Kreis, der schwer zu durchbrechen ist, und auch den Auslöser zu erkennen ist schwierig. Besteht eine Gewohnheit aus einem klaren körperlichen Verhalten, ist es einfacher, Auslöser zu finden. Du hast dein Handy in die Hand genommen. Warum? Weil du eine Benachrichtigung hast aufblinken sehen und einen inneren Antrieb verspürt hast, sie zu checken. Das kann zum Beispiel so ein Auslöser sein, der die Gewohnheitsschleife, das Handy in die Hand zu nehmen, lostritt. Beim Grübeln ist es aber dein Geist, der nagt, und das ist schwer zu erkennen. Um zu einem anderen, besseren Verhalten zu finden, müssen wir die Auslöser unserer Gewohnheitsschleifen erkennen.

Deine *Auslöser zu finden* ist eine wichtige Aufgabe, und *du* musst bewusst *entscheiden*, es zu tun.*

Meister der Selbsttäuschung

Eigentlich wüsstest du, was zu tun wäre. Finde deine Auslöser. Da gibt es aber ein Problem: Wenn du in der Schleife drinsteckst, ist es schwierig, rauszukommen, und die fiese Wahrheit ist, dass unser Gehirn für suboptimale Tätigkeiten und Verhaltensweisen immer unglaublich gute Rechtfertigungen hat. »Es sind Fehler passiert – aber ich hab keine gemacht«[97] – ein häufiger Satz. Dieses kognitive Verhalten, durch das wir die gleiche schlechte Angewohnheit ständig wiederholen, heißt *Selbstrechtfertigung*.

Kognitive Dissonanz

In den 1950er-Jahren postulierte Leon Festinger mit seinen Experimenten als Erster die Theorie der kognitiven Dissonanz.[98] Kognitive Dissonanz tritt auf, wenn wir zwei widersprüchliche Informationen

* Wie immer gilt: Wenn du an einer klinischen psychischen Erkrankung leidest oder es vermutest, solltest du das mit einer Therapeutin oder einem Therapeuten abklären, um sicherzustellen, dass die Suche nach deinen Auslösern nicht zu einem weiteren Prompt, einem Auslöser, wird, der deine Gedanken außer Kontrolle geraten lässt.

über uns selbst haben. Die erste Information könnte zum Beispiel sein, dass du jemanden grundlos angeblafft hast. Aber *eigentlich* ist dein Geist überzeugt, dass du ein guter Mensch bist und Dinge aus gutem Grund tust – das ist Information Nummer 2. Um diesen Konflikt zu lösen, erfindet unser Gehirn eine Rechtfertigung für unser Verhalten, die zu dieser Überzeugung passt, zum Beispiel »hatte er halt verdient«.

Unser Geist ist wahnsinnig gut darin, Informationen so zu bearbeiten, dass sie zu unserer eigenen inneren Geschichte über uns selbst passen.[99] »Jeder *braucht* hin und wieder etwas Süßes«, sagt uns unser Geist zum Beispiel, wenn wir eine ganze Packung Eis gelöffelt haben, obwohl wir eigentlich keinen Zucker mehr essen wollten. »Ich hatte echt *nichts* zum Anziehen«, beruhigt es unsere Schuldgefühle, nachdem wir ein Vermögen für ein Kleidungsstück ausgegeben haben, das wir vielleicht niemals tragen werden. Und es wird noch schlimmer.

2005 tricksten einige Wissenschaftler in einem Experiment ihre Teilnehmenden aus.[100] Im ersten Teil des Experiments sahen die Teilnehmenden Bilder von Menschen und sollten deren Attraktivität bewerten. Gezeigt wurden immer zwei Bilder nebeneinander, und die Teilnehmenden sollten aussuchen, welche der beiden Personen sie attraktiver fanden. Nach einigen solcher Bilderpaare begann der nächste Teil. Jetzt wurde den Teilnehmenden gesagt, sie würden jeweils das Bild jenes Menschen sehen, den sie als attraktiver eingestuft hatten, und sollten erklären, warum sie diese Person gewählt hatten – warum diese Person ihnen also attraktiv erschien. Alle Teilnehmenden konnten jede Menge Gründe nennen, warum sie diese Person ausgewählt hatten – weil sie schön war, ein hübsches Lächeln hatte, schöne Augen oder tolles Haar. Der Haken?

Die Bilder zeigten gar nicht die Menschen, die die Teilnehmenden ausgesucht hatten, sondern genau die anderen, die sie *nicht* gewählt hatten. Trotzdem plauderten die Teilnehmenden munter drauflos und listeten all die guten Gründe für eine Entscheidung auf, die sie gar nicht getroffen hatten.

Was war da los?

Die Autoren der Studie, die im Wissenschaftsjournal *Science* erschien, nannten diesen Effekt »Wahlblindheit«. Er setzte kognitive Dissonanz und die sogenannte Bestätigungstendenz in Gang. Die Bestätigungstendenz meint die Tendenz unseres Geistes, sich so an Situationen zu erinnern und sie so zu interpretieren, dass es zu dem harmonischen Grundrauschen passt, das ständig in unserem Kopf vorgeht.

Der Kopf der Teilnehmenden erhielt die Information, dass sie dieses Bild ausgesucht hätten, und passend zu dem harmonischen Grundrauschen, das ihnen einflüsterte, dass sie vernünftige, mit sich im Einklang stehende Menschen seien, gaben sie ihre Gründe für die Wahl dieser Person an.

Wie kann das Gehirn solche offensichtliche Unvernunft zulassen?

Während der Wahl des US-Präsidenten im Jahr 2004 lud ein Forschungsteam Menschen, die gegnerische Kandidaten unterstützten, zu einem Experiment ein. Funktionelle Magnetresonanztomografie (fMRT) ermöglichte es ihnen, die Gehirne der Teilnehmenden in Aktion zu sehen.[101] Den Teilnehmenden wurden Informationen über die Präsidentschaftskandidaten gezeigt, die teils mit ihren eigenen Ansichten über den Kandidaten übereinstimmten und diesen teils widersprachen. Die Ergebnisse waren erschreckend: Widersprachen die Informationen den eigenen Ansichten, schaltete der präfrontale Kortex, jene Hirnregion, die für vernünftiges Denken verantwortlich ist, einfach ab. Passten die Informationen hingegen zu ihren eigenen positiven Ansichten über den Kandidaten, waren jene Gehirnregionen aktiv, die mit Gefühlen und der grundlegenden Konstanz des Körpers zu tun haben. Nicht passende Informationen verarbeiteten die Gehirne also erst gar nicht, während die grundlegenden Strukturen des Gehirns sich hungrig auf alles stürzten, was die eigenen Ansichten unterstützte – das nennt sich Bestätigungstendenz.

Heißt das, dass wir eine Ausrede haben, warum unser Geist bestimmte Fallstricke übersieht? Können wir einfach sagen: »Mein Gehirn ist schuld!«? Nein. Diese Ergebnisse machen uns bewusst, dass unser Gehirn uns austricksen kann und wir damit rechnen müssen.[102] Es will wie eh und je harmonisch vor sich hin summen und kognitive

Dissonanz um jeden Preis verhindern. Wir sind eben bei Weitem nicht so vernünftig und haben uns gar nicht so sehr unter Kontrolle, wie wir uns das liebend gerne vormachen.

»Vergnügenplus«-Verhaltensweisen

Jede Freizeitbeschäftigung kann das Gehirn in die Irre führen; selbst bei Kunst sind wir anfällig für solche Fallstricke, die sich unsere Gedanken krallen und uns das Leben schwer machen können. Zum Beispiel, wenn wir nach der künstlerischen Tätigkeit süchtig werden, wie Hamish, der Tangotänzer.

Wenn deine Tätigkeit nur darauf ausgerichtet ist, am Ende einen »Preis«, eine Belohnung zu erhalten, sollten in deinem Kopf die Alarmglocken läuten, denn dann sind jene Nervenbahnen in unserem Gehirn aktiv, die dafür sorgen, dass wir etwas »haben wollen«. Sie sind von Dopamin angetrieben und motivieren uns, ständig auf der Jagd nach etwas zu sein, nach dem nächsten Kick. Dieser Zustand des Habenwollens durch Verlangen verspricht uns Vergnügen, aber wenn wir genau hinhören, merken wir, dass das eigentlich ein sehr unbefriedigendes Gefühl ist. Wir sind dann nie entspannt, nie ruhig, genießen es nicht wirklich – und den Flow finden wir dann ganz bestimmt nicht. Wir wollen durch unsere Tätigkeiten stattdessen Nervenbahnen aktivieren, die unser Gehirn mit endogenen Opioiden und Endocannabinoiden antreiben (»endo« bedeutet, dass dein Körper diese Stoffe selbst herstellt)[103]. Sind diese Systeme eingeschaltet, haben wir dieses warme Gefühl von tiefem Vergnügen. Dann sind wir zufrieden, entspannt, wir genießen den Moment – und können den Flow finden.

Aber wie aktivieren wir diese wunderbaren Nervenbahnen? Mit Vergnügenplus-Verhaltensweisen. Das sind Dinge, die du *gerne tust* (vielleicht »willst« du sie auch tun, aber wichtig ist, dass du die Tätigkeit selbst *gerne ausführst* – du willst etwas *tun*, nicht *haben*). Such dir dafür also keine Verhaltensweisen aus, die du nicht allzu *gerne tust* (z. B. »Joggen«), *nur*, weil du denkst, am Ende etwas davon zu haben, was du *willst* (z. B. eine schlankere Taille).

Wie kommt es, dass du etwas *gerne* tust? Das ist sehr individuell. Du musst herausfinden, welche Verhaltensweisen für dich funktionieren. Meistens *mögen* wir Tätigkeiten gern, die auf irgendeine Art und Weise bedeutungsvoll für uns sind – Verhaltensweisen, die unser Gefühl des »Ich-Seins« aktivieren, unsere Erinnerungen und Vorlieben ansprechen. Ob wir eine Tätigkeit mögen oder nicht, kann aber auch vom Kontext abhängen, den wir unseren Sinnen während der Tätigkeit geben – die Dinge, die wir dabei sehen, riechen, spüren, vielleicht auch die Menschen um uns herum. Kreative Tätigkeiten sprechen unser Gehirn auf ganz besondere Art und Weise an (wie wir in den folgenden Kapiteln noch sehen werden), und wir *mögen* sie, weil sie unseren Körper durch die Bewegung mit uns wichtigen Gedanken, Gefühlen und Konzepten verbinden. Dieses »Zusammentreffen« von Sinneseindrücken, Erinnerungen und Ansichten, die uns zu *uns* machen, können etwas tief in uns anrühren und sogar transformative, uns verändernde Erlebnisse herbeiführen.[104–106] Und während wir so in unsere kreative Tätigkeit vertieft sind, aktiviert unser Gehirn diese ganz speziellen Nervenbahnen, und plötzlich *existieren* wir einfach nur noch – und finden den Flow.

Behalte auf der Suche nach deinen Vergnügenplus-Verhaltensweisen dieses Prinzip des »Wohlfühl-Wollens« im Hinterkopf, wenn wir später tiefer in diese ganze Materie eintauchen. Die von dir gewählte kreative Tätigkeit soll deine persönlichen bedeutungssuchenden Systeme im Gehirn anregen. Die Spannung und der Nervenkitzel – das ist wie eine Süßigkeit; ein bisschen davon ist super, um etwas zu knabbern zu haben, während du in die Tiefen der Geschichte oder eines Kunstwerks eintauchst. Aber wenn sich die ankommenden Informationen plötzlich mit dem Gefühl des Ich-Seins vermischen, schafft das eine tiefere Bedeutung, einen Sinn in unserem Gehirn. Und dann freuen sich in unserem Gehirn endlich auch die Eudämonisten in Lager 2.

Um den Weg zum Flow zu finden, müssen wir Kunstformen und kreative Tätigkeiten finden, die auch diese tieferen Ebenen unseres Gehirns ansprechen. So verstärken wir diese Nervenverbindungen und formen unseren Zugang zum Flow.

Kapitel 4
Das Stachelschwein-Dilemma

Beziehungen zu anderen Menschen können das Leben in eine Tragödie verwandeln. Sie können uns stressen, uns nachts nicht schlafen lassen, uns traurig, glücklich, wütend oder ängstlich grübeln lassen, und das alles auf einmal. Anscheinend war das schon immer so. Alles dreht sich ums Drama. Du brauchst nur ins Kino zu gehen, um dieses Karussell zu sehen, das das Leben mit anderen Menschen antreibt.[1,2] In den vorigen Kapiteln haben wir uns Gefahren für den Körper angesehen, zum Beispiel zu viel zu sitzen, Körper und Geist zu sehr anzustrengen, zu viel Zucker zu essen, nicht genug zu schlafen oder zu viel Zeit am Handy zu verbringen. Das alles kann unsere Aufmerksamkeitsspanne vermindern und Flow verhindern. Jetzt setzen wir noch einen drauf: die soziale Schicht unseres Gehirns – eine weitere Quelle von unerträglich stampfenden rosaroten Elefanten.

Das Stachelschwein-Dilemma ist eine berühmte Metapher des Philosophen Arthur Schopenhauer, die den Widerspruch beschreibt, dass wir menschliche Kontakte *brauchen*, diese aber gleichzeitig oft *schuld* an unserem Leiden sind:[3]

Zwei Stachelschweine benötigen im Winter die Wärme des anderen, um zu überleben, aber wenn sie sich zu nahe kommen, stechen sie sich.

»Autsch! Geh weg!«

»Du warst es, du bist mir auf die Pelle gerückt!«

Nachdem sie sich beide an den Stacheln des anderen verletzt haben, rücken sie auseinander oder gehen sogar ganz weg. Erst dann merken sie, wie kalt es ist und dass sie die Wärme des anderen brauchen, und das Ganze beginnt wieder von vorn.

Echte Stachelschweine wissen, wie sie kuscheln können, ohne sich zu piksen, aber wir Menschen wissen es nicht. Wir brauchen die anderen, aber wann immer Menschen zusammenkommen, entsteht oft auch ein gegenseitiges Unwohlsein. Das ist unvermeidbar. Einmal mehr ist unser Körper das Problem; denn der braucht andere, um zu überleben.

Das soziale Gehirn

Die Wissenschaft bezeichnet bestimmte miteinander verbundene Systeme unseres Gehirns als »das soziale Gehirn«, weil diese Systeme besonders für soziale Interaktionen wichtig sind.[4] Zum sozialen Gehirn gehören die Amygdala und der Nucleus accumbens. Diese Systeme verarbeiten die emotionale Wichtigkeit von dem, was um uns herum passiert (Amygdala), und wie wahrscheinlich es ist, eine Belohnung zu erhalten (ein Lächeln, eine Umarmung, ein Schulterklopfen) (Nucleus accumbens).[4] Das soziale Gehirn umfasst aber auch den Inselkortex und den vorderen cingulären Kortex, die an Mitgefühl und der affektiven Bewertung sozialer Informationen beteiligt sind, sowie ein »Mentalisierungsnetzwerk« (Precuneus, mittlerer präfrontaler Kortex und temporo-parietales Kreuzungsareal), das zum Verstehen der Gedanken und Perspektiven anderer Menschen beiträgt.[4,5]

Vielleicht wunderst du dich jetzt, dass viele dieser Strukturen des sozialen Gehirns auch zu jenen Lagern 1 und 2 gehören, die ich im dritten Kapitel in Zusammenhang mit Belohnung, Wahl, Gewohnheiten und Verhaltenssucht erwähnt habe. Deine Verwirrung ist berechtigt. Der Grund ist: Es ist kompliziert.

Die Hirnforschung versucht, verschiedene Teilbereiche und Systeme des Gehirns zu benennen. Das hilft, die Informationen über die verschiedenen Gehirnsysteme und ihre möglichen Funktionen besser zu organisieren. Aber es gibt eben auch jede Menge Überschneidungen zwischen diesen Systemen und ihren Funktionen. Wir haben nur ein einziges Gehirn, und wir verstehen immer mehr, dass Verhaltensweisen, die von außen sehr verschieden aussehen können, in Wahrheit von ähnlichen Gehirnsystemen gesteuert werden – vermutlich, weil sie für das Überleben des Körpers ähnlich wichtig sind.

Um unseren Weg zum Flow zu finden, halten wir es mal allgemein; egal, ob unser Gehirn nun Informationen für das körperliche oder das soziale Überleben verarbeitet, es spielen immer Teile dieser grundlegenden Systeme von Lager 1 und 2 mit sowie die Jukebox des Stammhirns. Durch sie hält unser Bewusstsein unseren Körper mit seinem Verhalten am Leben.

Theoretisch stellt das Alleinsein in unserer Gesellschaft heute keine Gefahr mehr für unseren Körper dar. In unseren modernen Gesellschaften hält eine Heizung uns warm, gibt es keine Säbelzahntiger, die uns angreifen könnten, können wir arbeiten und Nahrungsmittel einkaufen, wenn wir sie brauchen. Wir sind nicht auf eine Gruppe von piksenden Stachelschweinen angewiesen. Ruf dir aber in Erinnerung, dass diese grundlegenden Hirnstrukturen, die Jukebox des Stammhirns, das sich um unseren Körper sorgt, in schwierigen Zeiten entstanden sind, damals in der gefährlichen Urzeit. Und in diesen Systemen ist das Verlangen nach menschlichen Beziehungen fest verbaut, Punkt. Bei Einsamkeit schwillt in unserem Körperorchester die Stresssymphonie an, die uns anfälliger für Viren macht, und die rosaroten Elefanten in unserem Geist verursachen Depression, Verlassenheit und Ängste; alarmiert tanzen sie da oben rum und rauben uns den Schlaf.

Umarmungen, Lächeln und Streicheleinheiten: Die Macht und Wichtigkeit menschlicher Kontakte

Als ich nach meiner Doktorarbeit in London ankam, war ich ganz neu in der Stadt, hatte nur wenige flüchtige Bekannte und startete einen neuen Job in einem der weltweit angesehensten Forschungsinstitute für Bewegungsneurowissenschaft, dem berühmten Institute of Cognitive Neuroscience (ICN, Institut für kognitive Neurowissenschaft) am University College London. Alles war mir fremd, und das machte mir ein bisschen Angst.

Sicher gibt es Menschen, die das Unbehagen des Fremden in Sekundenschnelle abschütteln und sich einfach mitten hineinstürzen. Ich habe allerdings noch niemanden kennengelernt, der so tickt.

Es war ein solcher Tag, an dem ich über mein neues Leben im unpersönlichen London sinnierte, als mich eine meiner neuen Kolleginnen zu einem Vortrag einlud. In den Forschungsinstituten des Bloomsbury-Quartiers in London, wo sich auch das ICN befindet, gibt es jede Woche fantastische wissenschaftliche Vorträge. Sie werden von Wissenschaftlern für Wissenschaftler organisiert und sollen eine Plattform für den Wissensaustausch sein. Der Titel der Vorlesung klang spannend, vor allem im Hinblick auf meine Situation als Neuling: *Affektive Berührungen und das Gehirn.* Ich fragte mich, was affektive Berührungen wohl mit dem Gehirn zu tun hatten, und was waren affektive Berührungen eigentlich genau?

Was für eine spannende neue Welt tat sich an diesem Nachmittag vor meinen Augen auf.

Den Vortrag hielt Professor Francis McGlone von der Liverpool John Moores University. Er erklärte, dass die Bindegewebsfasern unserer Haut spezielle Rezeptoren haben, die – ta-ta-ta-ta – anspringen, wenn sie in einer bestimmten Geschwindigkeit gestreichelt werden. Diese Rezeptoren gibt es nur an bestimmten empfindlichen, unbehaarten Körperstellen[6], zum Beispiel an der Innenseite des Unterarms, an behaarten Hautstellen kommen sie nicht vor.[7] Springen diese Rezeptoren an, wandert diese Information über lange Ganglien hinauf durch das Rückenmark zum sozialen Gehirn, interessanterweise zu Gehirnstrukturen, die auch am Belohnungssystem, dem Erhalt der Homöostase sowie der Regulation unseres Immunsystems beteiligt sind. Sie spielen also eine wichtige Rolle für unsere Gesundheit und unser Wohlbefinden.

Nach dem Zweiten Weltkrieg gelangten viele schreckliche Geschichten über tragische Schicksale in den finsteren Kriegsjahren an die Öffentlichkeit. In einer davon ging es um rumänische Waisenkinder. Jedes menschlichen Kontakts beraubt, hatten sie niemals ein Lächeln, Berührungen oder Kuscheln erlebt. Sie entwickelten schreckliche Autoimmunerkrankungen wie zum Beispiel Ekzeme, litten ständig unter Infektionen, und manche von ihnen starben an medizinischen Folgeschäden. Der Mangel an Sozialkontakten hatte ihr Immunsystem erschöpft.

Inspiriert von diesen erschütternden Berichten, führte Professor Harry Harlow in den 1950er-Jahren eine Reihe Experimente durch, die nach heutigen ethischen Standards unvorstellbar sind.[8] Harlow nahm drei Gruppen neugeborener Affen; die erste Gruppe durfte bei ihren Müttern bleiben und wurde umarmt, geküsst und gekuschelt, soviel ihr Herz begehrte; eine zweite Gruppe kam einzeln in Käfige mit einer Teddy-Ersatzmutter aus Fell, in denen es außerdem genug Futter und Wasser zum Überleben gab; die dritte Gruppe schließlich kam in Käfige ohne Ersatzmutter, es gab lediglich genug Futter und Wasser in einer Ecke des Käfigs – theoretisch genug, um den Bedarf des Körpers zu decken. Zum *Überleben* reichte das aber nicht, wie sich bald zeigen sollte.

Als die isoliert gehaltenen kleinen Äffchen später wieder in eine Gruppe kamen, war ihr Sozialverhalten auffällig: Sie entpuppten sich eher als Einzelgänger und hielten sich von den anderen fern. Viele von ihnen starben, entweder, weil sie das Fressen verweigerten, oder aufgrund gesundheitlicher Probleme.

Ausgehend von den rumänischen Waisen und Harlows Studien zeigte McGlone, welch immensen Einfluss affektive Berührungen im täglichen Leben auf uns alle haben, nicht nur in der Kindheit und Jugend, sondern auch im Erwachsenenalter. Er zeigte ein Video von einer Person in so etwas wie einem Zahnarztstuhl. Ein Arm war unbeweglich mit der Handfläche nach oben so festgeschnallt, dass die Innenseite des Unterarms entblößt war. Wo beim Zahnarzt die Lampe in den Mund scheinen würde, war ein mehrgelenkiger Arm befestigt, an dem vertikal so etwas wie ein Rad von der Größe eines Untertellers montiert war, das sich langsam drehte. In diesem Rad steckten drei Pinsel. Von Zeit zu Zeit wurde das Rad hinabgesenkt zum Unterarm der Testperson im Sessel, und langsam, vorsichtig, fast zärtlich strichen die Pinselhaare über den entblößten Unterarm. Jedes Mal war ein Rattern zu hören; ta-ta-ta-ta – das war eine Nervenfaser, die ansprang und feuerte.

Am gleichen Arm waren ein bisschen weiter oben winzige Elektroden im sogenannten rezeptiven Feld eines Rezeptors in der Haut befestigt. Rezeptoren sind die Andockstationen, über die Informationen in unseren Körper gelangen, in diesem Fall über die Berührung. Wir haben Rezeptoren in unserer ganzen Haut. Verschiedene Rezeptoren in unseren Hautzellen lassen uns wissen, ob etwas heiß oder kalt ist, scharfkantig oder weich, ob gedrückt oder gezogen wird – und ob wir gerade »affektiv berührt« werden.

Die Wissenschaftler hatten einen Verstärker für das Signal des Rezeptors angebracht, das die Berührungsinformation zu der Nervenfaser übertrug. Dadurch war dieses Signal als Geräusch zu hören, wann immer der Rezeptor stimuliert wurde. Diese merkwürdige Konstruktion aus Pinseln an einem Rad stimulierte tatsächlich das soziale Gehirn, und zwar indirekt, über die Haut!

McGlone zeigte, dass Berührung dann als affektiv wahrgenommen wird, wenn wir in einem Tempo von etwa drei Zentimetern pro Sekunde gestreichelt werden. Drehte sich das Rad im Video langsam in dieser Geschwindigkeit, feuerte die Nervenzelle, ta-ta-ta-ta, und schickte all diese guten Nachrichten an das soziale Gehirn. War die Bewegung auf der Haut zu schnell, zum Beispiel 18 Zentimeter pro Sekunde – drehte das Rad also schnelle Runden –, wurde das als unangenehm empfunden, und die Nervenzelle feuerte nicht – es war kein Geräusch zu hören.[9,10]

McGlone erklärte, dass diese spezielle Haut-Hirn-Verbindung tatsächlich sehr wichtig ist für den Erhalt der körperlichen Gesundheit und des Wohlbefindens. Sehr vereinfacht ausgedrückt: Berührst du deinen Schatz oder dein Kind liebevoll, hilfst du ihnen, ihr Immunsystem zu regulieren, und förderst so ihre Gesundheit.[11]

In einer unpersönlichen Stadt wie London berührst du Menschen aber nicht einfach so, von affektiven Berührungen ganz zu schweigen. Und tatsächlich herrscht in Londons Dschungel aus Wolkenkratzern seit Jahrzehnten eine Einsamkeits-Pandemie.[12–15] Während des Vortrags ertappte ich mehrere meiner Kolleginnen und Kollegen dabei, wie sie kurz zur Innenseite ihres Unterarms blickten, wo es viele solcher speziellen Rezeptoren gibt.[9,10]

Diese Information ist Gold auf unserem Weg zum Flow: Soziale Beziehungen sind wichtig für das Wohlbefinden unseres Körpers. Ohne sie bevölkern rosarote Elefanten unseren Geist, von dieser Bedrohung auf den Plan gerufen. Ohne soziale Beziehungen, Umarmungen, Streicheleinheiten, ein freundliches Lächeln ist unser System in Gefahr.

Warum?

Das geht auf Zeiten zurück, als sich diese grundlegenden Systeme unseres Gehirns unter entwicklungsgeschichtlichem Druck herausgebildet haben. Wer in großen Gruppen zusammenleben konnte, hatte die besseren Überlebenschancen als ein Einsiedler. Deshalb sind fehlende soziale Kontakte (was unserem Bewusstsein ein Gefühl der Einsamkeit einflüstert) eine Bedrohung für das ganze System, und wenn wir allein sind oder von einer Gruppe ausgeschlossen werden (egal, ob das wirklich so ist oder wir uns das nur einbilden), dringen durch diese fundamentalen Überlebensmechanismen traurige und verängstigte rosarote Elefanten in unseren Geist.

Die folgenden zwei Experimente illustrieren, wie fundamental und auch etwas »dumm« diese Systeme sind, die hauptsächlich außerhalb unseres Bewusstseins ablaufen.[16] 2008 tricksten Forscherinnen und Forscher von der Yale University das soziale Gehirn ihrer Testpersonen aus. Sie gaben zwei Gruppen von Teilnehmenden ein Getränk in die Hand, während sie ihnen Fragen zu einer anderen Person stellten. Die Teilnehmenden, die ein warmes, dampfendes Getränk hielten, fanden ihr Gegenüber netter und großzügiger als diejenigen, deren Tastsinn von einem eiskalten Getränk gequält wurde. In einem zweiten Experiment wurden die Teilnehmenden gebeten, eine Warm- oder Kaltkompresse festzuhalten – diejenigen mit der warmen Kompresse zeigten sich großzügiger; sie würden mit größerer Wahrscheinlichkeit ein Geschenk für einen Freund kaufen statt für sich selbst.[17] Grundlegende Informationen über die Homöostase des Körpers, zum Beispiel die Temperatur, und soziale Informationen wie Vertrauen sitzen beide im Inselkortex (die Hirnregion, die wir hier vage als Lager 2 bezeichnen), und es ist sofort ersichtlich, wie leicht deren Wahrnehmung verzerrt werden kann.

Auch ein japanisches Forschungsteam spielte dem sozialen Gehirn ihrer Testpersonen einen Streich: Sie erfanden etwas, was sie als »Umarmungs-Kommunikations-Maschine« bezeichneten. Während jeweils fünfzehn Minuten simste die eine Gruppe der Teilnehmenden einfach so mit einem geliebten Menschen im Ausland. Die andere Gruppe kuschelte während des Simsens mit einer Umarmungsmaschine, einer Art riesigem Teddy. Die Resultate zeigen, dass bei der zweiten Gruppe, die während des Schreibens die Umarmungsmaschine hatte, weniger Stresshormone im Blut zirkulierten.[18]

Siehst du, wie mächtig die Umwelt ist, der wir unsere Sinne aussetzen – in diesem Fall den Tastsinn? Selbst wenn wir genau wissen, dass es sich nur um ein Plüschtier handelt, werden durch die Eindrücke der Berührungsrezeptoren Informationen zu den Lagern 1 und 2 geleitet, und diese Informationen bedeuten unserem Gehirn, die Stressmechanismen zu beruhigen und Stresshormone zu beseitigen. Schluss mit Flucht oder Kampf.

Geistige Mietergesundheit

Im Februar 2023 wurde die 58-jährige Arztsekretärin Sheila Seleoane tot in ihrer Wohnung in der Wohnsiedlung Lord's Court in Londons Stadtteil Peckham aufgefunden. Das Ablaufdatum auf den Lebensmitteln in ihrem Kühlschrank ließ vermuten, dass sie vor über zwei Jahren gestorben sein musste.[19] Ohne dass es jemand gemerkt hatte. Die Nachbarn beschrieben sie als freundlich, aber distanziert, eine Frau, die im Treppenhaus nett grüßte, aber den Kontakt nicht suchte. Gemäß dem nationalen Statistikamt, dem UK Office for National Statistics, geben etwa 7 Prozent aller britischen Erwachsenen an, sich *oft* oder *immer* einsam zu fühlen, und etwa 25 Prozent, sich *manchmal* einsam zu fühlen.

Oft geht diese Art selbst auferlegtes Exil auf ein Trauma, schlechte Erfahrungen oder in die Brüche gegangene Beziehungen zurück. Durch Einsamkeit vermehren sich aber die rosaroten Elefanten, und einsame Menschen sind immer mehr davon überzeugt, dass ihre Mitmenschen unmöglich auszuhalten sind und sie nur verletzen werden. Das ist das Stachelschwein-Dilemma.

Alle großen Nachrichtensender waren entsetzt, dass Sheila Seleoanes Tod erst so spät entdeckt wurde. Aber sie war nicht der erste Fall. 2006 wurde Joyce Vincent aufgefunden, nach dem Ablaufdatum der Nahrungsmittel in ihrem Kühlschrank zu urteilen seit über drei Jahren tot. Die wunderschöne 38-Jährige hatte sich in den Jahren vor ihrem Tod sehr zurückgezogen, sodass ihr Verschwinden niemandem aufgefallen war. Zuvor hatte sie schon einmal in einer Unterkunft für Opfer von häuslicher Gewalt gelebt. Sie war als jemand bekannt gewesen, der sich bei Konflikten rarmachte, den Job, die Adresse und selbst den Freundeskreis wechselte.[20] Über den Fall ist kaum etwas bekannt, aber man kann sich zusammenreimen, was da vor sich ging.

Genau wie in Sheilas Fall war die Todesursache unmöglich zu bestimmen, aber es wird angenommen, dass Joyce Vincent durch Komplikationen bei einem kurz zuvor entdeckten und behandelten peptischen Ulkus gestorben ist (ein Magengeschwür aufgrund einer Autoimmunerkrankung, die mit Stress in Verbindung steht) oder aufgrund von Asthma, an dem sie litt. Erinnerst du dich noch an die Komplikationen, die in den oben beschriebenen Einsamkeitsstudien mit nichtmenschlichen Säugetieren auftraten?

Im Winter 2022/23 strahlte die BBC eine Serie namens »Rental Health« aus, die auf den Albtraum, der in manchen Wohnsiedlungen in Großbritannien herrscht, aufmerksam machen sollte. Darin geht es um Vermieter, Mieter und ihre typischen Probleme. Da hätte auch unser soziales Gehirn als Problem erwähnt werden können, denn so, wie Schimmel unsere Gesundheit gefährdet[21], ist auch soziale Isolation »menschenunwürdig«.

Eine ganz spezielle Verbindung: Der Vagusnerv

Im europäischen Mittelalter war es Ärzten von der Kirche verboten, Leichen zu sezieren, selbst für wissenschaftliche Zwecke. Zum Glück hielten sich viele Wissenschaftler aber nicht an diese von der Kirche auferlegte Regel und machten dadurch viele wichtige Entdeckungen. Die Notizbücher dieser Ärzte, die im Mittelalter heimlich tote Körper sezierten, um die Geheimnisse menschlicher Gesundheit und Krankheit zu untersuchen, enthalten immer wieder Hinweise auf einen ganz speziellen Nerv. Egal, welche Körperregion sie untersuchten, da war dieser Nerv. Er schien sich vom Gehirn durch das Rückenmark zum Herzen, der Lunge und den verschiedenen Organen zu erstrecken, und seine Ausläufer erreichten sogar die Muskeln. Die Ärzte konnten diesen Nerv bis in die Gesichtsmuskulatur verfolgen, wo er mit den Muskeln verbunden ist, die unseren Gesichtsausdruck steuern, mit den Muskeln, die unsere stimmliche Prosodie verändern (also ob wir in einer hohen oder tiefen Lage sprechen), und mit den Muskeln, die unseren Kopf bewegen, sowie mit den Nerven in unseren Ohren, die uns hören lassen.

Stell dir das mal vor: Die Muskeln, mit denen du lächelst oder die Stirn runzelst, sprichst und zuhörst, und diejenigen, mit denen du nickst oder die Achseln zuckst – sie alle sind mit deinem Herzen, der Lunge, der Milz, dem Darm und noch vielen anderen Teilen deines Inneren verbunden. Mit dieser Verbindung vor Augen ist die Vorstellung, dass ein Lächeln dich glücklicher macht, auch wenn es gar nichts zu lächeln gibt, doch sehr glaubhaft.

Die mittelalterlichen Ärzte tauften diesen Nerv *Vagusnerv*, in Anlehnung an seinen vagabundierenden Verlauf.

Verschiedene Nachforschungen, allen voran die von Professor Stephen Porges von der University of North Carolina, haben in den letzten Jahrzehnten gezeigt, dass der Vagusnerv sogar noch wichtiger ist, als die mittelalterlichen Wissenschaftler vermutet hatten: Er spielt eine unglaublich wichtige Rolle für unsere Gesundheit und bei Krankheiten. Dem Team um Professor Porges ist es besonders wichtig, die Gesicht-Herz-Verbindung[22–26] hervorzuheben, weil diese zeigt, wie zentral unser soziales Umfeld für unser Wohlbefinden ist.

Drücken die Gesichtszüge der Menschen um uns herum (und auch unsere eigenen) Sicherheit und Wohlbefinden aus, sendet das ein direktes Signal an unser Herz und den restlichen Körper, wie Studien gezeigt haben.[27] Positive Gesichtsbewegungen aktivieren eine ganz spezifische Erholung im Körper, der sich dadurch entspannt.[26,28] Eine sichere Umgebung lässt das Herz langsamer schlagen, beseitigt das Stresshormon Cortisol und lindert Entzündungsprozesse im Körper, weil sie einen direkten Einfluss auf die Zytokine hat (ein wichtiger Teil des Immunsystems[29]). Porges und sein Team nennen diese Orchestrierung für soziale Aktivierung das *Social Engagement System* unseres Gehirns. Fühlen wir uns sicher, erholt sich der Körper und wird dadurch gesünder. So tragen die Menschen um uns herum zu unserer körperlichen Gesundheit bei, indem sie einfach nur da sind und uns Sicherheit und Geborgenheit vermitteln. Und wir können für andere natürlich das Gleiche tun. Siehst du jemanden, der Angst zu haben oder einsam zu sein scheint, lächle freundlich und sprich mit sanfter Stimme. Der Vagusnerv ist wirklich etwas ganz Besonderes.

1938 begann die Harvard University die längste Studie über Zufriedenheit der Welt.[30,31] Der junge John F. Kennedy, der zu dieser Zeit an der Universität studierte, gehörte zum ersten Jahrgang von Menschen, deren Leben auf alle möglichen Arten aufgezeichnet und vermessen wurde.

Die Studie begann klein mit nur ein paar Hundert Teilnehmenden. Seither ist sie aber massiv angewachsen. In der zugrunde liegenden Forschungsfrage geht es um das Rätsel, wie wir ein glückliches, gesundes Leben haben und länger leben können. Könnte das Geheimnis mehr Geld sein? Eine gute Ausbildung? Ein guter Job?

Nein. Nach jahrelangem Vermessen von allen möglichen Leben scheint es eine ganz einfache Antwort auf diese Frage zu geben: Die Zutaten eines langen, glücklichen Lebens sind unsere Freundschaften und Beziehungen zu anderen Menschen.

Eine starke, vertrauensvolle Beziehung zu anderen Menschen zu haben senkt das Risiko für Herzprobleme, krank zu werden und so weiter. Wie wir vorher schon gesehen haben, liegt das schlicht und einfach daran, dass das Zusammensein mit anderen Menschen den Kampf-oder-Flucht-Modus in uns abschaltet. Bei einsamen Menschen, wie ich es in meinen ersten Monaten in London war, spielt die Kampf-oder-Flucht-Symphonie hingegen in voller Lautstärke; Stresshormone rauschen in ihren Adern, fördern Entzündungen in ihrem Körper und machen sie krank. Menschen, die jemanden zum Umarmen haben, mit einer vertrauten Person über nichts Bestimmtes plaudern, lachen und sich in die Augen schauen können, aktivieren die Entspannungssymphonie, wodurch der Körper sich erholt, gesünder wird und neue Kraft schöpfen und Gelassenheit entwickeln kann.[27]

Das Neurohormon Oxytocin ist der Hauptmarker für Bindung[11], und das soziale Gehirn verfügt über viele Rezeptoren, um diesen

Botenstoff aufzunehmen. Ist er vorhanden, fühlen wir uns sicher, wohl und »zu Hause«. Ausgeschüttet wird er durch gesunde soziale Interaktionen.[32–34] Manche Wissenschaftler sagen sogar, dass wir für ein gesundes Leben acht Umarmungen täglich brauchen!

Anderen zu vertrauen ist der Schlüssel für ein erfolgreiches Leben. Aber wie wir alle wissen, ist das Leben in menschlichen Gesellschaften alles andere als leicht. Mit diesen Stacheln lässt es sich gar nicht so leicht leben ...

Ablehnung: ein Cyberball-Spiel

Ein schöner, verträumter Sommertag mit Freunden im Park. Zu Gelächter und Jubel werft ihr einen Ball hin und her. Aber seit ein paar Minuten spielen deine Freunde dir den Ball nicht mehr zu. Sie spielen sich untereinander Pässe zu, lachen darüber, wie jeder von ihnen den Ball fängt, und werfen ihn weiter – immer noch unter sich. Du wedelst mit den Armen, zeigst, dass du bereit wärst, aber sie schauen nicht einmal mehr in deine Richtung. Warum nicht?

Es ist, als gäbe es dich einfach nicht mehr.

Ein schweres Gefühl macht sich in deiner Magengrube breit, und du spürst einen Kälteschauer auf deiner Haut, als wäre die Sonne plötzlich hinter einer Wolke verschwunden.[35]

Parallel zu diesem Gefühl, das du bewusst wahrnimmst, laufen in deinem Körper viele Prozesse ab, die dir nicht bewusst sind, Prozesse, die entwicklungsgeschichtlich für deine Sicherheit entstanden sind – denn soziale Ablehnung bedeutet eine Gefahr für das System. Und genau das geht da gerade vor: soziale Ablehnung.

Du fühlst dich schrecklich und kannst nur noch an eines denken: wieder Teil der Gruppe zu sein.

Die Situation, die ich oben beschrieben habe, ist Teil eines psychologischen Experiments aus den 1990er-Jahren, das unter Laborbedingungen die Effekte von Ablehnung auf dein Körperorchester testen wollte. Am Computer spielst du ein Spiel namens Cyberball[36], bei dem du mit anderen Spielern im Internet einen Ball hin und her wirfst. Was du nicht weißt: Die anderen Spieler werden dir den Ball irgendwann nicht mehr zuspielen. Während des Spiels überwacht das Forschungsteam Dinge wie Herzfrequenz, Schwitzen und Atemfrequenz über kleine, an deinem Körper befestigte Elektroden. Eine Speichelprobe vor und nach dem Spiel zeigt, wie viele Stresshormone sich in deinem System befinden.

Selbst in einer solch kontrollierten Laborsituation, bei der du ein virtuelles Ballspiel am Computer spielst, mit virtuellen Mitspielern, die gar nicht deine Freunde sind, sondern eigentlich nur programmierte Bits und Bytes, schießen Herzfrequenz, Schweiß- und Stresshormonwerte hoch, sobald du von dem Spiel ausgeschlossen wirst.

Ablehnung hat einen Einfluss auf unseren Körper. Du weißt mittlerweile, was Erregung für den Körper bedeuten kann: Es werden traurige, wütende oder anderweitig negative Erinnerungen aktiviert, die die Tore weit aufreißen und die rosaroten Elefanten einlassen. Im Cyberball-Fragebogen, den die Teilnehmenden nach dem Experiment ausfüllten, gaben die meisten von ihnen an, sich traurig, frustriert oder wütend zu fühlen. Die Forschenden schlossen aus dem Experiment, dass »das Erleben von Stress in Zusammenhang damit, ausgeschlossen zu werden, angeboren ist«.[37] Wenn selbst eine virtuelle Form des Ausschlusses im Labor dein System so durcheinanderbringen kann[36,38], stell dir nur einmal vor, was in deinem Körper vorgeht, wenn das mit deinen echten Freunden in einer wahren Situation passiert.

Hinweise auf soziale Ablehnung sind fest in unser Gehirn eingeschrieben, um dann sofort Alarm zu schlagen und uns dazu zu bewegen, wieder sozialen Anschluss zu suchen. Ist solcher Sozialkontakt aber mit traumatischen Erlebnissen verknüpft, lässt uns genau die Medizin, die uns eigentlich helfen würde, genau diese Hilfe meiden: andere Menschen.

Der Trauma-Abdruck in unserem Gehirn

Ich will absolut nicht sagen, dass Kunst allein Traumata therapieren kann, aber die Traumaforschung hilft uns, zu verstehen, wie uns Kunst und kreative Tätigkeiten in schwierigen Situationen helfen können.

Ein wichtiger Punkt, den die Traumaforschung beleuchtet, ist: Was unser Gehirn gut kann, liegt zum einen an unseren Genen, zum anderen aber auch an unseren Lebenserfahrungen.[39] Das Gehirn verändert sich *nutzungsabhängig*, sagt der amerikanische Psychiater Bruce Perry.[40] Dank Neuroplastizität können wir ein Leben lang lernen.[41] *Lernt* unser Gehirn also, dass die Welt ein gefährlicher Ort mit vielen Bedrohungen ist und wir niemandem vertrauen können, wird es genau darin gut werden: Bedrohungen wahrzunehmen.[42] Nach traumatischen Erfahrungen ist es deshalb ein neues Nervensystem, das die Welt erlebt, mit einer veränderten Gefahren- und Sicherheitswahrnehmung, sagt der erfahrene, auf Trauma spezialisierte Psychiater Bessel van der Kolk.[43]

Schräges Verhalten

Ich kann mir nicht viele Tanzfilme und -serien anschauen; die meisten Regisseure meinen wohl, bei einer professionellen Tanzkarriere ginge es nur um diese *eine* Rolle und um Magersucht. Die Figuren sind meistens ziemlich flach. Eine Ausnahme gibt es aber, deren Hauptgeschichte zeigt, wie ein Trauma unser Verhalten beeinflussen kann.

In der französischen Serie *L'Opéra* aus dem Jahr 2021 mit Ariane Labed tauchen wir ein in das Leben des Partygirls Zoé. Sie trinkt viel, schläft wenig und hat jede Menge Gelegenheitssex. Ach, und außerdem ist sie ein Étoile an der Opéra de Paris, eine der höchsten Ehren, die eine Balletttänzerin erreichen kann. Sie ist allerdings ein erlöschender Stern, eine Ballerina in Not. Im Verlauf der Geschichte erfahren wir, dass der Glamour nicht echt und Zoés Verhalten in Wahrheit das ist, was in der Traumapsychologie als »Selbstaggression« bezeichnet wird. Manche Menschen ritzen oder schlagen sich oder fügen sich in ihrem Selbsthass, der bei traumatisierten Menschen nur allzu häufig vorkommt, sonstige Verletzungen zu. Zoé trinkt, feiert exzessiv und nimmt Drogen. Durch dieses selbstzerstörerische Verhalten hat sie viele Menschen aus ihrem Leben vertrieben. Während wir Zoés Kampf verfolgen, wie sie versucht, das Vertrauen anderer und ihren Job wiederzugewinnen, sind wir hin- und hergerissen zwischen

Mitleid und dem Gefühl, dass ihr Verhalten irgendwie »daneben« ist. Sehen wir die Welt aber durch ihre Augen, verstehen wir, dass sie einige richtig düstere Dinge durchgemacht hat. Nebenbei erfahren wir, dass sie eine Fehlgeburt hatte, eine schreckliche Verletzung sie nicht mehr tanzen ließ, dass sie verängstigt, traumatisiert und allein ist ... »Ich habe meinen Körper verloren, mein Kind und dich ...«, wirft sie dem hübschen Sasha an den Kopf, als er auf den Plan tritt, und wir finden heraus, dass er sie nach *alldem* verlassen hat, um ein Star am Bolschoitheater zu werden. Mistkerl.

Das Gehirn verändert sich nutzungsabhängig

Hörst du von schrecklichen Dingen, die Menschen in missbräuchlichen Beziehungen widerfahren sind, lässt du vielleicht völlig übermannt von so viel Leid den Kopf in die Hände sinken. Stell dir jetzt, wenn du den Kopf so in den Händen hältst, all diese verbundenen Nervensysteme in deinem Schädel vor, mit Neuronen, die ihre Signale entlang wundervoller Perlenketten ausschicken. Und die tief drinliegende Jukebox des Stammhirns, die lebensrettende Platten abspielt, je nachdem, welche Knöpfe wir mit unserem Verhalten drücken, sowie die beiden Lager, die sich um Belohnung, Bedeutungsfindung, Vergnügen, Lernen und eine Menge unserer sozialen Beziehungen kümmern.

Eine sehr bedeutende Veränderung im Gehirn, die durch traumatische Erfahrungen entsteht, ist ein überaktives Lager 1. Bei einem traumatisierten Menschen ist Lager 1 wie das Auto *Knight Rider* in der gleichnamigen Serie mit David Hasselhoff: Es scannt ständig die Umgebung nach mit dem Trauma verwandten Gefahren ab. Das können echte oder auch nur eingebildete Bedrohungen sein. Im Endeffekt werden Auslöser sehr schnell und manchmal völlig irrational als Gefahr wahrgenommen. Diese übertriebene Wachsamkeit traumatisierter Menschen ist eine echte Qual, sowohl für sie selbst als auch für die Menschen um sie herum, und sie nehmen sehr schnell eine Abwehrhaltung ein.

In einer Szene schreit Zoé ihren Tanzpartner an, nachdem er sie bei einer Hebefigur angeblich falsch berührt hat. Er hatte eingewilligt, bei einem Pas de deux ihr Partner zu sein, und dann keift sie ihn so an und zischt: »Wenn du mich noch einmal so verletzt, wird es dir leidtun!« Es scheint ganz so, als würde Zoé andere Menschen nur zu ihrem Vorteil brauchen und ihnen kaum etwas zurückgeben.

Zoés vampirhaftes Verhalten ist typisch für Menschen, die ein Trauma durchlebt haben. Ihr Nervensystem ist dadurch für immer verändert. Möglicherweise ist es auch immer noch im Kampf-oder-Flucht-Modus, und zur Selbstverteidigung krallen sie sich an allem fest, was sie zu fassen kriegen. »Ein Ertrinkender kann jemand anderen nicht vor dem Ertrinken retten« wird zukünftigen Therapeutinnen und Therapeuten in der Ausbildung gesagt, um sie auf die Arbeit mit Traumaopfern vorzubereiten. Es ist vielleicht schwierig zu verstehen, dass jemand, der ständig feiert, lacht und hinreißend aussieht, ein Traumaopfer sein kann. Im Falle von Traumata sind dieser extreme Überschwang und die Arroganz aber eine Verteidigungsstrategie, Selbstschutz, um das nagende Gefühl der Unzulänglichkeit und des Selbsthasses zu überwinden. Zoé zerstört all ihre Freundschaften und Beziehungen, weil sie sich unterbewusst selbst hasst. Direkt danach gefragt, würde sie das allerdings verneinen. In der Literatur wird das als die ständige Wiederholung des Traumas bezeichnet, durch die sich das Trauma in einem Teufelskreis immer wieder bestätigt.[44]

Generationsübergreifendes Trauma

Als ich in Spanien studierte, kamen in den Nachrichten regelmäßig Berichte über Flüchtlingsboote, die an den Stränden landeten – aber eigentlich waren das gar keine wirklichen Neuigkeiten. Laut meinen Freunden in Mallorca passierte das bereits seit Jahrzehnten. Eine Frau erzählte mir einmal, wie sie an einem der Strände im Süden der Insel einen gut gekleideten Mann mit einem kleinen Rucksack angetroffen hatte, der sie in gebrochenem Spanisch fragte, wo es bitte nach Valencia ginge (das auf dem spanischen Festland liegt, nicht auf der Insel Mallorca).

Während meiner Doktorarbeit in Spanien lernte ich einen Mann namens Aamos kennen. Seine Eltern waren noch vor seiner Geburt über das Meer nach Spanien gekommen und hatten als politische

Flüchtlinge Asyl erhalten. Seine Geschichte zeigt, dass Kinder von traumatisierten Eltern dieses Trauma weitertragen können. Es gibt Hinweise, dass ein Trauma an bis zu drei Generationen weitergegeben werden kann. Dafür gibt es verschiedene Gründe – und einer davon könnte genetisch sein.[45]

Manche Forschungsresultate deuten darauf hin, dass Traumaauslöser in Form von möglichen Reaktionen auf die Umwelt in unseren Genen gespeichert werden können. Noch ist es zu früh, klare Aussagen dazu zu treffen, aber Studien mit Nagetieren zeigen spannende Resultate. Ihr Säugetiergehirn ist unserem sehr ähnlich, weshalb wir diese Hinweise als Ausgangspunkt nehmen können, um mehr über diese Vorgänge auch im menschlichen Gehirn zu erfahren.[46] Die Forschung konnte zeigen, dass die Angst vor bestimmten Gerüchen, die bei den Elterntieren mit einem traumatischen Erlebnis verknüpft sind, genetisch an die nächste Generation weitergegeben wird. Eine Gruppe Mäuse erlebte in Versuchen ein traumatisches Erlebnis (leichte, aber unbequeme elektrische Schläge an den Füßen) und nahm gleichzeitig den Geruch von Acetophenon war, das nach Orangen riecht. Es ist bekannt, dass dieser Geruch einen bestimmten Geruchsrezeptor namens Olfr151 aktiviert. Die Forschenden konnten feststellen, dass die genetischen Informationen zu Olfr151 bei den Jungen der traumatisierten Eltern verstärkt waren – als ob diese Informationen mit Leuchtstift markiert worden wären, damit das Tier diesen bestimmten Geruch speziell gut wahrnehmen kann. Noch faszinierender: Wurde eine nicht traumatisierte Maus in vitro mit dem Genmaterial von einer traumatisierten Maus befruchtet, wurde die Verstärkung der Olfr151-Nervenbahn immer noch weitervererbt. Die Angst vor Orangengeruch wurde also über Generationen hinweg weitergegeben![47]

Warum ist das relevant? Weil das Trauma, das Menschen mit sich herumtragen, manchmal gar nicht ihr eigenes ist. Das Trauma und verschiedenste Lösungen für dieses Problem stammen aus einer vorherigen Generation.

Abgesehen von genetischer Vererbung können Verhalten, angstgesteuerte Entscheidungen oder ständiges ängstliches Umschauen auch über assoziative Lernmechanismen, die wir bereits besprochen haben, von einer Generation zur nächsten weitergegeben werden. Kleine Kinder, die mit ihrer Familie am Tisch sitzen, beobachten die Großen und tun dabei, was wir seit Anbeginn der Zivilisation tun: Sie lernen durch Nachahmen. Die Spiegelmechanismen unseres Gehirns springen an, sobald wir etwas beobachten, was für unser Überleben wichtig sein könnte. Und mögliche Gefahren sind das auf jeden Fall. Wenn Mama, Papa oder Oma zum Beispiel durch die Türklingel erschrickt, weil es die Gestapo sein könnte statt des Postboten, könnte das Kind, das das mitbekommt, ebenfalls eine Abneigung gegen die Türklingel entwickeln – ohne zu wissen, warum. Das ist eine erlernte Angst. Vielleicht wird es für den Rest seines Lebens zusammenzucken und sich unwohl fühlen, wenn es an der Tür klingelt.[48]

Viele von uns haben Eltern oder Großeltern, die in irgendeiner Form einen Krieg oder eine Krise erlebt haben. Meine Großmutter legte ihre Kleidung jeden Abend in einer ganz bestimmten Reihenfolge neben dem Bett bereit – die Bluse, darauf den Rock und dann die Strümpfe, in der Reihenfolge, in der sie sie anziehen würde –, falls sie sich plötzlich mitten in der Nacht wegen eines Bombenalarms schnell bereit machen musste. Auch ihre Schuhe und ihr Schlüssel waren immer griffbereit, und niemals verstellte irgendetwas den Weg zur Tür. Auch an mir selbst beobachte ich, dass ich die Kleidung immer in der Reihenfolge bereitlege, in der ich sie anziehen werde, dass ich immer weiß, wo mein Schlüssel liegt, und dass der Weg zur Tür nie versperrt ist. Warum? Wahrscheinlich, weil ich es von einer mir nahestehenden, geliebten Person abgeschaut habe. Ich habe gesehen, wie ihr leicht unwohl wurde, wenn ich mich nicht an diese Regeln hielt. Sie wurde niemals wütend, sie sah nur sehr besorgt aus, also verhielt ich mich so, wie es ihr lieber war, damit sie wieder lächelte. Mit der Zeit wurde das zu einem erlernten Verhalten, und jetzt merke ich, wie ich selbst nervös werde, wenn ich diese Dinge nicht kontrollieren kann.

Die Kinder von Flüchtlingen fühlen sich vielleicht ihr Leben lang verfolgt, gehetzt, getrieben und haben das Gefühl, ständig vor etwas davon- oder auf etwas zuzurennen, ohne zu wissen, was dieses Etwas eigentlich ist. Kamen die Eltern über das Meer, haben ihre Kinder vielleicht eine irrationale Angst vor dem Geräusch der Wellen, und ihnen wird schlecht, sobald sie das Meer riechen – selbst wenn sie noch gar nicht auf der Welt waren, als die Eltern in einem Boot flüchteten. So war es bei Aamos. Er hasste das Meer und lebte ganz bewusst mitten auf der Insel, in Sineu, so weit weg wie möglich von allen Stränden.

Wir, die nächste Generation, haben also das Trauma abbekommen, aber keine Lösung dafür. Wenn das mal nicht die perfekte Grübelspirale ist, aus der wir niemals ausbrechen können. Außer wir finden eine Lösung dafür – zum Beispiel, indem wir für all die unausgesprochenen Fragen, die Gefühle, die Bilder und die Geräusche, die uns verfolgen, einen anderen Ausdruck als das gesprochene Wort finden. Zum Beispiel, indem wir schreiben, zeichnen, malen, tanzen, singen und so weiter.

Vielleicht ist jetzt ein guter Zeitpunkt, kurz innezuhalten und über deine eigenen Verhaltensweisen nachzudenken, die vielleicht das weitergegebene Trauma einer Generation vor dir sind. Welche Auslöser triggern sie? Gibt es Verhaltensweisen, die irgendwie unlogisch sind und bei denen vielleicht auch andere schon gefragt haben, wieso du das tust, oder dich dabei überrascht angeschaut haben? Vielleicht basieren diese Verhaltensweisen gar nicht auf etwas, was dir selbst wichtig ist, sondern auf etwas, was für Familienmitglieder wichtig war, bevor du überhaupt geboren wurdest. Das sind gute, existenzielle Fragen, die du deinem kreativen Gehirn stellen kannst, um sie dann durch eine künstlerische Tätigkeit auszudrücken und dabei deinen Flow zu finden. Anschließend erlebst du vielleicht eine starke Erleichterung. Frag dich: Welche Auslöser lassen dein Gedankenkarussell kreisen? Schnapp sie dir, und finde einen Weg, dich auszudrücken.

Der Schauspieler Robin Williams sagte einmal: »Jeder Mensch kämpft mit etwas, von dem du nichts weißt. Sei nett. Immer.« Der mehrfache Oscargewinner, der für sein warmes Gemüt und seine Schlagfertigkeit bekannt war, kämpfte im Stillen mit Suchtproblemen und einer bipolaren Störung. Die Menschen, über die wir hier gesprochen haben (die Ballerina Zoé und der Flüchtling in zweiter Generation Aamos), haben eines gemeinsam: Aus verschiedenen Gründen ist bei ihnen Lager 1 ihres Gehirns überaktiv. Dadurch nehmen sie überall und immer Gefahren wahr, egal, ob echt oder eingebildet. Diese werden zu Auslösern, die ihre rosaroten Elefanten einen einzigen Grübelreigen tanzen lassen. Es beginnt immer mit einem Auslöser, der mit dem Trauma zusammenhängt, und los geht das Gedankenkarussell. Flashbacks blitzen auf und aktivieren die Verteidigungsmechanismen ihres Körpers. Diese Aufregung beschwört immer noch mehr rosarote Elefanten herauf. Deshalb ist es so wichtig, deine »traumatischen« Auslöser zu kennen. Selbst wenn du selbst kein Traumaopfer bist, wir alle haben Auslöser, die für uns eine Grenze überschreiten. Welche sind es bei dir?

Deine Auslöser erkennen

Versuche mal, dich aus der Welt auszuklinken und dich in deinem Geist umzusehen. Schnüffle wie ein Bombenspürhund in deinem Kopf herum, um diesen einen Auslöser, den Gedanken oder das Gefühl ausfindig zu machen, die eine Dominokette von Grübelspiralen in deinem Geist auslösen. Ist es Wut, Trauer, Angst, Einsamkeit, unfaires Verhalten, ein Verrat, Hass, Liebe, die Anziehung eines anderen Menschen oder das grelle Leuchtschild einer unerledigten Aufgabe, was dich runtermacht? Grundsätzlich ist es etwas, was dir »zu viel« ist. Versuch es zu fassen zu kriegen, und ich habe hier auch direkt das erste Gegenmittel für dich, das du jetzt gleich anwenden kannst. Aamos hat es mir vor Jahren empfohlen, und jetzt kann ich wissenschaftlich erklären, warum es funktioniert.

Bring es zu Papier

»Zuallererst: Ich will hier kein patentiertes System verkaufen. Probier es aus, spiele damit herum, und schau, was für dich funktioniert. Nimm dir an drei oder vier Tagen die Woche zehn bis fünfzehn Minuten Zeit, um dich hinzusetzen und einfach zu schreiben. Die einzige Regel ist, wirklich fortwährend zu schreiben. Grammatik, Rechtschreibung, Satzstruktur, das alles ist egal. Und schmeiß das Geschriebene nachher weg.« Das sagte Professor James Pennebaker von der University of Texas in Michael Mosleys Radioprogramm *Just One*

Thing auf BBC Radio 4. Er spricht hier über etwas, das er die letzten dreißig Jahre eingehend erforscht hat: expressives Schreiben.[49,50]

Die erste wichtige Studie zum expressiven Schreiben in den 1980er-Jahren zeigte, dass das Schreiben über eine stressige Situation die Biomarker, also die Anzeichen körperlicher Gesundheit, verbessert. Zwei Gruppen wurden angewiesen, an vier aufeinanderfolgenden Abenden für fünfzehn Minuten zu schreiben. Eine Gruppe sollte über ein persönliches tragisches Erlebnis schreiben, während die andere Gruppe über ganz banale Ereignisse in ihrem Alltag schrieb. Sechs Monate später untersuchten die Wissenschaftler die Teilnehmenden und erhielten überraschende Resultate: Bei der Gruppe, die über das traumatische Ereignis geschrieben hatte, hatte die Anzahl ihrer Arztbesuche bedeutend abgenommen! Ehrlich über die emotionalen Folgen eines für einen selbst traumatischen Ereignisses zu schreiben schien die gesundheitlichen Auswirkungen eines solchen Traumas zu reduzieren und in den Hintergrund zu rücken.[51]

»Es ist überraschend, wie ehrlich und authentisch man sich beim Schreiben plötzlich fühlt«, erzählte mir Aamos. »In der Öffentlichkeit und bei der Arbeit tue ich immer so, als wäre alles in bester Ordnung. Ich setze eine Maske auf. Aber hinter dieser Maske fühle ich mich elend. Wenn ich schreibe, werde ich wieder zu mir selbst, und es fühlt sich an, als würde ich endlich wieder atmen.«

Die Liste der erstaunlichen Vorteile, die das Schreiben an drei bis vier Abenden pro Woche bringt, ist lang: Es konnte gezeigt werden, dass expressives Schreiben positive Auswirkungen auf die Schlafqualität, Asthma[52,53] und Arthrose[54,55] hat. Es verbessert das Wohlbefinden bei Reizdarmsyndrom[56], Parkinson[57] und bei chronischen Schmerzen[55,58], und es hat sich gezeigt, dass es sogar den Blutdruck senken kann.[59] Die Empfehlung von Pennebaker, an drei bis vier aufeinanderfolgenden Tagen zwanzig Minuten zu schreiben, konnte das Wohlbefinden[60,61] und die Lebensqualität[62] von Krebspatienten verbessern und die negativen Folgen dieser traumatischen Erfahrung reduzieren, genauso wie sich auch gezeigt hat, dass regelmäßiges expressives Schreiben die Stresshormonreaktion nach anderen traumatischen Erfahrungen als einer Krebsdiagnose senkt.[63,64] Ebenso hat sich gezeigt, dass es die Symptome eines posttraumatischen Stresssyndroms lindert[63], die Stresshormone im Blut nach einer stressigen Situation reduziert[65] und die Hirnleistung verbessert.[66] Eine Metaanalyse hat ergeben, dass expressives Schreiben auch verschiedene Zeichen körperlicher Gesundheit verbessert[67] und als Puffer gegen ängstliches und depressives Grübeln fungiert.[68,69] Eine weitere wissenschaftliche Studie mit homosexuellen Männern hat gezeigt, dass expressives Schreiben über Stress in Zusammenhang mit ihrer Sexualität die psychosoziale Funktionsfähigkeit dieser Männer im Vergleich zu einer Gruppe, die über neutrale Themen schrieb, verbessern konnte.[70]

In einer randomisierten kontrollierten Doppelblindstudie (Studie der besten Art)[53] wurden 146 Erwachsene mit Asthma in zwei Gruppen eingeteilt. Die eine Gruppe praktizierte expressives Schreiben für zwanzig Minuten an drei aufeinanderfolgenden Tagen die Woche während zwölf Monaten, die andere Gruppe schrieb im gleichen Zeitraum ebenso oft über neutrale, nicht emotionale Themen. Die Resultate ergaben, dass sich die Lungenfunktion der Teilnehmenden, die regelmäßig expressiv schrieben, um 14 Prozent verbesserte.

Eine neuseeländische Forschungsgruppe ließ eine Gruppe Medizinstudierender am Tag vor einer Impfung über eine persönliche traumatische Erfahrung schreiben. Sechs Monate später wies diese Gruppe, die expressiv geschrieben hatte, eine stärkere Immunantwort und viel mehr Antikörper auf als die Kontrollgruppe, die, ohne vorher zu schreiben, lediglich geimpft worden war.[71] Daraus mitnehmen lässt sich, dass du expressives Schreiben *im Voraus* praktizieren solltest. Weitere Studien konnten zeigen, dass du eine bessere und schnellere Wundheilung hast[72], wenn du das tust. Für die Forschung wird in der Regel eine sogenannte Stanzbiopsie eingesetzt, bei der eine kleine schmerzlose Stanzung der Haut vorgenommen und dann die Wundheilung betrachtet wird.[73–75] Die Resultate konnten auch mit Patienten nach einer Operation repliziert werden.[74,76] Schreib es auf, wenn du besser geheilt werden willst.

Ein chinesisches Forschungsteam brachte einer großen Gruppe Kinder, die das Erdbeben 2008 erlebt hatten, während einer Stunde am Tag dreißig Tage lang Kalligrafie bei. Eine Kontrollgruppe erhielt keine Kalligrafiestunden. Vor und nach dem Kurs maßen die Forschenden verschiedene Aspekte eines Traumas, zum Beispiel das Erregungs- und Angstlevel sowie die Cortisolwerte im Blut der Kinder. Nach dreißig Tagen hatte die Gruppe, die Kalligrafiestunden erhielt, ein tieferes Erregungslevel und weniger Cortisol im Blut als die Kontrollgruppe.[77]

Kannst du schlecht einschlafen? Es hat sich gezeigt, dass Schreiben vor dem Schlafengehen ein wirksames Mittel gegen das Grübeln ist. Bring deine Sorgen zu Papier, und lass sie dort, während du friedlich ins Traumland driftest.[78]

Der klassische Ansatz des exzessiven Schreibens sieht vor, während zwei Wochen jeweils drei- bis viermal die Woche für zwanzig Minuten zu schreiben.[79] Schreiben solltest du über Dinge, die dich beschäftigen, stressen oder dich auf irgendeine Weise traumatisiert haben – die Auslöser, die dich verfolgen. Bring alles zu Papier. So einfach? Ja. Setz dich einfach hin und schreib.[80]

Falls du mit der Zeit weitergehen möchtest, gibt es auch noch andere Arten der sogenannten Bibliotherapie und Schreibtherapie[81]: interaktives Tagebuchführen, fokussiertes Schreiben, Erzähltherapie und Liederschreiben.[66] Du könntest auch einen Kurs in kreativem Schreiben belegen oder Bücher über kreatives Schreiben lesen.

In diesem Buch habe ich selbst zum Beispiel auch verschiedene Techniken des kreativen Schreibens eingesetzt: Ich habe über verschiedene Menschen geschrieben. Es gibt sie nicht alle, sie sind Kombinationen aus Fällen von Menschen, die ich kenne, vermischt mit Situationen, die ich vielleicht selbst erlebt habe oder die mir erzählt wurden. Wissen oder Situationen mit Figuren so zu fiktionalisieren ist eine Technik, die so alt ist wie das Geschichtenerzählen selbst. Und verschiedene moderne therapeutische Ansätze nutzen genau diese Technik ebenfalls. Schreibe mittels erfundener Figuren auf, was dir widerfahren ist, und lass diese Figuren miteinander und der Situation interagieren. Eine randomisierte Studie mit Menschen, die vor Kurzem ein traumatisches Erlebnis durchgemacht haben, hat gezeigt, dass das Schreiben in der dritten Person die besten Resultate für die Gesundheit erbringt und dass die Menschen, die in dritter Person schrieben, weniger von lästigen Gedanken überfallen wurden als diejenigen, die in der ersten Person geschrieben hatten.[82,83]

Um ganz einfach loszulegen mit dem expressiven Schreiben, empfiehlt Professor Pennebaker, dass du eher über die emotionalen Folgen eines Erlebnisses schreiben solltest, statt akkurat zu erzählen, was genau in der Situation passiert ist.[51,84,85] (Falls du mehr wissen möchtest, gibt Pennebaker in seinem Buch eine ausführliche Anleitung zum expressiven Schreiben.[86]) Und ich wiederhole nochmals: Wichtig ist, dass du mit dem Vorhaben schreibst, das Geschriebene nachher wegzuwerfen. Schreibst du mit dem Hintergedanken, dass das irgendwann einmal jemand lesen könnte, kann es gut sein, dass deine Gedanken dich plötzlich vom bloßen Schreiben ablenken und dich selbstkritisch werden lassen, sodass du den Text analysierst und korrigierst, statt dir alles einfach von der Seele zu schreiben.

Das gilt für jede Form des therapeutischen künstlerischen Ausdrucks: egal, ob du dir etwas von der Seele tanzt, deine Sorgen in die Klaviertasten haust oder einen Schlussstrich unter eine Sache zeichnest. Tu es in Form des freien, flüchtigen Ausdrucks, im Wissen, dass dir niemand dabei zusieht, zuhört oder es nachher anschaut.

Die Macht der Kunst, unser soziales Gehirn zu beruhigen

Um noch einmal zusammenzufassen: Leidest du an 1) sozialer Isolation oder 2) Stachelschweinstacheln, wird dein Geist dadurch sehr unruhig (die Gründe dafür haben wir uns weiter oben angeschaut), und es wird dir schwerfallen, Flow zu finden. Kunst kann hier ein Mittel sein, die fehlende Zutat zu finden, um dir deinen Weg zum Flow zu bahnen – gesunde soziale Beziehungen.

Die Gemeinschaft rund um deine künstlerische Tätigkeit kann dir tägliche Umarmungen, Augenkontakt, Lächeln und Lachen schenken, und dein einsamer, gequälter Geist kann sich endlich entspannen.

Drei Wege, wie uns Kunst verbindet und Einsamkeit verringert

Körperkontakt, miteinander zu lachen, zu tanzen, zu singen oder Musik zu machen schüttet angenehme Bindungshormone aus. Diese wilden kleinen Botenstoffe verpassen den Menschen, mit denen wir diese Momente teilten, einen »Like«-Sticker, wodurch wir uns ihnen näher und uns selbst weniger einsam fühlen.

Der zweite Mechanismus, der dafür sorgt, dass eine gemeinsame kreative Tätigkeit uns ein Gefühl der Zugehörigkeit vermittelt, ist Synchronizität. Mit anderen Synchronizität zu erleben schüttet nicht nur Bindungshormone wie Oxytocin aus; praktizierst du eine »synchrone Kunst« wie tanzen, singen oder gemeinsames Musizieren, bei der wir unsere Bewegung mit der anderer Menschen synchronisieren[87–103], synchronisiert sich auch unsere Physiologie.[104] Normalerweise sagen uns ganz bestimmte Nervenkopplungen, wer sich bewegt, du oder ich. Nutzen wir aber die Fähigkeit unseres Gehirns, einander zu imitieren, und bewegen wir uns gemeinsam und aufeinander abgestimmt, nun, dann verwirrt das unser Gehirn – auf gute Art und Weise. Die neuronalen Aktivierungsmuster dafür, wo ich aufhöre und du anfängst, überlappen plötzlich. Uns synchron zu bewegen spielt unseren tief gelegenen Gehirnregionen einen Streich und lässt sie denken, dass wir eins sind. Die verrückten Effekte von Synchronizität werden immer noch erforscht, aber einer davon könnte die sogenannte Co-Repräsentation sein, die vielleicht erklären könnte, wieso wir für Menschen mehr Empathie empfinden, mit denen wir uns synchron bewegt haben.

Der dritte Mechanismus, durch den wir uns den Menschen unserer Kunstgemeinschaft schnell sehr verbunden fühlen können (abgesehen davon, dass wir ein wichtiges gemeinsames Interesse haben, nämlich unsere Kunst), ist genetisch bedingt. Bei künstlerischen Tätigkeiten, besonders, wenn dazu Bewegung gehört, schwitzen wir vielleicht etwas und kommen einander körperlich näher, als wir das normalerweise wären. In der Luft zwischen uns schwirren jede Menge biochemische Botenstoffe herum, mit denen wir einander alles Mögliche signalisieren, von der genetischen Passung[105] bis hin dazu, wie groß unsere Angst ist.[106] So überraschend das also klingen mag: Verbringen wir gerne Zeit mit jemandem, könnte das daran liegen, dass unser Gehirn – ohne dass wir uns dessen bewusst wären – gemerkt hat, dass wir genetisch kompatibel sind.

In den letzten zehn Jahren etwa gab es im Vereinigten Königreich den Versuch, die Einsamkeits-Epidemie mit sogenannten »sozialen Verschreibungen« zu bekämpfen. Das bedeutet, dass Menschen Dinge wie Tanzstunden oder Lottoklub verschrieben werden, um ihrem Gehirn diese lebenswichtigen sozialen Kontakte zu geben. Das ist eine großartige Entwicklung, aber wie wir jetzt wissen, zeigt die Wissenschaft, dass die Anweisung »Mach einfach was Künstlerisches« nicht gut genug ist. Wie wir im dritten Kapitel gesehen haben, kann Kunst auch zu weiterem Grübeln und Verhaltenssucht führen, und im zweiten Kapitel haben wir gesehen, dass auch das professionelle Künstlertum kein sicherer Weg zum Flow ist, weil Ehrgeiz und Kampfgeist Stresshormone ausschütten.

Gut zu wissen

Freundinnen, Freunde und Bekannte aus verschiedenen künstlerischen Bereichen haben mich gebeten, noch einen Hinweis in dieses Buch aufzunehmen: Ja, kreative Tätigkeiten bieten viele Möglichkeiten, uns anderen Menschen verbunden zu fühlen und die Einsamkeit und all ihre gesundheitlichen Folgen zu bekämpfen. Und wir sollten diese Möglichkeiten unbedingt so viel wie möglich nutzen. Allerdings: Da gibt es ein *Aber.*

Aufgrund spezieller Elemente kreativer Tätigkeiten wie das gemeinsame Schaffen und Problemlösen, die Synchronizität und Co-Repräsentation und aufgrund des unbewussten Informationsaustausches etwa über genetische Kompatibilität, wenn wir uns körperlich nah sind, kann es passieren, dass wir uns jemandem *sehr* schnell *sehr* stark verbunden fühlen. Nach einer gemeinsam durchtanzten Nacht kann es sein, dass du dich jemandem sehr viel näher *fühlst* als nach einem Gespräch bei einer Tasse Kaffee. Aber denk bitte daran, dass du diese Person nach einer Nacht viel weniger gut *kennst* als nach einem Jahr voller Gespräche. Und spricht uns die Kunst einer Person an, ihre Zeichnungen, ihr Tanz, ihre Musik, übertragen wir diese Anziehung oft auf die Künstlerin oder den Künstler. Dieses Gefühl ist aber nicht automatisch gegenseitig und auch nicht unbedingt gesund.[107–110] Das gilt auch für Kunstformen ohne Körperkontakt. Die Schönheit eines Gemäldes oder eines Musikstücks zu erleben kann dich auch die Schönheit der oder des Schaffenden sehen lassen, und dadurch wirst du möglicherweise blind für andere Teile ihrer Persönlichkeit oder hast plötzlich das Gefühl, diesen Menschen besser zu kennen[111] oder ihm näher zu sein, als das eigentlich der Fall ist. Vielleicht hört sich das offensichtlich an, aber die Wahrheit ist: Diese Mechanismen sicherten das Überleben der Gruppe in der urzeitlichen Wildnis, in modernen Kunstgemeinschaften können sie aber auch ganz schönes Chaos anrichten.[112] In der Kunst ist das auch in den Persönlichkeitskulten zu sehen, die sich um sehr talentierte oder bekannte Menschen oder Lehrerinnen und Lehrer bilden. Öffnen sich Menschen ihnen, um näher an ihre Kunst zu kommen oder von ihnen zu lernen, werden sie vielleicht auch anfälliger für Manipulation oder Missbrauch, insbesondere, wenn dieser Mensch privilegierter ist oder in der Beziehung mehr Autorität hat. Das passiert nicht nur rund um Berühmtheiten; im kleineren Rahmen kann das auch in einer kleineren kreativen Gemeinschaft passieren.

Basierend auf wissenschaftlichen Erkenntnissen, würde ich Folgendes raten: Jedes Mal, wenn du das Gefühl hast, eine »Seelenverwandtschaft« entdeckt zu haben, freu dich darüber und wisse es zu schätzen. Aber nutze dann *verbale* Kommunikation, um herauszufinden, ob auch eure Haltung, Werte und Lebensziele übereinstimmen. Wirklich sicher sein kannst du dir erst nach einiger Zeit (in der ihr zum Beispiel eben doch bei einem Kaffee miteinander sprecht).

Ein zweiter Hinweis betrifft die Institutionen, die wir vielleicht besuchen. In den 2010er- und 20er-Jahren wurden (endlich!) mehr Stimmen von früheren und aktuellen Schülerinnen und Schülern aus professionellen Laufbahnen in Kunst, Gymnastik und im Profisport laut. Sie machten auf die vergiftete Kultur an einigen professionellen Tanz-, Kunst- und anderen Ausbildungsstätten aufmerksam, was schließlich in die #MeToo-Bewegung mit einfloss. Selbst wenn eine Situation nicht bis zum Missbrauch eskaliert, können uns manchmal unsere

Beziehungen zu anderen Kreativen im Hinblick auf unser eigenes kreatives Schaffen befangen oder ehrgeizig machen, sei es wegen Dingen, die sie vielleicht über unsere eigene Kunst sagen oder denken, oder weil andere Menschen uns mit ihnen vergleichen. Kunstinstitutionen und Ausbildungsstätten sind nicht heilig, und es gibt auch dort Stachelschweine; werden sie nicht gut geführt, können sie ganz schnell rosarote Elefanten in unserem Kopf generieren.

Fassen wir noch einmal zusammen: Um deinen Geist auszuruhen und dir deinen Weg zum Flow zu bahnen, musst du möglicherweise etwas daran ändern, mit wem du Zeit verbringst, je nachdem, wie die Menschen um dich herum dich behandeln oder wie du dich um sie herum verhältst. Im nächsten Kapitel geht's darum, wie du solche Grenzen kreativ und elegant setzen und wachsen kannst, sowohl in deinem neuronalen Netzwerk als auch in dir selbst – und zwar durch die Kunst!

Kapitel 5
Wie und wann man Grenzen setzt

Gehe mehrmals täglich in dich und setze deinen Sinnen, deiner Arbeit und den Menschen um dich herum Grenzen. In diesem Kapitel besprechen wir, wie du die Kunst – egal, ob du selbst kreativ wirst oder die Kunst anderer genießt – nutzen kannst, um deinen Geist zu fokussieren, indem du dich von den Auslösern entfernst, die deine rosaroten Elefanten entfesseln. Und wir werden sehen, wie wir dabei unserem Geist *anstatt* des Grübelns etwas Bedeutsames und Belohnendes zu tun geben können.

Dies ist kein Film wurde ziemlich illegalerweise in einer Wohnung in Teheran gedreht. Mit einer einfachen Handykamera fängt der Film einen Tag im Leben des iranischen Filmemachers Jafar Panahi ein. Panahi zeigt, wie er während dieses einen Tages, an dem er darauf wartete, ob seinem Einspruch stattgegeben werden würde, seinen Geist von der Angst weglotste und in seinem kreativen Schaffen Flow fand. Das behütete ihn, während er wartete. Seinem Einspruch wurde nicht stattgegeben, aber der Film konnte auf einem USB-Datenträger, versteckt in einem Kuchen, aus dem Land geschmuggelt werden. Panahi wurde dafür mit zahlreichen Preisen ausgezeichnet. Er drückt sich darin selbst aus; er zeigt den Iran, wie er ihn sieht, mit all seinen guten und schlechten Seiten. In einem totalitären Regime ist es aber verboten, schlechte Seiten zu zeigen, und Panahi darf sich deshalb nicht mehr frei bewegen. Stattdessen hält das Organisationsteam des Filmfestivals Cannes immer einen Sitzplatz mit seinem Namen für ihn frei.

Panahi wurde während der Proteste, die 2022 begannen, erneut festgenommen und zu sechs Jahren Haft verurteilt. Anfang 2023 wurde er aus gesundheitlichen Gründen vorübergehend freigelassen. Wo auch immer er jetzt ist und welchen Herausforderungen er gegenübersteht, hoffen wir, dass dieser wunderbare Kreative regelmäßig Flow findet, den Stachelschweinen Grenzen setzt, vielleicht das Drehbuch für einen nächsten Film schreibt, um bei sich zu bleiben, egal, was das Leben als Nächstes bringen mag. Auf jeden Fall würden wir alle ihn eines Tages gern als Juror in Cannes sehen.

Zum Glück haben die störenden Auslöser für die meisten von uns nicht einmal im Entferntesten etwas mit einem totalitären Staat zu tun, der es auf uns abgesehen hat, aber wir alle treffen immer wieder auf Stachelschweinstacheln, die unsere Kreativität hemmen können. Um uns auf die Reise zum Flow zu machen, müssen wir uns zumindest zeitweise vor ihnen schützen, und dafür müssen wir unbedingt Grenzen setzen.

Häufige Gemeinheiten

In der experimentellen Psychologie wurden systematische Experimente zu den häufigsten Gemeinheiten und schlechten Behandlungen durchgeführt, die wir Menschen uns gegenseitig zufügen, sei es absichtlich oder einfach, weil wir die Stachelschweine sind, die wir sind. Es gibt eine ganze Reihe traumatischer Erfahrungen, die wir oft einfach nicht ernst nehmen, weil sie so häufig sind. Das bedeutet aber nicht, dass sie weniger schreckliche Kreise in unseren Gedanken ziehen, die oft jahrzehntelang anhalten. Zu diesen häufigen Traumata gehören Vernachlässigung, Untreue, Mobbing, Unfruchtbarkeit, Einsamkeit, Unterdrückung, Gewalt zu erleben oder mit anzusehen, Betrug durch Familie oder Freunde, Pflegeaufgaben, nicht diagnostizierte Lernschwächen, eine Scheidung, Missbrauch durch Autoritätspersonen, Armut, Migration, chronische Schmerzen, Arbeitslosigkeit, Verlust und Trauer, ein geliebter Mensch mit Suchtproblemen – ich könnte die Liste noch lange fortführen.

Aber wie genau setzt man dafür Grenzen?

Ich könnte dir einfach sagen, dass du emotionale oder mentale Grenzen setzen musst. Aber das sind abstrakte Konzepte, und wenn ich dir einfach nur sage, dass du deinen Emotionen Grenzen setzen musst, bist du wahrscheinlich auch nicht schlauer.

Und wenn du das erste und das dritte Kapitel gelesen hast, weißt du auch, dass solche emotionalen und mentalen Monster sowieso einfach über den Zaun springen und deinen Geist genauso leicht wieder angreifen wie der Eisbär von Dostojewskis Bruder. Du kannst deinen Geist nicht durch pure Willenskraft bremsen.

Bevor du den nächsten Teil liest, möchte ich dich bitten, dir zunächst einmal deine acht Sinne bewusst zu machen: Sehsinn, Hörsinn, Geruchssinn, Geschmackssinn und Tastsinn, die Interozeption oder Innenwahrnehmung (das Empfinden der Signale aus dem Körperinneren), die Propriozeption (das Gespür für die eigenen Gliedmaßen und Bewegungen im Raum) und die Exterozeption oder Außenwahrnehmung (die Wahrnehmung externer Reize und Eindrücke; das Gefühl dafür, wo du dich im Raum befindest). Dann mach dir die Menschen bewusst, mit denen du regelmäßig Zeit verbringst. Und vergegenwärtige dir schließlich noch deine Arbeit, deine Ausbildung oder die täglichen Aufgaben in deinem Job. Bereit?

Wollen wir uns unseren Weg zum Flow bahnen, sind genau das die drei Bereiche, in denen ich dir empfehlen würde, hin und wieder Grenzen zu setzen. Verhinderst du, dass deine Sinne (und damit dein Gehirn) Auslöser überhaupt wahrnehmen, verhinderst du auch, dass das Ballett der rosaroten Elefanten überhaupt erst loslegt. Und mit etwas Übung werden deine mentalen Verhaltensweisen sicherer und stabiler, und dein Geist lernt, konzentriert bei der Sache zu bleiben, selbst dann, wenn es um dich herum Auslöser gibt.

Grenzen für deine Sinne

Wie oft lässt du dich ablenken? In der Psychologie werden sogenannte Ablenkungsaufgaben genutzt, bei denen eine Person eine Aufgabe gestellt bekommt und dann mit neuen Informationen abgelenkt wird, die auf irgendeine Art und Weise emotional hervorstechen, um ihr Arbeitsgedächtnis zu belasten. Und puff – löst sich ihre Konzentration in Luft auf. Mit diesem Test wird die sogenannte exekutive Funktion des Gehirns (beispielsweise, wie gut man Ablenkungen ausblenden kann) überprüft. Viele moderne Büros fühlen sich heutzutage wie solch ein einziges psychologisches Experiment an.

Viele verschiedene Internetplattformen heute sind nur dafür gemacht, deine Aufmerksamkeit zu erregen und festzuhalten und damit riesigen Firmen Millionengewinne zu bescheren. Unsere Augen machen ständig sogenannte kleine Mikrosakkaden, angetrieben von den Körperschutzmechanismen unseres Gehirns. Immer wieder springt unser Blick umher wie ein verwirrter Hase, ohne dabei jemals wertvolle Informationen zu erhalten. Beim Multitasking zwischen Aufgaben zu wechseln kostet uns tatsächlich bis zu 40 Prozent Verarbeitungszeit.[1] Und manche Forschung weist sogar darauf hin, dass unsere Stress- und Frustrationslevel nach nur zwanzig Minuten Multitasking in unvorstellbare Höhen schießen[2], während unsere Produktivität dahinschwindet.[1,3,4] Unser Gehirn nimmt horizontale Bewegung lange vor irgendwelchen Formen wahr, in Millisekunden, lange bevor wir uns dessen bewusst werden. Daran hängt sich unsere Aufmerksamkeit sofort auf. Vermutlich liegt das daran, dass es für unser Überleben in der Urzeit enorm wichtig war, horizontale Seitwärtsbewegungen schnell wahrzunehmen – potenzielle Feinde gesehen zu haben, bevor sie uns sehen. Sind diese Bewegungen aber keine Feinde, sondern Benachrichtigungs-Icons, hilft uns dieser Überlebensmechanismus nicht gerade, bei der Sache zu bleiben. In vielen Büros sind die Angestellten pausenlos über Chat-Apps verbunden und erhalten ständig bimmelnde, pingende, rumschwirrende Benachrichtigungen. Es herrscht die Vorstellung, dass wir ständig erreichbar sein sollten, E-Mails und Nachrichten sofort beantworten, immer ans Telefon gehen und es uns nichts ausmachen sollte, wenn jemand einfach so mit einer Frage oder zum Plaudern vorbeikommt. Und das ist ein echtes Training für eine zersplitterte Aufmerksamkeit.

Ebenso ist es schwierig, sich zu konzentrieren, wenn die Temperatur zu hoch ist. Forschende haben den Zusammenhang zwischen krimineller Aktivität und Hitze in den USA in den Jahren 1950 bis 1995 analysiert. Hohe Temperaturen versetzen den Körper in Alarmbereitschaft. Die Analyse zeigte, dass es an Tagen mit Temperaturen über 32 Grad Celsius mehr Vorfälle mit tödlicher Körperverletzung gab.[5] Affektbedingte Aggression entsteht meistens durch Unmut oder Überdruss – oder, wie du jetzt weißt, durch die Erregungsfehlattribution, die wir im zweiten Kapitel kennengelernt haben. Affektbedingte Aggression tritt dann auf, wenn rosarote Elefanten deine Gedanken nerven, und ohne zu wissen, warum genau, überträgst du deine schlechten Gefühle auf die Person, die vor dir steht. Genau das ist Erregungsfehlattribution. In Bürogebäuden, in denen du vielleicht das Fenster nicht öffnen kannst, die schlecht isoliert sind und in denen es im Sommer unerträglich heiß wird, tanzen die rosaroten Elefanten schon allein durch die Raumtemperatur herein, und deine Produktivität schwindet. Dazu kommt, was wir im ersten und zweiten Kapitel gesehen haben: dass zu wenig Bewegung, die falsche Ernährung, Müdigkeit und so weiter über die Interozeption, die Wahrnehmung deines Körperinneren, Auslöser in dein Bewusstsein dringen lassen und dich nervös und unkonzentriert machen. In diesem Zustand wirst du kaum Flow finden können.

Stelle als Vorbereitung für das Ausbauen deiner Bahn zum Flow sicher, dass du dich mehrmals täglich in einer Umgebung befindest, in der deine Sinne nicht ständiger Ablenkung ausgeliefert sind und du nicht konstant von Unsicherheit heimgesucht wirst. Bring deiner Konzentration bei, länger bei einer Sache zu bleiben.

Grenzen im Job

In der experimentellen Psychologie gibt es Aufgaben mit sogenannter Stimmungsinduktion. Wir nutzen Stimmungsinduktion beispielsweise, wenn wir untersuchen wollen, welchen Einfluss negative Gefühle (wie Unmut oder Frust[6–8]) auf Produktivität und Problemlösung haben. Dazu kreieren wir als Forschende eine Aufgabe, meistens am Computer (natürlich penibel von einer Ethikkommission unter die Lupe genommen und bewilligt), bei der die Teilnehmenden eine klare Anleitung erhalten, wie die Aufgabe funktioniert und wie sie Bonuspunkte erhalten, wenn sie es zum Beispiel schaffen, den aufleuchtenden Knopf in weniger als zwei Sekunden zu drücken. Die Aufgabe beginnt, und die Teilnehmenden sind motiviert, Bonuspunkte zu verdienen. Aber die bösen Forschenden haben die Aufgabe so programmiert, dass es gar nicht möglich ist, den Bonus zu kriegen. Selbst wenn du den Knopf in unter zwei Sekunden drückst, kommt ein fieses Bzzt-Geräusch, und das Wort »Fehler!« leuchtet groß auf.

Zuerst motiviert das die Teilnehmenden nur mehr, »es zu schaffen«. Aber irgendwann kippt es, und sie werden immer frustrierter. Ich habe Menschen erlebt, die auf den Tisch hauten, den Computer anschrien oder uns Forschende. Und das ist erst der Anfang. Auf diese Stimmungsinduktion folgt eine zweite Aufgabe, die überprüft, wie diese schlechte Laune Fähigkeiten wie Aufmerksamkeit, Konzentration, Gedächtnis, Entscheidungsfindung oder Produktivität beeinflusst. Und dann nutzen wir mit anderen Teilnehmenden in einem anderen Setting eine freudige oder eine neutrale Stimmungsinduktion und vergleichen deren Leistungen mit denen der frustrierten Menschen. Die frustrierte Gruppe zeigt immer die niedrigste Produktivität und kann am schlechtesten Probleme lösen.

Frust, Unsicherheit und erlernte Hilflosigkeit

Hast du schon einmal etwas immer und immer wieder versucht, sei es bei der Arbeit oder in deinem Leben, und bist immer und immer wieder daran gescheitert, bis du irgendwann einfach aufgegeben hast, dich völlig unbrauchbar gefühlt hast und nur noch frustriert warst?[9–11] Mitte des zwanzigsten Jahrhunderts gab es eine Reihe Experimente[12–15], die heute als unethisch eingestuft würden, in denen Forschende Hunde und andere Säugetiere schreckliche Qualen durchmachen ließen. Sie versetzen ihnen bereits als Jungtieren starke Stromschläge.

Die Hunde wurden in zwei Gruppen eingeteilt. Die eine Gruppe erhielt nur in einer ganz bestimmten Ecke des Käfigs, in dem sie lebten, Stromschläge. Diese Welpen lernten sehr schnell, dass sie sich für ein schmerzfreies Leben lediglich von dieser Ecke fernzuhalten brauchten. Sie wuchsen zu starken, selbstbewussten Hunden mit glänzendem Fell und einer gesunden, tiefen Stimme für richtiges Bellen heran.

Die andere Gruppe hingegen erhielt die Stromschläge im ganzen Käfig in zufälligen Abständen. Egal, wo sie sich befanden, traf sie ein Schlag, wenn sie überhaupt nicht damit rechneten. Es gab keine Logik oder Regelmäßigkeit hinter den Schocks, wann oder wo sie auftreten würden. Die Hunde hatten keinerlei Kontrolle über ihre eigene Unversehrtheit. In der Psychologie wird das als »Eventualität« bezeichnet. Perfekt sind Eventualitäten dann, wenn du genau weißt, was geschehen wird, wenn du etwas tust.[16,17] Die erste Gruppe der Hunde in diesem Experiment hatte nach kurzer Zeit gelernt, dass sie einen Stromschlag spüren würden, wenn sie in diese eine Ecke des Käfigs gingen. Also gingen sie dort nicht mehr hin – sie hatten die Kontrolle darüber.

Die Hunde der zweiten Gruppe versuchten ebenfalls zu kontrollieren, was mit ihrem Körper geschah. Aber kaum meinten sie, das Muster der Stromschläge verstanden zu haben, erhielten sie ganz zufällig wieder einen Schock. Irgendwann gaben diese Hunde einfach auf – und mit ihnen auch ihr Immunsystem. Sie legten sich einfach nieder, nahmen den Stromschlag mit einem Wimmern hin, und versuchten nicht mal mehr, irgendetwas dagegen zu unternehmen.

Sie bekamen Ekzeme, bakterielle und virale Infektionen und reagierten auch nicht mehr auf Belohnung. Dieser Effekt wurde als »erlernte Hilflosigkeit« bekannt. Das Gehirn der Hunde hatte gelernt, also Nervenverbindungen dazu geschaffen, dass es das Leben nicht ändern konnte. Die Hunde hatten keinerlei Kontrolle über ihr Schicksal.

Kannst du Hilflosigkeit »lernen«? Ja. Lernen ist ein Prozess, bei dem Verbindungen zwischen Nervenzellen gebildet werden. Tritt eine Eventualität also immer wieder auf, wird sie erlernt.[18–21]

Du merkst wahrscheinlich, dass das die andere Seite der Medaille von dem ist, was die Ratte Barnaby erlebt hat. Er erhielt in zufälligen Abständen eine Belohnung. Die Hunde in diesem Experiment erhielten in zufälligen Abständen eine Bestrafung. Und das ist ein weiterer Auslöser für die rosaroten Elefanten in unserem Geist.

Da Menschen grundlegende Gehirnstrukturen mit Hunden und Ratten gemeinsam haben, können wir von der Forschung mit Säugetieren lernen, dass Eventualitäten für das Wohlbefinden eine wichtige Rolle spielen, egal, ob du ein Hund bist oder ein Mensch.[22] Und bei uns Menschen kann sich daraus ein Reigen rosaroter Elefanten im Kopf bilden.[23]

Genau deshalb ist es so wichtig, dass du, deine Kinder und auch deine Haustiere ein Leben habt, in dem die meisten Ereignisse klaren Eventualitäten folgen, damit du weißt, was geschehen wird. Meritokratien mit klaren Eventualitäten sind förderlich für einen gesunden Geist und einen gesunden Körper, sowohl bei der Arbeit wie im Leben.[24] Zufällig auftretende Eventualitäten hingegen, egal, ob diese positiv oder negativ sind, lösen in deinem Geist das Ballett der rosaroten Elefanten aus, dem du nicht entkommen kannst. Zufällig auftretende, variable *Belohnung* macht dich süchtig, wie wir im dritten Kapitel gesehen haben, zufällig auftretende, variable *Bestrafung*, zum Beispiel bei der Arbeit, führt zu erlernter Hilflosigkeit und kann am Ende bis zu Depression oder Angstzuständen führen.[25–28]

Bürokratische Dschungel und zu viele undurchsichtige Prozesse am Arbeitsplatz können deinem Gehirn beibringen, sich hilflos zu fühlen.[29–31] Die vereinbarte Zeit für ein Projekt zerrinnt, und du schaffst es einfach nicht, deine Arbeit zu erledigen, weil du dich zuerst in einem Labyrinth zurechtfinden musst, ohne zu wissen, wann oder ob du jemals aus diesem Labyrinth herausfinden wirst (= Unsicherheit) – das ist psychologische Stimmungsinduktion für Frust vom Feinsten.

Der Komiker Daniel-Ryan Spaulding macht sich in seinem Sketch *Die Deutschen sind gar nicht so effizient* über ebenjene lustig. Ich habe in verschiedenen Ländern gelebt, unter anderem in Dänemark, Deutschland, Frankreich, Spanien, Italien und England, und mir scheint es, als hätte jedes Land seine eigenen bürokratischen Prozesse, die einen wahnsinnig machen können.[32] Vor allem, wenn du fremd bist und andere Lösungswege gewohnt bist, kann es ganz schön anstrengend sein, durch den bürokratischen Albtraum eines neuen Heimatlandes zu waten. In Frankreich heißt es *compteur de haricots*, in *England bean counter*, in Spanien *contador de frijoles* und in Deutschland *Erbsenzähler*: Menschen in der Privatwirtschaft oder im öffentlichen Sektor, denen die Prozesse, Regeln und Vorschriften wichtiger sind als die übergeordneten Ziele eines Unternehmens – und die damit sowohl Fortschritt als auch Profit im Weg stehen.[33–35] Sie lassen die rosaroten Elefanten in den Geist ihrer Mitarbeitenden einfallen und bringen ihnen Hilflosigkeit bei. »Tod durch tausend 10-Minuten-Tasks« heißt ein Forschungsartikel in diesem Feld.[36]

Setze solch kleinlichen Prozessen deshalb während mehrerer Stunden am Tag Grenzen, um deine Arbeit erledigen zu können und für deine Gesundheit und dein Wohlbefinden zu sorgen – und verhindere, dass du dir selbst erlernte Hilflosigkeit beibringst.[37]

Den Menschen in deinem Leben Grenzen setzen

Haben dich die rosaroten Elefanten auch schon einmal wegen anderer Menschen heimgesucht? Entweder, weil die sich (in deinen Augen) danebenbenommen haben, oder vielleicht, weil sie dir so wichtig sind, dass du ständig darüber nachdenkst, was für sie wohl das Beste wäre?

Die Psychologie kategorisiert dieses Problem unter dem Ausdruck »Persönlichkeit« – wir alle haben eine andere Persönlichkeit.[38–40] Im zweiten Kapitel haben wir zum Beispiel gesehen, dass wir uns alle darin unterscheiden, wie viel Aufregung wir im Leben brauchen. Dass wir alle verschieden sind, ist eine Tatsache und ein perfekter Auslöser für ständiges Grübeln.

Zwanzig Vögel

Es waren einmal zwanzig Vögel. Sie alle waren genervt von ihren Herrschern, die reichlich unfähig und sehr machthungrig waren. Die zwanzig Vögel mochten sich zwar gegenseitig auch nicht besonders, aber immerhin hatten sie ihre Wut auf die Herrscher gemeinsam. Eines schönen Tages, während die Herrscher mal wieder ein verschwenderisches Fest feierten und sich dekadent selbst begossen, flogen die zwanzig Vögel davon. Denk nur mal an die ganzen Steuergelder, die die Herrscher für dieses Fest ausgaben! Mit lautem Gezwitscher beschlossen die zwanzig Vögel, in den Wolken einen neuen, besseren, vielleicht perfekten Vogelstaat zu gründen: das Wolkenkuckucksland.

Zu Beginn war alles viel besser. Die Vögel gratulierten sich gegenseitig dazu, dass sie so mutig gewesen waren und neu angefangen hatten, und feierten ihren Erfolg. Wie schlau sie doch waren! Sie waren alle ziemlich zufrieden. Vor allem mit sich selbst.

Aber die Natur ist oft unberechenbar, und so hatte jeder Vogel eine ganz eigene Persönlichkeit, seinen eigenen Schnabel, hockte auf seine ganz eigene Art in seinem Nest und hatte seine ganz eigenen kleinen Fehler. Natürlich hatten sie alle auch gute Charakterzüge, da waren sich alle einig. Aber im täglichen Zusammenleben strahlten die negativen Eigenschaften heller als all ihre oft gepriesenen guten Eigenschaften.

Und dadurch war das Wolkenkuckucksland alles andere als perfekt.

Schon bald wollten besonders herrische Vögel das Sagen haben, und einige unsichere Vögel waren froh, dass sie es nicht haben mussten. Einige ängstliche Vögel hatten vor der neuen Obrigkeit genauso viel Angst wie vor der alten und blieben deshalb lieber neutral. Und schließlich gab es da noch die Underdogs, nun ja, die Underbirds, diejenigen, die ihre Unzufriedenheit hinter gesträubtem Gefieder herauszwitscherten und einen kleinen Rebellenschwarm um sich scharten.

Und wie immer gab es auch einige Individuen, die sich überhaupt nicht integrierten und sich vom Wind treiben ließen – was ebenfalls ganz schön für Spannung sorgte. Die Familienvögel wollten einfach nur »ein gutes Nest für die Eier bauen« und wunderten sich oft lauthals, »wann alle anderen denn endlich erwachsen würden«, in der Hoffnung, dass man ihnen zuhörte. Gleichzeitig entschuldigten sie das asoziale Verhalten ihrer Kleinen meistens mit der Erklärung, dass es ja »nur Kinder« seien und sie das »schon noch ablegen würden«.

Ganz schön bunt gemischt war das alles. Wann würde sich denn endlich die ideale Gesellschaft bilden?

Nie. Das perfekte Wolkenkuckucksland sollte für immer eine Illusion bleiben. Alles geriet außer Kontrolle. Eines Tages zerstreute ein letzter großer Konflikt alle Vögel wütend quiekend oder ängstlich zwitschernd in alle vier Himmelsrichtungen, und man hörte nie wieder von ihnen.

Das ist meine eigene, frei nacherzählte Version des Stücks *Die Vögel* des griechischen Dramatikers Aristophanes, das ungefähr 414 v. Chr. in Athen uraufgeführt wurde. Die Moral der Geschichte? Menschen sind verschieden. Und genau diese Unterschiede, unsere Eigenschaften, *erschaffen* die Gesellschaften, in denen wir leben. Immer und immer wieder, seit mindestens 2500 Jahren und ziemlich sicher auch schon viele Jahrhunderte vorher in den 300.000 Jahren, in denen *Homo sapiens* auf der Erde wandelt: Wir *brauchen* eine Gruppe, um gesund zu bleiben, und gleichzeitig verursachen genau diese Gruppen am meisten rosarote Elefanten. Wir haben unsere Gesellschaften und Machtverhältnisse geschaffen, *weil wir sind, wie wir sind.* Jede und jeder Einzelne von uns.

Darüber hinaus hat auch jede und jeder von uns eine eigene Vorstellung unseres eigenen Wolkenkuckucksländes, eine Fantasie, wie unsere Gesellschaft, unsere Freundesgruppe, die Politik, die Familie im Idealfall eigentlich sein *sollte.* Und wir sind enttäuscht, traurig, wütend und werden von Horden rosaroter Elefanten gefoltert, wenn unsere Erwartungen nicht erfüllt werden und andere Menschen sich nicht so verhalten, wie wir es erwarten und für *richtig* halten. Würden Menschen uns doch nur *gehorchen*, stimmt's?

Aber ich verrate dir ein kleines Geheimnis: werden sie nicht.

Es gibt keine Lösung für das Persönlichkeitsproblem der menschlichen Existenz, außer dich hin und wieder bewusst selbst aus der Situation zu nehmen. Wie der Filmemacher Jafar Panahi, als er im Hausarrest auf das Urteil wartete. Er nahm sich aus der Situation heraus und machte eine Pause, indem er seine Sinne in eine andere Sinneslandschaft fliehen ließ. Er ließ die totalitären Stachelschweine stehen, fiktionalisierte sich selbst und fand einen Ausdruck durch das einfache Mittel einer Handykamera. Nazanin Zaghari-Ratcliffe sprach anlässlich der Verleihung des Booker Prize von der heilenden Kraft, die Kunst anderer Menschen zu genießen, um Grenzen zu setzen. Im Gefängnis hatte sie eine Ausgabe von Margaret Atwoods *Der Report der Magd* in ihrer geheimen Bibliothek gehabt. Nach fünf Monaten Einzelhaft bekam sie endlich ihre Bücher wieder. »Bücher halfen mir, in die Welt anderer Figuren zu flüchten, wenn ich selbst meine Welt nicht gestalten konnte. Sie waren meine Rettung, eins der wenigen Werkzeuge, die ich hatte, sie und meine Fantasie, um aus den Mauern des Evin-Gefängnisses auszubrechen, ohne mich zu rühren.«[41]

Auf den verbleibenden Seiten dieses Kapitels schauen wir uns an, wie wir Kunst nutzen können, um hin und wieder Grenzen um uns herum zu errichten und in einen »zufriedenen Kokon« zu schlüpfen, um unseren Sinnen und unserem Geist eine kreative Pause zu gönnen – indem wir unser eigenes kreatives Schaffen oder die Kunst anderer genießen.

Schlüpfe in deinen Zufriedenheitskokon

Während meiner Ballettausbildung in Frankreich drohte der ständige Ansturm von Kritik und übermächtiger Autorität mich manchmal fast zu ersticken. Meine Gedanken kreisten. Wann immer das passierte, kaufte ich mir ein Ticket und verschwand.

In der Stadt, in der ich wohnte, gab es einen Platz mit einem Portal in eine geheime Anderswelt. Nennen wir ihn Gramsciplatz – *Place Gramsci* auf Französisch –, zu Ehren des politischen Theoretikers Gramsci, der den totalitären Führer Benito Mussolini und seinen Faschismus kritisierte und dafür den Rest seines Lebens im Gefängnis verbrachte. Um nicht den Verstand zu verlieren, flüchtete Gramsci Stunde um Stunde in seine Notizen. Wir wissen das heute, weil er die *Gefängnishefte* zum Glück hinterlassen hat. Der nach ihm benannte Platz, Place Gramsci, bot mir genauso eine Flucht im Geiste.

In der südlichen Ecke des Place Gramsci gab es ein kleines Kino unter neoklassizistischen Arkaden. Einige der Kinosäle, sofern man sie als solche bezeichnen kann, hatten gerade einmal zwanzig Plätze. Aber ich fand mich dort in einer Welt wieder, die »größer als das Leben und besser als echt«[42] war. Das Kino am Place Gramsci zeigte alle Klassiker. Wann immer ich wollte, verzog ich mich in diesen Zufriedenheitskokon, verschwand darin und fühlte, wie sich mein Geist ausstreckte, sich mitreißen ließ und in neue Dimensionen ausdehnte[43] – und fand so meinen Flow im Genuss der Kunst anderer Menschen.

2020[44] hat eine Studie des University College London untersucht, was in unserem Gehirn vor sich geht, wenn wir uns einen Film im Kino anschauen. Zunächst einmal ist es eine perfekte Gelegenheit, uns selbst und unsere ständig wachsamen Sinne ruhen zu lassen. Das Kino selbst ist bereits ein Kokon. Der Kinosaal mit all seinen Auslösern, die so ganz anders sind als der Alltag sonst und alle vielleicht ein klein bisschen ältlich. Das ist ein neuer Input für unser Gehirn, was die Hedonisten in Lager 1 aufweckt und die Umgebung nach Vergnügen und Belohnungen absuchen lässt. Wir sind aufmerksam. Der rote Teppichboden, das goldene Dekor und die dicken Vorhänge, die jedes Geräusch dämpfen. Und wenn der Film anfängt, ist es dunkel, und wir sind weit weg von der echten Welt.[45,46] Außerdem gibt es klare Verhaltensregeln in diesem Kokon. Wir sprechen nicht, Handys sind stumm geschaltet oder aus, leuchtende Bildschirme sind verboten. In der Psychologie wird das als »Abschneiden von Ablenkungen« bezeichnet. Zu Hause fällt uns das oft schwer – nicht zu sprechen, das Handy wegzulegen, Bildschirme ausgeschaltet zu lassen, uns nur auf eine einzige analoge Sache zu konzentrieren –, aber im Kino ist es ganz einfach.

Süß oder salzig verführt das Popcorn unsere Sinne – die Zunge, die Nase, die Fingerspitzen, die Ohren. All diese Auslöser gehören zum Kinoerlebnis. Die riesige Leinwand und die zu laute Surround-Sound-Anlage lassen uns in diese Welt eintauchen und mit allen Sinnen darin versinken. Suchen wir diesen Kokon regelmäßig auf, wird all das zu Gewohnheitsauslösern, die uns zuverlässig den Flow finden lassen. Sobald du das Kino betrittst, beginnt dein Geist zu fließen, und all deine Sorgen sind vergessen.

Allein der Umstand, eine Geschichte auf einem großen statt einem kleinen Bildschirm zu verfolgen, bedeutet für unser Gehirn einen Unterschied[47], sagt Professor Joseph T. Devlin. Ein größerer Bildschirm beschäftigt einen größeren Teil jener Gehirnregion, die für das Sehen zuständig ist, also müssen mehr Sinneseindrücke verarbeitet werden. Die Forschung zeigt, dass es uns aufmerksamer macht, etwas auf einem größeren Bildschirm anzusehen, wir uns den Inhalt besser merken können und ein stärkeres Gefühl des Eintauchens erleben.[48]

Ins Kino zu gehen ist auch eine soziale Erfahrung; es kann unser soziales Gehirn beruhigen. Während wir staunend und fasziniert die Geschichte verfolgen, die sich vor unseren Augen abspielt, Spannung,

Nervenkitzel und Gänsehaut erleben, synchronisiert sich unser Herzschlag mit dem der anderen Menschen im Saal. Das verstärkt unsere Gefühle – sowohl die schönen als auch die schlechten –, was mit ein Grund ist, wieso du den gleichen Film plötzlich schlecht findest, wenn du ihn dir daheim allein anschaust. Und erinnere dich an das, was wir im vierten Kapitel über Synchronisation erfahren haben: Wir bauen eine Bindung zu den Menschen auf, mit denen wir Synchronität erleben, und wir fühlen uns weniger einsam.[49] Der Schauspieler Tom Hanks sagte einmal: »Jeder Mensch kennt irgendein nagendes Gefühl, und für mich war das immer Einsamkeit. Das Kino hat diese große Macht, dass wir uns nicht mehr einsam fühlen, selbst wenn wir es eigentlich sind.« Und Pedro Almodóvar, der großartige Cineast, hat eine ganz ähnliche Philosophie: »Das Kino kann die Leerräume deines Lebens und deiner Einsamkeit ausfüllen.« Als kleinen Bonus haben Forschungsresultate übrigens auch gezeigt, dass die Herzfrequenz von Kinobesuchern tatsächlich die Höhe eines leichten Aerobic-Trainings erreichen kann – wer weiß, ins Kino zu gehen könnte also sogar für dein Herz gesund sein.

Natürlich kann es uns ein gutes Gefühl geben, uns einen Film anzusehen – aber auch ein schlechtes. Es kommt immer darauf an, wie wir dieses Verhalten einsetzen. Im Kino am Place Gramsci sah ich einmal einen Horrorfilm, der mir überhaupt nicht bekommen ist. Welche Filme uns gefallen und welche uns zum Beispiel in Angst oder sonstige unangenehme Spiralen versetzen, ist von deiner Persönlichkeit abhängig und davon, welche Auslöser in einem Film vorkommen. Vielleicht empfindest du etwas als gute Unterhaltung, was ich gruslig finde. Für manche Menschen ist die ängstliche Erwartung bestimmter Schlüsselmomente in *Dr. Who* pures Vergnügen. Gespannt drücken sie sich in ihre Sofaecke, bereit, ihr Gesicht in einem Kissen zu vergraben, wenn die Angst zuschlägt. Für andere ist diese Spannung nicht auszuhalten.

Es scheint aber, dass alle menschlichen Gehirne auf die gleiche Art und Weise auf hohe Spannung und Schrecken reagieren. Solche Situationen, selbst wenn es nur auf der Leinwand ist, wirken auf das tiefer gelegene Schaltbrett unseres Gehirns, das wir nicht kontrollieren können. Professor Jonathan Williams und sein Team vom Max-Planck-Institut für Chemie in Mainz haben die chemischen Verbindungen in den Luftfiltern von Kinosälen nach einem Thriller und einer Komödie analysiert. Wir atmen ständig chemische Verbindungen aus, und die Mischung in unserem Atem hängt davon ab, wie wir uns fühlen. Sind wir gestresst, finden sich in unserem Atem Hinweise auf die Stresshormone im Körper. Kichern wir ausgelassen, sind es lauter Hinweise auf Endorphine. Rate mal, welche Verbindungen nach Thrillern oder Horrorfilmen in der Luft waren? Solche, die mit Stress in Verbindung stehen.[50] Überleg dir also gut, welchen Film du dir anschauen willst, je nachdem, wonach dir ist!

Hörbücher

Manche Menschen finden den Flow beim Lesen[51], aber viele von uns sind oft einfach zu müde, um die Augen über eine Buchseite wandern zu lassen, oder wir leiden an ADHS, was das sehr erschwert.[52] Mit Geschichten, die sich über Kopfhörer vor meinem inneren Auge abspielen, habe ich so manches Problem meines überforderten Gehirns gelöst – mit Hörbüchern. Eine Studie von Professor Joseph T. Devlin und seinem Team zeigte, dass Hörbücher ebenfalls unsere Physiologie beeinflussen.[53] »Sich ein Buch anzuhören ist sehr viel aktiver, als sich ein Video anzuschauen. Beim Zuhören kreieren wir den Inhalt des Autors mit, stellen uns eine Szene bildlich vor, erfinden die Figuren und simulieren die ganze Erfahrung, als würden wir sie selbst erleben. Deshalb fesselt uns die Geschichte so.«[54]

Wann immer mich mein Leben an einen neuen Ort verschlug, hatte ich Hörbücher dabei. Von der ersten Nacht an ließ ich mein Gehirn in einer mir vertrauten Geschichte versinken, die ich schon tausendmal gehört hatte, und mein Geist floss davon und weg von all der stressigen Unsicherheit, hinein in die Story, die ich so gut kannte. Es überrascht mich nicht, dass Hörbücher in Kliniken bewusst für Kinder im Wartezimmer eingesetzt werden, um ihnen vor einer Operation die Angst zu nehmen.[55] Professor Devlin und sein Team sind immer noch eine der wenigen Forschungsgruppen, die diese erstaunlichen Effekte bei Erwachsenen untersuchen – ich hoffe, dass wir in den nächsten

Jahren weitere Forschungsresultate auf diesem Gebiet sehen werden. In der Zwischenzeit ist es auf jeden Fall sicher keine schlechte Idee, dir mit deinen liebsten Hörbüchern einen Kokon zu spinnen. Gib deinem Gehirn ruhig immer wieder diese Geschichten, die du so gerne magst, sei es zum Einschlafen oder einfach, um dich zu entspannen.

Spezielle Orte und eindrückliche Gebäude

Mehrere Forschungsteams haben berichtet, dass Menschen, die ins Kino, ins Museum, in Ausstellungen oder auf Konzerte gehen, tendenziell gesünder sind und länger leben.[56–58]

Ein Teil des Erfolgs solch spezieller Orte und eindrücklicher Gebäude liegt vermutlich darin, dass sie Grenzen um uns herum aufstellen, und zwar im wahrsten Sinne des Wortes. Jeffrey K. Smith nennt dies den *Museumseffekt*.[59] In kreativen Räumen zu sein gibt unseren Sinnen eine Auszeit und uns selbst das erholsame Gefühl, in einer anderen Welt zu sein. Solche Orte können auch Wunder der Architektur wie die Sagrada Família oder das Krankenhaus San Pau in Barcelona sein. Sie lassen unser Selbst sich klein fühlen, umgeben von unglaublicher Schönheit.[60,61] Das kann die Erholung von Körper und Geist anregen, nachdem wir zum Beispiel an Schmerzen oder einer Krankheit gelitten haben.[62,63]Der Museumseffekt durchsetzt Gedanken und Erinnerungen mit Schönheit, gibt uns etwas zum Nachdenken und ermöglicht persönliches Wachstum. Architektur kann auch unser soziales Gehirn anregen, etwa wenn uns die historische Bedeutung eines Gebäudes bewusst wird.[64]

The Grand Factory ist ein Club in einem Industriegebiet im Hafen Beiruts.[65] Wenn du an der rohen Fassade entlanggehst, deutet nichts auf die Tanzfläche im Inneren hin. Mit einem Frachtaufzug geht's nach oben, und sobald die Türen hinter einer schwarzen Wand auffahren, tauchst du in eine Welt des Rhythmus und der Blitzlichter ein. The Grand Factory wurde nach der schrecklichen Explosion, die hier im August 2020 das ganze Hafenareal getroffen hat, wiederaufgebaut, auferstanden aus der Asche, und bietet einen Ort, um allem zu entfliehen. Beiruterinnen und Beiruter suchen diesen Ort Abend für Abend auf, um die politische und wirtschaftliche Krise des Libanons wenigstens für ein paar Stunden zu vergessen, ihr zu entkommen, während sie die Nacht durchtanzen.[66] Aber natürlich kann ein Club auch zu einem Auslöser rosaroter Elefanten werden, besonders wenn Drogen im Spiel sind.[67–69] Suchst du deinen Flow also in der Clubszene, denk daran, dass es wie immer ganz darauf ankommt, wie du das Verhalten bewusst einsetzt.

Ehrfürchtiges Staunen

Große, weite Orte verursachen oft ein leicht unangenehmes Gefühl in unserem Gehirn – logisch, da es ein Höhlengehirn ist und es an solchen Orten schwierig war, in Sicherheit zu sein.[70] Wenn wir aber wissen, dass ein Ort sicher ist, zum Beispiel in der Natur[71–73] oder in einem Konzertsaal, empfinden wir das meistens als schön.[74] Dieses leicht unangenehme, aber auch beeindruckte und schöne Gefühl könnte als Ehrfurcht oder Staunen beschrieben werden.[75]

Die Forschung zeigt, dass Menschen, die regelmäßig Ehrfurcht oder Staunen empfinden[76], zufriedener und auch gesünder sind.[77,78] Und nicht nur das, konfrontiert mit täglichen Stressauslösern, weisen sie sogar ein niedrigeres Erregungslevel auf – weniger rosarote Elefanten also![79]

Während Situationen wie ein Fußballspiel, die einen Konkurrenzkampf verursachen, asoziale Gefühle und Verhalten fördern[80,81], scheint dieses Gefühl der Ehrfurcht und des Staunens, sich angesichts etwas Großem klein und unbedeutend vorzukommen, interessante soziale Auswirkungen zu haben.[82–84] In einer Studie machten Gruppen von älteren Menschen einen Spaziergang in der Natur. Die eine Gruppe wurde auf einen Weg geleitet, auf dem sie mit großer Wahrscheinlichkeit Ehrfurcht und Staunen erleben würde, die andere Gruppe machte einen normalen Spaziergang in einer Umgebung ohne Ehrfurcht gebietende Momente. Der Spaziergang mit Ehrfurcht ließ die Teilnehmenden sich klein fühlen. Die Forschenden hatten einen lustigen Twist eingebaut: Sie hatten die Teilnehmenden ermutigt, unterwegs Selfies zu machen. Die Ehrfurchtsgruppe machte Bilder, in denen die Menschen zunehmend kleiner wirkten. Dazu waren sie nicht angeleitet worden, aber die Bilder spiegelten ihr Gefühl wider.

Beide Gruppen fühlten sich gut nach dem Spaziergang, aber die Gruppe, die Ehrfurcht erlebt hatte, hatte sehr viel stärkere prosoziale Gefühle gegenüber anderen Menschen und lächelte mehr – was nahelegt, dass es uns zu netteren Menschen macht, wenn wir regelmäßig Ehrfurcht empfinden und uns etwas kleiner fühlen, als wir eigentlich sind.[85]

Dieses wohltuende Schrumpfen des Egos durch Ehrfurcht kontrastiert stark mit einigen der in letzter Zeit entdeckten Effekte von beispielsweise Achtsamkeitsmeditation und manchen Yogaformen – es lohnt sich, sich dessen bewusst zu sein.

Yogastudios

Ich mache selbst Yoga und tue das sehr gerne, aber dieses Buch wäre nicht vollständig, wenn ich nicht auch auf einige Forschungsresultate hinweisen würde, die ich vor Kurzem zu diesen rund um die Welt so beliebten Übungen entdeckt habe. Denk dran, wir wollen uns einen Weg zum Flow bahnen, und dazu bauen wir eine Werkzeugkiste an Wissen auf, die uns bewusste Entscheidungen ermöglichen soll. Also, los geht's: Ich sage nicht, du sollst mit Yoga aufhören, aber einmal mehr *kommt es darauf an, wie wir dieses Verhalten nutzen.*

Psychologische Forschungen haben schon lange gezeigt, dass Tätigkeiten, bei denen das Selbst im Zentrum steht, das Risiko bergen, eine Tendenz der Selbstverstärkung[86] zu entwickeln. Manchmal kann es passieren, dass alle so fest auf »das Wichtigste im Leben – du selbst« fokussiert sind, dass sie grundlegende Nettigkeiten wie zu lächeln, jemandem die Tür aufzuhalten, Signale anderer zu deuten und zu respektieren oder sich zu bedanken vergessen. Professor Thomas Joiner von der Florida State University sagt, dass die ursprüngliche Yogalehre heute in manchen Yogastudios »zu einem selbstzentrierten, selbstverherrlichenden Mechanismus« geworden ist.[87] Diese ständige Betrachtung des Selbst durch das Selbst verstärkt die Ausdehnung des Egos. So hat eine Studie zum Beispiel gezeigt, dass atemzentrierte Achtsamkeitsmeditation dazu führte, dass Menschen weniger Schuldgefühle hatten, wenn sie jemanden verletzt hatten, und es unwahrscheinlicher machte, dass sie versuchen würden, den Schaden zu kitten, sei es durch eine Entschuldigung oder ein anderes prosoziales Verhalten.[88] Erst vor Kurzem mussten die Methoden von Studien, die die positiven Effekte von Achtsamkeitstraining zeigen, infrage gestellt werden.[89,90]

Michael Poulin konnte sogar zeigen, dass es mit großer Wahrscheinlichkeit mit deiner Herkunft zusammenhängt, ob Meditation und Yoga dich egoistischer machen.[91] Die Resultate seiner Studie erinnern an Carl Jungs Warnung davor, Menschen im Westen Yoga praktizieren zu lassen: »Europäer bringen ein ganz anderes Gedankengut und ganz andere Annahmen mit [...], und entsprechend wird Yoga wahrscheinlich zu einer Verschlechterung ihrer Neurosen führen.«[92] Moderne Studien haben gezeigt, dass Achtsamkeitsmeditationen Ängste und Depressionen verschlechtern können – mindestens 25 Prozent der Yoga-Praktizierenden oder Meditierenden erlebten dabei negative Folgen.[93] Mit anderen Worten sagen Poulin, Jung und die moderne Forschung, dass wir im Westen ein sehr individualistisches Gedankengut haben, und es scheint, als könnten solche vorgefertigten Ansichten die Achtsamkeitsmeditation zu einem »Ego-Verstärker« machen.

Stammst du hingegen aus einer kollektivistischen Kultur, wie es einige östliche Kulturen sind, kann Achtsamkeitsmeditation andere Auswirkungen auf dich haben.[91] Der weitere Weg liegt wohl irgendwo in der Mitte – aber das muss noch besser erforscht werden.[94]

Im Grunde kann ein Yogastudio dir einen Zufriedenheitskokon bieten. Die sich wiederholenden Bewegungen und die spezielle Umgebung, die Yogastudios unseren Sinnen gewähren, bieten jede Möglichkeit, ein gesunder Ort für deinen Geist zu sein und dir zu helfen, den Weg zum Flow zu bahnen. Aber in vielen Yogastunden spielt Konkurrenzkampf mit, Menschen wollen die perfekte Yogapose schaffen und das auf Insta teilen. Auch Risiken drohen sich deinen Geist zu angeln, denn immer noch nutzen viele Yogalehrerinnen und -lehrer Lehrmethoden, die dich drangsalieren, um dich zur Höchstleistung anzutreiben.[95]

Eine Yogalehrerin in einem Studio, das ich eine Weile lang besuchte, meinte zum Beispiel, dass Menschen, die komplizierte, verschlungene Posen nicht schafften, unflexibel seien, und zwar in Körper und Geist, und außerdem auch unempathisch. Mit meiner Rückenverletzung, die es unmöglich macht, meinen Oberkörper stark zu verdrehen, musste ich still zuhören, wie sie uns »unflexible Menschen« schlechtmachte. Später sollten wir auf einem Bein stehen und die Augen schließen. Das ist eine schwierige Übung, die wir in meiner Tanzausbildung aber oft trainierten, um unsere Intero- und die Propriozeption zu verbessern, das Bewusstsein für unseren Körper im Inneren und im Raum. Heute verursacht langes Stehen mir aufgrund von Hüftproblemen nach meinen Verletzungen manchmal heftige Schmerzen, wie Messerstiche im unteren Rücken und der Hüfte. Also war ich während der zweiminütigen Übung mit geschlossenen Augen auf einem Bein nicht besonders stabil. Gemäß der so erleuchteten Lehrerin war bei uns, die wir bei dieser Übung Mühe hatten, das übersteigerte Ego schuld.

Die Wissenschaft sagt aber etwas anderes. Tatsächlich wurde schon vor Längerem gezeigt, dass Menschen, die ihren Körper sehr stark verbiegen können, ein höheres Risiko haben, Angststörungen zu erleiden.[96–99] Wie die Größe des Egos mit der Fertigkeit, auf einem Bein zu stehen, zusammenhängen könnte, wurde bis jetzt nicht untersucht. Das ist eine Fertigkeit, die du trainieren kannst, am besten mit guten Lehrpersonen, die geduldig mit dir an der Ausrichtung deiner Gliedmaßen arbeiten. Yoga oder Meditation zu praktizieren ist trotzdem sicher nicht schlecht. Aber wenn du ein Yogastudio oder eine geführte Meditation suchst, behalte Mahatma Gandhis Worte im Kopf: »Ich lasse nicht einfach jeden mit seinen dreckigen Füßen durch meinen Geist trampeln.«

Denk dran – ich will dich hier nicht davon abhalten, deinen Sinnen mit Yoga oder Meditation eine Pause zu gönnen. Einmal mehr geht es darum, *wie* wir ein Verhalten anwenden. Ich zeige dir hier wissenschaftliche Hinweise darauf, welche Konsequenzen bestimmte Verhaltensweisen haben können, wenn wir sie uns nicht gut überlegen und bewusst abwägen.

Und natürlich solltest du alles vermeiden, was *dich* vielleicht in Ehrfurcht versetzt und staunen lässt, andere Menschen aber in Gefahr bringt – sonst bist *du* das piksende, psychopathische Stachelschwein.

Die Nazis empfanden Ehrfurcht, wenn sie Wagners Musik hörten, und benutzten sie, um ihre totalitären Glaubenssätze zu rechtfertigen. Viele totalitäre Staaten wie China oder Russland nutzen Ehrfurcht gebietende Tanzaufführungen, damit Menschen patriotisch der Idee des Gemeinwohls folgen, was oft Unterdrückung, Krieg und Tod für diejenigen bedeutet, die sich nicht daran orientieren. Professor Anthony Shay vom Pomona College bezeichnet diese nationalistische Verwendung der Tanzkunst beispielsweise als *choreografische Politik.*

Es geht immer darum, wie wir ein Verhalten einsetzen.

Lass uns also vereinbaren, dass wir auf unserem Weg zum Flow nur gute Ehrfurcht und *lebensbejahendes* Staunen suchen wollen.

Gute Entscheidungen

Erinnerst du dich noch an die »Vergnügenplus«-Verhaltensweisen im zweiten und dritten Kapitel? Diese wunderbaren Verhaltensweisen, die uns sowohl Vergnügen bereiten als auch unsere übergeordneten Nervenstrukturen ansprechen, die eudämonistischen Philosophen in Lager 2 unseres Gehirns, und so zu einem bedeutungsvollen Leben beitragen.

Wann immer sich Menschen zusammenfinden, sind die Stachelschweine unterwegs. »Ah, hier ist eine Welt, in der die Schurken gewinnen können«, sagt der Bösewicht im Film *Last Action Hero,* als er in unsere Welt rüberkommt. Und das stimmt. In unserer Wirklichkeit gibt es selten ein Happy End, damit müssen wir leben lernen und dem Wahnsinn hin und wieder Grenzen setzen. Spinne mit deiner Kunst einen Zufriedenheitskokon um dich herum – ob du dich in ein wunderschönes Gebäude, ein Konzert, einen Tanz, einen Film oder ein Buch vertiefst oder selbst etwas erschaffst. Danach wirst du wie ein Phönix aus der Asche erfrischt auferstehen. Wähle bewusst »Vergnügenplus«-Verhaltensweisen und Orte, um dein gesundes Selbst zu fördern, während du deinem Kompass zum Flow folgst.

TEIL 2

Den Kreislauf durchbrechen

Lösungen für das Problem des ruhelosen Geistes

Der Ausgangspunkt: unser Gehirn

Das Mittel: Kunst und Kreativität

Kapitel 6
Erweiterung des Geistes: Ruf deine Gefühle durch dein Tun hervor

Jetzt weißt du schon viel mehr darüber, was deinen Körper in Aufruhr versetzen kann und welche Auslöser deinen Geist in Grübelschleifen schicken. Wir haben uns eine Übersicht über den Forschungsstand verschafft und erfahren, dass sich diese Prozesse nicht willentlich steuern lassen; wir müssen es also geschickter anstellen. Ein Weg, um unsere Gedanken einzufangen und in eine andere Richtung zu lenken, sind kreative Tätigkeiten, egal, ob wir selbst etwas hervorbringen oder die Kunst anderer genießen.

Wir Menschen verfügen über die einzigartige Fähigkeit, uns unser bewusstes Erleben selbst zu schaffen. Dank neuronaler Systeme wie dem präfrontalen Kortex genießen wir grundsätzlich Entscheidungsfreiheit.* Aber wie ich bereits gesagt habe, werden wir natürlich von dem beeinflusst, was um uns herum vorgeht. Unter Umständen zwingt es uns sogar zu Dingen, die wir nicht geplant haben. Sind wir also in unseren Entscheidungen wirklich *frei*? Ja, das sind wir. Aber inwiefern? Indem wir auswählen, welchen Einflüssen wir unsere Sinne aussetzen, können wir nicht nur unser Höhlengehirn beeinflussen, sondern auch unsere weiter gefassten Gehirnsysteme, die für die Herstellung von Sinnzusammenhängen zuständig sind. Diese Fähig-

* Ob wir Menschen einen freien Willen haben, ist in der Wissenschaft umstritten, aber diese Diskussion gehört nicht zum Themenbereich des vorliegenden Buches.

keit, im Voraus zu planen, welchen Dingen wir uns aussetzen, ist im Tierreich ziemlich einzigartig.[1] In schwierigen Zeiten können uns Kunst und kreative Tätigkeiten helfen, bei Verstand zu bleiben, uns sogar gut zu fühlen. Schauen wir uns an, wie das im Einzelnen genau geht – wie man gute Erlebnisse, Gefühle und Flow selbst *hervorbringen* kann.

In diesem Kapitel wollen wir uns einen Überblick verschaffen, welche wissenschaftlichen Erkenntnisse es zur Entstehung von Gefühlen gibt, jenen seltsamen Empfindungen, die in unserer Brust aufsteigen und in unserem Kopf Gedanken produzieren. Manchmal sind sie das Ergebnis von Auslösern, die wir mit unseren acht Sinnen wahrnehmen, manchmal ist der Auslöser etwas, das bereits in unserem Kopf kreist. Solche wissenschaftlichen Befunde sind wichtig, denn wenn wir mehr darüber wissen, wie Gefühle entstehen, sind wir in der Lage, die Gefühle hervorzubringen, die wir gerne haben wollen – durch Kunst und andere kreative Tätigkeiten.

In Kapitel 7 werde ich die sechs goldenen Kopf-Freimacher vorstellen, gezielte Strategien, mit denen wir geistig abschalten können. In der klinischen Psychologie werden sie seit Jahrzehnten als Emotionsregulationsstrategien bezeichnet – aber wir werden sie durch die Brille unseres Flow-Kompasses betrachten, dann sind sie im Alltag sehr leicht umzusetzen. Ausgehend von den wissenschaftlichen Erkenntnissen in den vorangegangenen Kapiteln, werden wir uns ansehen, welche dieser Strategien wann funktionieren und von welchen wir uns manchmal besser fernhalten und warum.

Aber was hat das alles mit Kunst zu tun? Nun, alle diese sechs Strategien lassen sich im Alltag mittels Kunst und kreativer Tätigkeiten umsetzen. So brauchen wir nicht darauf zu warten, dass wir zufällig in eine Situation geraten, in der sich die Strategien üben und anwenden lassen, sondern können eine aktive Rolle spielen und uns solche Momente selbst schaffen.

Du wirst lernen, die Strategien anzuwenden und deinem Kopf gesunde Gewohnheiten beizubringen, auf die du dich in guten wie in schlechten Zeiten verlassen kannst. Denn der nächste Auslöser, der deine Gedanken in eine Grübelschleife stürzt, ist bestimmt nicht weit.

Aber nachdem du Kapitel 7 gelesen hast, wirst du wissen, was zu tun ist. Je nach Situation kannst du dir eine der sechs Strategien aussuchen, und dein Geist hat dann bereits Übung darin, mit den Auslösern, die in ihm stecken, umzugehen.

Am besten hast du die sechs Strategien bereits im Hinterkopf, während du dieses Kapitel liest. Deshalb hier ein kleiner Spoiler, bevor wir mit der Wissenschaft anfangen. Die sechs Strategien zur Emotionsregulation sind:

1. Situationsauswahl und -veränderung (Vermeidung, Flucht, Grenzen setzen)
2. Aufmerksamkeitslenkung (Ablenkung, »Gebete«, Grübeln)
3. Problemlösung (Ausbrüten, Inspiration, Unterstützung von anderen Menschen)
4. Kognitive Veränderung (Neubewertung, Akzeptanz, des Kaisers neue Kleider)
5. Reaktionsveränderung (Stimmungsinduktion, Unterdrückung des Gefühlsausdrucks, »sich nichts anmerken lassen«)
6. Kognitive Umstrukturierung (kreativer Ausdruck, inneres Wachstum)

Ob diese Strategien gut für uns sind, hängt wie bei allen Verhaltensweisen davon ab, wie wir sie anwenden. In Kapitel 7 verschaffen wir uns die notwendigen Hilfsmittel für begründete Entscheidungen.

Wie Gefühle gemacht werden

»Gefühl« ist ein sehr abstraktes Wort. Was verbirgt sich eigentlich dahinter? Wir wollen aus Gefühlen etwas Greifbares machen, mit dem wir umgehen können.

Die wissenschaftliche und klinische Psychologie, aber auch westliche Erziehungsmethoden wollten uns in den vergangenen Jahrzehnten beibringen, Empfindungen, die an die Oberfläche unseres Bewusstseins steigen, als »Gefühle« zu bezeichnen und mit Etiketten zu versehen, zum Beispiel »glücklich«, »traurig«, »verärgert« und so weiter. Für das friedliche Miteinander in einer Gesellschaft von Stachelschweinen wäre es tatsächlich ziemlich praktisch, wenn wir alle unsere inneren Vorgänge einheitlich benennen und einander mitteilen könnten. Aber solche Kennzeichnungen zu erlernen ist alles andere als einfach – denken wir nur an die Beispiele für Erregungsfehlattribution, die wir in den letzten Kapiteln gesehen haben.

Was für eine verzwickte Angelegenheit Gefühle sind, zeigt der Pixar-Film *Alles steht Kopf*. In dem Film sitzt in den Köpfen der Menschen eine Steuerungszentrale, die von fünf Gestalten bedient wird: der mürrischen roten *Wut*, der feenhaften gelben Tänzerin *Freude*, einem betrübten blauen Schatten *Kummer*, einer besorgten lila *Angst* und von der launischen grünen Seele *Ekel*. Wir zoomen in die Köpfe der Menschen hinein und wieder hinaus und beobachten dabei, wie ihr »äußerlich« wahrnehmbares Verhalten manchmal in krassem Widerspruch zu den Vorgängen in ihrem »Inneren« steht.

Informationen über die Welt erhalten diese Gefühlsgestalten durch die Sinne: Sehen, Hören, Schmecken, Riechen, Berührungen, Interozeption (das Empfinden der Signale aus dem Körperinneren), Propriozeption (das Gespür für die eigenen Gliedmaßen und Bewegungen im Raum) und Exterozeption (die Wahrnehmung externer Reize und das Raumempfinden). Die Informationen werden in die Steuerungszentrale geleitet und auf Bedienpulten sichtbar gemacht. Je nachdem, was draußen geschieht, übernimmt die eine oder andere Gestalt – das eine oder andere Gefühl – das Kommando und zwingt den Körper, so zu reagieren, wie es ihr passend erscheint.

So ist beispielsweise Freude im Gehirn der Hauptfigur Riley, eines kleinen Mädchens, nirgendwo zu entdecken. Riley und ihre Familie sind umgezogen, und sie vermisst ihre Freunde. Wenn jemand mit ihr spricht, schlägt sie manchmal um sich, aber nicht aus Wut. Wir sehen, dass in ihrer Steuerungszentrale Kummer das Kommando hat. Riley will einfach nur in Ruhe gelassen werden und wie in einer Endlosschleife ihren Erinnerungen an glückliche Zeiten nachhängen (auch Grübeln genannt). Wir erfahren, dass Freude in den »Erinnerungssystemen« verloren gegangen ist. Und wir folgen der gelben Feentänzerin für kurze Zeit, wie sie verlassen und bedrückt in einer Umgebung umherwandert, die wie ein Wald aus riesigen Aktenschränken aussieht – es sind die Gedächtnissysteme –, und dabei einen traurigen blauen Farbton abgibt.

Wie wir bereits erfahren haben, wird diese Unfähigkeit, Freude und positive Gefühle zu erleben, in der Traumaforschung als Anhedonie bezeichnet.[2,3] In einer neuen Umgebung ganz allein zu sein kann traumatisch wirken. Wir vermissen die zwischenmenschlichen Kontakte, mit denen wir uns glücklich und geborgen gefühlt haben; sie sind verschwunden, und mit ihnen ist auch unsere Fähigkeit, Freude die Steuerungszentrale im Gehirn übernehmen zu lassen, in den Gedächtnissystemen verloren gegangen.

Eines Tages deutet Rileys Vater das Verhalten seiner Tochter am Esstisch falsch. Er bemerkt nur, dass sie den Kopf hängen lässt, abwehrend antwortet und nicht »gehorchen« will. Die rote Wut übernimmt seine Steuerungszentrale und schimpft über das Verhalten der Tochter. Sie überzeugt den Körper des Vaters, »auf den Tisch zu hauen«. Er schickt Riley auf ihr Zimmer, woraufhin sie sich natürlich noch mieser fühlt. Als Zuschauer sehen wir, wie falsch seine Reaktion angesichts dessen war, was »drinnen« in Rileys Kopf vorgeht, aber wir wissen auch, dass er nicht sehen kann, was wir gesehen haben.

Alles steht Kopf ist ein liebenswerter Film – wäre es doch nur auch in Wirklichkeit so einfach, dass in unserer »Steuerungszentrale« einige grundlegende Gefühle leben, die wir alle haben und verstehen: Freude, Wut, Angst, Neid, Traurigkeit, Ekel, Überraschung. Leider ist es überhaupt nicht so einfach. Wie können wir unser Inneres nach außen kehren, um einander, insbesondere aber uns selbst besser zu verstehen? Und wenn wir es verstanden haben, wie können wir dann etwas daran verändern, wie wir uns fühlen?

Mit Kunst und kreativen Tätigkeiten lassen sich unsere Gefühlswelten *gestalten,* aber die Wissenschaft ist noch ein ganzes Stück von einer Erklärung entfernt, wie genau das geht.

Wie kommt es, dass wir Gefühle mit »Etiketten« versehen?

Einer der Ersten, die unter wissenschaftlichen Gesichtspunkten über »Gefühle« sprachen, war Charles Darwin in seinem 1882 erschienenen Buch *Der Ausdruck der Gemütsbewegungen bei dem Menschen und den Tieren*. Anfangs hatte er vorgehabt, den Gefühlen lediglich ein Kapitel in seinem Buch *Die Abstammung des Menschen* zu widmen. Dann aber sammelte sich so viel Material an, dass die »Gemütsbewegungen« ein ganzes Buch erforderten.[4]

Mitte des 20. Jahrhunderts bereisten der Psychologe und Emotionsforscher Paul Ekman und seine Kollegen die ganze Welt und besuchten abgelegene Dörfer wie die vom Stamm der Fore in Papua-Neuguinea. Mit zahlreichen Kameras filmten und fotografierten sie die Menschen aus versteckten Winkeln, sodass sie sich unbeobachtet fühlten. Das Forschungsteam wollte so ungestellte »Gefühlsausdrücke« in unterschiedlichen Situationen einfangen. Dabei erkannten sie, dass alle Menschen auf der ganzen Welt die Gefühle Glück, Trauer, Wut, Angst oder Überraschung empfinden, und dabei auch immer ähnlich aussehen. Mit anderen Worten: Wir alle drücken unsere »Gefühle« durch unsere Mimik und Körpersprache auf sehr ähnliche Weise aus.

Auf die Arbeiten von Paul Ekman und seinem Team geht die Idee zurück, dass alle Menschen auf der Welt die gleichen sechs charakteristischen, eindeutig erkennbaren »Grundgefühle« oder »Basisemotionen« haben.[7] Und so werden Gefühle in *Alles steht Kopf* dargestellt. Der Film liefert uns ein großartiges Hilfsmittel, wenn wir mit Kindern über Gefühle sprechen wollen. Natürlich ist den Machern und wissenschaftlichen Beraterinnen des Filmes klar, dass die Sache nicht ganz so einfach ist und der Film kein vollständiges Bild davon zeichnet, wie Gefühle entstehen und wie viele Gefühle es gibt. Aber er bietet uns einen wunderbar unterhaltsamen Einstieg ins Thema.

Seit Ekmans Pionierarbeiten versucht die Wissenschaft zunehmend, alles zu systematisieren, und bei der einschlägigen Literatur bekommt man den Eindruck, manche Forschenden vergessen dabei vielleicht etwas Wichtiges: dass die »Gefühle« aus dem Körper stammen, und zwar aus Mechanismen in unserem Gehirn, die unser Überleben in freier Wildbahn sicherstellen sollten.[5]

Wir wollen die *Angst* als Beispiel nehmen, aber Ähnliches kann man auch über andere Gefühle sagen.[6] Denken wir an die Symphonie der Angst, von der wir in Kapitel 1 gesprochen haben. Sie stellt den Körper darauf ein, vor Gefahren wegzulaufen. Insgesamt sind die Empfindungen, die dafür sorgen, dass uns etwas Angst einflößt, aber sehr vielfältig, und sie lassen sich nicht ohne Weiteres in eine einzige Kategorie einordnen, die man mit dem einen Wort *Angst* beschreiben könnte.

Joseph LeDoux, Professor für Neurowissenschaft an der Universität New York, ist ein ernster Mann. Bei Google findet man viele Bilder von ihm mit düsterem Gesichtsausdruck. Kein Wunder: Sein Forschungsgebiet ist *Angst und das Gehirn*. Professor LeDoux verdankt die Welt wichtige Erkenntnisse darüber, was die Amygdala bewirkt, wie Angst funktioniert und was sich in unserem Kopf abspielt, wenn wir uns fürchten und gestresst sind.

Du weißt ja bereits, was die Amygdala ist – aber errätst du auch, was die »Amygdaloids« sein könnten?

Eine weitere raffinierte Struktur im Gehirn vielleicht?

Nein!

Eine Rockband! Genauer sagt: Hier kommen Neurowissenschaft und Rock 'n' Roll zusammen.

Und wer ist wohl Leadsänger und Gitarrist der Band? Professor LeDoux.

Der Text ihres Songs »Fearing« erklärt, wie Angst funktioniert, und das Stück »Piece of My Mind« erzählt aus der exzentrischen Perspektive eines Gehirns, was passiert, wenn eine Beziehung in die Brüche geht. »Angst« empfinden wir also vielleicht beim Anblick eines Löwen, aber ebenso, wenn andere Menschen entsetzt schreien, beim Geruch von Feuer, wenn unser Bankkonto leer ist, bei einer Trennung und so weiter.

Genau den gleichen Mechanismus gibt es auch bei anderen Tierarten, und sie reagieren auf jeweils spezifische Weise auf Bedrohungen. Diese unterschiedlichen Reaktionsweisen bezeichnen Evolutionswissenschaftler als »adaptives Verhalten«: Wir passen uns damit an eine Furcht einflößende Situation an, zum Beispiel, indem wir davonrennen oder das Problem sonst wie lösen. Anders formuliert: Es schützt uns und hilft uns, zu überleben.

Man hat uns beigebracht, diese adaptiven Verhaltensweisen als »Gefühle« zu bezeichnen. Angst kann also auf viele verschiedene Arten zum Ausdruck kommen, je nachdem, wodurch sie ausgelöst wurde (zum Beispiel einen Löwen, das Ende einer Beziehung oder eine Prüfung) und welches adaptive Verhalten erforderlich ist, um mit dem Auslöser fertigzuwerden. Wenn man daher zwei Menschen fragt, ob ein Dritter verängstigt, überrascht oder erregt aussieht, können sie oftmals nicht die richtige Antwort geben, vor allem dann nicht, wenn sie nicht wissen, in welchem Zusammenhang das Gefühl sich eingestellt hat. Genau wie Rileys Vater, der ihr Schweigen am Esstisch falsch gedeutet und zu Unrecht »auf den Tisch gehauen« hat. Von unseren Gefühlen ausgehend das richtige adaptive Verhalten zu wählen ist eine sehr wichtige Fertigkeit, die wir unser ganzes Leben lang immer weiter verfeinern. Es reicht jedenfalls nicht, unsere Gefühle benennen zu können. Das ist nur der erste Schritt. Der zweite ist, richtig mit diesen Gefühlen umzugehen.

Eine unvollständige Anweisung

Keine andere Tierart verwendet auf die Erziehung ihrer Jungen so viel Zeit wie wir; wir sind auf Ausbildung versessen wie keine andere Spezies.[8,9] Das ist auch gut so. Aber manchmal vereinfachen unsere Erziehungsmethoden die Dinge so stark, dass sie uns von unserem Körper entfernen und es uns nicht leichter, sondern schwerer machen, ihn zu verstehen.

Unter anderem werden wir dazu erzogen, unsere Gefühle zu steuern. Wir sollen beispielsweise nicht im Jähzorn handeln. Als ersten Schritt zur Steuerung der Gefühle bringen wir Kindern bei, dem, was sie fühlen, einen Namen zu geben. Aber wie wir gerade an den vielen Gesichtern der Angst gesehen haben, ist schon das eine unklare Anweisung.[10]

Durch die Verbesserungen der Messverfahren in den letzten zehn Jahren konnten Forschende herausfinden, dass es weder im Körper noch im Gehirn »eindeutige« Signale für Wut, Angst, Freude und so weiter gibt.[11] Wie wir Signale aus unserem Körper deuten, hängt stark vom *Zusammenhang* und von den Erfahrungen ab, die wir bislang im Leben gemacht haben.[12] Angenommen, unser Bauch zieht sich zusammen und fühlt sich flau an. Dann liegt es vielleicht daran, dass wir seit einiger Zeit nichts gegessen haben und hungrig sind. Schauen wir uns gerade einen Gruselfilm an, kann der Grund auch sein, dass wir uns erschrocken haben. Oder womöglich ist unser Schatz soeben ins Zimmer gekommen. Das seltsame Gefühl im Bauch kann umgekehrt auch daher rühren, dass unser Schatz uns gerade sitzen gelassen hat, wie in »Piece of My Mind« von den Amygdaloids. Eine Empfindung, unterschiedliche Zusammenhänge – und schon sprechen wir vermutlich von unterschiedlichen »Gefühlen«, obwohl die körperliche Empfindung dieselbe ist.

Wenn wir heranwachsen, entwickelt sich unsere Fertigkeit, uns mit Sprache auszudrücken.[13–15] Wir lernen, abstrakte Begriffe in Kategorien zusammenzufassen, auch wenn sie in der Welt nicht gleich aussehen.[16,17] Denken wir nur an das Wort »Zuhause«: Was du im Laufe deines Lebens damit bezeichnet hast, sah vermutlich recht unterschiedlich aus und war mit ganz unterschiedlichen Gefühlen verbunden, und tatsächlich handelte es sich ja auch um verschiedene Orte. Ebenso gehst du nicht davon aus, dass andere Menschen in deinem Zuhause wohnen, wenn sie sagen: »Ich gehe jetzt nach Hause« – sie meinen mit »Zuhause« etwas anderes als du. Mit Gefühlen ist es genauso. Je nach Zusammenhang, unserer Lebenserfahrung und Persönlichkeit lernen wir, Empfindungen als Angst, Wut, Freude und so weiter zu benennen.[18,19] Aber das heißt nicht, dass die Gefühle im Gehirn »festgeschrieben« sind.[20] Deshalb ist die Anweisung, Gefühle zu benennen, zwar irgendwie schon nützlich, aber auch unvollständig.

Professor Lisa Feldman Barrett hat in vielen wissenschaftlichen Artikeln und vor Kurzem in ihrem großartigen Buch *Wie Gefühle entstehen* auch für das Laienpublikum erklärt, dass »Gefühle« nur jene unbestimmte Erregung im Körper sind, über die wir die ganze Zeit gesprochen haben. Empfindungen, die wir nicht verstehen und die uns zwingen, auf die ein oder andere Art zu handeln (wie gesagt: Sie gehören zu den Überlebensmechanismen unseres Körpers!). Die

Suche nach »emotionalen Fingerabdrücken« in Körper oder Gehirn gleicht der Suche nach Gespenstern.[21] Es gibt sie nicht.[22,23] Mit dieser neurowissenschaftlichen Erkenntnis lässt sich auch erklären, warum es nicht für jedes Gefühl genau eine adaptive Verhaltensweise gibt. Die richtige Reaktion auf eine bestimmte Situation hängt vielmehr von der Situation selbst ab und von den Gefühlen, die sie in uns auslöst.

Jeder, der öfter Zeit mit Kindern verbringt, weiß: Ihnen ist überhaupt nicht automatisch klar, was sie fühlen und wie sie damit umgehen sollen.[24] Scheinbar wahllos schreien oder weinen sie plötzlich, vielleicht, weil sie Hunger haben, müde sind, jemand ihnen unrecht getan hat oder weil sie verwirrt sind. Der Unterschied ist dabei oft nicht ersichtlich – weder für sie selbst noch für andere. Auch wir Erwachsenen kennen es, wenn uns ein Hungergefühl schlechte Laune bereitet und wir aufgrund dieses schwer zu beschreibenden unangenehmen Gefühls in der Magengrube für andere zu unerträglichen Stachelschweinen werden.[25–28]

Jetzt denkst du vielleicht: »Ach, das ist bei Kindern halt so.« Aber das ist noch gar nicht alles. In Kapitel 2 war von der Erregungsfehlattribution die Rede, von erwachsenen Fußballfans, die nach einer Niederlage ihrer Mannschaft ihren Partnerinnen gegenüber handgreiflich werden, und von Menschen, die eine Frau auf einer gefährlich hohen Brücke attraktiver finden als dieselbe Frau auf festem Boden. Solche Empfindungen und Erregungszustände aus unserem Körper lassen uns die Welt durch eine Brille sehen, sei sie nun rosa oder anders gefärbt, und das, obwohl wir uns selbst doch für verantwortungsbewusste Erwachsene halten. Eine Studie konnte sogar zeigen, dass das Frühstück von Richtern Einfluss darauf hatte, ob sie eine Strafe zur Bewährung aussetzten oder nicht.[29] Hatte das Gericht gerade eine Pause gemacht, lag die allgemeine Quote von Bewährungsstrafen bei ungefähr 65 Prozent, während sie kurz vor einer Pause, wenn der Blutzuckerspiegel in den Keller gefallen war und die Richter Hunger hatten, auf nahezu null Prozent sank.

Dieses Phänomen – dass wir unser Körpergefühl unabsichtlich als Kompass für unsere Entscheidungen und Verhaltensweisen nutzen –

wurde in der Wissenschaft als *affektiver Realismus* bezeichnet.[30,31] Das bedeutet, dass wir den Affekt, also das, was wir empfinden, für »real« halten – womit wir vermutlich in den meisten Fällen falschliegen. Wir lassen uns davon beeinflussen, wie sich unser Körper fühlt, und sind uns dessen noch nicht einmal bewusst.[32–34]

Tatsächlich wäre es eine gute Idee, solche Empfindungen systematisch zu erfassen und zu klassifizieren. Dennoch ist es damit nicht getan. Wollen wir auf unserem Weg zum Flow weiter vorankommen, sollten wir daran denken, dass unsere Interozeption – unser Gefühl für das Körperinnere – die Empfindungen aus dem Körper in den Geist befördert.[35] Das funktioniert nicht perfekt: Wir sind uns solcher Empfindungen unterschiedlich stark bewusst[36–38] und benennen sie unterschiedlich.[39–41] Aber in jedem Fall haben sie Einfluss auf unsere Entscheidungen und Verhaltensweisen, ob wir uns ihrer nun bewusst sind oder nicht.

Um uns klarzumachen, wie unvollkommen, formbar und erfahrungsabhängig dieser Prozess ist, wollen wir uns damit beschäftigen, wie das Ganze bei einem anderen Sinn vor sich geht: beim Sehen.

Für das Auge unsichtbar

»Das Wesentliche ist für die Augen unsichtbar«, sagt der Erzähler in dem Buch *Der kleine Prinz* von Antoine de Saint-Exupéry.[42] Er fragt sich, warum eine Zeichnung, die er angefertigt hat, den Menschen keine Angst macht. Sie zeigt einen großen Klumpen mit ein paar schmalen Linien auf beiden Seiten. »Das ist ein Hut«, sagt jeder. Aber nein, sagt der Erzähler, auf der Zeichnung sieht man eine Boa constrictor, die gerade einen Elefanten verschlungen hat.

Wenn man das *weiß*, nimmt die Information (ein Klumpen mit zwei horizontalen Linien an den Seiten), die dein hedonistisches Lager 1 durch die Sinne (in diesem Fall die *Augen*) aufnimmt und vermutlich als langweilig abtut, eine ganz neue Bedeutung an.[43–48] Diese Bedeutungszuordnung stammt aus den Systemen des eudämonistischen Lagers 2, die mit den Gedächtnis- und Sprachsystemen deines Gehirns in Verbindung stehen. Sie wissen, was eine Boa constrictor ist und welche Größe ein Elefant hat. Wenn dir klar wird, dass der seltsame Klumpen mit den horizontalen Linien eine Boa constrictor ist, die gerade einen Elefanten gefressen hat, sagt dein Kopf: »Ahaaaa!« Dieser »Aha-Moment« ist für unser Gehirn entscheidend. Die Nervenbahnen, die Lager 1 und 2 verbinden, tauschen Informationen aus, und das Lager 2 kommuniziert auch mit weiteren Systemen des Gehirns.

Das Lager 2 stellt die Verbindung her, aber das Lager 1 ist verantwortlich für das Belohnungsgefühl, das sich daraufhin einstellt.[49–51] Die neurowissenschaftliche Forschung, welche Einsicht und Erkenntnis, also Aha-Momenten nachgeht, zeigt nämlich, dass solche Augenblicke das Belohnungssystem anregen und zur Ausschüttung von Botensubstanzen in den Organismus führen (Dopaminregen!) – so kommt es zu dem Hochgefühl, das wir empfinden, wenn unser Kopf »Aha!« sagt.[52] Gleichzeitig sind solche Aha-Momente ein Lernsignal für das Gehirn und können deshalb gefährlich schnell Gewohnheitsschleifen schaffen.

Für den Weg zum Flow solltest du also eine künstlerische oder kreative Tätigkeit auswählen, die *deinem* Gehirn häufig »Aha!«-Momente beschert, denn solche Momente sind mitverantwortlich dafür, dass *deine* Kunst für dich als Belohnung und somit intrinsisch, also von sich aus, motivierend wirkt.

Spannenderweise hat die neurowissenschaftliche Forschung außerdem herausgefunden, dass das Gehirn während eines Aha-Moments weitere Sinnesinformation ausblendet. Es wendet sich sozusagen nach innen.[53,54] In diesem Moment können wir also ganz buchstäblich *nichts sehen*. Unsere Sinne und das Lager 1 werden uns nicht offenbaren, was für ein sinnerfülltes Leben und unser langfristiges Wohlergehen wirklich wichtig ist; sie können nur in Zusammenarbeit mit dem Lager 2 dazu beitragen. Das Wesentliche ist für die Augen unsichtbar. Unser Gehirn *erschafft* es mit seinen Sinngebungssystemen. Ab jetzt wird dich jedes T-Shirt mit dem Bild und dem Ausspruch »Ceci n'est pas un chapeau« (Das ist kein Hut) immer an die Lager 1 und 2 mit ihren Nervenbahnen erinnern. Und der Grund dafür ist die intrinsische Belohnung, die du verspürt hast, als dein Geist »Aha« gesagt hat; das ist ein saftiges *Lernsignal* für unser Gehirn, und es fühlt sich gut an.

Alles, was wir über die Augen wahrnehmen – was also über den Sehsinn in unseren Kopf gelangt –, kann ganz unterschiedliche Bedeutungen annehmen, je nachdem, in welchem Zusammenhang es steht und was wir darüber wissen. Ein großer Klumpen mit zwei schmalen horizontalen Linien auf beiden Seiten könnte ein Hut sein, aber auch eine Boa constrictor, die einen Elefanten verschlungen hat. Auf Basis dieser niedrigschwelligen Wahrnehmungsreize schafft das Gehirn die »tiefere Bedeutung«, und zwar mit dem Lager 2 und weiteren Gehirnteilen, je nachdem, wer du bist.

Konstruierte Gefühle

Als die wissenschaftlichen Erkenntnisse über die Physiologie unseres Körpers in den 2010er-Jahren immer tragfähiger wurden, entwickelte Professor Lisa Feldman Barrett die *Theorie der konstruierten Emotionen.*[21] Mit ihr rücken wir von der Vorstellung ab, Gefühle seien zwangsläufig eigenständige Kategorien (wie Ekman und viele andere es angenommen hatten).

Demnach werden Gefühle zwar auf der Grundlage alter Überlebensschaltkreise konstruiert, sie sind aber auch stark von unserer Lebenserfahrung abhängig, also von dem, was wir bereits in den Gedächtnissystemen unseres Gehirns mit uns herumtragen. Wenn uns etwas zustößt, resultiert unsere Reaktion darauf aus der Kombination von früheren Erfahrungen und dem, was wir in unserem Körper empfinden. Diesen Zustand können wir als glücklich, traurig oder wütend bezeichnen. Für das Gehirn ist das alles aber nichts anderes als eine Konvention, die wir erlernt haben, als wir erwachsen wurden; andere Menschen, in deren Gedächtnis andere Erfahrungen abgelegt sind, ordnen ihre Empfindungen vielleicht geringfügig anders ein *und* – was wichtig ist – assoziieren mit ihnen geringfügig andere Bedeutungen.

Sollte das stimmen – und nehmen wir einmal an, es wäre so –, birgt das für uns eine große Chance: Denn wenn wir Emotionen mittels tieferliegender Schaltkreise und *erlernter* Vorhersagen über die Welt *konstruieren*, brauchen wir unser Gehirn »nur« anderen Erfahrungen auszusetzen, und schon kann es uns ein besseres Gefühl verschaffen, als wir es jetzt gerade empfinden.[55,56]

Das hört sich ein wenig so an, als würden wir unsere Welt halluzinieren, je nachdem, was sich bereits in den Gedächtnissystemen unseres Gehirns befindet. Aber so ist es natürlich nicht. Es gibt durchaus objektive Tatsachen. Dennoch ist die erstaunliche Anpassungsfähigkeit des Gehirns – was als prädiktive Kodierung bezeichnet wird – sehr wichtig[57–60], denn sie erlaubt es uns bis zu einem gewissen Grad, in unserem Geist eine andere Erfahrung zu *erschaffen*, indem wir auswählen, welchen Dingen wir unsere Sinne *im Laufe der Zeit* aussetzen. Unser Gehirn kann uns also andere Realitäten »halluzinieren« lassen, das heißt, gute Dinge vorhersagen, und uns damit ein gutes Gefühl geben. Erinnerst du dich noch daran, dass ich dir am Anfang des Kapitels sechs Strategien versprochen hatte? Nur noch ein kleines bisschen mehr Wissenschaft, und wir landen bei ihnen.

Gestalte deine Gefühle durch deine Handlungen

Zu lernen, wie man sich durch eine bestimmte Kunstform ausdrückt, ist ein wenig so, als würde man eine neue Sprache lernen. Die Metapher »Die Künste sind die Sprache der Seele« hast du vermutlich schon einmal gehört. Aber was bedeutet das eigentlich?

Wenn wir eine neue Sprache lernen, eignen wir uns anfangs nur einzelne Wörter an, dann bilden wir Sätze. Bis wir uns in der neuen Sprache über die bloße Mitteilung von Bedürfnissen wie »Ich hätte gern ein Bier« hinaus ausdrücken können, dauert es eine gewisse Zeit.

Ein ähnlicher Prozess läuft ab, wenn wir Tanzschritte, Musiknoten, Lieder, Malstile und anderes lernen. Zuerst eignen wir uns die Wörter an – Schritte und Positionen –, dann die Grammatik – die Regeln dafür, wann wir welche Bewegung ausführen müssen oder wie wir Arme und Beine koordinieren –, am Ende schaffen wir mit einer Bildsprache Sätze und Dichtung – wir drücken mit unseren Bewegungen komplizierte Gefühle aus.

In der Altstadt des Ortes, an dem ich während meiner Tanzausbildung gelebt habe, gibt es ein viel besuchtes Vergnügungsviertel. Dort ist es nicht gerade sicher, aber mit Kapuzenpulli und flachen Schuhen kommt man zurecht. Eines Abends war ich ziemlich mitgenommen von den harten Work-outs und den ebenso harten Worten; mir stand nur noch der Sinn danach, mich in einen Wohlfühlkokon einzupuppen. Ich wollte mich in einem Club unter die groovende Menge mischen, in weiten Kleidern, die meinen Körper verbargen, und flachen Schuhen, in denen meine Füße fest auf dem Boden standen, und zu einer Musik, die alles, nur nicht Klassik war.

Es war Nacht, und es fühlte sich verboten an, als ich mich aus der WG schlich, um mich mit ein paar anderen Leuten aus der Schule zu treffen. Schließlich ist es an professionellen Tanzschulen nicht gerade gern gesehen, wenn die Studierenden sich auf der Tanzfläche eines Clubs verausgaben. Aber genau das hatten wir vor. Mit schmerzendem Körper, aber auch mit überdrehten Sinnen, warfen wir uns in die wummernden Technorhythmen, in das Sprudeln und Zischen – und in das Licht, das nichts erleuchtete, sondern um uns herum auf der Tanzfläche einen wunderbaren Kokon spann. Und dort, an dem wohl ungeeignetsten Übungsort für professionelle Tanzschüler, in den Tiefen eines alten Gemäuers, übernahm unsere Intuition plötzlich das Kommando und stellte die letzten fehlenden Verknüpfungen in unseren Gehirnen her. Das mag sich so anhören, als hätten wir improvisiert, aber es kam uns mitnichten so vor: Wir wurden zum Rhythmus, und unser Körper »sprach« die Sprache des Balletts.

Was das für ein Anblick war, kann ich mir vorstellen: Ballettschülerinnen, die mit ihrer seltsamen Körpersprache auf der Techno-Tanzfläche verrücktspielen. Das Gute dabei war, dass es den anderen Leuten egal war. Hier wurden wir von niemandem beurteilt; es gab keine strengen Blicke, keine Prüfung. Wir waren einfach da. Und plötzlich tanzten wir nicht nur Ballett. Es war ein wenig wie ein Esperanto des Körpers. Wir griffen auf alle »Wörter«, alle Bewegungen zurück, die wir kannten, Ballett oder nicht, um mit unserem Körper alles auszudrücken, was wir wollten, ohne dass wir auch nur ein einziges Wort sprachen.

Diese Überschreitung der Grenze zwischen dem bloßen Ausführen von Tanzschritten und Tanzen im eigentlichen Sinne, wo man sich in einer Tanzsprache ausdrückt, sorgt für wahre Glücksgefühle. Ich habe sie nach jenem ersten Mal noch viele Male erlebt – in Techno-Clubs und später nach langen Milonga-Nächten. Ein guter Freund schrieb mir kürzlich über Telegram von einem Tango-Argentino-Marathon: »Es ist, als würden meine Füße auf dem Bildschirm tanzen, während ich dir schreibe.«

Diese Verschmelzung von Wahrnehmungen und Handeln des ganzen Körpers, das Einswerden sämtlicher Ausdrucksformen – genau darauf kommt es an. Um das zu erreichen, müssen wir keine Profitänzer sein. Du kannst in Trance verfallen, indem du einfach zu einem Beat groovst. Durch das Erlernen eines »Tanzwortschatzes« erweitern sich dein Erleben und deine Ausdrucksmöglichkeiten auf der Tanzfläche – das jedenfalls sagt meine Freundin Anna Lambrechts, die sowohl Neurowissenschaftlerin als auch professionelle Swingtänzerin ist. Zusammen mit ihrem Mann Simon Selmon leitet sie SwingdanceUK. Auch Simon liegt viel an dieser Ausdrucksform. Er sagt: Du kannst die Schritte noch so fabelhaft beherrschen, und doch schaffst du damit nur eine leere Hülle. Erst wenn du dich darin wirklich ausdrückst, tanzt du.

Gezeichnet

In vorangegangenen Kapiteln war viel davon die Rede, wie Stichworte der Auslöser dafür sein können, dass vor unserem inneren Auge rosarote Elefanten erscheinen. Wie wichtig solche Auslöser sind, wissen wir aus der Suchtforschung, die wir in Kapitel 3 kennengelernt haben. Ich empfehle, eine künstlerische Praxis zu entwickeln, mit der wir uns mit ihnen auseinandersetzen können – indem wir diese Auslöser im sicheren Raum unserer Hobbykunst *zum Ausdruck bringen*. Das Gute dabei: Damit das bei dir funktioniert, musst du in der entsprechenden Technik kein Profi werden.

Während meiner Doktorarbeit habe ich durch Zufall das Zeichnen für mich entdeckt; es ist ein Weg, um mich mit den Auslösern für mein Gedankenkarussell auseinanderzusetzen.

Früher lief das bei mir ungefähr so ab: Irgendetwas oder irgendjemand erinnerte mich an Ballett (Auslöser). Ich musste ans Tanzen denken und daran, wie sich bestimmte Bewegungen in meinem Körper anfühlten. Dann glitt ich in Tagträumereien (Grübeln) ab, in denen ich mir verschiedene Choreografien vorstellte, die ich tanzen könnte. Noch schlimmer war es, wenn Musik spielte, vor allem klassische; dann gab's in meinem Kopf eine regelrechte Ballettlawine. Wissenschaftler nennen das »musikinduzierte Bilderwelt« – in meinem Fall war es die Ballett-Choreografie.

Besonders gern malte ich mir meine Lieblingsbewegungen aus: *Attitude* und *Arabesque*. Ich nutzte sie als Tor zu mir selbst. Wenn ich während der Zeit meiner Tanzausbildung irgendwo neu war, führte ich das Stangentraining in meinem Zimmer durch, und am Ende machte ich immer wieder meine Lieblingsbewegungen. Das gab mir das anheimelnde Gefühl, ganz bei mir zu sein; auch wenn ich irgendwo vollkommen fremd war, führte es mich wieder zu mir selbst zurück. Es war, als hätte ich immer ein tragbares »Ich« bei mir, in das ich jederzeit Hineinschlüpfen konnte, ganz gleich, wo ich war und wie es mir ging.

Nun sagst du vielleicht: Das hört sich als Tagtraum doch gar nicht so übel an. Nein, an Ballett zu denken ist keine schlechte Grübelei. Das Problem war ein anderes: Die Ballettauslöser triggerten die Schatten der Vergangenheit, die sich schon bald mit dieser schönen Bilderwelt und mit den vertrauten Bewegungsempfindungen vermischten – und das versetzte mich in frühere Zeiten zurück. Solche Gedankenreisen in die Vergangenheit, in der klinischen Psychologie »Flashbacks« genannt, sind eine besonders zermürbende Form von rosaroten Elefanten.

Deshalb tat ich, was ich, wie du jetzt weißt, nicht hätte tun sollen: Ich schottete mich von allem ab, was mit Ballett zu tun hatte, inklusive der Musik, und hoffte, damit würden auch meine Erinnerungen ausgelöscht. Ich verdrängte und übte mich in Vermeidungsverhalten. Jahrelang hörte ich keine Musik, lehnte alle Einladungen ab, mit Freunden zu einem Ballettabend zu gehen. Aber da ich gleichzeitig über Tanz promovierte, war das gar nicht so einfach durchzuziehen. Wie ein Pingpongball und Dostojewskis Eisbär stiegen die Auslöser vor meinem geistigen Auge immer wieder in die Höhe.

Als ich mich wieder an die Kunst wagte, hatte ich einen großen Vorteil: Ich konnte mich noch an das Gefühl erinnern, etwas zu schaffen.

Ob es ein Tanz war, Musik, ein Gemälde oder ein schönes Kleidungsstück: Ich erinnerte mich daran, wie der Prozess als solcher mich aus dem Hier und Jetzt entführen konnte, mich in eine andere Realität versetzte, meine Gedanken besänftigte und meinen Geist mit einem einzigen schönen Gedanken tröstete, mich gleichzeitig entspannte und produktiv machte, während die Zeit dahinfloss.

An der Universität hatte ich gelernt, dass der ungarische Wissenschaftler Mihaly Csíkszentmihályi das als »Flow« bezeichnet hat. Wie ich in der Einleitung zu diesem Buch erwähnt habe, ist Flow der wunderbare Zustand der körperlichen und mentalen Erholung und Entspannung, der das Gehirn auf ganz besondere Weise aktiviert. Viele Menschen erleben das beim Lesen[61,62], wenn sie ganz in die Handlung eintauchen[62,63], wenn sie Musik hören oder machen[64,65], tanzen[66] und so weiter. Manche Indizien lassen darauf schließen, dass regelmäßig erlebter Flow positive Wirkungen auf die Gesundheit haben [67] und im Beruf vor Burn-out und depressiven Symptomen schützen kann.[68,69] Als ich das erfuhr, war mir klar, dass man zu genau diesem Gefühl, das mir früher das Tanzen beschert hatte und dem ich jetzt nachtrauerte und nachgrübelte, auch auf ganz anderen Wegen finden kann.

Jahre nach meinen letzten Flow-Erlebnissen beim Ballett fand ich diesen glückseligen Zustand endlich wieder. Er überkam mich an einem der typisch trägen Freitagnachmittage im September, in unserem staubigen Büro an der Universität der Balearischen Inseln auf Mallorca. Für einen Artikel, den wir gerade schrieben, benötigten wir einige Abbildungen von Tänzerinnen, hatten aber nicht das Geld, um die Nutzungsrechte für die Bilder zu bezahlen, die wir ausgesucht hatten. Wir wollten die Illustrationen aber unbedingt haben.

Da kam mir eine Idee: Was, wenn ich die Bilder einfach mit Bleistift abzeichnete? Ich hatte als Kind ein wenig Zeichenunterricht gehabt, allerdings ohne dass man bei mir während dieser öden Übungsstunden ein besonderes Talent entdeckt hätte. Aber es zu versuchen konnte ja nicht schaden. Wichtig ist, dass ich im Vergleich zu dem langweiligen Unterricht früher, wo es immer nur um die Verbesserung der technischen Fertigkeiten ging, jetzt eine völlig andere Motivation hatte. Es ging mir um etwas ganz Konkretes: einzelne Körperhaltungen, die etwas Bestimmtes ausdrückten. Jedenfalls tat ich etwas, das *mir etwas bedeutete* – ich stellte Tanzpositionen grafisch dar und spürte zugleich, wie es wäre, sie selbst auszuführen. Plötzlich hatte ich eine intrinsische Motivation. Was am Ende dabei herauskam, war aus irgendeinem Grund gar nicht so wichtig.

Wie fühlt sich eine solche intrinsische Motivation an? Ich kann nur dem zustimmen, was Mihaly Csíkszentmihályi, der Vater der Flow-Forschung, in den 1970er-Jahren über Spiel und intrinsische Belohnung gesagt hat: Wir alle müssen uns daran erinnern, wie es sich für uns als Kinder angefühlt hat, wenn wir uns im Zustand des stundenlangen stillvergnügten Spiels befanden.[70] Intrinsische Motivation stellt sich ein, wenn die Belohnung für die Tätigkeit in der Freude liegt, sie ausführen zu können. Wenn wir das, was wir tun, also einfach *gerne tun*, anstatt es zu tun, weil wir am Ende etwas davon *haben wollen*. Das ist das Prinzip des Wohlfühl-Wollens, das wir bereits in Kapitel 3 besprochen haben. Zeichnen war für mich zu genauso einer »Vergnügenplus«-Verhaltensweise geworden.

Aber wir sind keine Kinder mehr, und als »vernünftige« Erwachsene ist es mitunter schwierig, eine intrinsische Motivation zu finden. Sie kommt manchmal wie aus heiterem Himmel, zum Beispiel bei mir, als ich malte. Doch wie lässt sich die intrinsische Motivation zu einer zuverlässigen Energiequelle für uns machen? Dazu können wir uns von Erkenntnissen aus der Motivationspsychologie inspirieren lassen. Einflussreiche Motivationstheorien legen die Vermutung nahe, dass wir alle ein gewisses Erfolgsbedürfnis haben, einige mehr, andere weniger.[71,72] Wenn wir bei einer Sache eine intrinsische Motivation entwickeln wollen, ist allerdings »Kompetenz« ein sehr wichtiger Baustein.[73,74] Es reicht also nicht aus, dass sich eine Tätigkeit »einfach gut anfühlt«. Kompetenz – das heißt in unserem Fall die künstlerische Fertigkeit – aufzubauen, ist ein wichtiger Grundstein dafür, irgendwann in den selbstvergessenen Gewässern des Flow baden zu können.[75]

Nur wenn er gelegt ist, geht es in einem nächsten Schritt darum, ob wir unseren bewussten Geist, die präfrontalen Vernunft-Gehirnsysteme, loslassen und in die Systeme des impliziten Gedächtnisses eintauchen können, in denen unsere Kunst eine Sprache ist, mit der wir uns ausdrücken und uns selbst besser verstehen können. Dazu sind wir aber eben nur in der Lage, wenn wir etwas so gut beherrschen, dass wir nicht darüber *nachdenken* müssen, wie man zum Beispiel eine Linie zieht, wie man mit einem Schatten Bewegung andeutet und so weiter – wenn wir uns also von unseren inneren Bildern leiten lassen können.

An diesem Punkt, so sagt Csíkszentmihályi, machen uns weder Langeweile (weil etwas zu einfach ist) noch Angst (weil es zu schwierig ist) zu schaffen; vielmehr spüren wir, dass wir »unsere Aufmerksamkeit auf ein begrenztes Feld von Reizen konzentrieren (Anm. der Autorin: unsere Aufmerksamkeit befindet sich also in einem Zufriedenheitskokon, siehe Kapitel 5), persönliche Probleme vergessen, das Gefühl für die Zeit und uns selbst verlieren, uns fähig und machtvoll fühlen und ein Gefühl der Harmonie und Einigkeit mit unserer Umgebung haben«.[76] In den Zustand des Flow, so schreibt er, gelangen wir »nur, wenn wir uns nicht mehr darum kümmern, ob die Tätigkeit produktiv ist oder ob sie belohnt wird«. Sorge also dafür, dass du genügend Übungsstunden auf dem Konto hast, denn für den Flow müssen die Schwierigkeit der Aufgabe und deine Fertigkeiten im Gleichgewicht stehen.[77] Wie man die jeweilige Fertigkeit verfeinern kann, werden wir in Kapitel 8 besprechen.

Während ich die Körperhaltungen für unseren Artikel zeichnete, fühlte ich mich im Einklang mit meinem Körper, was eigentlich seltsam war, denn ich saß stundenlang fast vollkommen still. Manchmal stand ich auf, um etwas am Fenster abzupausen oder um irgendwo im Raum Utensilien und neues Papier zu holen. Ich fühlte mich dabei vollkommen frei. Ich atmete tief bis in die untersten Regionen meiner Lunge, »wo abgestandene Luft und Giftstoffe sich während eines Arbeitstages so gern ansammeln«, wie Yogalehrer oftmals sagen. Das Gute war aber, dass ich nicht darüber *nachdenken* musste; ich brauchte keinen Yogalehrer, der mich daran erinnerte, *tief* zu atmen. Genauso war es mit meiner laserscharfen Konzentration auf die Aufgabe, mit der ich mich beschäftigte. Meine Aufmerksamkeit ließ einfach nicht nach – ohne dass ich mich dafür hätte anstrengen müssen.

Das Gefühl, etwas zu erschaffen, bescherte mir herrliche Erfolgserlebnisse. Aber ich spürte nicht *nur* Freude. Ich hatte auch das köstliche Gefühl, etwas Sinnvolles zu tun. Es war mir gelungen, in den Zeichnungen Gefühle und Ideen auszudrücken; zu sehen, wie sie auf dem Papier Gestalt annahmen, war wie ein Geschenk, das ich mir selbst machte. Und dieses Gefühl kam immer wieder. Es war, als würde ich auf einer berauschenden Welle reiten, die kein Ende nahm. Für unser Gehirn ist es ein großer Unterschied, ob wir lediglich etwas Angenehmes tun und uns nur auf den Erfolg konzentrieren oder ob das, was wir tun, für uns auch in irgendeiner Weise sinnvoll ist. Es ist die gute alte Diskussion zwischen Hedonismus und Eudämonismus, der Kampf zwischen dem Streben nach Vergnügen und dem Streben nach Sinn, der sich in den Windungen unseres Gehirns abspielt. Mit meinem Erlebnis stellte ich eine feste Verbindung zwischen den Lagern 1 und 2 her.

Wenn ich mich heute an diese Episode erinnere, fällt mir ein sehr wichtiger Aspekt ein: Es spielte keine Rolle, wie die Tänzerinnen aussahen oder ob sie dem Zweck genügen würden, zu dem ich mich anfangs an die Arbeit gemacht hatte, als Illustrationen für den Artikel. Die ganze Zeit über dachte ich überhaupt nicht an das *Ergebnis* – genau wie Pennebaker es für das expressive Schreiben empfiehlt (siehe Kapitel 5). Entscheidend war in diesem Moment nur der Augenblick selbst und ich in ihm. Ich glaube, es war seit sehr langer Zeit das erste Mal, dass es mir gelang, mein Gehirn auf diese besondere Art und Weise zu »aktivieren« und damit die rosaroten Elefanten loszuwerden.

Was war geschehen? In den letzten Jahren haben mehrere Forschende gemessen, was Menschen nach der Auseinandersetzung mit Kunst, egal ob sie selbst welche schufen oder die Werke anderer genossen, erlebten – also das, was auch ich erlebte, nachdem ich einfach so sechs Stunden lang (!) gezeichnet hatte. Menschen ohne jegliche künstlerische Ausbildung aus der ganzen Welt berichten von einem Gefühl der unvergleichlichen Selbsterweiterung, der Erhabenheit, und dass sie sich als Teil eines größeren Ganzen vorkamen[78], nachdem sie sich mit Kunst beschäftigt hatten.[79–85] Wir fühlen uns hinterher als bessere Menschen. Wir treten uns selbst wohlwollender gegenüber, aber auch der Welt und unserem eigenen Tun. Wenn wir Glück haben, können solche Kunsterlebnisse sogar dazu führen, dass wir neu über unser Leben nachdenken und noch lange, nachdem das Erlebnis vorüber ist, positive Veränderungen in unserem Alltag vornehmen.[86–88] Bei anderen Gelegenheiten dauert der Kunsteffekt, dieses beglückende, berauschende Gefühl der Verbindung mit dem Universum, nur ein paar Minuten. Das spielt keine Rolle. Manchmal sind Flow-Erlebnisse mit Kunst genau das: eine kleine Pause, in der alle biologischen Systeme von Körper und Gehirn mit Entspannung beschäftigt sind. Mit Wohlfühlen. Mit Gelassenheit.

Seit jenem Abend im Büro der Universität bin ich beim Zeichnen geblieben und durfte zu meiner Überraschung sogar einige Illustrationen für unser Buch *Tanzen ist die beste Medizin* anfertigen.

Noch heute fühle ich mich nicht besonders wohl, wenn ich Ballett sehe. Es ist ein Auslöser, der in meinem Geist Gedankenspiralen über ein nicht gelebtes Leben lostritt. Aber seit ich das Zeichnen entdeckt habe, hat sich etwas verändert. Ich kann diesen Auslöser jetzt zum Ausdruck bringen, und zwar durch eine andere Sprache als den Tanz: durch Zeichnen.

Zum Abschluss möchte ich berichten, wie der Flow des Zeichnens in mir etwas Bleibendes in Gang gesetzt hat. Er war nämlich der Ausgangspunkt für mein Interesse an der Flow-Forschung, und damit prägt er mein Leben bis heute. Als ich an jenem Abend mit dem Zeichnen aufhörte, ging ich zu meinem Auto. Die Universität der Balearen auf Mallorca liegt außerhalb von Palma am Fuße des Tramontana-Gebirges. Nachts ist es dort draußen stockdunkel, abgesehen von wenigen Straßenlampen, die einen Radius von einigen Metern um sich herum aussehen lassen wie saphirgefilterte Fotos aus einer anderen Zeit. Ich verspürte eine ganz eigenartige Begeisterung. Mein ganzes Gehirn war durch die stundenlange Zeichenarbeit in Hochstimmung, und die Ästhetik des nächtlichen Anblicks unseres Universitätsgeländes wurde gewissermaßen zum süßen Sahnehäubchen auf dem Kuchen. Es roch feucht, nach Pinien und ein wenig nach den grünen Blättern der Pappeln. Da war das Miauen von Katzen. Der ganze Campus ist voller Katzen. Tagsüber verstecken sie sich, aber nachts gehört das Gelände ihnen. Jetzt folgten sie mir zu meinem Auto. Ich hätte die ganze Szenerie, nein, die ganze Welt umarmen können. Es war so schön.

Die Tänzerinnen auf der anderen Seite des papierenen Tores in die Welt meiner Fantasie hatten eine Verbindung zwischen meinem Gehirn und meinem Körper hergestellt, die mich auf seltsame Weise verzückte, und das machte mich unglaublich glücklich.

Ich weiß, es muss sich anhören, als hätte ich Drogen genommen – »wow, das musst du unbedingt probieren«. Aber gerade darin liegt der Zauber: Die veränderten Bewusstseinszustände, die wir uns mit Kunst verschaffen, wirken auf genau die gleichen Nervenschaltkreise, die auch den Kick verursachen, wenn wir Drogen nehmen. Der Unterschied besteht nur darin, dass ihr Effekt sich nicht auf die Jukebox des Stammhirns und das Lager 1 beschränkt. Sie sind nicht nur eine Süßigkeit – suchen wir uns die richtige künstlerische oder kreative Tätigkeit für uns aus, bewegt uns das im tiefsten Inneren.

Ein anderes Erleben schaffen

In den beiden Situationen, die ich beispielhaft geschildert habe – wie ich mich als Profi-Ballettschülerin auf eine Techno-Tanzfläche verkroch und wie ich als Doktorandin zufällig das Zeichnen für mich entdeckte –, hatte ich Kummer. Die harte Realität des Tanzstudiums machte mir zu schaffen, und ich fühlte mich entsetzlich. Ähnlich erging es mir in meiner Zeit als Doktorandin: Ständig quälten mich Gedanken an rosarote Elefanten – weil ich zu viel Zeit im Sitzen verbrachte, weil ein Leben in der Wissenschaft hart und unberechenbar ist und weil ich den Grübeleien mit früheren Auslösern für meinen Kummer ständig neues Futter gab.

Später entdeckte ich die wissenschaftliche Erklärung dafür, warum das, was ich in diesen Situationen *tat*, funktionierte und dafür sorgte, dass ich mich besser und sogar großartig fühlte. Das ist Emotionsregulation.

Angenommen, wir befinden uns in einer *Situation*, und unsere *Aufmerksamkeit* richtet sich auf das, was dort gerade geschieht. Unsere

Sinne nehmen etwas wahr – die äußeren Sinne (Sehen, Tasten und so weiter), aber auch die inneren (Interozeption und so weiter). Auf der Grundlage unserer früheren, in unserem Gedächtnis gespeicherten Erfahrungen und vieler Variablen, die in Psychologie und Neurowissenschaft nach wie vor erforscht werden (darunter unsere Persönlichkeitsstruktur, unser Temperament, unsere Gene [89] und so weiter), schätzt unser Gehirn die Situation je nach unseren derzeitigen Absichten und allgemeinen Lebenszielen positiv oder negativ ein. Darauf *antworten* wir, das heißt, unsere Physiologie reagiert auf eine bestimmte Weise (zum Beispiel mit pochendem Herzen) und wir *verhalten* uns auf eine bestimmte Weise (das heißt, wir entscheiden uns für bestimmte Verhaltensweisen).

Beim Entstehen von Gefühlen, also im sogenannten Prozess der Emotionsgenese, können wir an sechs Punkten eingreifen, damit wir das, »was auf uns zukommt« oder »was gerade läuft«, anders erleben und empfinden; dazu bedienen wir uns gezielter Emotionsregulationsstrategien, die ich auf Seite 163 erwähnt habe und auf die ich im nächsten Kapitel noch genauer eingehen werde. Als eine solche Emotionsregulationsstrategie lässt sich, wie wir noch genauer sehen werden, auch Kunst verwenden.

Einfach formuliert, können wir Kunst und kreative Tätigkeiten an sechs Punkten der Gefühlsentstehung einsetzen, um die Bedingungen zu verändern, die sich auf unseren Gefühlszustand auswirken:

1. Wir wählen die Situation aus, bevor wir in sie hineingeraten (dies nennt man Situationsauswahl), oder wenn wir uns bereits in einer Situation befinden, können wir die Situation selbst verändern und verändern damit auch die Gefühle, die wir als Folge der Situation empfinden (Situationsauswahl und -veränderung).
2. Wir entscheiden uns, unsere Aufmerksamkeit auf etwas anderes zu richten oder weg von dem, was die Situation ausmacht, beispielsweise indem wir uns ablenken (Aufmerksamkeitslenkung).

3. Wir beschäftigen uns mit aktiver Problemlösung und finden kreative Lösungen für das vor uns liegende Problem (Problemlösung).
4. Wir betrachten eine Situation aus einem anderen Blickwinkel, und damit verändert sich auch unsere emotionale Reaktion darauf (kognitive Veränderung).
5. Wir entscheiden uns, wie wir mit der emotionalen Reaktion umgehen, die ausgedrückt werden möchte (Reaktionsveränderung).
6. Wir können unsere Gefühle neu strukturieren und innerlich wachsen – indem wir uns mit kreativem Ausdruck beschäftigen (kognitive Umstrukturierung).

Natürlich ist der Prozess der Gefühlsentstehung nicht so geradlinig[90,91] – genau darum geht es in der Theorie des sogenannten »prädiktiven Gehirns«. Ihr zufolge hängt es von unseren früheren Erfahrungen ab, wie das Gehirn Auslöser aus der Umwelt wahrnimmt[92–96]; und auf ebendiese Theorie stützt sich auch Lisa Feldman Barretts Theorie der konstruierten Gefühle.[97] Die verschiedenen Stadien der Gefühlsentstehung stehen in einer Wechselbeziehung und beeinflussen sich gegenseitig – je nachdem, welche Voraussetzungen wir bereits in unserem Gedächtnis als Folge unserer Lebenserfahrung gespeichert haben.[98,99] Auf ähnliche Weise interagieren auch die Strategien zur Emotionsregulation[100,101], und das geschieht in der Regel, wie wir bereits gesehen haben, außerhalb unserer bewussten Wahrnehmung.

Aber wenn wir diese verschiedenen Punkte auseinandernehmen und damit Einfluss darauf haben, wie wir eine bestimmte Situation erleben, können wir solche Strategien bewusster auswählen, beispielsweise wenn wir es das nächste Mal mit einer der Situationen zu tun bekommen, die ich in Kapitel 4 im Zusammenhang mit Stachelschweinen skizziert habe, oder wenn wir nach unserem Handy greifen und Trübsal blasen, weil wir durch die neuesten Nachrichten oder die sozialen Medien scrollen, wie es in Kapitel 3 erwähnt wurde.

Verleihe dem Baum, der in dir wächst, Ausdruck

Wie kommt es, dass Kunst und kreative Tätigkeiten uns bei der Emotionsregulation helfen können? Hinweise darauf, dass es funktioniert, kommen aus einer überraschenden Richtung. Manche Studien deuten darauf hin, dass Menschen, die kreativen Tätigkeiten wie Musik, Tanz, Gesang oder Malerei nachgehen, ein *erhöhtes* Risiko für Angststörungen, Depressionen, bipolare Störungen oder Schizophrenie haben. Wie ist das möglich? Nun, auch hier hängt es ganz davon ab, wie wir eine Tätigkeit nutzen, und wenn wir bereits psychische Probleme haben, insbesondere davon, wie wir kreative Tätigkeiten zur Selbsthilfe einsetzen.

Vermutlich hast du schon davon gehört, dass zwischen Kreativität und »Wahnsinn« angeblich ein Zusammenhang besteht. Tatsächlich kennen auch Menschen mit ADHS den schmalen Grat zwischen Chaos und einem hohen Maß an Kreativität. Und aus der Kunstgeschichte wissen wir, dass beispielsweise Vincent van Gogh und viele andere Maler, aber auch Musiker und Künstler an einer bipolaren Störung litten. Da es hier um Gefühle geht und ich dir nahelege, dir mithilfe der Kunst selbst ein besseres Gefühl zu verschaffen, wollen wir diesen Mythos kurz unter die Lupe nehmen.

Können kreative Tätigkeiten eine psychische Störung bewirken? Kurz gesagt: Nein, kreative Tätigkeiten verursachen keinen »Wahnsinn« (es sei denn, man übt sie zu stark konkurrenzbetont aus, geht dabei hedonistischen Motiven nach oder zu hohe Risiken ein – siehe Kapitel 2). Vielmehr können sie helfen, schwierige Gefühle zu regulieren. Damit sind sie für Menschen, die bereits zu kämpfen haben, besonders wichtig. »Wahnsinnige« Menschen nutzen also die Kunst, weil sie ihnen hilft. Aber wie?

Indem sie ausdrücken, also nach *außen* in die Welt tragen können, was sie innerlich quält; sie erschaffen das, was sie in ihrem Inneren empfinden, neu und bringen es über ein Medium in die Außenwelt, ein Medium, das man anfassen, hören oder sehen kann, ein Blatt Papier zum Beispiel, ein Lied, ein Tanz. Wir könnten es auch *Ausdruck* nennen.

In einem Interview mit Susan Chenery vom *Guardian* beschrieb der Kinderbuchautor, Komponist und Maler Matt Ottley das »markerschütternde Erlebnis einer Psychose«, wie er es nannte. Psychosen können im Rahmen einer bipolaren Störung auftreten, und in dem Interview offenbarte Ottley, warum er drei Jahre damit verbracht hatte, eine bipolare Störung zu »malen«.[102]

Eines Tages, so erklärte er, habe er das Gefühl gehabt, etwas würde in ihm wachsen. Ein Baum? Eine Blume? Er griff den geistigen Auslöser auf und malte ihn auf eine Leinwand, beförderte ihn somit in die Welt hinaus. Der Auslöser war zu Beginn einer psychotischen Episode auf dem Weg über seine Interozeption aus seinem Inneren in sein Bewusstsein gedrungen. Abgesehen von der Malerei wurde der Auslöser auch zur Grundlage für sein neues Buch *The Tree of Ecstasy and Unbearable Sadness*. Dessen Handlung sei, so Ottley, aus ihm »herausgewachsen«. Das Buch schildert die verschiedenen Stadien einer psychotischen Episode. Es ist die Geschichte eines Jungen, der gegenüber der Schönheit und den Schrecken der Welt hochsensibel ist. Die von Ottley gemalten Illustrationen zeigen die Reise des Jungen durch eine bizarre Welt. In Wirklichkeit bewegt er sich jedoch durch die Stadien einer psychotischen Episode. Wie bizarr diese Reise ist, zeigt sich in der Bilderwelt des Buches durch Furcht einflößende Naturszenen: Berge zum Hinaufklettern, Wasserfälle, die so groß sind, dass man sie scheinbar nicht überwinden kann, und Tiere, die in Wirklichkeit nicht existieren, aber so real erscheinen, dass man den Blick nicht von ihnen abwenden kann, eine Kuh mit Flügeln zum Beispiel.

Zur Begleitung des Buches hat Ottley auch einen Soundtrack komponiert, der die Reise akustisch zum Ausdruck bringt, und natürlich hat der Junge einige Ähnlichkeiten mit Ottley selbst. Der erwachsene Ottley nimmt den kleinen Ottley an die Hand, wandert mit ihm durch die »Stadien der Zerbrechlichkeit« und kommt glücklicherweise auf der anderen Seite wieder heraus.

Von einer Sache ist Ottley felsenfest überzeugt: Hast du den Verdacht, an dieser Krankheit zu leiden, brauchst du eine Diagnose und eine Therapie. Ihm ist klar, dass die Störung nicht von selbst verschwinden wird, »aber das Leben geht weiter, und du kannst Frieden finden«. Und er selbst setzt dafür sehr effizient seine Kunst ein, mit der er die Empfindungen aus seinem Inneren nach außen leiten kann.

Als er nach dem Kreativitätshoch gefragt wurde, das manche Menschen im psychotischen Zustand erleben, sagte er: »Gäbe es einen magischen Knopf, um die Krankheit abzuschalten, würden die meisten Menschen Nein sagen, um die Kreativität behalten zu können. Aber ich würde Ja sagen.«

Verursacht Kreativität also Wahnsinn? Nein. Aber durch die übermäßige Verflechtung der Nervensysteme, zu der es während einer Psychose kommen kann, sind manche Menschen während solcher Episoden offenbar kreativer. In diesem Buch geht es darum, wie wir diese wunderbare Verflechtung von Nervenbahnen auf gesunde Weise durch Üben erreichen können.

Neue Studien mit großen Bevölkerungsstichproben zeigen, dass künstlerische oder kreative Tätigkeiten psychische Probleme weder verursachen noch heilen können, sondern manche Menschen haben eine Veranlagung für psychische Krankheiten. Und *weil* sie diese durchleben müssen, neigen sie vielleicht stärker dazu, kreative Tätigkeiten wie das Musizieren aufzunehmen – als Bewältigungsstrategie.[103,104] Denn es hilft ihnen; es lindert das Leiden. Wie bei Ottley.

Mit Kunst die eigene Realität auszudrücken oder auf andere Weise damit umzugehen, zu heilen und stärker als zuvor daraus hervorzugehen ist eine kluge Methode, um die eigene Realität, wie sie auch aussehen mag, zu bewältigen und eine neue zu *schaffen*.

Gesunder Ausdruck

Im nächsten Kapitel werden wir von sechs gezielten Strategien zur Emotionsregulation reden, mit denen du selbst gestalten kannst, wie du dich fühlst und wie dein Weg zum Flow aussieht. Bei allen muss man sich einiger Dinge bewusst sein, damit man sie auf gesunde Weise anwendet.

Toxische emotionale Entladung als Falle

Du kennst sicher jemanden, der sagt, man könne negative Gefühle – oftmals Wut – leicht »loswerden«, indem man alles rauslässt. Vielleicht gehörst du auch selbst zu diesen Menschen, die laut werden, auf einen Ball eindreschen oder einen Wutausbruch bekommen und damit alle in ihrem Umfeld wissen lassen, was sie gerade fühlen.

Manche Menschen wollen mir erzählen, Wutanfälle seien eine Frage kultureller Unterschiede. Die Wissenschaft kann das aber nicht bestätigen. Sogenannte toxische emotionale Ausbrüche kommen in allen Kulturkreisen vor und werden im Allgemeinen mit geringerer emotionaler Intelligenz in Verbindung gebracht.[105] Durch einen Prozess, der nicht vollständig bewusst abläuft, haben die meisten Menschen, die zu Wutausbrüchen neigen, schon frühzeitig gelernt, dass sie von anderen bekommen können, was sie wollen, wenn sie ihre negativen Gefühle lautstark zum Ausdruck bringen und verlangen, dass das Problem nach ihren Vorstellungen gelöst wird. Das ist grundlegendes Verhaltenslernen mittels Verstärkung, wie bei der Ratte Barnaby und ihrem Hebel. Alles beginnt mit dem Wutausbruch an der Supermarktkasse, von dem in Kapitel 3 die Rede war: Du willst die Süßigkeit, Papa kann nicht Nein sagen und kauft sie, nur um die peinliche Situation zu beenden – das hat so oft funktioniert, dass es sich geradezu »genetisch« anfühlt.

Mal abgesehen davon, dass Wutausbrüche nicht schön sind: Funktionieren sie wirklich als »emotionale Blitzableiter«?

Nein. Die Forschung zeigt, dass es das Feuer nicht löscht, wenn man seiner Wut oder Ablehnung Ausdruck verleiht.[106] Der Puls bleibt hoch, auf der Stirn bricht Schweiß aus, und die Erregung bringt dich, aber auch alle um dich herum, nur noch mehr in Rage. Wie nicht anders zu erwarten, fühlst du dich anschließend schlechter als zuvor, und oft kommen Schuldgefühle hinzu. Die Schuldgefühle setzen dann die kognitive Dissonanz in Gang, von der in Kapitel 3 die Rede war: Du rechtfertigst dein dummes Verhalten vor dir selbst und gelangst vielleicht zu dem Schluss, der andere »habe es verdient«; das wiederum löst einen Teufelskreis aus, der dich wütend grübeln lässt, bis der Ärger und die Frustration ein weiteres Mal aus dir herausbrechen.

Glücklicherweise gibt es aber eine Methode, mit der sich der Teufelskreis von wütendem Grübeln und Explodieren verhindern lässt: Nach den Erkenntnissen der Wissenschaft lässt eine Entschuldigung den Puls und die körperliche Erregung sowohl bei einem selbst als auch bei der Person, der man unrecht getan hat, sinken.[107–111] Und ansonsten: Offenbare deine Gefühle durch kreatives expressives Schreiben[112], wie in Kapitel 4 erläutert, oder tanze und singe sie heraus.

Die Gefahren der Selbstoffenbarung

Menschen haben einen starken Drang, sich mitzuteilen, sich auszudrücken und sich zu offenbaren; das hilft uns, mit komplizierten Situationen fertigzuwerden.[113] Klinische Spezialistinnen wie Anke Ehlers und ihre Kollegen vom Institut für Psychiatrie in London konnten zuverlässig nachweisen, dass die Offenbarung eines traumatischen Ereignisses, das man durch das In-Worte-Fassen noch einmal – und vielleicht noch einmal und noch einmal – erlebt, ein entscheidender Schritt auf dem Weg ist, die lästigen Gedanken loszuwerden und sie in das Narrativ des eigenen Lebens zu integrieren.[114–116] Selbst wenn wir kein Trauma erlitten haben, können wir aus der Traumapsychiatrie lernen, wie unser Geist – und der Geist anderer Menschen – funktioniert. Wir alle haben etwas zu offenbaren, und es hilft, wenn wir das auch tun.[117,118]

Die Selbstoffenbarung ist aber auch mit Gefahren verbunden, deren man sich bewusst sein sollte, damit der Schuss nicht nach hinten losgeht. Wie gesagt: Wir beschäftigen uns hier mit der Frage, wie man eine Verhaltensweise einsetzt[119–122], und die Selbstoffenbarung durch Kunst oder kreative Tätigkeiten ist genauso eine Verhaltensweise.

Tatsächlich ist Selbstoffenbarung nicht automatisch gut und hilft auch nicht immer. In seinem Aufsatz »Theory of Emotional Inhibition«[123] warnt Professor Pennebaker – der Wissenschaftler, der seine Berufslaufbahn der Erforschung der Auswirkungen des expressiven Schreibens gewidmet hat – davor, sich den falschen Menschen zu offenbaren: Das kann dazu führen, dass wir uns schämen, lächerlich gemacht oder zurückgewiesen fühlen.[124] Manche Menschen halten deine Kunst vielleicht für nicht sehr gut und machen sich darüber lustig. Dann stehst du dumm da, nachdem du dein verletzliches Ich offenbart hast.

Besonders groß sind die Gefahren der Selbstoffenbarung, wenn das, was du offenlegst, auch andere Menschen betrifft. Dann glaubt man dir vielleicht nicht und behauptet, du seist ein Hochstapler. Oder du wirst als »Querulant« abgestempelt. Die tapferen Vertreterinnen der #MeToo-Bewegung haben meinen größten Respekt, weil sie es wagten, Autoritätspersonen öffentlich zu kritisieren und sogar zu verklagen. Genau wie in der Kunst gibt es auch in der Wissenschaft Menschen, die ihre Kolleginnen und Kollegen drangsalieren[125,126], und auch hier gilt meine Hochachtung all jenen, die es gewagt haben, gegen Demütigung, Manipulation, Mobbing und Machtmissbrauch aufzubegehren. In den Vereinigten Staaten kostet Mobbing am Arbeitsplatz Schätzungen zufolge jedes Jahr Produktionstage im Wert von 180 Millionen Dollar.[127–130] Es ist also in vielerlei Hinsicht sinnvoll, alles zuvor Genannte auszusprechen – vielleicht durch die Veröffentlichung eines literarischen Textes.

Hier liegt allerdings eine Gefahr: Wer mobbt (übrigens oftmals selbst Traumaopfer!), wird nicht sofort klein beigeben und einräumen, dir unrecht getan zu haben, nachdem du es gewagt hast, zu widersprechen und vielleicht ein Gedicht zu schreiben oder einen Tanz zu choreografieren, der den Täter bloßstellt. Institutionen sind eingeschworene Strukturen von gegenseitigen Gefälligkeiten, und die Netzwerke werden durch Vetternwirtschaft und Tratsch aufrechterhalten. Zieht man an einer Strippe, sind mehrere Puppen im Marionettentheater betroffen, und das missfällt ihnen.[131] In den meisten Fällen werden sie sich gemeinsam gegen dich wenden und dich herabsetzen, lächerlich machen und gezielt verunsichern[132–134], während die Jasager belohnt werden.[135] Von ihrer Seite werden Selbstrechtfertigungen kommen, und ehe du dich versiehst, bist *du* der Querulant.

Etwas Ähnliches kennen auch die Opfer gewalttätiger Partner oder Partnerinnen nur allzu gut: Die Täter lassen nicht sofort voller Scham den Kopf hängen, nur weil sie öffentlich mit einem Kunstwerk oder beispielsweise in einem Roman bloßgestellt werden. Im Gegenteil, sie werden einmal mehr ihr Manipulationsgeschick gegen dich einsetzen, und nach kürzester Zeit bist du das Problem – aber dieses Mal in aller Öffentlichkeit.[136]

Was ist das Schlimmste, das dir nach der öffentlichen Selbstoffenbarung durch ein Kunstwerk widerfahren kann? Die Traumapsychologie gibt darauf eine klare Antwort: eine Retraumatisierung[137,138], wenn du also erneut traumatisiert wirst. Offenlegung gegenüber den falschen Menschen oder mit den falschen Mitteln reißt die Wunde wieder auf. Der wohlmeinende Rat »Es hilft, darüber zu reden« ist also zwar im Prinzip richtig, aber nur dann, wenn dein Gegenüber beruflich dafür ausgebildet ist oder wenn du ihm vertrauen kannst.

Der Comedian Daniel-Ryan Spaulding warnt: »Ich halte Comedy nicht für einen Safe Space. Sie ist eine Gefahrenzone! Ich kann nicht steuern, wie andere Menschen mich wahrnehmen und wodurch sie sich beleidigt fühlen.«[139] In der Dramedyserie *The Marvelous Mrs. Maisel* zeigt sich ein weiteres Problem mit der Offenlegung: wenn ein Comedian auf der Bühne sein verletzliches Ich bloßstellt und damit völlig scheitert, weil niemand lacht. Dann fühlt man sich hinterher entsetzlich. Ähnlich die YouTube-Serie *Ten on Ten*: Dort beginnt der indische Comedian Vir sein Video mit der Warnung, es könne womöglich gelöscht werden, weil er darin die Probleme und Kontroversen des Landes humoristisch betrachte. Ebenso der iranische Filmemacher Jafar Panahi, von dem bereits in Kapitel 5 die Rede war: Seine Filmemacherei ist nur so lange ein Safe Space, bis der Film auf einem USB-Stick in einem Kuchen aus dem Land geschmuggelt wird und internationale Auszeichnungen erhält, weil er seine Sichtweise auf den Iran offenbart.

Und das sind die Worte professioneller Künstler.

Für deinen Weg zum Flow nimm folgenden Ratschlag mit: Drücke aus, was dich belastet, aber achte darauf, *wie* du es offenlegst und *wem* du es offenlegst. Mein Ratschlag lautet: Offenbare ein Trauma nicht in den sozialen Medien, gegenüber Arbeitskollegen, Journalisten und so weiter, es sei denn, du wirst von einem Therapeuten oder einer Therapeutin begleitet und das Aussprechen hat in deinem Heilungsprozess eine eindeutige Funktion. Ansonsten könnte es dich immer wieder retraumatisieren, und dann liegt darin keine Lösung.

Um deinen Flow und ein sinnerfülltes Leben zu finden, muss deine Kunst ein geschützter Raum sein, ein Kokon, in den du dich zurückziehen kannst, um deine Gefühle auszudrücken, wenn du es brauchst, ein Ort, an dem du ganz authentisch *du selbst* sein kannst.

Die Vorteile der Anonymität

Zu allen Zeiten wollten Künstler aus den verschiedensten Gründen anonym bleiben, manchmal, um sich selbst zu schützen oder die Identität der Menschen oder Gruppen, die in ihren Kunstwerken vorkamen, seien es Bücher oder Gemälde. Elena Ferrante ist der Künstlername einer Romanautorin, die ihre Anonymität energisch verteidigt. Nach ihrer Ansicht sollte ihre Kunst für sich selbst stehen, nachdem sie einmal erschienen ist, und die Menschen ansprechen oder auch nicht, ohne aber in irgendeiner Form mit ihrer Person in Verbindung gebracht zu werden. Eine ähnliche Philosophie hat das Elektro-Duo Daft Punk, das unter anderem »Get Lucky« komponiert hat. Die Musiker verstecken ihre Gesichter bei allen öffentlichen Auftritten hinter Helmen und drücken mit ihrer Kunst aus, was ihnen durch den Kopf geht, ohne sich Sorgen um die Bloßstellung ihres verletzlichen Ich zu machen. Da ihr »Ich« verborgen bleibt, kann Kritik oder Bloßstellung sie nicht persönlich treffen.

Es gibt viele Gründe dafür, etwas zu schaffen, ohne sich zu fragen, ob es irgendwem gefällt. In Kapitel 2 war von der Gefahr die Rede, bei unserer künstlerischen Tätigkeit an Fallstricken hängen zu bleiben, die einen Flow verhindern. In diesem Kapitel haben wir gesehen, was die klinische Forschung als Risiko der Selbstoffenbarung bezeichnet: Wenn wir ausdrücken, was uns auf der Seele lastet, sind wir verletzlich und müssen uns überlegen, wer die Empfänger unserer delikaten Wahrheit sind. Wenn sich Profikünstler schon darüber Gedanken machen, solltest du es auch tun. Deine Kunst ist vielleicht schlicht und einfach nur für einen Menschen wichtig: für *dich*.

Kapitel 7
Sechs Strategien, um sich zu entspannen

Emotionsregulation ist ein kreativer Prozess: Wir gestalten unsere Gefühle und Reaktionen in verschiedenen Situationen neu, und zwar entweder bevor wir hineingeraten, währenddessen oder danach.[1] Professorin Daisy Fancourt, eine ausgezeichnete Pianistin und Wissenschaftlerin am Londoner University College, hat die Ergebnisse der klinisch-psychologischen Erforschung der Emotionsregulation aus den letzten Jahrzehnten als Basis genommen, um der Frage nachzugehen, wie wir in diesem Zusammenhang *die Künste* als Strategie nutzen können.[2]

Beispielsweise kannst du dich von Kunst auch ablenken lassen. Das ist unter Umständen ein guter Weg, um den Geist von Routinearbeiten zu lösen; benutzt du die Kunst aber immer wieder, um Dinge vor dir herzuschieben oder vor der Realität zu flüchten, ist sie auf lange Sicht nicht mit positiven gesundheitlichen Folgen verbunden – man denke nur an meinen Freund Hamish aus Kapitel 3, bei dem sich der Tango Argentino zu einem Suchtverhalten entwickelte. Oder vielleicht kennst du den Pixar-Film *Soul* aus dem Jahr 2020. Er liefert ein weiteres gutes Beispiel dafür, wie jemand »den Flow« als Flucht vor einer Realität nutzt, die einfach nicht mit den eigenen Träumen übereinstimmt, und dadurch wertvolle Lebenszeit vergeudet. Das wird der Hauptfigur, dem Jazzmusiker Joe Gardner, erst durch einen lebensbedrohlichen Unfall bewusst. Nachdem er es geschafft hat, seine »Seele« aus dem »Davorseits«, einem Zwischenraum vor dem Jenseits, zurück in seinen Körper zu holen, beschließt er, genau diesen Körper und all die Tätigkeiten, die er damit ausführen kann, einzusetzen, um sein Leben zum Besseren zu wenden.

Schauen wir uns die im letzten Kapitel erwähnten Strategien zur Emotionsregulation also einmal genauer an – und zwar durch die Brille künstlerischer Tätigkeit. Alle Strategien, die ich in den nächsten Abschnitten beschreiben werde, sind kunsttauglich.

Strategie 1: »Koche es dir zurecht«: Situationsauswahl und -veränderung

Vermeidung, Flucht, Grenzen setzen

Das Lehrbuchbeispiel für die Strategie 1[3–5] sieht so aus: Statt am Abend vor der Fahrprüfung zu Hause zu bleiben und dich von ängstlichen Gedanken heimsuchen zu lassen, besuchst du eine Freundin, die dich immer zum Lachen bringt (Situationsauswahl). Und wenn diese Freundin dir dann irgendeine Frage nach der bevorstehenden Prüfung stellt, fragst du zurück, ob ihr vielleicht von etwas anderem sprechen könnt (Situationsveränderung).

Ich selbst habe auf die Situationsveränderung – durch Kunst – zurückgegriffen, als ich mich während meiner ersten Monate in London sehr einsam fühlte: Ich ging Tango Argentino tanzen. Zwar war ich immer noch allein in der Stadt, aber ich hatte die Situation so abgewandelt, dass ich mich nicht mehr einsam fühlte: In wunderbaren und schier endlosen Milonga-Nächten schwebte ich auf den Tangomelodien, in den Armen anderer einsamer Menschen. Während meine Tanzpartner und ich uns über die Tanzfläche bewegten, badeten wir unsere Gehirne in Oxytocin und Dopamin. Damit besänftigten wir das Bedürfnis unseres sozialen Gehirns nach menschlicher Nähe und brachten unseren Wunsch nach Zugehörigkeit zum Ausdruck; und siehe da, auch meine einsamen rosaroten Elefanten zogen sich in ihre Käfige zurück und ließen mich in Ruhe.

Die in Kapitel 5 genannten Beispiele, wie wir unseren Sinnen, anderen Menschen und der Arbeit Grenzen setzen können, sind für die Umsetzung der Strategie 1 mithilfe der Künste nützlich. Du kannst Auslösern Grenzen setzen, *bevor sie auf der Bildfläche erscheinen*. Und wenn du in einer solchen komplizierten Situation bist, kannst du stattdessen etwas Kreatives *tun* wie Prinzessin Sisi, die nach Korfu reiste, hinter den hohen Mauern der Villa Braila verschwand und so zwischen ihren Sinnen und der Welt eine Grenze errichtete – in ihrem Fall ganz buchstäblich Mauern. Auf diese Weise konnte das toxische Leben am Hof in ihrem Kopf keine weiteren rosaroten Elefanten mehr heraufbeschwören. Aber sie versteckte sich dort nicht nur. Damit sind wir bei einem wichtigen Punkt: Hinter den Mauern fing sie an, etwas zu *erschaffen* – Kunst.

Hast du vielleicht Schwierigkeiten, einzuschlafen? Dann kannst du entweder zulassen, dass die Situation dich auffrisst, oder du kannst deinen Gedanken ein gutes Buch, einen Film oder ein Hörbuch zum Festhalten geben, einen kohärenten, kreativen Pfad, auf dem sie den überraschenden Wendungen deiner Lieblingsgeschichten folgen können. Bei dieser Strategie nutzt du die Kunst, um eine Situation herbeizuführen, die in dir ein anderes, wünschenswerteres Gefühl auslöst.

Sehen wir uns nun eine andere wunderschöne Kunst an, die Wunder wirkt, wenn du dir etwas »zurechtkochen« willst: Genieße am Abend die Kunst des Kochens zur Entspannung.

Die Kunst des Kochens

»Ein unerhörtes Glücksgefühl, das ganz für sich allein bestand und dessen Grund mir unbekannt blieb, hatte mich durchströmt.« Diesen berühmten Satz schrieb Marcel Proust in seinem Roman *Auf der Suche nach der verlorenen Zeit* über die »kleine Madeleine«, ein Stück Gebäck.[6] Geschmacks- und Geruchssinn sitzen in den urtümlichsten Gehirnteilen, die wir mit vielen anderen Tieren gemeinsam haben, also in der Jukebox tief im Stammhirn. Es sind auch die Sinne, die bei uns als erste heranreifen, sind sie doch so wichtig fürs Überleben. Deshalb hängen unsere ältesten Erinnerungen mit Erlebnissen mit diesen Sinnen zusammen, die uns zuverlässig zurück in unsere allerersten Jahre befördern.[7–10] Auch Proust wird eines Morgens, als er zum Tee den kleinen muschelförmigen Kuchen isst, in seine Kindheit zurückversetzt. Ohne dass es anstrengender Steuerungsversuche bedarf, erregen Geschmack und Gerüche unsere Aufmerksamkeit auf faszinierende Weise. Deshalb kann das Kochen auch bei Anfängern so zuverlässig die Sinne fesseln.

Außerdem gehören zum Kochen sich wiederholende, eindeutig zweckgerichtete Bewegungen: Es ist eine sehr kinetische Tätigkeit, sie nimmt also unsere Propriozeption in Anspruch. Weiter ist die Zubereitung von Lebensmitteln mit vertrauten Geräuschen verbunden (Hören), und wir sind von Farben (Sehen) und unterschiedlichen Konsistenzen (Tasten) umgeben. Praktisch alle unsere Sinne sind beim Kochen beteiligt. Vollkommen versunken gleiten wir vom Alltag weg in den farbenfrohen Flow der Kochkunst. Der Trick besteht darin, diesen Überlebensmechanismus unseres Gehirns zweckgerichtet einzusetzen und durch Assoziationen einen Weg in eine Vergangenheit zu ebnen, in der wir uns sicher, satt und stark fühlen. Kennen wir verschiedene Auslöser, die wir strategisch gut sichtbar in der Küche platzieren können, damit sie uns von Zeit zu Zeit zum Flow führen, ist das sehr bereichernd.

Der Bestsellerautor Jamie Oliver spricht offen über seine Legasthenie und darüber, wie er Flow im Kochen findet: Es hilft ihm über den ganzen Tag verteilt immer wieder, Situationen zu vermeiden, die ihm wehtun. Mit dem Kochen schafft er Momente der Selbstverwirklichung. In der Sendung *Today* auf BBC Radio 4 tauschte er sich am 27. Dezember 2022 mit dem Musiker Loyle Carner, der ADHS hat, darüber aus, warum das Kochen für beide mehr als nur die Zubereitung einer Mahlzeit ist. »Weißt du, die Küche war immer ein Ort, an dem meine Neurodiversität existieren durfte. Sie ist mir dort nicht in die Quere gekommen. In der Küche war sie sogar irgendwie hilfreich«, erklärt Loyle.

Jamie berichtet von einer Situation, in der sein Vater ihm auf die Schulter klopfte, weil er ein großartiges Abendessen gekocht hatte. Er erinnere sich noch, wie sich seine Nackenhaare sträubten, denn meistens drehten sich die Gespräche mit seinem Vater darum, dass es in der Schule nicht sehr gut lief. »Kochen hat mich gerettet«, sagt er, »denn es hat meinem Leben einen Sinn gegeben.« Und Loyle fügt hinzu: »Kochen ist für mich Meditation, und es gehörte auf jeden Fall zu den Nischen, in denen ich positive Verstärkung erfahren konnte.« Mit seiner neuen Kochschule möchte Loyle auch anderen neurodiversen Menschen helfen, mit dem Kochen ihren eigenen Lebenssinn und -zweck zu finden.

Wenn du neurodivers bist, profitierst du wahrscheinlich ganz besonders von kleinen Auszeiten, in denen du »die Welt« meidest, weil sie dich ansonsten auf negative Weise übermäßig stimuliert. Statt an Dingen festzuhalten, mit denen du dich klein fühlst, finde und schaffe Situationen, die dich wachsen lassen, *koche es dir zurecht,* koche, wie du willst, und dein Geist wird fließen. Finde heraus, wie du deine Fähigkeiten, die du mit Sicherheit hast, sinnvoll nutzen kannst – vielleicht ist es ja das Kochen?

Der in New York lebende Filmemacher David Freid verschafft seinen Sinnen mithilfe der Kochkunst auf andere Weise eine Verschnaufpause vom anstrengenden Arbeitsalltag. Er kocht nicht, sondern er filmt Geschichten rund ums Essen und Kochen. Inwiefern ist das sein Zufriedenheitskokon?

David führte in Deutschland Regie bei einem Firmenvideo, in dem ich mitwirkte. Gleichzeitig arbeitete er aber auch mit der Kochbuchautorin C. R. Williams an einem eigenen Projekt, einer Doku-Serie über die kulinarische Geschichte der Schwarzen in Amerika. »Mit diesem Job hier verdiene ich mir nur mein täglich Brot«, erklärte er mir eines Abends nach getaner Regiearbeit, als er darauf verzichtete, mit dem Team zu essen, und wegfuhr. Statt auch noch beim Essen immer die gleichen Geschichten über die anstrengende Arbeit zu hören, wollte er für seine Sinne abends lieber eine andere Situation schaffen.

»Die Koch-Serie nährt meine Seele«, sagte er. Bei diesem Satz leuchteten seine Augen so lebendig wie während des ganzen Drehtages nicht. In den paar Minuten, in denen er mir eine Zusammenfassung seiner Serie gab, lernte ich den wahren David kennen – einen glühenden Enthusiasten, herzlich, leidenschaftlich und mit einer ungeheuren Neugier auf alles, was sein Projekt als Nächstes bringen würde. Und dann war er auch schon in die Nacht verschwunden, zu sich selbst zurückgekehrt, um unermüdlich bis in die frühen Morgenstunden an diesem Herzensprojekt, dieser Seelennahrung zu arbeiten, der Koch-Serie, die »Hungry for Answers« hieß – »hungrig nach Antworten«.

Ergreife die Flucht, aber flüchte nicht

Ein letzter Hinweis zur Strategie 1. Wenn du dir immer alles nach deinem Geschmack »zurechtkochst«, kann es sein, dass du in ein Vermeidungsverhalten verfällst. Erinnerst du dich noch an Daniel Wegner und sein Team in Kapitel 1, die das Eisbär-Phänomen erforscht haben?

Die Gefahr liegt darin, dass wir uns vielleicht auch für Kunst und kreative Tätigkeiten entscheiden, wenn wir eigentlich etwas anderes tun sollten; dann wird Vermeidung zu einer Lebensweise. Das Vermeiden hat auch einen zwischenmenschlichen Aspekt. Wenn das Problem, für das du die Grenzen ziehst, in der Familie, im Sozialleben oder am Arbeitsplatz mit schwierigen zwischenmenschlichen Fragen verbunden ist und nie gelöst werden kann, weil du dem Gespräch aus dem Weg gehst, ist das für dich auf lange Sicht nicht gesund. Sehr schön und etwas traurig verdeutlicht das der Film *Soul*: Darin flüchtet Joe Gardner mithilfe seiner Musik vor der Tatsache, dass sein Leben in Wirklichkeit völlig aus dem Ruder gelaufen ist. Anstatt das wieder hinzubiegen, schaltet er aber immer wieder einfach ab. Ich kannte einmal einen Manager, der Situationen vermied, die er nicht mochte: In der Hoffnung, sie würden schon verschwinden, ging er einfach aus dem Raum. Aber sie verschwanden nicht, sondern gärten weiter, bis ihm eines Tages alles um die Ohren flog.

Genauso kann es auch für schüchterne Menschen verlockend sein, Situationen mit anderen Menschen zu vermeiden. Das fühlt sich kurzfristig gut an, geht aber auf Kosten der langfristigen positiven Wirkung von Geselligkeit.[11] Das Zusammenleben mit anderen Menschen ist unberechenbar, und unter Umständen trampeln dir beim kleinsten Auslöser bereits rosarote Elefanten durch den Kopf. Bleiben wir hingegen immer zu Hause und schauen uns eine Folge nach der anderen von unserer Lieblingsserie an (die wie alle anderen eigentlich eine »Fertigmahlzeit« mit jeder Menge künstlicher Belohnungen ist!), haben wir das Gefühl, wir hätten zwischenmenschliche Kontakte, vermeintliche Freunde oder sogar eine Familie.[12] Die darin auftauchenden Situationen sind in hohem Maße berechenbar und besänftigen den Vorhersagemechanismus unseres Gehirns – nur sind sie nicht echt.

Seit Mitte der Nullerjahre weiß man, dass Serien-Komaglotzen uns nicht guttut. Es kann zum Suchtverhalten werden[13], einschließlich aller Nebenerscheinungen wie starkes Verlangen, Stimmungsveränderungen, Toleranzbildung, Rückzug aus dem Sozialleben, Konflikt mit Partnern und Rückfällen nach Abstinenz.[14] Das Anschauen von Seifenopern wurde mit Unzufriedenheit mit dem eigenen Körper[15,16], Ängsten und Einsamkeitsgefühlen[17,18] in Verbindung gebracht, mit denen wir uns entsetzlich fühlen.[19,20] In einer Studie zeigte sich sogar, dass schlechte Fernsehgewohnheiten mit schlechterer Kognition verbunden sind – sie lassen die Neuronen einschlafen. Zwischen guter und schlechter Vermeidung liegt nur ein schmaler Grat; es liegt an dir, dich darauf klug zurechtzufinden.

Strategie 2: »Expecto Patronum!«: Strategien der Aufmerksamkeitslenkung

Ablenkung, »Gebete«, Grübeln

Hier das Lehrbuchbeispiel für die Strategie 2:[21] Du wirst Zeuge eines Verkehrsunfalls, und um dich von dem schrecklichen Anblick abzulenken, konzentrierst du dich für kurze Zeit auf einige schöne Blumen am Straßenrand. Etwas Schönes vor Augen zu haben, kann unserem Geist helfen, dem zu entgehen, was ihn ansonsten überfordern würde. Indem du dich sehr stark auf etwas konzentrierst, was dir gut gefällt, statt die Situation auf dich einwirken zu lassen, lenkst du deine Aufmerksamkeit in eine andere Richtung.[22]

Harry Potter erinnert sich nicht an den Tod seiner Mutter. Als ihm aber dann die Dementoren in die Quere kommen (düstere Wesen, die einem alle Freude aussaugen), leidet er an Flashbacks. Sobald bestimmte Auslöser zusammenkommen, hört Harry die Schreie seiner Mutter und wird ohnmächtig. Traumaopfer kennen diese scheinbar unerklärlichen Ohnmachtsanfälle sehr gut. Ihre Ursache ist eigentlich die Kampf-oder-Flucht-Reaktion des Gehirns. Ist eine Erinnerung so unvorstellbar schmerzlich, kommt sie einer Bedrohung gleich, die den Vagusnerv veranlasst, den Muskeln einen Befehl zum »Einfrieren« zu geben, und wir werden bewusstlos.[23] In der Medizin bezeichnet man ein solches Symptom von Traumata als »vasovagale Synkope«. Das fühlt sich zwar nicht gut an – und ich kenne das Gefühl–, aber es ist gut zu wissen, dass das Gehirn dabei nur bemüht ist, den Körper in Sicherheit zu bringen: Schier unüberwindbare Gefahren – in der Wildnis könnte das beispielsweise ein Tiger sein – lassen unseren Körper sich »tot stellen«, sodass das Raubtier vielleicht das Interesse verliert und sich davonmacht.

Nach einem solchen Ohnmachtsanfall erhält Harry von Remus Lupin, seinem Lehrer zur Verteidigung gegen die Dunklen Künste, ein Stück Schokolade, das er als Gegenmittel gegen die Wirkungen der Dementoren kauen soll. In dieser großartigen Wendung der Geschichte (erstaunlich – ein Lehrer gibt dir Schokolade als Medizin!) könnten sogar ein Stück weit wissenschaftliche Erkenntnisse stecken. Erstens beansprucht Schokolade, wie wir bereits gesehen haben, unseren Geschmacks- und Geruchssinn zuverlässig ganz für sich und lenkt unsere Gedanken in »süßere« Bahnen. Zweitens sind Kakaobohnen die beste natürliche Quelle für *Flavonoide*[24], Substanzen, die im Stoffwechsel mancher Pflanzen entstehen. Über die Darm-Hirn-Achse wirken sie probiotisch – sie verbessern unsere Stimmung und vertreiben die Dementoren.[25] Von Zeit zu Zeit die Kunst des Schokoladengenusses zu praktizieren könnte also eine gute Strategie zur Aufmerksamkeitslenkung sein.[26,27]

Nun möchte ich natürlich nicht, dass du dich unkontrolliert mit Schokolade vollstopfst. Suchen wir also neben dieser ersten Hilfe gegen Dementoren nach weniger kalorienreichen Möglichkeiten der Aufmerksamkeitslenkung. In der magischen Welt von Harry Potter lautet der Zauberspruch gegen Dementoren, *während* sie dich angreifen (Lenkung der Aufmerksamkeit vom Schrecken weg), »Expecto Patronum«. Im Buch muss man dazu einen glücklichen Gedanken in den Kopf kriegen, die Aufmerksamkeit mit aller Kraft darauf konzentrieren und *dieses Glück* dann zum Ausdruck bringen. In den Fantasyromanen von J. K. Rowling drückt man es durch den Zauberstab aus – und im wirklichen Leben durch Kunst. Genau das tat der Filmemacher Panahi, als er in der schlimmsten Sorgenspirale einen glücklichen Gedanken festhielt und ihn durch seine Kunst, den Film, zum Ausdruck brachte. Das ist Aufmerksamkeitslenkung in Reinform.[28] Ähnlich machte es auch die Filmemacherin Susana aus Kapitel 3. Wenn sie ihre Kontaktlinsen herausnimmt, kann sie der Tatsache, dass sie kurzsichtig ist, nicht entrinnen, aber sie verlagert ihre Aufmerksamkeit einfach weg von den schlechten Gefühlen, die das in ihr auslöst, durch ihr kreatives Schaffen mit der Handykamera.

Nimm es »ins Gebet«

Eine weitere Anregung für eine Strategie zur Aufmerksamkeitslenkung können wir aus einer vielleicht unerwarteten Richtung beziehen: aus religiösen Praktiken. Auch wenn du nicht religiös bist, weißt du, was ein Gebet ist. Seit Urzeiten beten Menschen zu bestimmten Tageszeiten oder tragen in der Tasche Hilfsgegenstände wie Gebetsperlen, Drishti-Steine, Kerzen oder anderes mit sich herum, *um ihre Aufmerksamkeit von der Welt um sie herum abzuwenden.*

Gebete sind aus zwei Gründen eine clevere Erfindung.

Erstens sind Gebete und religiöse Praktiken »multimodal«, wie man es in der Wissenschaft nennt. Das bedeutet, dass sie mehrere Sinne gleichzeitig anregen – sie sind ein Auslöser für viele »Modalitäten«, also Sinne: das Sehen, das Hören, das Tasten, die Propriozeption (das Gespür für die eigenen Gliedmaßen und Bewegungen im Raum), die Interozeption (das Empfinden der Signale aus dem Körperinneren), die Exterozeption (die Wahrnehmung externer Reize und das Raumgefühl) und manchmal sogar den Geruchssinn (beispielsweise wenn Weihrauch verwendet wird) oder den Geschmackssinn (wenn es zu der Praktik gehört, etwas zu essen oder zu trinken, beispielsweise Oblaten). Sie nutzen die Vorliebe unseres Gehirns für Auslöser und seine Fähigkeit, diese mit bestimmten Gefühlen in Verbindung zu bringen, um unseren Geist mit ein bisschen Übung zuverlässig in einen meditativen Zustand zu versetzen. Menschen, die regelmäßig beten, können in diesen Zustand der meditativen Konzentration gelangen, sobald sie die Auslöser ihrer religiösen Praktik wahrnehmen.

Und zweitens sind Gebete im Grunde eine Kombination von Tätigkeiten, die sich auf ein Stichwort hin wiederholen. Sie bestehen aus vielen Gewohnheitsschleifen. Bestimmte Gebete oder Mantras drücken eine bestimmte Absicht aus, die mal gesungen, mal mit bestimmten Bewegungen dargestellt oder sogar choreografiert wird (steh auf, setz dich, beuge die Knie, blicke nach links, nach rechts, nach unten und so weiter). Oft werden sie zu bestimmten Tageszeiten praktiziert und durch akustische Signale wie Glocken, den Gebetsruf *Adhan* oder andere Auslöser, die unseren Geist in die Sphäre des Gebetes versetzen, eingeleitet. Manchmal richten sich Gebete in eine bestimmte Himmelsrichtung oder werden mit einer bestimmten Körperhaltung gesprochen, finden in einem bestimmten Raum statt, werden vor einem improvisierten Altar aufgesagt oder zu einem einfachen Gegenstand wie einem Drishti, einem kleinen Gebetsstein, den man überall hinlegen kann, wo er gebraucht wird, um während des Gebetes den Blick darauf konzentrieren zu können. Oder wir haben Gebetsperlen in der Hand, die uns über den Tastsinn helfen, die Aufmerksamkeit aufrechtzuerhalten.

Der meditative Zustand, in den wir durch eine solche Kombination von Verhaltensweisen gelangen, tut uns gut. Eines wird aber häufig vergessen: Mit Kunst und kreativen Tätigkeiten können wir diesen Zustand auf ganz ähnliche Weise regelmäßig erreichen, ganz ohne irgendeine religiöse Absicht. Zum Beispiel, indem wir jeden Tag zur gleichen Zeit Tonleitern auf unserem Instrument üben oder immer in der Mittagspause eine schnelle Skizze auf einem Post-it anfertigen.

Um die Strategie 2, die ich »Expecto Patronum« nenne, mittels Kunst umzusetzen, schlage ich vor, bestimmte Zeitfenster im Tagesablauf zu reservieren, in denen wir unsere Aufmerksamkeit einer kreativen Tätigkeit, einer Kunst oder einem Kunstwerk widmen. Nicht zur Flucht, Ablenkung oder Verdrängung, sondern als geplanter Teil des Alltags: Wie ein Gebet oder ein Mantra verschafft das unseren Sinnen (und damit dem Gehirn) eine Auszeit von all dem Chaos und dem Kreisen um die eigenen Sorgen, und trainiert deine Aufmerksamkeit darauf, in den Flow zu geraten. Du kannst zum Beispiel auch regelmäßig eine Stick-, Strick- oder Häkelarbeit zur Hand nehmen.

Die Handarbeitstasche

Zwei links, zwei rechts und fallen lassen, zwei links, zwei rechts und fallen lassen, zwei links, zwei rechts ... Stricken ist ein Musterbeispiel einer sich wiederholenden Wiegebewegung mit kreativen Wendungen. Sie nimmt unsere Aufmerksamkeit wunderbar ein.

Die britisch-iranische Doppelstaatsbürgerin Nazanin Zaghari-Ratcliffe war im Iran wegen des Vorwurfs der Spionage willkürlich fünf Jahre lang inhaftiert. Über ihr Schicksal und das ihrer Angehörigen spricht sie in ihrem Erfahrungsbericht *A Yard of Sky*. Anfang 2022 wurde sie freigelassen, und im Dezember des Jahres war sie Gastredakteurin der BBC-Radiosendung *Today*. Dort erzählte sie der Welt, wie sie gestrickt hatte, um nicht ständig an ihre Angst, die Unsicherheit des Gefängnislebens und die ungerechtfertigten Anschuldigungen denken zu müssen. Es war eine Beschäftigung für ihre Hände, mit der sie sich die Zeit vertreiben konnte.

Wie die Wissenschaft gezeigt hat, wird die Entspannungsreaktion des Körpers aktiviert, wenn man von Zeit zu Zeit die Handarbeitstasche herausholt; es beseitigt die übermäßigen Stresshormone, die in unserem Blut kreisen, weil wir ständig gegen die rosaroten Elefanten und andere schlechte Gedanken, die diese mit sich bringen, ankämpfen. Stricken, Häkeln und dergleichen wirken nachgewiesenermaßen Schlaflosigkeit und Reizbarkeit entgegen und bauen das Selbstwertgefühl auf.

Zaghari-Ratcliffe stellte in der Sendung die Arbeit der gemeinnützigen britischen Organisation Fine Cell Work vor, die Handarbeit im Gefängnis unterrichtet, die fertigen Stücke verkauft und so den Menschen hilft, sich ein neues Leben aufzubauen. Ein Häftling namens Louis berichtete, was für ein transformatives Erlebnis es sei, durch die Handarbeit Zeit für sich zu haben, und er den Beutel mit dem Material immer zur Hand habe. Er hatte Fine Cell Work kennengelernt, als er noch im Gefängnis war.

»Für mich war es eine andere Art von Sucht, eine überaus wohltuende. Nadel und Faden in die Hand zu nehmen hat mich nämlich sehr, sehr süchtig gemacht. Du hast sie in den Händen und kannst Stunden und Stunden mit Nähen verbringen, ohne es zu merken.«

Erinnern wir uns noch einmal an Kapitel 3: »Sucht« wird von denselben Nervenschaltkreisen erzeugt, die auch am Erlernen neuer Fähigkeiten beteiligt sind. Louis legte sich hier eine neue Gewohnheit zu und führte seine Auslöser einem neuen Zweck zu.

»Jedes Mal, wenn ich etwas gestresst bin, Sorgen habe oder ein bisschen unsicher bin, wissen Sie, so die allgemeinen Dinge im Leben ... Dann nehme ich einfach Nadel und Faden ... Es ist eine versteckte Begabung, die ich bei mir nie erwartet hätte.«

Die Werkstattleiterin der Zentrale in Battersea, London, erklärt: »Nähen kann sehr wirksam sein. Sitzt du allein in deiner Zelle und hast viele Sorgen, kannst du wirklich abschalten. Du bist von Farben umgeben, du lernst etwas Neues, und du hast eine Verbindung zur Außenwelt.«

Wenn Menschen ein Gebet sprechen oder singen und dabei vielleicht noch bestimmte Bewegungen ausführen, um die Verehrung ihres Gottes auszudrücken, entführt sie das aus dem Hier und Jetzt. Das Gleiche kann auch eine künstlerische Betätigung bewirken, insofern wir einen Gedanken, der uns glücklich macht, im Kopf behalten und *ihn* ausdrücken – Expecto Patronum!

Kunst ist dein Mantra, nicht dein Fluchtwagen

Manchmal ist es richtig, sich gezielt mit Kunst abzulenken, um bei Verstand zu bleiben, aber dabei muss uns klar sein, was wir tun. Gerade, wenn es in unserem Leben viele Komplikationen gibt, *sollten* wir die Kunst sogar als Ablenkung benutzen, aber eben nicht zur Vermeidung oder Verdrängung. Wir müssen uns immer vergewissern, wofür wir eine kreative Tätigkeit gerade einsetzen.

Wer in einer gewalttätigen Beziehung lebt oder unter anderen Stachelschweinstacheln leidet, für den kann »Expecto Patronum« mittels künstlerischer Tätigkeit ein Weg sein, sich kurzzeitig eine Pause von den negativen Auslösern zu verschaffen. Mit der Zeit hilft das vielleicht, klarer zu denken und zum Beispiel die Entscheidung zu fällen, den Partner für immer zu verlassen. Die Kunstausübung darf aber nicht zu einer Flucht werden, die beispielsweise dazu beiträgt, in einer solchen gewalttätigen Beziehung zu bleiben.

Eine letzte Mahnung zur Vorsicht bei der Aufmerksamkeitslenkung: Auch das Grübeln ist eine Strategie der Emotionsregulation, und viele von uns wenden sie intuitiv an, obwohl das, wie wir in Kapitel 3 gesehen haben, keine gute Idee ist. Für Hamish, meinen Tanzbekannten, wurde der Tango zur Sucht. Auch mit expressivem Schreiben kann man wunderbar den eigenen Sorgen nachgrübeln, statt sie zum Ausdruck zu bringen. Grübeln ist also ebenfalls eine Strategie der Aufmerksamkeitslenkung, aber eben keine sehr gesunde. Also nutze die Kunst als ruhiges Mantra und nicht als rasenden Fluchtwagen.

Strategie 3: Betrachte es aus einem neuen Blickwinkel – Problemlösung

Ausbrüten, Inspiration, zwischenmenschliche Unterstützung

Es gibt drei Wege, um die Kunst zur Problemlösung zu nutzen, um also eine Sache aus neuem Blickwinkel zu betrachten.

Den ersten bezeichnen Forschende als »Inkubation«[29], also quasi das »Ausbrüten«. Gemeint sind damit Zeitfenster, die wir gezielt zwischen dem Zeitpunkt, an dem wir uns eines Problems bewusst werden, und dem Lösungsversuch einschieben.[30] Statt stur an dem Problem dranzubleiben, nehmen wir uns eine fünf- bis maximal zehnminütige Auszeit, in der wir unsere Kunst praktizieren, und lassen es im Hinterkopf schmoren. Dann wenden wir uns ihm wieder zu. Und plötzlich haben wir vielleicht kreative Wege zur Lösung des Problems gefunden, zum Beispiel, weil wir uns mit unserer Lieblingsmusik einen Stimmungsaufheller verpasst [31–35] oder weil wir unserem Unterbewusstsein freien Lauf gelassen haben und die Sache so aus einem anderen Blickwinkel betrachten können.[36–38]

Eigentlich nutzen wir dabei den Eisbären zu unserem Vorteil. Indem wir nämlich unsere Aufmerksamkeit auf unsere Kunst lenken, schiebt unser Geist das Problem immer wieder hinein ins Bewusstsein und wieder hinaus (erinnere dich an den Zeigarnik-Effekt aus Kapitel 1) – und plötzlich stellen wir fest, dass uns die Ablenkung inspiriert hat.[29] Genau diesen Streich habe ich deinem Geist in Kapitel 6 gespielt, als ich erklärt habe, dass wir in diesem Kapitel über sechs

Strategien sprechen würden, bevor ich diese Strategien tatsächlich erläutert hatte. Während du dann etwas über die wissenschaftlichen Hintergründe gelesen hast, war dein Geist bereits mit den sechs Strategien beschäftigt und hat möglicherweise deine Fähigkeit, sie später kreativ zu benutzen, gesteigert.

Den zweiten Weg, um Kunst zur Problemlösung zu nutzen, habe ich in den vorangegangenen Kapiteln immer wieder angewandt: Ich habe mich buchstäblich der Kunst bedient, um eine Lösung zu finden.[39] In Kapitel 4 zum Beispiel haben wir uns anhand von Beispielen für das Erzählen von Geschichten in Filmen und Romanen einen Überblick über die wissenschaftlichen Erkenntnisse zum sozialen Gehirn verschafft.[40] In vielen Kunstwerken stecken jede Menge Einsichten darüber, wie frühere Generationen mit den Rätseln der menschlichen Existenz umgegangen sind. Diese Einsichten wurden nämlich in eine gute Geschichte gesponnen und in einem Buch, einem Film, einem schönen Gedicht oder einem guten Witz versteckt – und dort warten sie darauf, dass du sie wiederfindest, weiterdenkst und auf dein eigenes Leben anwendest.[39]

Indem Kunst unsere Freude an einer guten Geschichte mit einer tieferen Bedeutung verbindet, stellt sie außerdem auch Verknüpfungen zwischen ganz verschiedenen Teilen des Gehirns her und sorgt dafür, dass diese im Gleichklang schwingen. Genau das bringen uns solche »Vergnügenplus«-Verhaltensweisen. Wenn wir staunend die Luftschlösser betrachten, die unser Geist beim Lesen einer Geschichte gebaut hat, sind sowohl die niedrigschwelligen Belohnungssysteme als auch die höher angesiedelten sinnsuchenden Systeme unseres Gehirns aktiv, bilden neue Wege und bringen uns in den Flow. Löst der versteckte Sinn eines Kunstwerks etwas in uns aus, ist das herrlich für die Perlenketten, die unsere Gehirnsysteme verbinden. Finden kannst du das bei einem Buch, im Kino oder in einem Museum, solange du dich mit Kunst auseinandersetzt, die für *dich* reizvoll ist.

Drittens kann Kunst dir insofern bei der Problemlösung helfen, als du auf die Menschen in deiner künstlerischen Community bauen kannst, einfach wenn du mit ihnen zusammen bist oder indem du sie direkt um Rat fragst. Aus der größten Glücksstudie der Welt[41,42] wissen wir, dass Menschen, die das Auf und Ab des Lebens mit einem sozialen Netzwerk teilen können, am glücklichsten sind. Und in Kapitel 4 haben wir gesehen, dass unser Körper zwischenmenschliche Beziehungen braucht, damit unser Geist aus den ewigen Schleifen ausbricht, die einsam machen, und einen neuen Blickwinkel einnimmt. Wenn du also zu einer Künstlercommunity gehörst, ist das womöglich sehr bereichernd! Du kannst um Ratschläge bitten, die dir verschlossen bleiben würden, wenn du nicht mit dieser künstlerischen Tätigkeit begonnen hättest.

Gib dem Ausbrüten einen Vertrauensvorschuss

Inwiefern das Ausbrüten die Kreativität steigert, kann die Forschung noch nicht eindeutig beantworten.[43] Aber wie wäre es, wenn du in schwierigen Zeiten, statt voller Verzweiflung oder Wut diese oder jene E-Mail abzuschicken, erst einmal deinen Handarbeitsbeutel herausnimmst und etwas strickst? Vertraue dem Prozess des Ausbrütens, und finde heraus, was dabei für dich am besten funktioniert.

Andere um Rat zu fragen kann ebenfalls die Lösung des Problems einleiten; aber behalte bitte den Abschnitt »Gut zu wissen« über die Stachelschweine in Kapitel 4 (siehe Seite 133-135) im Hinterkopf, wenn du dir Rat einholst.

Strategie 4: »Suche nach dem Silberstreif« – kognitive Veränderung

Neubewertung, Akzeptanz, des Kaisers neue Kleider

Das Lehrbuchbeispiel für Strategien dieser Kategorie sieht so aus:[3] Wenn eine schwierige Prüfung bevorsteht, sagst du dir: »Das ist nur ein Test, und wenn es schiefgeht, kann ich ihn noch einmal machen.« Neubewertung und Akzeptanz bedeuten, dass wir etwas tun (in unserem Fall mit unserer Kunst), und daraufhin verändert sich unser Denken und Fühlen in Bezug auf die Dinge, die uns widerfahren oder in der Vergangenheit widerfahren sind.[44–47]

Ich persönlich bin immer noch dabei, meine Vergangenheit und die Verletzungen, die ich aus ihr mitgenommen habe, positiv neu zu bewerten. Zum Beispiel so: Ohne meine Rückenverletzung hätte ich vermutlich nie Psychologie und Neurowissenschaften studiert, und ich hätte den Tanz nicht zum Gegenstand meiner Forschung gemacht. Ich hätte nicht zusammen mit Dong-Seon einen Bestseller über das Tanzen geschrieben. Und wenn ich an die großartigen Zuschriften denke, die ich fünf Jahre nach dem Erscheinen immer noch erhalte, weil Menschen das Gefühl haben, dass ihre Kunst endlich anerkannt wird und ihnen in ihrem Leben hilft, war das etwas Gutes. Die Suche nach dem Silberstreif verschafft mir alle positiven Gefühle, auf die ich überhaupt hoffen kann.[48]

Genau genommen gibt es zwei Formen der Neubewertung: die unparteiische und die positive. Jedes Mal, wenn sie benutzt werden, zeigt sich das in der Gehirnaktivität.[49,50]

Unparteiische Neubewertung bedeutet, dass man die Vorgänge von außen betrachtet, als würde man beispielsweise durch ein Fenster zusehen, wie sie ablaufen. Oder man lässt seine Fantasie spielen, damit sie wie ein Schwarz-Weiß-Film aussehen, bei dem man den Kanal wechseln oder die Lautstärke verringern kann, wie es einem passt.[51–53] So etwas zieht regulatorische Netzwerke in der rechten Gehirnhälfte (präfronto-parietal) hinzu, und das aufgescheuchte System des Lagers 1 (die Amygdala) wird herunterreguliert. Das alles trägt dazu bei, dass negative Abläufe mit geringerer emotionaler Intensität empfunden werden.

Positive Neubewertung verändert stattdessen die emotionalen Auswirkungen zum Positiven – du suchst überall nach dem Silberstreif. Das hat nicht den gleichen beruhigenden Effekt auf die Aktivität des Lagers 1, sondern es zieht im Gehirn das linke präfronto-parietale Regulationsnetzwerk hinzu.[50,54,55] In einigen Studien zur Emotionsregulation bei HIV-Patienten und ihren Betreuern hat sich beispielsweise herausgestellt, dass manche Personen von sich aus in ihrer Situation nach dem Silberstreif suchen. Solche Patienten und ihre Betreuer sagen, dass sie ohne die gemeinsame Erfahrung der Krankheit vermutlich nicht dieses Maß an Vertrauen und Nähe hätten entwickeln können.[56] Personen, die sich einer solchen positiven Neubewertung bedienten, fühlten sich auch ganz allgemein viel besser. Bestätigt wurden die Befunde 2009 in einer Metaanalyse. Aids-Patienten, die sich der positiven Neubewertung bedienten, hatten allgemein ein höheres Wohlbefinden und waren körperlich bei besserer Gesundheit.[57] Das Gleiche stellte man auch bei Menschen mit Diabetes fest – positive Neubewertung ist mit geringerer Sterblichkeit assoziiert.[58]

Außerhalb des klinischen Bereichs hat sich die Suche nach dem Silberstreif bei Alltagssorgen als ausgesprochen hilfreich erwiesen. Ein Forschungsteam fragte Studierende, wie sie auf ihren schlimmsten Moment des Tages reagiert hätten.[59] Diejenigen, die spontan eine positive Neubewertung vorgenommen hatten, fühlten sich im Allgemeinen besser. Es tut uns einfach gut, wenn wir bei den vielen kleinen alltäglichen Unannehmlichkeiten die Sonnenseite der Dinge sehen.[60–62] Lernen kann man das von Menschen, die ein Mediziner als »resilient« bezeichnen würde. Solche Menschen bedienen sich intuitiv positiver Gefühle, um von negativen emotionalen Erfahrungen wegzukommen.[63]

Ein Besuch in einer Kunstgalerie

Vielleicht bist du Aktivistin, fühlst dich von den grausamen Kriegen überrollt, die überall auf der Welt wüten, und fragst dich, ob wir denn nie dazulernen. Ein resilienter Mensch würde sich vielleicht der Kunst bedienen, um mit dem brennenden Schmerz der Realität fertigzuwerden. Wir können uns selbst mit unseren Meinungen in Kunstwerken widergespiegelt sehen – womit wir den rosaroten Elefanten, die zu Recht in unserem Kopf kreisen, eine Pause verschaffen.

Pablo Picasso hat den Luftangriff »Operation Condor«, durch den 1937 das Dorf Guernica zerstört wurde, im Stil des Kubismus dargestellt. Wenn man vor der 3,50 mal 7,80 Meter großen Leinwand steht und die schwarzen und grauen Formen auf die Sinne wirken lässt, prägt sich das Leiden der Zivilisten in die Wahrnehmung ein. Vielleicht gibt dies Anlass zu einer Neubewertung unserer Entscheidungen: mit wem wir unsere Zeit verbringen, welche Partei wir wählen und so weiter. Mehr kannst du nicht tun. Verliere dich nicht selbst.

Denk außerdem daran, dass ein einziger Mensch den zyklischen Charakter der Geschichte nicht verändern kann. Neue Filme, Serien und Bücher erzählen für jede Generation neu die gleichen Geschichten über das Erwachsenwerden, nur spielen sie in verschiedenen Zeiten. Neue Kinder werden geboren und machen die gleichen Fehler wie die Generationen vor ihnen, denn Kultur und Wissen werden nicht genetisch vererbt. Sie müssen erlernt und Erfahrungen geschaffen werden. Mit jedem Baby fangen wir wieder von vorn an.

Schlechtes Verhalten »wächst« sich bei Babys nicht »aus«, wenn man sie nicht erzieht.

Forschungsergebnisse aus den letzten Jahrzehnten legen die Vermutung nahe, dass die kleinen Veränderungen zum Besseren, die wir in den menschlichen Gesellschaften beobachten – eine davon ist die Allgemeine Erklärung der Menschenrechte (auch wenn sie bisher nicht vollständig umgesetzt ist) –, durch ein Phänomen zustande kommen, das man in der Wissenschaft als »kumulative Kultur« bezeichnet. Den zugrunde liegenden Prozess beschreibt Cecilia Heyes von der Universität Oxford in ihren Forschungsarbeiten.[64,65] Wenn Veränderung möglich ist, dann durch ebendiese kumulative Kultur[66,67], dadurch, dass Gesellschaften gemeinsam und koordiniert vorgehen und dabei auf das kumulierte Wissen über die Fehler der Menschen in den letzten Jahrtausenden zurückgreifen, das in zahlreichen Kulturen angesiedelt ist (zum Beispiel in Bibliotheken und Kunstmuseen).

Um Situationen mittels Kunst und Kreativität neu zu bewerten, sie zu akzeptieren und innerlich zu wachsen, ist es unter Umständen hilfreich, in Kunstwerken noch einmal die »Bedeutungsebenen« zu betrachten, von denen du sicher in der Schule gehört hast, und sie dann zu deiner eigenen Selbstentfaltung zu nutzen.

Bedeutungsebenen

Je nachdem, in welchem Land du aufgewachsen bist, wirst du die großen Romane deiner Kultur in der Schule gelesen haben. Und dein Lehrer oder deine Lehrerin wird mit dir die Symbole und Metaphern dieser Romane durchgegangen sein. Am Anfang war dir wahrscheinlich vieles schleierhaft, aber im Laufe der Zeit hast du Gesetzmäßigkeiten erkannt. All die Symbole und Metaphern lagen verborgen in vielen Texten, Gemälden und Tänzen um dich herum. Plötzlich waren sie überall! Durch sie hat die Kunst sich dir erst erschlossen, wie ein Schlüssel, der ein Schloss aufschließt. Wir *erlernen* die Symbole unserer Kultur: Im Westen ist ein Kreuz heilig und ein Hakenkreuz böse. Mit diesem Wissen werden wir nicht geboren, und je nachdem, wo wir aufgewachsen sind, bedeuten – *symbolisieren* – die Zeichen für unser prädiktiv codierendes, das heißt Vorhersagen treffendes Gehirn unterschiedliche Dinge. Für die Künste gilt das Gleiche.[68]

In der dänischen Literatur zum Beispiel symbolisiert »ein schöner Garten« in einer Geschichte häufig die Kindheit. Liest man dänische Geschichten mit diesem Wissen im Hinterkopf, eröffnet sich plötzlich eine zusätzliche Bedeutungsebene. Dein Gehirn sagt »Aha!«, weil du die Doppelbedeutung verstehst, und dann aktiviert es fröhlich die höheren Strukturen von Vernunft und Entscheidungsfähigkeit, aber auch die tiefer angesiedelten Belohnungssysteme des Lagers 1 – und das alles steht natürlich in Verbindung mit deinem Gefühl von »Ich«.

Blickt man unter den Zuckerguss glänzender Kunstwerke, eröffnet sich ein ganzes Arsenal von Symbolen, die du dann auf deinem Weg zum Flow als »Vergnügenplus« nutzen kannst.

Im Sommer 2023 kuratierte das britische Filminstitut eine Reihe mit Filmen und Veranstaltungen, die der Darstellung von Frauen im Werk von Howard Hawks gewidmet war (er führte Regie in *Scarface* – den kennen die meisten Menschen). Ruby McGuigan, der Kurator, wollte hinter die Hochglanzkulisse einiger ziemlich glamouröser Filme blicken.

In einigen Hawks-Filmen ist Marilyn Monroe der Star. Sie wurde als Sexsymbol und blonde Granate aufgebaut, mit 36 Jahren nahm sie sich das Leben. Was aber manchen Menschen verborgen bleibt: Howard Hawks brachte in seinen Filmen eine heftige Kritik daran unter, wie die Gesellschaft attraktive Frauen sieht und behandelt. Zu großen Teilen ist das auch heute noch ein Thema.

Mit jedem Glitzern der Diamanten, jedem einladenden Blick verhöhnt Monroe die Welt, die ihr so viel Schmerz verursacht hat. Dazu singt sie aus vollem Hals »Diamonds Are a Girl's Best Friend« und rechtfertigt nüchtern eine Heirat aus finanziellen Gründen, denn »men grow cold as girls grow old«. Sie verhöhnt den Zuschauer, der mitsingt und zustimmend nickt. Und am Ende des Films überzeugt Monroe arglos den Vater ihres zukünftigen Ehemannes, dass sie »intelligent ist«, denn, so erklärt sie, »wenn du eine Tochter hättest, würdest du nicht auch wollen, dass sie keinen armen Mann heiratet?« Das Ganze ist eine Parodie, eine Absurdität, eine Aussage, mit der Hawks uns zum Nachdenken bringen will. Während wir begeistert kichern, helfen uns solche Filme, zu akzeptieren, dass die Welt einfach so ist.

Dann können wir im Rahmen des Akzeptanzprozesses die Hoffnung haben, dass Filme, die mehr sind als purer Zucker, allen Menschen die Möglichkeit bieten, zu wachsen. Im Laufe der Zeit können sie dazu beitragen, die Gesellschaft, in der wir leben, zu verändern. Der dänische Filmemacher Lars von Trier formuliert es so: Ein Film sollte wie ein Stein in deinem Schuh sein – lästig, unmöglich zu finden, aber auch unmöglich zu ignorieren. Das gilt für jede Kunst, die wir als Weg zum Flow nutzen können: für Filme, Gemälde, Tänze, Musik.

Symbolisches Denken, Metaphern, Absichten

Um die »zweite Bedeutungsebene« von Kunstwerken zu verstehen, müssen wir in der Lage sein, aus den Handlungen anderer Menschen ihre Absichten abzuleiten. Diese Fertigkeit muss in unserem Gehirn heranreifen. Mit der entsprechenden Veranlagung werden wir geboren, aber die Kompetenz muss sich in der Kindheit entwickeln.[69] Später im Leben können wir sie durch Lernen weiter verfeinern. In der Wissenschaft bezeichnet man sie als »Theory of Mind«, auch kognitive Perspektivübernahme genannt: In uns entwickelt sich das Wissen, dass andere Menschen eigene Gedanken, Wünsche und Vorstellungen haben, die sich unter Umständen von unseren eigenen unterscheiden.[70]

Denk einmal an die Zeit zurück, als du klein warst. Nachdem die Hürde der ersten zwei oder drei Jahre überwunden war, begannen Spiele nach dem Motto »Als ob«.[71–73] Dann war das Wohnzimmer ein Schloss, und die Walnüsse in der Schüssel waren die Kronjuwelen. So ging es weiter: Puppen und Teddybären wurden lebendig. Sie aßen, hatten Gefühle, waren glücklich oder manchmal verärgert.[74–76] Du hast gelernt, »dass man einen anderen nur dann wirklich verstehen kann, wenn man in seine Haut schlüpft und darin herumläuft«. Diesen Rat gibt Atticus Finch im Roman *Wer die Nachtigall stört* seiner Tochter Scout, als sie ihn fragt, warum die Menschen sich so und nicht anders verhalten.

Such dir Kunst aus, mit der du dich nicht unzulänglich, sondern stark fühlst

Vielleicht bist du neurodivers und hast Mühe mit der Frage, wie andere dich sehen?

Mir hat es immer Spaß gemacht, in Cafés zu sitzen und meine Auslöser zu Papier zu bringen. Eines Tages war ich in einem kleinen Café in London mit Schreiben beschäftigt, als mir plötzlich eine Frau auffiel – sie las ein Buch, dessen Titel mir ins Auge stach: *The Curious Incident of the Dog in the Night-Time*[77] (*Supergute Tage oder Die sonderbare Welt des Christopher Boone*). Irgendetwas stimmte nicht. In meiner Forschung konzentriere ich mich auf Körpersprache, ob es nun Tanz ist oder alltägliche Bewegungen. Und ich hatte den Eindruck, dass die bei der Leserin widersprüchlich war: Sie passte nicht zu dem Buchumschlag, der so komisch aussah, wie der Titel klang. Soweit ich wusste, war das Buch ein berühmter Roman über einen autistischen Jungen. Der besondere Dreh ist dabei: Es wird nie erwähnt, dass die Hauptfigur Christopher ein Autist ist. Wir folgen ihm dabei, wie er nie allein seine Straße verlässt und an Routinen und Mustern festhält, bis er sich schließlich auf die Suche nach dem Mörder eines Hundes macht und sich durch dieses Erlebnis völlig verändert.

Sara Barrett, die selbst dem Autismus-Spektrum angehört und als Journalistin für den *Guardian* arbeitet, erklärte 2016 in einem Artikel, wie quälend Bücher wie *The Curious Incident* für ihresgleichen sind.[78] Viele davon erzählen, wie eine Familie zerfällt, *weil* das Kind autistisch ist. Es ist allein seine *Schuld*. Auch Christophers Mutter hat sich von der Familie getrennt, weil sie damit nicht fertigwurde. Und Fernsehserien wie *Big Bang Theory* oder *The Imitation Game – Ein streng geheimes Leben* zeigen, wie autistische Züge bei einem Menschen das Leben anderer beeinträchtigen und welche Mühe er hat, Freundschaften aufrechtzuerhalten.

Ich weiß noch, wie ich das las und dachte, wie traurig ich wäre, wenn ich mich dafür verantwortlich fühlen würde, dass meine Familie nicht funktioniert – welche Schuldgefühle ich hätte. Sara Barrett gefällt die Buchreihe *Night School* von C. J. Daugherty. Darin sind die Menschen gern mit der Protagonistin Zoe zusammen, und das oft gerade *wegen* ihres Autismus.

Wenn du autistisch bist oder ein Kind mit Autismus hast, liegt ein schwierigerer Weg vor dir als vor anderen Menschen, und du musst überall, wo es möglich ist, Silberstreifen schaffen oder danach suchen.

Kunst und kreative Tätigkeiten können uns helfen, neu zu bewerten, wie wir und andere uns fühlen und verhalten; dazu hören wir auf ihre Realität, wie sie beispielsweise in Büchern, Liedern, Filmen, Gemälden und so weiter dargestellt wird. Sie helfen uns, Verhaltensweisen neu zu bewerten und uns durch sie nicht verletzen zu lassen. Vielleicht solltest du dir den Film über das Leben von Professor Temple Grandin ansehen. Der Film – sein deutscher Titel lautet *Du gehst nicht allein* – erzählt die Geschichte einer jungen Frau, die zu einer Expertin für Rinderzucht wird. Viele ihrer Erfindungen werden heute auf Bauernhöfen rund um die Welt genutzt. Claire Danes spielt darin die junge Temple, die über eine besondere Gabe verfügt: Sie erkennt Verbindungen und Mechanismen, die kein anderer sieht. Wir werden Zeuge, wie man sich deswegen über sie lustig macht. Den Menschen fehlen oftmals Fantasie und Visionen – aber Temple nicht. Allmählich findet sie einen Weg, ihre Aussagen zu beweisen. Sie gibt nicht auf, und ihre Eltern auch nicht. Temple war hartnäckig kreativ – heute ist sie eine Inspiration für Millionen.

Ach ja – und sie ist Autistin.

Des Kaisers neue Kleider?

Es gibt die ziemlich arrogante Annahme, du müsstest »Kunst *verstehen*, um sie richtig würdigen zu können, ansonsten stimmt mit dir etwas nicht«. Solche ungeschriebenen gesellschaftlichen Regeln veranlassen viele von uns, vor den Künsten zurückzuschrecken. Zur Entschuldigung sagen wir: »Ich verstehe nicht viel von Kunst«, und nur um Peinlichkeiten vorzubeugen, verschließen wir uns vor einer Welt der Möglichkeiten, den Flow zu finden. Das ist wieder die Ebene des sozialen Gehirns, von der in Kapitel 4 die Rede war. Wir wollen uns einfügen und nicht der seltsame Typ sein, der »es nicht kapiert«.

Betrachten wir das im Dienste unseres Weges zum Flow einmal genauer. Woran könnte es liegen, dass wir »es nicht kapiert« haben?

1. Das Kunstwerk, das du siehst, ist vielleicht ein Beispiel für des Kaisers neue Kleider: Es könnte einfach eine Mogelpackung sein.
2. Ein Kunstwerk spricht dich, dein Ichgefühl, deine Vergangenheit einfach nicht an. *Und das ist in Ordnung.*

Jeder Teil der Welt war irgendwann einmal von vielen »zeitgenössischen«, »modernen« und »abstrakten« Kunstwerken bevölkert, und wenn die Menschen nicht zufällig in der sozialen Gruppe aufgewachsen waren, aus der die Kunst hervorgegangen war, hatten sie Mühe damit, sie zu »verstehen«. Hilfreich ist dabei, sich vor Augen zu führen, dass »moderne« Kunst in der Geschichte immer aus dem Schaffen höchst kreativer Menschen hervorgegangen ist, die aus den konventionellen Wegen künstlerischer Betätigung oder überhaupt aus der Gesellschaft »ausbrechen« wollten, weil sie sich auf diese oder jene Weise eingeschränkt fühlten. Denken wir nur an William Turner, der zu seiner Zeit bei Weitem nicht so anerkannt war wie heute. »Moderne« Künstler bringen eine Realität zum Ausdruck, von der die meisten anderen Menschen (noch) nicht viel wissen. Die verschiedenen Ebenen »moderner« Kunstwerke verstehen zu wollen ist also ungefähr so, als wollte man eine Fremdsprache verstehen, ohne sie erlernt zu haben. Heute geht es dabei um scheinbar unverständliche farbige Punkte und Spritzer, quiekende Saxophongeräusche, »hässliche« Tanzbewegungen oder Filme ohne erkennbare Handlung oder Ausdrucksform. Wie soll man so etwas verstehen?

Eines können wir tun, wenn wir ein Kunstwerk nicht »verstehen«: Wir können die Neuroplastizität unseres Gehirns nutzen und neue Fertigkeiten erlernen – mehr darüber in Kapitel 8. Kurz gesagt kannst du dir vornehmen, diese Fertigkeit zu üben, dich mit Symbolik und Metaphern vertraut machen, lernen, dich durch die jeweilige Kunstform auszudrücken und zu verstehen, was andere dadurch ausdrücken. Balletttänzer lernen beispielsweise von Kindheit an ein sehr enges Korsett von Bewegungen. Sie sind bei jeder Bewegung, die sie ausführen, eingeschränkt, und das immer. Das muss man sich einmal vorstellen – es ist, als würde man während seines ganzen Lebens in einem Gipsverband stecken. Hättest du nicht irgendwann den Wunsch, aus diesem Gips »auszubrechen«? Nimm dieses kleine Stückchen Wissen mit, wenn du das nächste Mal eine »moderne« Tanzaufführung siehst – verstehst du die »seltsamen« Bewegungen jetzt besser?

Auch wenn du Gemälde verstehen willst, die du noch nie gesehen hast, kannst du ganz einfach anfangen: Wenn du beispielsweise das nächste Mal mit deinen iranischen Freunden sprichst oder dir ein Buch über iranische Kunst anschaust, versuche ein wenig mehr über den Symbolismus der Negargari-Malerei, persischer Miniaturmalerei, zu erfahren. Ich bin sicher, dass dich die vielen Bedeutungsebenen mancher dieser Bilder positiv überraschen werden! In einigen davon ist sogar der gesamte Symbolismus von Gedichten des Philosophen Hafez angelegt. Etwas über die Symbolik, die Geschichte und die Entstehung eines Werkes zu erfahren trägt dazu bei, in deinem Kopf neue Verknüpfungen herzustellen und – ja – es dann zu »kapieren«.

Als letzte Bemerkung möchte ich dich ermuntern, den Künsten auch ein Stück weit zu vertrauen und dein Gehirn an Dingen knabbern zu lassen, die es nicht versteht – vielleicht hast du dann plötzlich einen dieser goldenen »Aha-Momente«. Vielleicht lässt ein Kunstwerk dich mit einem Mal unerwarteterweise etwas fühlen. Und noch etwas kann dir auf deinem Weg zum Flow beim Genuss der Kunst von anderen widerfahren. In unserem Buch *Tanzen ist die beste Medizin* erzählt mein Co-Autor Dong-Seon, wie er einmal das Tanzstück »Echad mi jodea« von Ohad Naharin sah, aufgeführt vom Tanzensemble Batsheva. Er hatte keine Ausbildung in zeitgenössischem Tanz, und die Bewegungen erschienen ihm anfangs unverständlich. Als dann die einzelnen Tänzer aus dem Kreis der anderen »ausbrachen«, um anschließend wieder in den Kreis zurückgezwungen zu werden, klang in ihm plötzlich etwas an. Die ausdrucksvollen Körperbewegungen erinnerten ihn an seine eigene Vergangenheit, als er gezwungen war, sich einer Gruppennorm zu unterwerfen, an die er nicht glaubte. In diesem Fall fand das Kunstwerk seinen Widerhall in Dong-Seons Erinnerung, in seinem Ichgefühl.

Hüte dich vor Grübelei und Verdrängung

Denk daran, dass die Neubewertung oder der Prozess, eine Situation neu zu bewerten, auch zum Grübeln führen kann.[79,80] Das musst du üben, es funktioniert nicht einfach von selbst.[79,81] Du musst dich selbst an die Hand nehmen[82], das heißt, du musst es trainieren, bis du die Strategie erfolgreich anwenden kannst, ohne dass dein Geist zu einem Ballett rosaroter Elefanten abdriftet. Und natürlich ist es leicht, zu sagen, du hättest etwas akzeptiert, wenn du es in Wirklichkeit *verdrängst*. Dann benötigst du vielleicht therapeutische Hilfe, und die Beschäftigung mit Kunst kann dich auf eine schiefe Bahn bringen, insbesondere wenn du bisher keine Erfahrung mit Kunst hast.

Strategie 5: »Sei ein Chamäleon«: Reaktionsveränderung

Stimmungsinduktion, Unterdrückung des Gefühlsausdrucks, »sich nichts anmerken lassen«

Das Lehrbuchbeispiel für die Strategie 5 lautet: »Man hat dir unrecht getan, aber statt deine Wut mit Worten und Gesichtsausdrücken (Stirnrunzeln und dergleichen) zu äußern, unterdrückst du die äußeren Zeichen des Ärgers.« Aus der klinischen Psychologie wissen wir[83], dass insbesondere Menschen mit sozialen Phobien zur Verdrängung neigen, weil sie Angst vor Ablehnung haben oder eine weitere Konfrontation vermeiden wollen. Aber auch ohne soziale Phobie sind vielen von uns solche Empfindungen vertraut. Auch wenn Verdrängung in manchen Fällen notwendig ist, wissen wir aus Kapitel 1, dass das Feuer in der Brust dadurch nicht gelöscht wird.

Stattdessen können wir in gewisser Weise das *Gegenteil* tun: Wir drücken mit unserem Körper ein *anderes* Gefühl aus und verändern damit unsere Stimmung. In Kapitel 5 war davon die Rede, wie Psychologen bei der Erforschung kognitiver Prozesse bei ihren Versuchspersonen mittels »Stimmungsinduktion« für Frustration sorgen, um beispielsweise zu untersuchen, wie sich diese auf die Aufmerksamkeit und die Erinnerung auswirkt. Jetzt nutzen wir die gleiche Funktion unseres Gehirns, um uns *besser* zu fühlen. Wenn wir Stimmungen bewusst hervorrufen, nutzen wir die Anpassungsfähigkeit unseres Gehirns, werden zum Chamäleon und verändern das, was wir empfinden, indem wir verändern, was wir ausdrücken.

Du kannst dir einen Film ansehen, tanzen, ein Lied singen (oder eines hören!): Die Liste der Möglichkeiten, mithilfe der Kunst unsere Stimmung auszudrücken und zu heben (statt uns herunterziehen zu lassen), ist endlos lang. Sehen wir uns einmal ein Beispiel an.

In den letzten Wochen der Corona-Lockdowns, als viele von uns in einer ziemlich düsteren, lethargischen Stimmung waren, wandte sich meine Studentin Eva-Madeleine Schmidt an mich. Im Rahmen ihrer bevorstehenden Masterarbeit wollte sie Menschen in die Lage versetzen, ihre Stimmung zu beeinflussen. Und da sie sowohl eine Tanzausbildung als auch ein Psychologiestudium absolviert hatte, wollte sie zur Stimmungsinduktion einfache Tanzbewegungen nutzen, die jeder nachmachen kann. Für Tänzer liegt es auf der Hand, dass man die Stimmung durch Tanzen verändern kann. Aber als Wissenschaftlerinnen mussten wir das Ganze systematisch überprüfen, und das taten wir auch.[84]

Die Strategie der »Reaktionsveränderung« zur Emotionsregulation wird im Nachhinein angewandt. Wir verändern unsere Gefühle in einer Sache, indem wir das Verhalten unterdrücken, das normalerweise mit unserem Erleben verbunden wäre. Wenn dir beispielsweise etwas Schlechtes zustößt, du aber extra nicht die Stirn runzelst, weinst oder sonst irgendwie durch ein Verhalten deine Gefühlslage ausdrückst, unterdrückst du das Gefühl und verhinderst, dass du es in dem Augenblick empfindest. Das ist Verdrängung, und in den Kapiteln 1 und 2 haben wir erfahren, dass ein solches Verhalten uns nicht hilft,

Flow zu finden. Die gute Version dieser Strategie ist die Stimmungsinduktion: gezielt ein Verhalten zu praktizieren, das uns in eine andere Stimmung versetzt.

Im Rahmen ihrer Masterarbeit lud Eva die Studienteilnehmenden ins Labor ein, setzte sie nacheinander allein in ein Zimmer und ließ sie eine Reihe einfacher Tanzbewegungen lernen, indem sie einen Vortänzer auf dem Computerbildschirm imitierten. Es waren nur einfache Armbewegungen, die man sogar im Sitzen ausführen konnte. Nachdem die Versuchspersonen sie gelernt hatten, sollten sie die Bewegungen wiederholen, dieses Mal damit aber Glück oder Traurigkeit ausdrücken; auch jetzt machten sie es dem Vortänzer auf dem Bildschirm nach, der nun ebenfalls Glück oder Traurigkeit zum Ausdruck brachte.

Wie sich dabei zeigte, veränderte sich die Laune der Versuchspersonen durch diese sehr einfache Aufgabe zum Besseren. Und nicht nur das. Wir fragten die Versuchspersonen auch vor und nach der »Tanzpause« nach ihrer Arbeitsmotivation. Je größer die Stimmungsinduktion war, die sie durch die Tanzpause erlebten, desto stärker waren sie danach auch zur Arbeit motiviert.

Verdrängung vs. Neubewertung – was geschieht im Gehirn?

Wie sich in vielen Experimenten gezeigt hat, hinterlässt die Verdrängung im Vergleich zur Neubewertung (die zur Strategie 4 gehört) ein hohes Erregungsniveau. Die grobe Expertenempfehlung lautet: Du solltest eine Sache weder verdrängen (denn sie kommt wieder) noch ständig darüber nachdenken – denn das ist Grübeln, welches nur die Nervenverknüpfungen des traumatischen Gedächtnisses[85] stärkt und den rosaroten Elefanten über alle Maßen aufbläst.

Wie man mit bildgebenden Verfahren nachgewiesen hat, kommt es bei Menschen, die ein negatives Ereignis aufarbeiten, zu einer Zunahme der Aktivität im präfrontalen Kortex, und zwar insbesondere in den ventralen lateralen und dorsolateralen Teilen. Alle diese Regionen dienen der kognitiven Verhaltenssteuerung und sind »nicht emotional«.[45,86,87] Gleichzeitig findet bei der Neubewertung eine *schwächere* Aktivierung in den limbischen Strukturen unseres Gehirns statt, das heißt in den am stärksten emotionalen Teilen (Amygdala und Insula).[52,86,88,89]

Verdrängung hingegen sieht im Gehirn ganz anders aus. Auch hier ist eine verstärkte Aktivierung des präfrontalen Kortex zu sehen. Die sehr willkommene Abnahme der Aktivierung im limbischen System findet dagegen *nicht* statt.[52] Demnach bleibt die starke Erregung im System erhalten. Wenn wir verdrängen, kehrt die Erregung nicht auf das Normalniveau zurück, obwohl wir nach außen hin vielleicht ruhig *wirken*.[90,91]

Manche Studien zeigen allerdings auch das Gegenteil.[55] Nach meiner Vermutung lautet die Erklärung für diese unterschiedlichen Ergebnisse: *Es kommt darauf an*. Welche Strategie für dich als Chamäleonbewegung am besten funktioniert, hängt davon ab, wer du bist und worin das Problem besteht.

Strategie 6: »Mit Gold einfassen« – kognitive Umstrukturierung

Kreativer Ausdruck, inneres Wachstum

Es gibt ein Lehrbuchbeispiel dafür, was geschieht, wenn man die kognitive Umstrukturierung *nicht* anwendet:[92] »Ich habe die Stelle nicht bekommen. Ich bin nichts wert. Deshalb bewerbe ich mich nicht mehr auf Stellen. Stattdessen esse ich zu viel und bin einfach traurig.«

An dieser Strategie, die sich auf jahrzehntelange Forschungsarbeit der Positiven Psychologie stützt, ist besonders schön, dass es darum geht, etwas zu verändern, was sich in unserem Kopf und unserem Gehirn abspielt (oft außerhalb unseres Bewusstseins), *bevor* wir auf einen Auslöser reagieren. Wenn wir die kognitive Umstrukturierung anwenden, knöpfen wir uns die dysfunktionalen Überzeugungen (in dem genannten Beispiel »Ich bin nichts wert«) im Hinblick auf die Auslöser vor, mit denen wir es zu tun haben (»Ich habe den Job nicht bekommen«), und damit verändern wir auch, was wir infolgedessen fühlen und wie wir handeln (»Ich bewerbe mich nicht mehr auf Stellen, ich esse zu viel und bin einfach traurig« sind die ungesunden Folgen).

Die Idee der kognitiven Umstrukturierung basiert auf Theorien aus der klinischen Psychologie, die davon ausgehen, dass Gefühle nicht durch äußere Ereignisse ausgelöst werden, sondern durch Überzeugungen.[93–96] Wenn ein Ereignis als Auslöser in unsere Sinne vordringt, kollidiert es mit unseren »Überzeugungen« (dem Inhalt unseres Gedächtnisses), und dann können die Dinge so oder so verlaufen.[95,97,98] Denken wir noch einmal an die abwehrende Ballerina Zoé in Kapitel 4. Sie fühlt sich aufgrund früherer schlechter Erfahrungen klein und unbedeutend. Dafür hasst sie sich heute (Überzeugung). Der kleinste Auslöser, der (in ihrer Vorstellung) Aggression signalisiert, wird mit beleidigendem, abwehrendem und selbstzerstörerischem Verhalten beantwortet. Man greift die Menschen an, die einem helfen wollen – ein vollständiger Kreislauf der Selbstsabotage.

Vielleicht ist dir aufgefallen, dass dies nur eine andere Sichtweise auf das ist, was wir schon die ganze Zeit sagen. Unser Gehirn verändert sich nutzungsbedingt, und wenn es für schlechte Erfahrungen »genutzt« wurde, ist es wie das Auto von *Knight Rider: Woop, woop* scannt es die Umgebung ständig nach möglichen Gefahren. Für unser hyperaktiviertes Lager 1 ist der Anreizfaktor (Kapitel 3 und 4) des Auslösers »Ich habe die Stelle nicht bekommen« ein riesiger rosaroter Elefant im Kopf, der uns im Handumdrehen auf Abwehr (Aggression oder Rückzug) umschalten lässt. Auf ein und denselben Auslöser (»Ich habe die Stelle nicht bekommen«) sieht *unsere* Reaktion deshalb ganz anders aus als die Reaktion eines Menschen, der in der Vergangenheit nicht diese schlechte Erfahrung gemacht hat. Hier besteht natürlich auch ein Zusammenhang mit dem, was wir in Kapitel 6 erklärt haben: Unser ständig prädiktiv codierendes Gehirn konstruiert unsere Gefühle und unsere Interpretation von Erlebnissen *auf der Grundlage früherer Kenntnisse und Erfahrungen*, also aufgrund unserer »Vorbelastungen«. Und diese Vorbelastungen bestimmen darüber, wie wir reagieren. Unser Gehirn ist eben eine effiziente Vorhersagemaschine.

Wie gehen wir solche Überzeugungen an, mit denen wir uns selbst sabotieren, wenn wir uns ihrer nicht einmal bewusst sind? Wenn du eins der in Kapitel 4 aufgezählten oft nicht ernst genommenen Traumata oder noch Schlimmeres erlebt hast, hast du vermutlich mehr oder weniger ungesunde Überzeugungen von dir selbst und der Welt, auch wenn du so tust, als ob das nicht so wäre. Und genau diese Überzeugungen sind ein Problem, sagen Vertreter der Positiven Psychologie bereits seit den 1990er-Jahren und seither auch viele weitere Wissenschaftler. Denn sie beeinflussen, wie du auf Auslöser reagierst, die du über deine Sinne wahrnimmst. Das Mantra lautet **ABC**, benannt nach den englischen Begriffen, die sich hinter der Abkürzung verstecken:

A(ntecedent) → **B**(elief) → **C**(onsequences)

»**A**ntecedent« meint das, was wir als Auslöser bezeichnet haben – das kannst du dir mit dem Anfangsbuchstaben A auch gut merken. Was für eine Reaktion und welche Gefühle löst ein Auslöser aus? Hätte Zoé nicht ein so geringes Selbstwertgefühl gehabt, hätte sie die Versuche ihres Umfelds, ihr zu helfen, gerne angenommen, und es hätte eine viel konstruktivere Entwicklung gegeben. Aber so einfach ist es nie, und das ist der Grund, warum wir hin und wieder die Gedanken über uns selbst mit Gold verschönern müssen. Das heißt, wir müssen die dysfunktionale Überzeugung, die wir von uns selbst haben, verändern. Die Kunst bietet dazu die Möglichkeit. Erinnern wir uns noch einmal daran, wie Jamie Oliver und Loyle Carner zuvor in diesem Kapitel über ihre Neurodiversität gesprochen haben. Ihr Leben war eine einzige Kette gescheiterter Versuche, bis sie die Kunst des Kochens für sich entdeckten.

»**B**elief« sind die Überzeugungen, die das Leben uns vielleicht »gelehrt« hat und auf die dann eine Konsequenz folgt, das ist mit **C**, »**C**onsequence«, gemeint. Auf **B** *nicht gut genug sein* folgt dann als Konsequenz **C** vielleicht ein Helfersyndrom, oder wir sind auf andere zutiefst eifersüchtig. Auf **B** *ein schlechter Mensch sein* folgt vielleicht als **C**, dass wir versuchen, es allen recht zu machen, andere durch perfekte Arbeit zu beeindrucken oder dass wir viel zu nett sind. Nach **B** *ich trage alle*

Verantwortung auf den eigenen Schultern ist dein Umgang mit anderen Menschen vielleicht durch **C** getrübt, wenn du versuchst, zum Nachteil aller anderen die Führung zu übernehmen. Hast du das ungesunde **B** *ein Hochstapler zu sein*, dann sind deine **C** von Angst durchsetzt. In einer Studie mit über 2400 Studierenden zeigte sich, dass ein niedriges Selbstwertgefühl zu einer tiefen Einseitigkeit unseres zwischenmenschlichen Umgangs führt; wir sagen ständig voraus, dass andere uns nicht mögen, und das wirkt sich auf unseren Umgang aus.[99]

Was können wir dagegen tun? Zum einen können wir aufhören, an Dingen festzuhalten, durch die wir uns ständig klein und unzureichend fühlen – das haben uns Jamie und Loyle gelehrt. Sammle stattdessen Erfolge! Denke daran, dass die kleinen Dopaminduschen, die unser Gehirn bekommt, wenn etwas klappt, *Lernsignale* sind: Sie helfen unserem Gehirn, neue Verknüpfungen herzustellen. Wie sammelt man solche Erfolge? Nun, zum Beispiel mit Kunst und kreativen Tätigkeiten. Kleine Erfolge jeden Tag mit unserer Kunst vermitteln uns eine Kette kleiner Schübe für das Selbstwertgefühl, was dazu beiträgt, dass wir Selbstbewusstsein (wieder)aufbauen und wachsen können. Daneben verschaffen uns zuverlässige Erfolge auch Momente, in denen wir das Sagen haben, und beruhigen unser Vorhersagegehirn; wie wir in Kapitel 5 erfahren haben, ist Unsicherheit Gift für unseren Geist und unser Selbstvertrauen. Ebenfalls in Kapitel 5 haben wir Beispiele dafür gesehen, wie uns Staunen, Ehrfurcht und beeindruckend schöne Orte, Gebäude oder Räume helfen können, das Selbstwertgefühl (neu) aufzubauen. Mit der Zeit wird unsere kreative Tätigkeit dazu beitragen, dass sich unsere dysfunktionalen Überzeugungen von uns selbst verändern, und damit entwickeln wir auch gesündere Wege, auf Auslöser zu reagieren. Ganz gleich, was das für Auslöser sind – denn das *Ich* ist intakt.

Nutze deine Kunst (oder die anderer) zur Stärkung deines Selbstwertgefühls

Midge Maisel, die Protagonistin in der Serie *The Marvelous Mrs. Maisel,* erleidet einen Nervenzusammenbruch, als sie erfährt, dass ihr Ehemann sie betrügt. Durch das Erlebnis wird Midge zur Stand-up-Comedienne: Kaum hat ihr Mann sie für seine Sekretärin, die einfältige »Penny Pan«, verlassen, macht Midge auf der Bühne bereits Witze darüber und verarbeitet so das traumatische Erlebnis. Aus dem Stegreif erzählt sie dem Publikum, wie ihr Ex-Mann, der selber Ambitionen hatte, Comedian zu werden, bei einer Aufführung in einem Comedyclub gefloppt ist und anschließend meinte, Midge werde »ihn nie mehr so sehen können wie früher«. Und dann sei ihm keine bessere Lösung eingefallen, als mit seinem lädierten Selbstwertgefühl zu Penny Pan zu gehen, um sich seine Männlichkeit bestätigen zu lassen, von einer Frau, die so blöd sei, dass selbst seine Eltern zu ihm gesagt hätten: »Ein solches Mädchen kannst du deinen Eltern nicht vorstellen.« Midge erfährt als Schöpferin dieser Pointen ungeheuer viel Selbstbestätigung, und indem sie ihre Erlebnisse zu Witzen verarbeitet und sich selbst als Geschichtenerzählerin neu erfindet, zeigt sie, wie wir unsere Kunst nutzen können, um unser Selbstwertgefühl zu stärken.

Wir müssen aber nicht alle Comedians werden und auf einer Bühne auftreten. Auch als Zuschauer können wir solche Shows genießen und uns durch die humorvolle Darstellung solcher Stachelschweinprobleme besser fühlen, denn es zeigt uns, dass wir mit diesen Gefühlen nicht allein sind. Das hilft uns auch, unser Selbstwertgefühl neu aufzubauen. Wie sich in Studien gezeigt hat, kann uns selbst der Konsum von Kunst, die Alternativen zu unseren tief sitzenden Überzeugungen präsentiert, bei der Neustrukturierung unserer Gedanken helfen. Mehrere Episoden der Comedyserie rund um Midge Maisel handeln zum Beispiel davon, wie viele sehr stolze Männer sich durch selbstbewusste, kluge, mächtige Frauen bedroht fühlen. Solche Männer tun ihren Ehefrauen und Partnerinnen – und sich selbst – auf entsetzliche Weise weh, und das vollkommen unnötig. In mehreren sehr komischen Wendungen wird den Zuschauern etwas Entscheidendes bewusst: Alle Frauen in der Serie wissen genau, dass Männer keineswegs das stärkere Geschlecht sind, und lieben sie dennoch – wenn den Männern das nur klar wäre! *The Marvelous Mrs. Maisel* ist eine große kognitive Neustrukturierung des Geschlechterdilemmas.

Traumatische Erinnerungen sind manchmal desorganisiert und grummeln unter der Oberfläche unseres Bewusstseins, schleusen aber ihr Gift in unser Selbstwertgefühl und die Überzeugungen ein, die wir über die Welt und uns selbst hegen.

Wir müssen daran arbeiten, traumatische Erinnerungen mit Kunst und kreativen Tätigkeiten neu zu strukturieren. Wir können versuchen, solche Erinnerungen mit Schönheit und einer neuen Bedeutung zu versehen und so durch die farbenfrohe Linse unserer Kunst eine neue Erinnerung daraus zu schaffen. Statt zu denken, du müsstest dich irgendwie selbst »reparieren«, denk an *Kintsugi*, die japanische Kunst, aus zerbrochener Keramik etwas Neues, Schönes zu schaffen, indem die Scherben mit Goldlack wieder zusammengefügt werden. Fasse deine Gedanken und Handlungen mit Schönheit und kostbarer kreativer Energie ein; umgeben von Schönheit und Erfolgserfahrungen kannst du wachsen. Da das sehr wichtig ist, möchte ich drei weitere Beispiele nennen.

Mein Freund Miguel Azorín bringt gern andere Menschen zum Lachen, indem er ihnen Geschichten aus seinem Leben erzählt. Jedes Missgeschick, das einem Menschen widerfahren kann, ist Miguel schon zugestoßen. Lässt sich ein Wort missverstehen, falsch aussprechen oder erregt man damit Anstoß, wird Miguel es garantiert versehentlich in den Mund nehmen. Man könnte denken, dadurch sei ihm jedes Selbstwertgefühl abhandengekommen. Aber das Gegenteil ist der Fall.

Für ihn sind schlimme Situationen einfach nur Stoff für die späteren Anekdoten, die man Freunden erzählt, wenn man gemeinsam am Tisch sitzt und lacht. Er fasst seine Erinnerungen gezielt mit dem goldenen Glanz des Gelächters ein, mit all den Endorphinen, die sich in die Erinnerungen mischen, sodass sie angenehm und überhaupt nicht mehr bedrohlich sind.

Torsten Sträter ist ein deutscher Comedian, Fernsehmoderator und Autor, aber auch der Schirmherr der Deutschen Depressionsliga, denn er hat selbst mit Depressionen zu kämpfen. Sein Motto lautet: »Du musst kämpfen, bis die Depression unter dir leidet und nicht du unter ihr.« Menschen mit Depressionen sind für ihn die stärksten, tapfersten Menschen der Welt, denn für sie ist jeder Tag ein Kampf um Leben und Tod. Er verarbeitet den Wahnsinn des Alltagslebens zu Pointen. Die Geschichten in seinem neuen Buch handeln gezielt davon, dass man alles besser nicht zu ernst nimmt[100], sondern es in eine Pointe einfließen lässt, um sich auf diese Weise das Selbstwertgefühl zu verschaffen, das unser Leben trotz allem noch lebenswert macht.

Zeichnen, malen, stricken, Geschichten schreiben – all das sind Tätigkeiten, mit denen wir gezielt die Erinnerungen und Erlebnisse, die wir vielleicht mit uns herumtragen, neu strukturieren können; wir geben unserem Selbstwertgefühl mit all diesen kleinen, säuberlich hintereinander aufgereihten Erfolgen einen Schub und verändern dadurch unsere Überzeugungen. Gib deinen Gedanken beispielsweise einen neuen Rahmen, indem du sie voller Licht, geschmückt mit Blumen und Gold, auf eine Leinwand malst. Das Hauptmotiv des Malers Jochen Maiwald ist ein schöner goldener Fisch, der in einem riesigen schimmernden Ozean schwimmt und sehr glücklich aussieht. Er schwimmt einem Schwarm von sehr unansehnlichen, einfachen Fischen entgegen. Sein Motto lautet: *Be different, be happy. – Sei anders, sei glücklich.* Man kann ihn in seiner Galerie in Santanyí auf Mallorca besuchen und sehen, wie er sein Anderssein malt und mit Gold einfasst. Es gibt viele Wege, um unglückliche Erinnerungen über dich selbst und deinen eigenen Wert mit den Künsten neu zu strukturieren. Finde deinen eigenen.

Kombiniere nach Herzenslust

Vielleicht ist dir aufgefallen, dass manche Strategien zur Emotionsregulation und die Beispiele, die ich hier genannt habe, sich sehr ähnlich sind oder irgendwie ineinandergreifen. Da wir hier nicht im klinischen Zusammenhang sprechen, kann man gefahrlos sagen, dass du die einzelnen Elemente nach Herzenslust herauspicken, mischen und zusammenfügen kannst, um herauszufinden, was für dich am besten funktioniert. Damit meine ich, dass du dich nicht sklavisch für *eine* Strategie entscheiden und diese strikt befolgen musst. Die Liste der sechs Strategien verschafft dir das Werkzeug, aus dem du auswählen kannst, wenn du mit deiner eigenen kreativen Tätigkeit experimentierst, um deinen Weg zum Flow zu finden. Gemäß der Theorie hinter diesen Strategien greift jede von ihnen an unterschiedlichen Punkten im »Prozess der Emotionsentstehung«. Aber wie wir in Kapitel 6 gesehen haben, ist dieser Prozess der Emotionsentstehung in den wenigsten Fällen geradlinig; Ursache und Wirkung lassen sich im wahren Leben nicht so leicht feststellen wie auf Papier. Und welche Strategie für dich am besten funktioniert, wird oft auch davon abhängen, wer du bist (also von deiner Persönlichkeit, deinen Zielen und so weiter)[101] und welche Gefühle, Erinnerungen oder Situationen du gerade regulieren willst.[102] Probiere also mit deiner Kunst aus, was für dich am besten funktioniert. Und jetzt nähern wir uns der Frage, wie wir die Fertigkeiten entwickeln können, die wir in der Praxis brauchen.

Kapitel 8
Fortschreiten statt Fortschritt: Wie wir eine neue Fertigkeit erlernen

Vielleicht fragst du dich jetzt: Wie komme ich mit meiner kreativen Tätigkeit in die Gänge und lerne eine neue Fertigkeit, die mein Weg zum Flow werden kann? Wie wir bereits festgestellt haben, brauchst du kein Profikünstler zu sein, um deine Kunst als Weg zum Flow zu nutzen. Du musst in deiner Kunstform nur über genügend grundlegende Fertigkeiten verfügen.

Wie können wir jene kleinen Gewohnheiten schaffen, »atomic habits«, wie James Clear sie in seinem Buch *Die 1%-Methode* nennt, die dann immer größere Kreise ziehen und unser Leben langfristig zum Besseren verändern? Der erste Schritt ist ganz buchstäblich ein *Schritt*. Damit er uns leichter fällt, wollen wir ein wenig mehr darüber erfahren, wie unser Gehirn Bewegungen *erzeugt* und *erlernt*.[2] Ganze Bücher wurden darüber geschrieben, wie man bestimmte Fertigkeiten lernt und optimiert, deshalb wollen wir uns in diesem Kapitel auf die Grundlagen konzentrieren.

Wir haben nur ein Gehirn, und das kümmert sich um alles, von der Lebenserhaltung bis zum Erlernen der Sprache einer Kunst, sowohl, um uns damit auszudrücken, als auch, um sie zu verstehen. Das ist eine großartige Erkenntnis, denn es bedeutet, dass wir dieselben neuronalen Systeme, die wir bereits für andere Verhaltensweisen verwenden, auch bei unseren regelmäßigen kreativen Tätigkeiten anzapfen und einsetzen werden – wir fangen also nicht bei null an. Vielmehr müssen wir diese neuronalen Systeme nur ein wenig anders nutzen und manche der Pfade zwischen den Lagern 1 und 2 und von dort zum gesamten Gehirn ausbauen, insbesondere zu den Gedächtnis- und Bewegungssystemen. Das ist das Schöne an der Neuroplastizität: Wir können ein Leben lang neue Verknüpfungen in unserem Gehirn herstellen und immer wieder Neues erschaffen und lernen, ganz gleich, wie alt wir sind.

Myelin: Umarmung der Neuronen

»What fires together, wires together«, sagte der Neuropsychologe Donald Hebb Mitte des 20. Jahrhunderts[3] – frei übersetzt etwa: »Zellen, die gemeinsam feuern, verknüpfen sich.« Damit meinte er das Verhalten von Neuronen während ihrer Kommunikation. Wenn du eine sinnvolle Handlung ausführst, geben Millionen Nervenzellen entlang der Nervenbahnen, zu denen sie gehören, ihre Impulse ab. Je häufiger einzelne Gruppen von Nervenzellen gemeinsam »feuern«, also einen Impuls abgeben, desto mehr spezialisierte Zellen aus der Gruppe der Oligodendrozyten[4, 5] werden aktiviert, welche immer stärkere Nervenbahnen schaffen, indem sie unsere Nervenzellen mit Myelin umhüllen.[6,7] Myelin ist eine hübsch glitzernde Schicht rund um die Nervenzellen; es besteht aus Proteinen und Fettsubstanzen, isoliert die Nervenzellen und sorgt dafür, dass elektrische Impulse (Informationen) schneller und effizienter an den Neuronenverknüpfungen entlangwandern.[8, 9]

Vielleicht ist dir aufgefallen, dass ich gerade von »sinnvollen« Handlungen gesprochen habe. Es reicht nämlich nicht aus, etwas nur passiv zu wiederholen: Damit eine Fertigkeit »hängen bleibt«, brauchst du auch ein Lernsignal, das sich vielleicht wie ein kleiner Aha-Moment anfühlt[10], eine zuverlässige Rückmeldung, die von der Tätigkeit kommt und dir sagt, dass du es richtig machst. Damit alles hängen bleibt, musst du also die kleinen Erfolge feiern. So unglaublich es erscheinen mag: Um zu lernen, musst du *Spaß* haben.

Für Anstrengungen, die sich auszahlen, bekommen wir Belohnungen, oder vielmehr bekommt sie unser Gehirn.[11] Das sind für das Gehirn die Lernsignale[12], und durch sie spüren wir jedes Mal ein kleines Erfolgserlebnis. Einen Hauch dieses Gefühls können wir uns verschaffen, wenn wir Belohnungen wie das Beherrschen eines Sprunges in einem Computerspiel sammeln. Erhält unser Gehirn die Belohnung jedoch durch einen echten Sprung mit unserem Körper, werden neue Verknüpfungen hergestellt, und damit springen wir in der Realität besser, weil Myelin die Neuronen umarmt. Du bist gewachsen, oder besser gesagt ist dein neuronales Netzwerk ein wenig größer geworden. Das lässt sich nicht anders erreichen als durch *Machen.*

Also fangen wir am Anfang an.

Babyschritte

Wer hat dir geholfen, laufen zu lernen? Wie wir in Kapitel 6 erfahren haben, hat das Lernen für uns Menschen hohe Priorität: Beispielsweise lernen wir, uns in die Gesellschaft einzufügen, indem wir unsere Gefühle mit entsprechenden Worten benennen. Aber lange davor geht es beim ersten Lernen viel stärker um Bewegung und Körperlichkeit.

Als du sehr klein warst, warst du zutiefst in deinem Körper verwurzelt. Die meisten Menschen krabbeln zuerst und gehen später. Anfangs ein wenig unsicher, aber dann fangen wir an, mit großen Schritten zu laufen und ohne Hilfe Treppen zu steigen. Mit Erfahrung, einem gewissen Maß an Gekicher und der nie versiegenden Geduld unserer Eltern können wir auch Werkzeuge immer besser benutzen, zum Beispiel Besteck, mit dem wir unser Lieblingsessen verzehren, und Spaten, mit denen wir nach Herzenslust Löcher graben. Diese ersten Lektionen haben wir körperlich durch Ausprobieren erlernt, aber auch durch Nachahmung, beispielsweise bei der Sprachfähigkeit, die wir entwickelt haben, indem wir die Geräusche imitierten, die wir hörten. Als Babys haben wir nicht viel darüber nachgedacht, was wir gerade lernten, und wenn wir kleine Fehler gemacht haben, konnten wir leicht darüber lachen. Mit all diesen Bewegungen und viel Übung haben wir in unserem Gehirn die Verknüpfungen geschmiedet, mit denen wir solche Dinge *geschickt* und *effizient* tun können. Dann haben wir auch angefangen, unsere Sprache zu entwickeln, die Fähigkeit, logisch zu denken und Belohnungen hinauszuschieben – alles durch denselben Prozess von Übung, Nachahmung und Ausprobieren; so haben sich in unserem Gehirn alle möglichen Verknüpfungen gebildet.

Offensichtlich wurzelt alles, was wir können, tief in den körperlichen Erfahrungen, die wir als Kinder gemacht haben. Aber dann, wenn wir die ersten Jahre hinter uns haben, geschieht etwas in unserem Gehirn, wodurch wir in der Lage sind, uns auszumalen, wie eine Situation ausgehen wird, ohne das jedes Mal in der Wirklichkeit durchzuspielen. Wir müssen nicht aus dem zehnten Stock gesprungen sein, um zu verstehen, dass es gefährlich ist. Wir sind von einem Heuhaufen gesprungen, und es hat wehgetan. Das hat gereicht. Ebenso verhält es sich mit abstrakten Begriffen wie Aktienmarkt oder höhere Mathematik – mit alledem müssen wir keine körperlichen Erfahrungen machen, um es zu verstehen. Mithilfe einfacher Erlebnisse baut unser Gehirn ein Verständnis für solche abstrakteren Konzepte auf.* Aber auch wenn wir uns nachher gleich genauer mit den wissenschaftlichen Erkenntnissen darüber befassen, wie unser Gehirn lernt, merk dir diese unkomplizierte, sehr körperliche Art des Lernens: durch *Wiederholung*, mit *Spaß*, durch *Nachahmung*; und wir können andere auch um Hilfe bitten.[13,14] Selbst wenn unsere Kindheit schon einige Jahrzehnte zurückliegt, besagt die Wissenschaft, dass unser Gehirn immer noch am besten auf die gleiche unkomplizierte, körperliche Weise lernt.[15] Wir müssen es nur zulassen.

Feiern wir die kleinen Gewinne unterwegs (wie unsere Eltern es jedes Mal getan haben, wenn uns etwas gelungen ist)

Erinnerst du dich noch, wie du dich als Kind beim Malen gefühlt hast? Viele von uns haben schon gemalt, bevor sie in die Schule kamen – wir haben uns in Farben, Formen und Bewegungen verloren, ohne dass es dabei irgendein Richtig oder Falsch gab, und unsere Bemühungen wurden mit Freude und Lob belohnt – vielleicht sogar mit einem Ehrenplatz für unsere Arbeiten am Familienkühlschrank. Aber kaum kamen wir in die Schule, hat sich unsere Beziehung zur Kunst verändert. In der westlichen Kultur gelten Zeichnen, Kunst und andere Fer-

* Dieses Thema ist im Elfenbeinturm Gegenstand lebhafter Diskussionen und wird beispielsweise als Embodiment-Debatte bezeichnet. Manch einer ärgert sich vielleicht, weil ich nicht mehr erkläre, wie ich es im Disclaimer dieses Buches angekündigt habe. Also merken wir kurz an, dass es hier eine aktuelle Debatte gibt.

tigkeiten wie Schreiben, Sprachen und Mathematik als getrennte Fächer, die unterschiedlich gelehrt werden.[16,17] Wir vergessen, dass wir nur ein Gehirn haben und dass dieses Gehirn sich um *alles* kümmert, was wir tun; das heißt, seine Funktionen überschneiden sich und lassen sich optimieren, wenn wir mit unterschiedlichen Handlungen die gleichen Mechanismen im Gehirn stimulieren. Aber man bringt uns bei, die Künste getrennt von allem anderen zu betrachten, als eigenständige Kategorie von Tätigkeiten, obwohl sie in Wirklichkeit ein Teil eines ununterbrochenen Spektrums von Gehirnaktivitäten sind. Kindern beizubringen, dass Kunst und Kreativität zum Leben gehören, und sie weiterhin zum intuitiven Spielen zu ermutigen, sie dafür zu feiern, wenn sie sich zehn Minuten in etwas Kreatives vertiefen (und uns so auch eine Atempause verschaffen), würde nicht nur ein Publikum für das Kulturleben von morgen aufbauen, sondern – was noch wichtiger ist – der kognitiven Entwicklung der Kinder einen unbedingt notwendigen Nutzen bringen.[18]

In chinesischen Schulen war es lange Zeit üblich, dass die Kinder im Malunterricht Zeichnungen erwachsener Vorbilder abzeichneten. Im Jahr 2002 wurde jedoch ein neuer Lehrplan eingeführt, in dem zusätzlich auch der eigene kreative Ausdruck vorgesehen ist – das heißt, die Kinder zeichnen, was ihnen durch den Kopf geht.[19]

Erste Forschungsergebnisse zeigen, dass regelmäßiges Zeichnen mehrere positive Wirkungen auf die kognitiven Fähigkeiten von Kindern und Erwachsenen hat, so beispielsweise auf das Schreibvermögen[20] und das Gedächtnis.[21] Wenn Kinder Geometrie durch Tanzunterricht lernen, wobei sie die Winkel und Kreise mit Armen und Händen zu Musik darstellen, schneiden sie besser ab, als wenn sie den gleichen Stoff am Schreibtisch gelernt haben.[22–24] Kinder, die wissenschaftliche Konzepte skizzieren, behalten sie besser als solche, die sie schriftlich zusammengefasst haben.[25] Sich etwas »auszumalen« scheint bei Kindern außerdem auch die sozioemotionalen Fertigkeiten zu verbessern und ihnen zu helfen, mit emotional schwierigen Situationen umzugehen.[26–29] Wer den Körper zum Lernen einsetzt, behält Informationen besser, und das Erinnerungsvermögen für Ereignisse und abstrakte Konzepte verbessert sich.[21]

Wie wir jetzt wissen, hilft Kreativität nicht nur Kindern, den Geist zu beruhigen und zu fokussieren – sie ist für uns alle wichtig. Glücklicherweise gibt es Wege, um in der Kunst zu der intuitiven, bewegungsbasierten Lernmethode von Kindern zurückzukehren, und dann können wir damit den ersten Schritt machen und unsere Leistungsangst überwinden. Erinnere dich dabei auch an das Prinzip des Wohlfühl-Wollens aus Kapitel 3; etwas zu tun, weil du etwas *gerne tust.* Füttere dein Gehirn mit endogenen Opioiden und Endocannabinoiden, indem du den Weg mehr genießt, als du das Ziel erreichen und etwas Bestimmtes davon *haben* willst.

Wichtig ist nicht, was du zeichnest, sondern dass du zeichnest

Der dänische Zeichner Kasper Købke hat einen sicheren Trick, um das motorische Gehirn beim Erlernen neuer Fertigkeiten Hindernisse überwinden zu lassen. Worin der besteht? Spaß muss es machen. Ich weiß – *Spaß* scheint eine ungewöhnliche Devise für Kunst zu sein! Aber es ist nicht so, als hätte man noch nie davon gehört: Manch einer erinnert sich vielleicht noch an die beliebte Fernsehserie *Art Attack* oder an *The Joy of Painting* von Bob Ross.

»Es ist nicht wichtig, was du zeichnest, sondern dass du zeichnest«, wiederholt Kasper begeistert im dänischen Frühstücksfernsehen, während er verfolgt, wie zwischen zwei kleinen Mädchen und dem Fernsehmoderator ein Zeichenspiel abläuft.[30] Er hat eine Stoppuhr, die auf 40 Sekunden eingestellt ist, und jedes Mal, wenn die Uhr ertönt, ruft er: »Zeichnungen hoch!« Daraufhin lassen die Teilnehmer brav ihre Bleistifte fallen und heben ihre Zeichnungen hoch. Die Situation hat etwas Komisches, und alle haben ein Lächeln im Gesicht, oder es kommt ihnen ein Kichern über die Lippen. Auf Kaspers Signal geben sie ihre Werke an die nächste Person weiter. Dann zeichnen sie erneut, dieses Mal aber auf der Zeichnung der anderen. Kasper veranstaltet Workshops für Kinder und Erwachsene, hält Vorträge und bringt viele Menschen zum Zeichnen. Im Fernsehstudio spielt er eines seiner zehn Zeichenspiele für die ganze Familie.

Kasper ist ein Nachfahre von Christen Købke (1810–1848), eines Malers, der zu Dänemarks »goldenem Zeitalter« der Malerei gerechnet wird und durch seine makellosen naturalistischen Meeresbilder bekannt wurde. Kasper ist ganz anders – für ihn ist die Freude am Zeichnen und Malen wichtiger als die Perfektion. Auf seiner Homepage findet man das »Kritzelspiel«, »Lass den Bleistift eine Geschichte erzählen«, »Mach es nach«, »Zeichne weiter« und anderes. Das alles sind Spiele, die man an einem Tisch mit einigen Blättern Papier, vielen Farben und ein paar Freunden spielen kann. Beim »Kritzelspiel« zeichnet man mit einer einzigen Bleistiftlinie ein großes chaotisches Gekritzel auf ein Blatt, und dann erkundet man die Zwischenräume und Spalten zwischen den Linien – man fügt hier ein Auge hinzu, dort ein weiteres, und nach einiger Zeit entstehen mit den Strichen von Farbstiften außergewöhnliche Wesen. Es macht wirklich *Spaß*.

Mit seiner Zeichenpraxis nach dem Motto »Fortschreiten ist wichtiger als Fortschritt« hat Kasper in Dänemark schon bei Zehntausenden von Menschen die Begeisterung für das Zeichnen geweckt. Das von ihm verschriebene Kichern, Lächeln, Lachen und Wohlfühlen lässt Dopamin auf unsere Nervenverknüpfungen herabregnen, aktiviert die Oligodendrozyten, damit sie mit ihrem Myelin unsere Neuronen umarmen, und stärkt damit die Verknüpfungen der Nervenbahnen.

In jeder Kunst gibt es eine Reihe zentraler Bewegungen, die insgesamt ein Werkzeugarsenal bilden, mit dem sich etwas ausdrücken lässt. Wenn du eine Fertigkeit erlernst, solltest du nicht zu streng mit dir selbst sein.[31] Humor und ein klein wenig Selbstironie sind deine Superkräfte beim Lernen neuer Dinge.

Welche Erfahrungen wir unserem Gehirn bieten, damit es neue Verknüpfungen herstellen und Nervenbahnen stärken kann, und wie wir das Leben *erschaffen*, das wir führen wollen, liegt an uns selbst. Aber das ist einfacher gesagt als getan, beispielsweise wenn du mit Problemen kämpfst, die du tatsächlich nicht unter Kontrolle hast, wie Krankheiten oder Betreuungspflichten. Dennoch, wenn wir jetzt mehr in die Tiefe gehen, möchte ich, dass du die Idee mitnimmst, das Leben zu *erschaffen*, das du führen möchtest – selbst wenn du jeden Tag nur ein paar kurze Augenblicke daran denkst. Von nun an wird noch viel mehr von *Bewegung* die Rede sein. Ich möchte, dass du dich *bewegst*. Du wirst den Eindruck haben, dass mein Glaubenssatz »Alles ist Bewegung« sich nach einiger Zeit ständig wiederholt. Aber am Ende wirst du den Sinn dahinter sehen, das verspreche ich dir. Also, vertrau mir.

Flow-Trigger: Anreger und Auslöser auf dem Weg

Lass mich dir verraten, was ich als Flow-Trigger, also Anreger und Auslöser, bezeichne, die dir als Richtungsweiser auf dem Weg zum Flow dienen können. Meine Freunde und die Kolleginnen und Kollegen im Elfenbeinturm der Wissenschaft halten das vielleicht für zu einfach. Andererseits braucht aber eben vieles von dem, was wir in der Wissenschaft tun, eine Übersetzung und Interpretation, damit wirklich jeder es anwenden kann. Genau die liefere ich hier und bin mir dessen sehr bewusst. Also los.

Meistens sind wir in Gewohnheitsschleifen gefangen, und das ist der Grund, warum wir immer wieder das Gleiche tun.[32–34] Mit Gedanken verhält es sich genauso: In der Regel kreisen sie in den Bahnen, die unsere Denkgewohnheiten vorgeben. Miquel Tortella, mein Professor für klinische Psychologie, pflegte zu sagen: »Der beste Indikator für zukünftiges Verhalten ist früheres Verhalten.«

Für einen Wissenschaftler mittleren Alters mit wachsendem Taillenumfang ist es beispielsweise eine allabendliche Gewohnheit, die Knie zu beugen, eine Hand auszustrecken und dann das Hinterteil auf das Sofa fallen zu lassen. Und genau dort bleibt es während des ganzen weiteren Abends. In dieser Zeit wiederholen auch die Hände ganz bestimmte Bewegungen: Sie zappen auf der Fernbedienung, wischen über das Telefon, führen Essen und Trinken vom Tisch zum Mund. Damit es zu solchen Handlungen kommen kann, beispielsweise den Arm auszustrecken und auf dem Tisch nach einem Donut zu greifen, muss in Gehirn und Körper eine recht lange Kette von Ereignissen stattfinden, und die setzt sich fort, wenn die Hand den Donut zum Mund führt. Solche Greifbewegungen, mit denen wir uns den Donutgenuss verschaffen, sind in unserem motorischen System als »motorisches Programm« codiert, also festgeschrieben, und hängen davon ab, nach was für einem Gegenstand wir greifen. Für alle

Bewegungen, die wir ausführen, hat unser Gehirn seine Programme. Besonders gut ausgearbeitet sind sie für Bewegungen, die wir häufig geübt haben, wie das Greifen nach Donuts. Motorische Programme bestehen aus vielen »motorischen Befehlen«, wobei es sich im Wesentlichen um all die kleinen elektrischen Impulse handelt, die im Rahmen der Nervenkommunikation zwischen den Neuronen hin und her wandern. Wenn wir nach einem Apfel greifen, nimmt unsere Hand automatisch eine andere Form ein als beim Griff nach einem Donut. Unser Gehirn sorgt nämlich dafür, dass die motorischen Befehle des Programms zum Greifen in der richtigen Reihenfolge erteilt werden, die langen Motoneuronen unseres Stammhirns erreichen (das sind Nervenzellen, die mit den Muskeln verbunden sind) und von dort zu den Muskeln im ganzen Körper wandern – in diesem Fall zur Muskulatur von Arm, Hand und Fingern.

Über ähnliche Kanäle kommunizieren Körper und Gehirn auch darüber[2], wie die Bewegung, mit welcher der Donut zum Mund geführt wird, gerade abläuft und ob wir den Krafteinsatz nachjustieren müssen, damit das Gebäck nicht auf den Fußboden fällt. Das alles geschieht bei jeder unserer Bewegungen in Sekundenbruchteilen und ohne dass wir uns dessen bewusst werden. Das Gleiche gilt, wenn ich jetzt auf der Tastatur tippe oder wenn deine Blicke sich beim Lesen über die Seite bewegen, ja selbst wenn du dir das Hörbuch anhörst; in deinem Ohr sind kleine Haare, und die bewegen sich, wenn die Schallwellen der Stimme, die es vorliest, darüberwandern. Das wiederum regt die Haarwurzeln an, kleine Wellen elektrischer Signale, die die Information transportieren, über die Nervenbahnen zu den Hörsystemen des Gehirns zu leiten. Alle diese Nervenprozesse laufen ab, weil *Bewegung* stattfindet. Bewegung ist alles.[35]

Wie kommen solche Alltagsbewegungen in Gang? Wie wir in Kapitel 3 erfahren haben, gibt es bestimmte Auslöser für die Gewohnheitsschleife. Die Faktoren, die all die Handlungen unseres Wissenschaftlers im mittleren Alter mit wachsender Taillenweite auslösen, sind zum Beispiel der Anblick des Sofas (das Ruhe verspricht) das Gefühl der Fernbedienung in der Hand (das Spannung auf dem flackernden Bildschirm verspricht) oder der Anblick und Geruch des Donuts (der

Vergnügen verspricht). Solche Gewohnheitsschleifen laufen den ganzen Abend über ab und auch an allen anderen Abenden im Leben des Wissenschaftlers mit der wachsenden Taillenweite.

Es sei denn, er unterbricht die Schleife, beispielsweise indem er stattdessen die Gewohnheitsschleife einer künstlerischen Tätigkeit in Gang setzt.

Um die Teufelskreise der Gewohnheit zu durchbrechen, müssen wir uns bewegen. Insbesondere müssen wir etwas *Neues* tun, uns selbst auf einen neuen Weg begeben. Das ist der schwierigste Teil. Dass ich diese erste Tat, die alles verändert, nicht für dich vollziehen kann, liegt auf der Hand. Der Mensch, der die erste Bewegung vollzieht, musst *wirklich du sein.*

Der beste Weg, um eine Handlung in Gang zu setzen, ist ein Flow-Trigger – ein (neuer!) Auslöser. Den ersten Schritt kann ich nicht für dich tun, aber ich kann dir Ideen für Flow-Trigger vermitteln, die du dann selbst gestalten und umsetzen kannst, wie du es für deine Kunstform oder kreative Tätigkeit brauchst.

Wir modernen Menschen sind bereits jeden Tag ständig von Auslösern umgeben. Der Wecker sorgt morgens dafür, dass wir uns aufraffen und auf die Beine kommen. Der Anblick von Waschbecken und Zahnbürste ist für uns der Trigger, nach der Zahnbürste zu greifen, die Zähne zu putzen und das Gesicht zu waschen. Kirchenglocken oder der Adhan von der Moschee laden zum Gebet ein. Der Kalender auf dem Handy erinnert uns mit einem Alarm daran, einen Freund anzurufen, zum Arzt zu gehen, einem Geburtstagskind zu gratulieren. Um neue Gewohnheiten zu schaffen, strukturiere die auftretenden Flow-Trigger so, dass sie dich zu Zeitpunkten, zu denen du sonst in schlechte Gewohnheitsschleifen verfallen würdest, in eine neue Richtung lenken. Das kann etwas so Simples sein, wie den Staubsauger aus dem Schrank zu holen, damit sein Anblick dich veranlasst, Staub zu saugen (und wenn es nur ein Zimmer ist). Fang klein an. Ein Flow-Trigger sollte ein grundlegender Anhaltspunkt sein, von dem du dir vorstellen kannst, dass du danach mit deiner Kunst beginnst. Das wird dir helfen, dich selbst zu einem »neugiergetriebenen Schöpfer« anstelle eines »prüfungsgetriebenen Lernenden« zu machen![36]

Der neugiergetriebene Schöpfer

Das Modell des »Interest Driven Creator« ist ein neues Bildungskonzept aus Asien.[37] Ihm liegt ein bestimmtes Denken über Lernmotivation zugrunde, insofern diese Motivation weg von äußeren Belohnungen (zum Beispiel Prüfungsnoten) hin zu intrinsischen Belohnungen (der Freude und Befriedigung, die wir erfahren, wenn wir unseren eigenen Vorstellungen folgen und kreativ werden können) verschoben wird. Erinnere dich an das Prinzip des Wohlfühl-Wollens; arbeite daran, etwas *gerne* zu tun, *während* du es tust. In diesem Kapitel wollen wir der Frage nachgehen, wie sich diese Idee über das Schulzimmer hinaus auf unser Alltagsleben übertragen lässt. Einer der wichtigsten Aspekte zur Umsetzung dieses Ansatzes ist zum Beispiel die bewusste Nutzung von Auslösern in unserer Umgebung. Sie übernehmen dann die Aufgabe, Gewohnheiten zu triggern, und verhelfen uns so zu Verhaltensweisen, mit denen wir jene Gewohnheitspfade stärken, die wir auch wirklich stärken wollen.

Werde also zum Detektiv im Dienste deiner neuen künstlerischen Gewohnheiten und führe dir Auslöser vor Augen, die dich veranlassen, mit einer künstlerischen Tätigkeit zu beginnen. Stelle irgendwo in deinem Zimmer, deinem Büro oder deiner Küche einen »Altar« auf, der dich im Zusammenhang mit deiner Kunst zu einer bestimmten Tätigkeit veranlasst. Der Künstler Kasper Købke hat ein ganzes Atelier mit Leinwänden, Farben und Zeichenkohle. Aber das brauchst du gar nicht. Weniger ist mehr. Es reicht, wenn du ein besonderes Federmäppchen, einen schönen Handarbeitsbeutel oder eine Tangotasche hast, die deine unentbehrlichen Utensilien enthält; beim Üben solltest du sie in deiner Nähe haben, sodass dieser Auslöser zuverlässig mit deinen Erinnerungssystemen und deinen guten Gefühlen des Flow verwoben ist. Nach einiger Zeit und mehreren Wiederholungen wird dieser Flow-Trigger zu dem Auslöser werden, der alle Gewohnheitsschleifen deiner Kunst in Gang setzt und in deinem Leben eine große Veränderung mit sich bringt. Ich lackiere mir seit über zehn Jahren den Nagel meines kleinen Fingers rot. Das ist ein Flow-Trigger. Wofür, verrate ich nicht – das ist privat. Eines kann ich dir aber sagen: Dieser winzige Auslöser ist seither wie ein Tsunami durch mein Leben gefegt und hat es zum Besseren verändert. Dabei gab und gibt es viele Fehl- und Neuversuche, und das wird auch immer so bleiben. Aber das Gute ist: Der rote Nagel ist immer da, eine kleine Erinnerung, die mich etwas tun lässt.

Einen anderen Flow-Trigger, den ich früher verwendete, habe ich in Kapitel 3 erwähnt: die glitzernden Tango-Argentino-Schuhe im roten Satinbeutel. Tagsüber bewahrte ich sie in meiner Arbeitstasche auf, die neben meinen Beinen unter dem Tisch stand. Jedes Mal, wenn mein Geist träge wurde, blickte ich nach unten: Ich ließ die Tasche immer absichtlich einen Spaltbreit offen, sodass die Schuhe mich rot glitzernd ans Tangotanzen erinnerten. Sofort gab mir das einen Motivationsschub, der mich abends hinaus in die eisige Londoner Winternacht trieb, um meine schlechte Stimmung wegzutanzen.

Aber wie habe ich die Bewegungen des Tango Argentino *gelernt*? Wie habe ich die Fertigkeit entwickelt?

Alles ist Bewegung

Hast du dich jemals gefragt, wie wir uns an Bewegungen erinnern? Was ich während meines Studiums der Psychologie und Neurowissenschaft lernte, war für mich als Tänzerin überraschend. Bewegungen werden von unserem Gehirn geplant, entstehen also letztlich in unserem Gehirn. Alle Bewegungen. Als Tänzerin hatte ich immer angenommen, Bewegungen würden irgendwie von unseren Muskeln erzeugt und die Muskeln hätten, nun ja, ein Gedächtnis. Ein Muskelgedächtnis. So lernen wir doch Ballettchoreografien wie *Schwanensee* und *Giselle*, oder nicht? Nein. Das »muskuläre Gedächtnis« spielt sich in Wirklichkeit im Gehirn ab und ist in Form motorischer Programme gespeichert; diese bestehen aus vielen motorischen Befehlen, und die sind nicht mehr, aber auch nicht weniger als elektrische Signale; die Erinnerung an Bewegungen liegt nicht in den Muskeln, sondern im Gehirn. Und zwar im motorischen Kortex.

»Eine Seescheide ist wie ein Professor«, sagte der Neurowissenschaftler Daniel Wolpert 2011 scherzhaft in einem TED-Vortrag. »Hat sie einmal eine gute Position gefunden, muss sie sich nicht mehr bewegen, und dann frisst sie ihr eigenes Gehirn auf.« Nach Ansicht von Wolpert und vielen Neurowissenschaftlern, die sich mit Bewegung beschäftigen, hat das Gehirn seine eigentliche Daseinsberechtigung in der *Bewegung*: Es erzeugt Bewegungen, die der Anpassung dienen und unseren Körper überleben lassen. Das Einzige, was keine Bewegung erfordert, ist die Ausscheidung, beispielsweise von Schweiß. Alles andere geschieht, weil sich unsere Muskeln zusammenziehen, und das tun sie nach den motorischen Programmen, die das Gehirn erzeugt. Nicht alle Lebewesen haben ein Gehirn. Und diejenigen, die keines haben, bewegen sich auch nicht. Ein Lächeln ist eine Bewegung. Wenn wir etwas sehen, was auf uns zukommt, bewegen sich unsere Augen. Essen – ist Bewegung. Und so weiter. Die Systeme der Homöostase, unseres Ichgefühls und der Überlebensmechanismen – alle sind an die Bewegungssysteme gekoppelt. Auch unsere Gefühle sind Bewegungen; das Lächeln eines anderen, die gerunzelte Stirn und die gerümpfte Nase sind Bewegungen, die unser Gehirn wahrnimmt. Auch unser eigener Gefühlsausdruck ist eine Bewegung des Körpers. Da alles in unserem Leben so eng an die Bewegungen in unserem Gehirn gekoppelt ist, sind sie auch für die künstlerische Praxis unglaublich wichtig. Warum? Weil unser Gehirn eine besondere Form der Magie praktiziert, wenn wir Bewegungen auf sinnvolle Weise wiederholen.

Explizites und implizites Gedächtnis

Hast du dich schon einmal gefragt, was es eigentlich bedeutet, wenn man sagt, dass etwas für uns »ganz natürlich« geworden ist? Das *explizite* Gedächtnis nutzen wir, wenn wir bewusst daran *denken*, was wir gerade tun. *Implizite* Gedächtnissysteme hingegen arbeiten unbemerkt einfach vor sich hin, wenn wir nicht mehr an etwas denken müssen: Dann ist eine Fertigkeit für uns ganz natürlich geworden. Letztlich handelt es sich dabei um einen Energiesparmechanismus des Gehirns. Wenn wir eine Bewegung oft wiederholen, geht es davon aus, dass sie eine wichtige Fertigkeit ist, die wir unbedingt brauchen. Uns angestrengt und bewusst daran zu erinnern, wie wir die Fertigkeit ausüben, ist für unser Gehirn zu aufwendig. Wie gesagt: Es verbraucht ohnehin bereits viel Energie. Deshalb schaltet es bei Bewegungen, die sich häufig wiederholen, auf den Energiesparmodus um. Sie gehen vom expliziten ins implizite Gedächtnis über. Ein wenig vereinfacht kann man sagen: Für das Gehirn sind erlernte Bewegungen nichts anderes als Gewohnheiten, nichts anderes als viele Wiederholungen des Kreislaufs Auslöser → Verhalten → Belohnung.

Dorthin wollen wir mit unserer künstlerischen Fertigkeit kommen, denn dann können wir uns auf den *Ausdruck* konzentrieren – wir können die Bewegungen unseres Körpers nutzen, um uns *auszudrücken*. Schreiben kannst du bereits, das heißt, diese motorische Fertigkeit hast du verinnerlicht, und sie ist in deinem impliziten Gedächtnis verankert.[38] Deshalb kannst du, wenn du willst, schon heute, schon jetzt mit der Kunst des expressiven Schreibens beginnen, von der wir in Kapitel 4 gesprochen haben.

Vielleicht erinnerst du dich nicht mehr daran, wie du das Schreiben oder andere Fertigkeiten gelernt hast, also wollen wir den Prozess, durch den wir bestimmte motorische Fertigkeiten erlernen, an einem Beispiel demonstrieren. Wie lernen wir eigentlich Autofahren?

Wenn wir eine *Handlung* auf bestimmte *Auslöser* hin immer und immer wieder ausführen (zum Beispiel jedes Mal in einen höheren Gang schalten, wenn das Auto zu laut aufheult) und wenn wir dafür eine *Belohnung* bekommen (das Auto hört sich wieder angenehm an), wird unser Gehirn das erkennen. Es nimmt an, dass die Handlung für uns bedeutungsvoll ist, und merkt sich den Auslöser, der unmittelbar davor kam (wie beispielsweise das Geräusch des aufheulenden Motors). Es will aber auch Energie sparen.[39–42] Wie bereits erwähnt, ist es für unser Gehirn langfristig zu anstrengend, wiederkehrende Handlungen jedes Mal bewusst auszuführen. Deshalb legt es das Wissen, wie man eine bestimmte Handlung ausführt, im impliziten Gedächtnis ab.[43–45] Dadurch werden Energiereserven frei, mit denen unser Gehirn sich auf etwas anderes konzentrieren kann, während es gleichzeitig die betreffende Fertigkeit anwendet (beispielsweise, wenn wir Auto fahren und uns dabei unterhalten). Das ist ein Vorteil, wenn es sich bei der Fertigkeit, die wir erlernen, um das Autofahren oder eine Tangobewegung handelt; ein Nachteil ist es aber, wenn die Fertigkeit darin besteht, jeden Abend Donuts zu essen. Es ist zu einer impliziten Gewohnheit geworden, und die zu durchbrechen ist schwieriger. Das ist schlecht bei übermäßigem Essen, aber gut für eine künstlerische Betätigung.

Erinnern wir uns: In der ersten Fahrstunde sah alles sehr kompliziert aus, und du konntest dich auf gar nichts anderes konzentrieren. Heute fährst du dagegen wahrscheinlich durch den dichten morgendlichen Berufsverkehr, während du Musik hörst, ein Croissant isst und mit einer Freundin redest. Den »Rest« erledigt dein implizites, prozedurales Gedächtnis. Die gleiche magische Fähigkeit unseres Gehirns wollen wir auch für unsere Kunst nutzen. Wie gesagt: Wir haben nur ein Gehirn, und das kümmert sich um alles. Es enthält keine unterschiedlichen Systeme für Alltagsbewegungen und künstlerische Bewegungen. Alles ist eins.

Angenommen, deine Lieblingskunst ist das Stricken. Wie alle Künste erfordern auch Handarbeiten Gehirnregionen, die während der Tätigkeit für die Planung, die Aufmerksamkeit und eine achtsame Konzentration verantwortlich sind. Wir führen sensorische und visuelle Informationen zusammen, speichern Informationen im Gedächtnis, koordinieren den zeitlichen Ablauf unserer Handbewegungen sehr präzise zum Rhythmus der klickenden Nadeln. Das prägt die Nervenverknüpfungen zwischen den Gehirnsystemen, und das regelmäßige (Aus-)Üben sorgt dafür, dass sie reibungslos ineinandergreifen, zusammenarbeiten und vor allem miteinander *in Verbindung* stehen. Hält eine Nadel die Wolle wie beabsichtigt fest und wir können erfolgreich eine weitere Masche stricken, fühlt es sich in unserer Brust an, als würden wir ein klein wenig aufblühen, und im Gehirn kommt ein Dopamin-Lernsignal an. So wird nach und nach die Gewohnheitsschleife gebildet.

Das neue asiatische Bildungskonzept des Interest Driven Creator, von dem auf Seite 239 die Rede war[37], bezeichnet genau dieses Gefühl des Aufblühens in unserer Brust durch solche kleinen Erfolge, wenn wir uns zufrieden und erleichtert fühlen, dass es geklappt hat, ganz wunderbar passend als »Harmoniemoment«.[36] Dieses sehr persönliche Gefühl verbindet uns dann mit der Tätigkeit, die es uns geschenkt hat, und damit schaffen wir in unserem Gedächtnis jene schwer fassbare *intrinsische* Motivation, die uns ständig wieder zu der Tätigkeit hinzieht. Wir sind nicht mehr *ergebnisgetrieben*, sondern *neugiergetrieben*.

Wie sich in einer Studie mit über 3000 Mitgliedern einer Online-Strickcommunity zeigte, fühlten sich Menschen, die häufig strickten, im Leben ruhiger und glücklicher, und auf einer Konzentrationsskala erreichten sie höhere Werte als andere aus der Community, die weniger häufig strickten.[46] Aus der Forschung wissen wir außerdem, dass Menschen, die zufrieden vor sich hin stricken, sticken oder häkeln, ein Gefühl der Erfüllung und persönlichen Verbundenheit entwickeln und die Tätigkeit etwas Identitätsstiftendes für sie bekommt.[47] Daran erkennen wir, wie Schritt für Schritt, Masche für Masche die intrinsische Motivation geschaffen wird. Und aus der Tätigkeit von Kasper Købke wissen wir, dass solche positiven Erlebnisse Endorphine auf unsere Neuronen herabregnen lassen, die Oligodendrozyten aktiv werden und das Myelin unsere Neuronen umarmt und somit das neu Erlernte festigt. In Forschungsinterviews berichten Menschen, die sich mit Handarbeit beschäftigen, darüber hinaus auch von überraschenden kognitiven Auswirkungen und Verbesserungen, und in Frankreich zeigte sich in einer Längsschnittstudie mit einer Stichprobe von 2000 Personen, dass regelmäßiges Stricken im Vergleich zu einer ganzen Reihe anderer Hobbys mit einem geringeren Risiko für Demenz und kognitiven Verfall verbunden ist.[48] Über ähnliche Befunde bei mehreren Formen der Handarbeit wie Stricken, Quilten und Häkeln wurde 2011 auch aus den Vereinigten Staaten berichtet.[49]

Sei die Bewegung, statt sie *auszuführen*!

Vereinfachen wir einmal kurz die Erkenntnisse der kognitiven Bewegungsforschung und betrachten die zwei großen Gruppen von Forschenden. Die einen, die Kognitivsten, sagen, dass das *Denken* ausreiche, um eine neue Fertigkeit zu erlernen.[50,51] Die Vertreter der anderen Seite sind überzeugt, dass es die *Ausführung* braucht.[52–55] Um eine Fertigkeit zu erlernen, musst du dich mit deinem Körper *bewegen*, du musst die Fertigkeit *verkörpern*. Dies wird im Englischen als *embodiment theory* bezeichnet. Wir werden sie hier als Verkörperung bezeichnen.

Immer wenn ich etwas über die extremste Form der kognitivistischen Sichtweise lese, muss ich an Immanuel Kant denken, den deutschen Philosophen der Aufklärung aus dem 18. Jahrhundert. »Denker« wie Kant glaubten, Menschen könnten sich in alles hineindenken und bräuchten im Grunde genommen gar keinen Körper. Unser Gehirn schwebt einfach so herum und ist wunderbar, während der Körper voller seltsamer Pulsschläge, Ausscheidungen, Öffnungen und unbegreiflicher Triebe ist, die wir besser unterdrücken sollten!

Durch wissenschaftliche Befunde aus den letzten Jahrzehnten ist mittlerweile ziemlich klar, dass die Vertreter eines solchen extremen Kognitivismus unrecht haben. Viele Forschungsergebnisse zeigen, wie Zustände des Körpers unser Gehirn beeinflussen und umgekehrt. Zumindest, was das Lernen angeht, ist es aus wissenschaftlicher Sicht wahrscheinlich richtig, dass ein gewisses Maß an »Verkörperung« hilfreich ist – diese Erkenntnis greift die Idee des neugiergetriebenen Schöpfers auf.[36, 37] Es geht darum, wie ein Verhalten, das wir tatsächlich praktizieren, unsere Gefühle und unser Selbstbewusstsein verändert. Wie gesagt: Alles ist Bewegung; deine Bewegungen machen dich zu dem, was du bist – deine Gesten, dein Lächeln und alles, womit du deine Kunst praktizierst. Natürlich ist die Diskussion zwischen Kognitivismus und Verkörperung noch lange nicht beendet; sicherlich werden weitere Forschungsarbeiten mehr Licht auf die Frage werfen und uns bald neue Erkenntnisse liefern – sowohl über das kognitive Lernen als auch über das Lernen mittels Verkörperung.[56–58] Als ehemalige Tänzerin möchte ich auf jeden Fall schon einmal eine Empfehlung aussprechen: Wenn du deine künstlerischen Fertigkeiten entwickeln willst, nutze dafür die Fähigkeit deines Gehirns, sich selbst durch *tatsächliche* Bewegungen zu optimieren.[59]

»Verkörpern« heißt, »es in deinen Körper aufzunehmen«!

Um einen künstlerischen Ausdruck zu finden, musst du dir die Techniken deiner Kunst aneignen. Ein bisschen so, wie du beim Sprachenlernen das Vokabular und die Satzstrukturen der Fremdsprache verinnerlichst. Leider basieren viele westliche Bildungssysteme noch heute auf der kognitivistischen Idee, dass Bewegung zum Lernen nicht notwendig ist; alles ist zu theoretisch. Egal, was gelernt werden soll – selbst eine Kunstform –, der Weg führt angeblich immer über die systematische Wissensvermittlung. Du sollst Dinge auswendig lernen, abstrakte Konzepte und Regeln studieren. All diese Vorgänge eben, die die präfrontalen Gehirnregionen beschäftigen, die Systeme für vernünftiges Denken und logische Problemlösung.

Könnten Künstler also vielleicht noch besser improvisieren, wenn man ihre logischen Gehirnareale mit transkranieller Magnetstimulation (TMS) noch aktiver macht? Wie sich herausgestellt hat, funktioniert das nicht. Als Forschende elektrische Ströme mittels TMS auf die präfrontalen (logikorientierten) Gehirnstrukturen einwirken ließen, improvisierten professionelle Jazzmusiker sogar schlechter.[60] Die Extra-Aktivierung des präfrontalen Kortex führte dazu, dass die Profis sich mit ihrer Kunst schlechter ausdrücken konnten; es war, als hätte man ihnen ihre tief liegenden impliziten Gedächtnisverknüpfungen, die das alles ganz natürlich machten, weggenommen. Jazzmusik-Anfänger dagegen hatten einen leichten Vorteil, wenn man ihre präfrontalen Systeme mit TMS behandelte. Das könnte bedeuten, dass Neulinge beim Spielen noch viele Regeln anwenden, sodass die Aktivierung der logischen Systeme durch TMS ihnen hilft; Profis dagegen nutzen zu dem gleichen Zweck offenbar andere neuronale Netzwerke.[61,62] Die Neulinge hatten ihre Kunst noch nicht verinnerlicht, ganz ähnlich wie ein Fahrschüler, der noch auf explizite Gedächtnissysteme zurückgreifen muss. Die Sprache des Jazz war noch nicht in ihre Gedächtnisstrukturen übergegangen. Erfahrene Künstler dagegen »lassen los« und haben nicht mehr alles unter Kontrolle.[63] Dieses »Loslassen« zeigt sich neurologisch als Dämpfung der präfrontalen Steuerungsnetzwerke, und das ist offenbar hilfreich, wenn wir uns in den Flow katapultieren wollen.[62]

Ich habe das Balletttanzen nach einem regelbasierten Ansatz gelernt. Uns wurden immer und immer wieder einzelne Bewegungen und nur diese Bewegungen beigebracht; wir lernten, sie perfekt auszuführen, und erst später fügten wir sie zu einem Tanz zusammen. Im Rückblick kommt mir diese Methode so vor, als würde man sich beim Erlernen einer neuen Sprache nur die Wörter einprägen, bis man sie alle irgendwann richtig aussprechen kann, ohne aber jemals einen sinnvollen Satz zu bilden.

Ein ganz anderer Weg zum Erlernen einer Kunst führt über intuitiven Ausdruck und Nachahmung. Vor 300.000 Jahren gab es keinen Ballett-Lehrplan, die Menschen tanzten einfach. Der unkomplizierteste Weg für unser Gehirn, eine Kunst zu erlernen, ist der, den auch Kinder nehmen.

Mit diesem intuitiven Zugang zu einer Kunstform experimentierte ich zum ersten Mal, als ich anfing, Tango Argentino zu üben. Der Unterricht sollte im Kellergewölbe einer Kirche stattfinden, nicht weit von Farringdon in London. Es war Abend, und als ich mich zum ersten Mal durch das menschenleere Stadtviertel der Kirche näherte, hörte ich eine ungewohnte, altmodische Musik, die immer lauter wurde. Ich ging die Stufen hinunter und trat in eine andere Welt ein – überall neue Auslöser mit Flow-Trigger-Potenzial! Das Licht war gedämpft, rot und golden, die Menschen trugen herrliche Kostüme und glänzende Schuhe. Ich vermute, dass das der Augenblick war, in dem mein Gehirn rot-goldene Glitzerschuhe als Flow-Trigger für den Tango abspeicherte, und ich wurde zu einer neugiergetriebenen Schöpferin.[37]

Erst nachmachen!

Die Lehrerin wies uns an, ihr zu folgen. Sie ging einfach zum Rhythmus der Musik, und wir gingen hinterher. Anfangs redete sie nicht viel. Wir machten einfach zum Klang der unbekannten Musik ihre Körperbewegungen nach. Es war faszinierend. Du weißt nicht, wohin du gehst, du gibst dir nur alle Mühe, zu folgen, tausend Fragen gehen dir durch den Kopf, aber du kannst sie nicht stellen. Das ist dein präfrontaler Kortex, der unbedingt alles rational verstehen will. Aber lassen wir kurz einmal los, *machen wir einfach nach, imitieren wir.* Irgendwann wird dir klar, dass du die Antwort auf alle diese Fragen jetzt eigentlich nicht wissen musst. Die peinlichen Gefühle am Anfang und die Angst, einen Fehler zu machen, lassen langsam nach. Man muss mit vielem Schritt halten – mit dem Rhythmus, den Fußbewegungen, den Hüften, den Armen.

Wenn du gehemmt bist, weil du deine Fertigkeit durch Nachahmung und Kopieren anderer erlernen sollst, denke bitte noch einmal nach. Nachahmung ist bei Menschen die grundlegende Form des Lernens, und eine kostbare noch dazu. Sie entwickelt sich schon früh im Leben und wird von den Schaltkreisen des tiefer liegenden Lagers 1 vollzogen. Schon wenn Kinder wenige Tage alt sind, imitieren sie das Lächeln, Stirnrunzeln und andere Gesichtsausdrücke ihrer Bezugspersonen, ohne zu wissen, was sie da eigentlich tun. Mit diesem Nachahmungsmechanismus werden wir geboren, und dafür können wir dankbar sein. Als Babys haben wir uns stundenlang damit beschäftigt, die Gesichtsausdrücke der Menschen in unserer Umgebung nachzuahmen, und irgendwann haben wir auch Bewegungen wie das Winken imitiert. Dann folgte die Nachahmung von Geräuschen: Anfangs haben wir so getan, als wären wir Papa am Telefon: Mit »bababaieblabla« haben wir nichts Bestimmtes und doch alles gleichzeitig gesagt. Tut ein Kleinkind das, sind Entwicklungspsychologen sehr glücklich, denn alle Fertigkeiten, kompliziertere Tätigkeiten zu erlernen und zu entwickeln, bauen auf dieser grundlegenden, scheinbar so einfachen Bereitschaft und Freude darüber auf, *andere nachzuahmen.*[15]

Reden, Gehen, Essen und alles, was danach kommt, basieren auf viel Ausprobieren, Beobachtung und Lernen durch Nachahmung. Nach diesem Grundprinzip lernt das Gehirn des Menschen.[64–70]

Nachdem wir 30 Minuten einfach die Bewegungen der Tangolehrerin wie in Trance oder in einer Bewegungsmeditation nachgeahmt hatten, legte sie eine kleine Pause ein und lieferte für jeden Schritt, den wir vollzogen hatten, einige Erklärungen. Dann übten wir noch einmal. Die darauffolgenden Wechselbeziehungen zwischen uns und unserer Lehrerin Raquel Greenberg basierten vollständig auf Bewegungen – es wurde kaum noch ein Wort gesprochen.

In diesem Tango-Argentino-Unterricht kam ich zum ersten Mal mit einem didaktischen System in Berührung, in dem es nicht in erster Linie um Regeln und Strukturen ging, sondern um Gefühle und Intuition. Wenn ich heute über Tango rede, fühlt es sich deshalb an, als würde meine Seele nach außen gesaugt und als würde ich mich selbst von außen betrachten. Wenn wir in einer Milonga tanzen, verabscheue ich auch Spiegel im Saal, denn sie lenken nur unsere Aufmerksamkeit nach außen, und wir verlassen uns mehr auf das äußere Bild als darauf, wie harmonisch die Bewegung *sich anfühlt*. Hin und wieder kann man den Spiegel nutzen, um sich selbst zu korrigieren, aber nicht, wenn man tanzt, um eine Verbindung zu sich selbst herzustellen und sich auszudrücken. Erinnern wir uns noch einmal an die Studie, in der gezeigt wurde, dass Jazz-Berufsmusiker ihre Tätigkeit schlechter ausübten, wenn der präfrontale Kortex angeregt wurde. Es hinderte sie daran, sich tief in sich selbst zu versenken und sich von dem pulsierenden Flow in ihrem Inneren treiben zu lassen.

Du solltest also kein schlechtes Gefühl haben, wenn du intuitiv jemanden nachahmst. Im Gegenteil: Tue es immer und immer wieder! Erinnere dich daran, wie du in früheren Zeiten die Bewegungen zu »Macarena«, »Nossa – Ai Se Eu Te Pego!«, »YMCA«, »Gangnam Style« oder – warum nicht – dem Klassiker »Agadoo« von 1984 gelernt hast.[71] Sehr einfache Bewegungen zu einem Ohrwurm, den alle liebten. Und ließ der DJ im Club einen davon in den Mix einfließen, konnten alle mitmachen, alle vollführten diese gleichen einfachen Bewegungen, drückten sich dabei aber voller Genuss aus. Es gab nicht zwei Tanzende, die gleich aussahen. So einfach ist das und so wirksam. Wusstest du, dass viele berühmte Künstler Gemälde kopiert haben, bevor sie selbst welche malten? Van Gogh kopierte den »Barmherzigen Samariter« von Delacroix – aber van Goghs Version ist spiegelverkehrt, wahrscheinlich weil er sie von einem Druck abgemalt hat.[72] Delacroix arbeitete mit einer Farbpalette, die wir von Renaissancegemälden kennen (dunkles Rot, Grün, Braun, Schwarz und so weiter), van Gogh gab das gleiche Motiv in seinem eigenen charakteristischen Stil wieder; er drückte sich mit den Farben von Sonnenblumen und Heu aus, in Blau, Weiß und Hellrot.

Natürlich ist es sehr wichtig, dass wir nicht auf der Ebene des Nachäffens stehen bleiben. Das Nachahmen von Dingen, die uns gefallen, ist ein Anfang und funktioniert im Gehirn sehr gut. Irgendwann will das Gehirn jedoch weiterkommen, neue Wörter und Bedeutungen erkunden, die Grenzen ausweiten. Warum also nicht beide Wege des Lernens kombinieren? Den regelbasierten und den intuitiven, körperbasierten Weg?

Folge ihnen, aber halte dich von geistigen Fallstricken fern: Fang nicht an, von deinem Erfolg zu träumen, meide Menschen, die gegenüber deiner Kunst voreingenommen sind, und sei nicht einseitig auf Technik versessen, denn alle diese Dinge drängen dich in eine Konkurrenzkampf-ähnliche Form des Schaffens.

»Du musst schon ein bisschen besessen sein«

Angenommen, du fühlst dich schon immer zu Bleistiften, Farbe und Malpinseln hingezogen. Aber jedes Mal, wenn du dich daranmachst, etwas auf die Leinwand oder ein Stück Papier zu bringen, sieht es am Ende nicht gerade nach einem Monet aus. Dein Werk hat immer eher Ähnlichkeit mit dem eines Kindes. Du fühlst dich vielleicht wie Dalí, aber anders als in deinen lebhaften Träumen fließen durch die Striche deines Pinsels keine Uhren elegant über die Kanten von Regalen.

Der Neurowissenschaftler Vince Walsh und sein Team beschäftigen sich mit Schlaf, Gehirnstimulation und Kreativität. Im Laufe der Jahrzehnte haben sie eindeutige Befunde gesammelt: Damit du kreativ sein kannst und in deiner Kunst den Flow findest, musst du Stunden investieren, um deine Fertigkeiten zu erlernen. Sonst funktioniert es nicht. »Du musst schon ein bisschen besessen sein.« »Besessenheit« ist dabei einfach die Fähigkeit deines Gehirns, rosarote Elefanten in deinem Kopf kreisen zu lassen, aber andersherum: zu deinem Vorteil. Erinnern wir uns noch einmal an Kapitel 3: Sucht, Grübeln und Obsessionen sind Gewohnheitsschleifen in unserem Gehirn. Jetzt kannst du diese Fähigkeit unseres Gehirns, Gewohnheitskreisläufe zu schaffen, zu einem neuen Zweck nutzen und von deiner Kunst besessen sein. Aber Vorsicht: »*Todo lo que necesitas son horas y horas de pista*«, sagte Ricardo, mein zweiter Tango-Argentino-Lehrer, als ich ein wenig zu sehr allein auf die Technik versessen war: *Du brauchst einfach nur viele Stunden auf der Tanzfläche*. Damit meinte er: Übe sinnvoll und nicht mit dem Scheuklappenblick auf den Siegerpreis. Wieder einmal ging es um neugiergetriebenes Schöpfen statt prüfungsgetriebenes Lernen.

Aus der Geschichte gibt es Berichte über Menschen, die mit ihren kreativen Erkenntnissen und Kunstwerken unsere Sichtweise auf die Welt verändert haben. Oft wird dabei aber nicht gesagt, dass diese Personen ihre Erfindungen nur machen konnten, weil sie viele Stunden dafür aufgewendet haben, ihre Fertigkeiten zu verfeinern. Es gibt eine Legende über den kubistischen und surrealistischen Maler Pablo Picasso (1881–1973). An einem sonnigen Tag wurde er in einem Pariser Café von einem Fan angesprochen, der ihn um ein Autogramm auf einer Papierserviette bat – etwas anderes war im Augenblick nicht greifbar. Picasso kritzelte seinen Namen darauf und zeichnete daneben ein kleines surrealistisches Gesicht. Als Nächstes bat er den Fan um eine große Geldsumme. Der Fan war empört und erklärte, es sei doch nur eine Serviette mit ein wenig Gekritzel. Picasso lächelte und steckte sich die Serviette in die eigene Tasche. In Richtung des Fans murmelte er, er habe ein ganzes Leben gebraucht, um zu lernen, wie man genau so »kritzelt«.[73]

Während meiner Arbeit am University College London veranstaltete die Nationalgalerie, nur wenige Haltestellen von der U-Bahn-Station Russel Square entfernt, eine Sonderausstellung mit Werken des berühmten Künstlers William Turner (1775–1851). Er war ein Rebell, ein früher Impressionist, der die Kunstwelt mit wilden Meereslandschaften, verlockenden Farben und stürmischen Botschaften unter dem Firnis schockierte. In einem Ausstellungssaal lagen hinter dicken Glasscheiben mehrere kleine Notizbücher mit Gekritzel und kleinen Zeichnungen. Die daneben angebrachte Erklärung besagte, Turner habe jeden Vormittag um elf Uhr einen Zeichenkurs an der Royal Academy of Arts besucht, um zusammen mit den Studienanfängern seine Technik zu verfeinern. Während des restlichen Tages nutzte er seine Kunst, um sich auszudrücken und in den Flow zu gelangen. Wie eine Balletttänzerin, die während ihres ganzen Lebens jeden Morgen an der Stange ihre Bewegungen durchgeht – *plié, tendu, dégagé* –, wie ein Musiker, der seine Tonleitern übt, und die Schauspielerin, die Sprech- und Atemübungen macht. Solche Bewegungen werden zu einem Teil ihres Ichgefühls. Mich bringen die Bewegungen des Balletts, die ich über viele Jahre und Gefühle hinweg wiederholt habe, immer wieder zu mir selbst zurück. Sie sind *ich*.

William James, der Vater der Psychologie, hat einmal gesagt: Wir sind nichts anderes als ein Haufen von Gewohnheiten. Um das zu werden, was wir sein wollen, müssen wir wie besessen üben. Möchtest du zum Beispiel über das Zeichnen den Flow finden? Dann übe! Und sorge dafür, dass es dir Spaß macht.

All diese Beispiele zeigen, wie viel wichtiger das Fortschreiten ist als der Fortschritt. Auf diese Weise, dank stundenlanger bewusster Ausdrucksübungen, bringt das Gehirn einen Künstler hervor, und diese Veränderungen sind auch auf neuronaler Ebene zu sehen.[74,75] Auch hier geht es wieder um Gewohnheitsschleifen und um Handlungen, die in unserem impliziten Gedächtnis codiert werden und somit für uns vollkommen natürlich werden.

Natürlich ist es neben dem Üben auch wichtig, Pausen zu machen – Zeit zu haben, in der das Gehirn die impliziten Verknüpfungen herstellen kann; das hat auch Csíkszentmihályi, der Vater der Flow-Forschung, immer wieder unterstrichen.[76,77] Ebenso ist es wichtig, gut zu schlafen.[78–80] Die im Schlaf einsetzenden, sehr langsamen Gehirnwellen tragen dazu bei, dass wir ein wenig kreativer werden.[81] Vor allem aber gilt, was Vince Walsh in seinem TEDx-Vortrag sagte: Übe immer weiter, Stunde um Stunde.[82]

Nutze deine Fantasie, um neue Fertigkeiten zu lernen

»Setz dich gerade hin!« ist eine schlechte Anweisung. Du ziehst die Schultern zurück, bringst die Hüften in eine unnatürliche Stellung, ziehst das Kinn nach hinten und stauchst deine Halswirbel. Dein ganzer Körper ist angespannt, und vermutlich hältst du auch noch die Luft an, damit der Rücken schön gerade aussieht. Wenn ich sage: »Stell dir vor, ich würde dich an den Haaren vorsichtig nach oben ziehen«, bewegt sich deine Wirbelsäule leicht aufwärts, wobei ihre natürliche Krümmung berücksichtigt wird, während deine Schulterblätter intuitiv nach unten und hinten wandern. Wie kleine Flügel legen sie sich majestätisch in deinem Rücken an. Du atmest ein und erreichst schließlich eine aufrechte Haltung, die sich richtig anfühlt: welcher Lohn! Das alles funktioniert, weil dein Gehirn bereits genau weiß, wie es sich anfühlt, wenn jemand dich an den Haaren sanft nach oben zieht. Du brauchst nicht mühevoll alle motorischen Programme zusammenzusuchen, damit die Bewegung zustande kommt.[83,84]

In den letzten Jahrzehnten ist das Bewusstsein dafür, wie nützlich bildliche Vorstellungen beim Unterrichten körperlicher Tätigkeiten[85] wie Sport oder Kunst sind, stetig gewachsen.[86–89] Die Neurowissenschaft hat herausgefunden, was Künstlerinnen und Künstler vermutlich schon immer wussten: Wenn der Geist seinen Flow entlang eines mentalen Bilds der Bewegung findet, die wir ausführen wollen, lernen wir besser.

In Kapitel 3 habe ich berichtet, wie ich durch Zufall das Zeichnen für mich entdeckt habe und wie Kopieren und Nachzeichnen mir anfangs bei dieser Tätigkeit geholfen haben. Ich war ein klein wenig besessen, und bald wurde mir klar, dass ich in den Zeichnungen manches abwandeln wollte; das Kopieren machte zwar Spaß, es reichte mir aber nicht. Vermutlich hatte mein neugiergetriebenes Schöpferinnengehirn seine kleinen Erfolge bereits gehabt, empfand »Harmonie« und wollte jetzt erreichen, dass die Betätigung *für mich* mehr Bedeutung und Sinn hatte, indem ich mich selbst ausdrückte.

Ich legte das Papier auf den Tisch und zog die Linien, die zu Tänzerinnen wurden, Tänzerinnen, die sich wie durch Magie plötzlich auf dem Papier bewegten. Die ganze Zeit hatte ich vor meinem inneren Auge die Bilder der Tänzerinnen, wie sie für mich aussehen sollten – meine Fantasie ließ die motorischen Programme in meinem Gehirn laufen, bevor ich einen einzigen Strich gezeichnet hatte. Bleistift, Radiergummi, Bleistift. Mehr Bleistift. Ich zeichnete bis Mitternacht. Da waren nur ich, meine Schreibtischlampe und das weiße Papier, das jetzt kein Papier mehr war, sondern ein Tor zur dreidimensionalen Welt der Tänzerinnen, des Tanzunterrichts, der Bewegungen von Freude, Traurigkeit, Wut, Überraschung, Angst und wieder Freude ... Kann man Gefühle *zeichnen*? Scheint ganz so. Ich wusste, dass ich Gefühle *tanzen* konnte, aber sie zu zeichnen war für mich etwas Neues. Plötzlich fielen mir Gefühle und Erinnerungen aus meinem Leben ein, die ich vollkommen vergessen hatte. Es war, als würde ich in den Zeichnungen das Gefühl für »mich« finden. Für eine Vergangenheit und ein sehr glückliches Ich, das vollkommen im Einklang mit mir selbst und meiner Umgebung stand.

Geschichten zu erzählen (die visuelle Darstellung persönlicher Meinungen, Gefühle und Fantasien), während du deine Kunst übst und dich damit ausdrückst, ist von seinem Wesen her nicht nur für unser Gehirn lohnend, sondern auch für den Körper. Endorphine durchströmen uns in großer Menge, veranlassen das Myelin, die Neuronen zu umarmen, und erzeugen in unserem Körper ein positives Signal, sodass wir bei der Stange bleiben. Das Erzählen von Geschichten steht auch im Zusammenhang mit tiefer liegenden Nervensystemen, die Bewegungen über automatische Prozesse verbessern, etwa durch Gewohnheitsschleifen, die wir schon vor langer Zeit angelegt haben.

Natürlich ist es in Wirklichkeit nicht ganz so einfach, und die Wissenschaft beschäftigt sich immer noch mit der Frage, wie das alles funktioniert. Eines aber zeigen schon die bisherigen Befunde: Wenn du durch Sprache, Tanz, Musik und so weiter das ausdrückst, was du fühlst und was für dich persönlich von Bedeutung ist, greifst du auf neuronale Mechanismen zurück, die offensichtlich die motorischen Befehle auf überraschend effiziente Weise verbinden.

Ein überraschender Lernfaktor: Die neuronalen Wahrnehmungs-Handlungs-Kopplungen

Künstlerische Tätigkeiten und insbesondere darstellende Künste wie Musik, Tanz und Gesang sind in höchstem Maße multisensorisch.[90–93] Das bedeutet, dass bei der Ausübung viele Sinne beteiligt sind. Diese Vereinnahmung aller Sinne bei regelmäßigen kreativen Tätigkeiten ist ein wichtiger Marker auf dem Weg zum Flow. Sind all deine Sinne mit der gegenwärtigen Tätigkeit beschäftigt, hast du gar nicht erst die Möglichkeit, an etwas anderes zu denken – was dann Platz in deinem Kopf macht für Flow. Außerdem bietet diese Verknüpfung von sinnlicher Wahrnehmung und Tätigkeit unterschiedlichen Systemen in unserem ganzen Gehirn eine Fülle von Gelegenheiten, sich mit der Bewegungssteuerung zusammenzutun und einen Groove zu finden –

dank der Wahrnehmungs-Handlungs-Kopplung (im Englischen *perception-action links*), wie es in der Wissenschaft heißt.[4–98]

Beim Menschen besteht eine eigenartige Verbindung zwischen den Gehirnsystemen auf der einen Seite, die wir zum Sprechen benutzen, und jenen auf der anderen Seite, mit denen wir uns mit Bewegungen und anderen Muskeln als denen von Mund und Kehlkopf ausdrücken, nämlich durch Gesten und Körpersprache.[99] Moderne Neurowissenschaftler wie Erich Jarvis[99] sind in Zusammenarbeit mit Evolutionsforschern der Frage nachgegangen, warum manche biologischen Arten ihre Körperbewegungen einsetzen, um sich durch Gesang, Tanz und komplizierte ästhetische Darbietungen auszudrücken, während andere Arten das nicht tun.[100,101] Zu den einzigen Tieren, die sich so verhalten, gehören neben den heutigen Menschen eine Handvoll anderer Säugetiere (Fledermäuse, Delfine, Wale, Robben, Seelöwen) und Singvögel. Warum? Diese ganz unterschiedlichen Arten hatten vor rund 300 Millionen Jahren einen gemeinsamen Vorfahren, der aber vermutlich weder sang noch Musik machte oder tanzte; außerdem sah er auch nicht entfernt so aus wie heutige Singvögel oder Menschen. Dennoch verdoppelte sich aus irgendeinem Grund eine neuronale Nervenbahn im Gehirn der Spezies, aus der später Singvögel und Menschen hervorgingen. Genauer gesagt war es die Nervenbahn, die komplizierte Stimmbewegungen des Kehlkopfes steuert. Und wie sich herausgestellt hat, nutzen Singvögel und Menschen heute genau diese neuronale Nervenbahn, wenn sie sich mit ihrem ganzen Körper durch Gesang, Musik und Tanz ausdrücken. Auch die Fähigkeit, Geräusche, Gesichtsausdrücke und Gesten nachzuahmen, ist mit den Nervenbahnen verwoben, mit denen wir unsere Bewegungen an Rhythmen anpassen – und an die Bewegungen anderer Menschen.[99,102]

Ein weiteres spannendes Beispiel für die Kopplung von Wahrnehmung und Handlung ist das Gehirn von Profisängerinnen und -sängern. Untersuchungen von Gehirnen professioneller Sänger mittels bildgebender Verfahren zeigen beispielsweise, dass der sogenannte »Fasciculus arcuatus«, eine Nervenbahn zwischen den Regionen für Hören und Motorik, bei ihnen stärker ausgeprägt ist – es sind mehr Verknüpfungen vorhanden! Wie wir in Kapitel 4 im Zusammenhang mit Traumata erfahren haben, verändert sich das Gehirn nutzungsabhängig. Die gute Nachricht lautet: Das tut es auch, wenn wir es beispielsweise zum Singen nutzen.[103,104] Kinder trainieren diese Nervenbahnen, wenn sie spontan singen, anstatt zu sprechen. Wer Kinder hat oder mit ihnen arbeitet, der kennt es bestimmt bestens, dass sie ständig ganze Sätze singen – in der Wissenschaft spricht man von *intermediate vocalizations*, der Erzeugung von »Zwischentönen«, die eben irgendwo zwischen Sprechen und Singen liegen.[105] Gerade Kinder tun das sehr gern. Wir sollten sie es einfach tun lassen, denn es bilden sich dabei in ihren Köpfen wichtige Nervenbahnen, die ihnen später im Leben zugutekommen können, wenn sie sich frei ausdrücken wollen.

Und *Rhythmus* scheint diesen Effekt zusätzlich zu fördern.

Fließen

Seal, Sänger, Stimmcoach und Juror in der zweiten Staffel der australischen Talentshow *The Voice of Australia*, hatte dem Kandidaten Nummer 9 erst wenige Sekunden zugehört, da drückte er bereits den Summer. Sein Drehstuhl fuhr herum, und er konnte dem Sänger zusehen. Tief beeindruckt beobachtete Seal, wie die kräftige Stimme des 18-jährigen Harrison Craig alle aus den Socken haute. Noch bevor das Lied zu Ende war, hatten alle vier Juroren ihren Summer gedrückt.

»Stimmen wie deine sind der Grund, warum Typen wie ich coachen wollen!«, rief Seal. »Wie heißt du?«

Schweigen.

Schließlich eine schüchterne Stimme: »Harrison Cccccraig.«

»Entschuldigung, wie ist dein Name?«, fragte Seal noch einmal.

Harrison Craig wiederholte: »Harrisssson Craig.« Und dann fügte er hinzu: »Entschuldigung, aber ich stottere.«

Schiere Verblüffung.

Harrison kann reihenweise Wörter ohne Schwierigkeiten singen. Aber wenn er die gleiche Reihe aussprechen soll, ohne die Wörter zu einem Lied zu verbinden, setzt das Stottern ein.

Mittlerweile weiß man schon seit einigen Jahrzehnten, dass Menschen, die stottern, Sätze singend ohne jedes Stottern »sprechen« können; wird der gleiche Satz dagegen ohne Gesang gesprochen, ist er mit Pausen durchsetzt.[106–109] In der 1996 erschienenen Filmkomödie *Männerpension* verliebt sich der gefährliche Häftling Hammer-Gerd Hals über Kopf. Er will ein neues Leben anfangen und künstlerischer Manager seiner Herzensdame Maren werden. Sie stottert, aber wenn sie singt, stottert sie überhaupt nicht. Gut gespielt!

Aber – es ist eben gar nicht gespielt. Bei expressiven Handlungen scheint sich irgendetwas zu verändern. Wir wachsen über uns selbst hinaus, erweitern unsere Möglichkeiten und schaffen Dinge, zu denen wir ansonsten nicht in der Lage wären. Dieser Effekt beschränkt sich nicht auf das Singen.[110]

In der britischen Talentshow *The Greatest Dancer* trat 2019 der 21-jährige Andrew auf. Vor seinem Tanz stellte seine Mutter ihn dem Publikum mit einer kleinen Videobotschaft vor, in der sie auch über sein Downsyndrom sprach. Liebevoll erzählte sie dem Publikum, mit welchem Spitznamen sie Andrew ansprach (mit »the plodder« – etwa »das Trampeltier«). Menschen mit Downsyndrom haben bekanntermaßen gewisse Schwierigkeiten mit Bewegungen und bezeichnen sich selbst häufig als unbeholfen. »Aber wenn die Musik einsetzt, ist das alles weg«, sagte sie, kurz bevor Andrews Bühnenauftritt begann.

Sein Freistiltanz zu Justin Timberlakes »Can't Stop the Feeling« bewegte das Publikum und rührte die Juroren im wahrsten Sinne des Wortes zu Tränen. Der Mann konnte tanzen! Nirgendwo war etwas Unbeholfenes zu sehen – nur flüssige, sehr ausdrucksvolle, erstaunliche Bewegungen.

Dass so etwas funktioniert, liegt offenbar an der unglaublich engen, *über den Rhythmus verlaufenden* Wahrnehmungs-Handlungs-Kopplung, von der wir schon gesprochen haben.

Rhythm Is It – alles Rhythmus oder was?

Die wissenschaftliche Erforschung der Wirkung von Rhythmus auf die Verbindungen zwischen Gehirn und Körper lernte ich durch Professor Antoni Rodríguez-Fornells kennen, einen katalanischen Neurowissenschaftler von der Universität Barcelona. Er berichtete auf einer der ersten wissenschaftlichen Tagungen, an denen ich teilnahm, der

Music, Mind and Brain Conference im Jahr 2011 in Edinburgh[111], über die Forschungsarbeiten seiner Arbeitsgruppe an Schlaganfallpatienten.[112] Zu den größten Problemen nach einem Schlaganfall gehört die Einschränkung der Bewegungsfähigkeit, und es sieht so aus, als könne Rhythmus dazu beitragen, sie wieder herzustellen!

Professor Rodríguez-Fornells zeigte Videoaufnahmen von Schlaganfallopfern, denen man ein elektronisches Klavier und ein elektronisches Drum-Pad zum Spielen gegeben hatte. Man brachte ihnen ganz bestimmte einfache Rhythmen bei, die sie jeden Tag üben sollten. Nach einigen Wochen stellte sich mit dieser musikgestützten Schlaganfalltherapie ein erstaunlicher Rehabilitationseffekt ein. Neben einer Stärkung der Nervenbahnen im Gehirn kehrte auch die Funktion der Hand, die durch den Schlaganfall geschädigt war, zurück.

Warum ist Musik für die Wiederherstellung motorischer Fähigkeiten eine so große Hilfe? Anscheinend lässt sich alles auf den Rhythmus zurückführen.

Unser Gehirn sucht in seiner Umgebung nach Regelmäßigkeiten. Wenn aus einem Lautsprecher in unserer Nähe ein regelmäßiger Beat dringt, ahmen die Hörsysteme unseres Gehirns ihn nach. Hört der Beat plötzlich auf, *simulieren* die elektrischen Wellen des Gehirns ihn noch eine Zeit lang weiter. Ein Neugeborenes tut das Gleiche bereits wenige Stunden nach der Geburt – es handelt sich also um eine angeborene Fähigkeit.[113,114] Die Vorhersagemaschine zwischen unseren Ohren simuliert den nächsten Schlag, und das wirkt auf unsere motorischen Systeme aus irgendeinem Grund wie ein Auslöser, der sie zum Handeln anregt. Genau um diese Fähigkeit geht es in den Forschungsarbeiten von Erich Jarvis und anderen, die ich zuvor in diesem Kapitel im Zusammenhang mit der Ausdrucksfähigkeit erwähnt habe. In der vergleichenden Psychologie hat man versucht, eine solche Kopplung nicht nur bei Menschen, sondern auch bei anderen Primaten zu finden – aber die besitzen nicht die langen Ganglien (Nervenzellen) dieser besonderen Art, die Ohren und Beine verbinden![115–119] Nur beim Menschen und einer Handvoll anderer Säugetiere gibt es die Nervenbahnen, die eine solche Wahrnehmungs-Handlungs-Kopplung möglich machen. Hinzu kommen einige Arten, die keine Säugetiere sind:

Singvögel, Papageien und Kolibris. Das Gehirn aller anderen Arten ist für Rhythmus »blind«.

Rhythmus verbindet die Bewegungen unseres ganzen Körpers durch die Kopplung von Wahrnehmung und Handlung zu einer fließenden Bewegung. Unsere Sinnessysteme sind mit den motorischen Systemen verknüpft, und die wiederum stehen in Verbindung mit unserem gesamten Körper einschließlich der großen Muskeln. Deshalb können wir zu einem Rhythmus den Kopf wiegen, mit dem Fuß aufstampfen oder klatschen.[115–119]

In den Experimenten von Professor Rodríguez-Fornells und seiner Arbeitsgruppe taten die Patientinnen und Patienten genau das, was nur so wenige andere Arten können: Sie synchronisierten ihre Bewegungen dank der audio-motorischen Kopplung in ihrem Gehirn mit einem externen Rhythmus, ohne viel darüber nachzudenken. Dabei bildeten sich langsam die Nervenverknüpfungen neu, und die Gliedmaßen wurden bis zu einem gewissen Grad wieder funktionsfähig.

Wenn man zu viel darüber nachdenkt, steht uns der präfrontale Kortex mit seinen Vernunftmechanismen im Weg. Wenn du dich durch deine Bewegungen mit der Musik verbindest, die du liebst, gelangst du wieder wie ein Kind zu einer intuitiven Interaktion mit dem Rhythmus.[120]

In den 2010er-Jahren weiteten die Arbeitsgruppe von Professor Rodríguez-Fornells[121] und andere[122,123] jene Forschungsprogramme aus, in denen sich bei Schlaganfallopfern eine beträchtliche Verbesserung der Bewegungsfähigkeit zeigte.[124] Schon wenn sie nach einem Schlaganfall jeden Tag Musik hörten, verbesserten sich verschiedene Genesungsmerkmale, darunter sowohl kognitive Funktionen wie das Wortgedächtnis als auch die Stimmungslage.[125] Im Zweifelsfall solltest du also Musik auflegen, insbesondere wenn du mit deiner Kunst kreativ wirst, ganz gleich, ob es sich dabei um Tanz, Gesang, Zeichnen oder Stricken handelt. Als Taktgeber für deine Tätigkeit kannst du ein einfaches Metronom verwenden.

Wenn du das Gedicht »In der Eisenbahn« von Robert Louis Stevenson laut vorliest, wirst du feststellen, dass deine Stimme beim Sprechen zum Rhythmus eines alten Dampfzuges passt. Dichter können deinen Geist mit unterschiedlichen Kunstgriffen fesseln[126], so mit der Verdopplung[127] (zum Beispiel mit Wörtern wie »chiffchaff«) oder durch parallelistische Stilfiguren.[128,129] Sie können zum Beispiel Reime an die Zeilenenden stellen (wie in Stevensons Gedicht, wo sich »Feen« und »Seen« reimen). Oder sie wählen bestimmte Wörter mit einer Mischung aus unbetonten und betonten Silben aus (wie »da DUM da DUM da DUM), durch die jeder Satz ein Versmaß bekommt (in diesem Fall das »jambische«). Wenn du die einzelnen Zeilen liest, verfällt deine Stimme auf diese Weise sehr schnell in den Rhythmus einer Dampflokomotive. Der Rhythmus kann deinem Gehirn sogar helfen, das Gedicht auswendig zu lernen.[130] Und dann kannst du als Hobbyschauspielerin deine ganze Ausdruckskraft hineinlegen, den Zug nachmachen, der Zug *werden*. Warum sagst du nicht Gedichte auf, während du durch den morgendlichen Verkehr mit dem Fahrrad zur Arbeit fährst, statt über die idiotischen Autofahrer nachzugrübeln? Alles, worauf du dich konzentrierst, wächst. Was soll lieber in deinem Kopf wachsen: Ärger oder ein schönes Gedicht? Viele Forschungsinstitute haben sich mit der Frage beschäftigt, welche eigenartigen Auswirkungen die parallelistische Wortwahl von Dichtern auf das Gehirn hat. Es liebt sie einfach![129,131]

Auch Kinder mit verzögerter Sprachentwicklung, Stottern[132], Autismus[133], Downsyndrom[134], ADHS oder Tourettesyndrom[135], aber auch vernachlässigte oder missbrauchte Kinder profitieren davon, wenn neben ihnen ein Rhythmus läuft, an den sich ihr Vorhersagegehirn anhängen kann. *Rhythm Is It!* »Es ist der Rhythmus!«, sagte Sir Simon Rattle in einem Dokumentarfilm mit dem gleichen Titel, in dem es um Jugendliche mit Problemen ging. Unter der Obhut des Choreografen Royston Maldoom lernten die Kinder, zum Rhythmus der Berliner Philharmoniker sinnvolle Bewegungen auszuführen und dadurch auszudrücken, was ihnen durch den Kopf ging. »Das ist kein Luxus, sondern eine Notwendigkeit«, sagt Rattle. »Wir Menschen brauchen Rhythmus wie die Luft, die wir atmen, und das Wasser, das wir trinken.«

Weitere Forschungsarbeiten zeigen, dass auch Menschen mit anderen neurologischen Bewegungsstörungen von Musiktherapie, Tanz und Gesang profitieren.[110,136] Das gilt beispielsweise für die Parkinson-krankheit[137] und Aphasien (durch Gehirnverletzungen ausgelöste Sprachstörungen).[138,139] Sorgen wir für Lernerfahrungen mit dieser Kopplung von Wahrnehmung und Handlung, wird dabei tatsächlich das Gehirn neu strukturiert! [140] Künstlerischer Ausdruck bietet eine Gelegenheit, Nervenbahnen zu stärken, die ansonsten zu kurz kommen oder zu wenig aktiv sind. Und das verdanken wir dieser Kopplung von Wahrnehmung und Handlung im menschlichen Gehirn.

Stell dich den Hindernissen auf dem Weg zum Fortschritt

Ganz gleich, wie gut du eine Fertigkeit beherrschst: Leistungsangst kann ein Hindernis für den Flow sein. Die Forschung belegt: Wenn wir unter Stress stehen, sei es durch Konkurrenz oder durch unsere eigenen Ansprüche, scheitern wir.[141] Solche Ängste können uns ganz buchstäblich lähmen (denken wir noch einmal an das Kapitel 5: Die Angstforschung des Gitarre spielenden Professor LeDoux zeigt, dass Angst manchmal Signale aussendet, die unsere Muskeln lähmen und uns »einfrieren« lassen). Dadurch werden Fortschritte unmöglich. Tritt man mit einer Kunst öffentlich auf, liegt das auf der Hand, aber viele Menschen haben auch dann Versagensängste, wenn sie ganz allein kreativ werden.[142] Wir können uns von professionellen Künstlern, seien es Musiker und Sängerinnen oder Tänzerinnen und Schauspieler, abschauen, wie wir bei der Ausübung unserer künstlerischen Hobbys damit umgehen können.

Don Green, ein Sportpsychologe und angesehener Betreuer hochkarätiger Athleten und Künstler, hat vier wichtige Ratschläge, um die Aufmerksamkeit von der Angst wegzuholen:[143]

1. Grenzen ziehen. In Kapitel 5 habe ich dir empfohlen, deinen Sinnen, deiner Arbeit und den Menschen um dich herum Grenzen zu setzen. Damit soll gewährleistet werden, dass deine Sinne zur richtigen Zeit den richtigen Auslösern ausgesetzt sind. Mit ein wenig Übung wird es dir gelingen, eine solche Blase

um dich herum zu erzeugen, *während du deine Kunst praktizierst*. Dabei wird dir die rhythmische Wiederholung der Bewegungen, die du so gut kennst, eine Hilfe sein. Green spricht in diesem Zusammenhang von «Präsenz und Konzentration«. Berufsmusiker spielen sich manchmal mit Entschiedenheit in diese Blase hinein, indem sie Tonleitern und Teile eines Stückes üben, unmittelbar bevor sie auf die Bühne gehen. Während sie sich in der Blase befinden, sprechen und interagieren sie mit niemandem. Zugelassen sind nur die Empfindungen des Instruments auf der Haut, seine Kühle oder Wärme, die Saiten oder Tasten, das Gefühl auf der Haut, wenn ein Ton erklingt, wie er klingt, und die Bewegungen – immer die Bewegungen – sowie der Rhythmus, die zusammen dieses allumfassende Fließen erzeugen.

2. Gib dir ein Tempo vor. Denk daran, bei der neugiergetriebenen Schöpfung zu bleiben und dich auf eine Absicht zu konzentrieren, die dir bei deiner Tätigkeit *etwas bedeutet*. Werde nicht zu jemandem, der prüfungsgetrieben lernt. Besinn dich immer auf deine Absicht zurück. Warum machst du das? Was drückst du aus und warum? Eile dir nicht selbst vielleicht sogar buchstäblich voraus, sondern bestimme ein Tempo. Musiker benutzen manchmal ein Metronom, und auch Tänzerinnen haben eine Zählweise für ihre Bewegungen. Wenn du zeichnest, kannst du einen äußeren Schrittmacher verwenden, beispielsweise Musik oder ein Schlagzeugsolo, irgendetwas, das dich beim Schöpfungsprozess begleitet. Für den Flow müssen Fertigkeiten und Anforderungen im Gleichgewicht stehen. Green spricht von der »Intensität der Konzentration«; über- oder untertreibe es nicht.

3. Übe das Üben mit Ablenkungen. Du weißt selbst am besten, was dich ablenkt: der Fernseher, das Radio, Menschen, die sich unterhalten, Musik, die Leute um dich herum, dein Handy und so weiter. Übe, während du solchen Ablenkungen ausgesetzt bist. Das wird deine punktgenaue Konzentration trainieren, sodass du zu anderen Zeitpunkten darauf zurückgreifen kannst. Green spricht von der »Dauer der Konzentration«.
4. Sei mutig und gönne dir von Zeit zu Zeit eine Pause. Denk an das Ausbrüten aus Kapitel 7 und die Erkenntnisse von Vince Walsh über Kreativität und Schlaf. Ein Spaziergang in der Natur regt die Aktivität der Alphawellen an. Dieses voreingestellte Netzwerk wird hochgefahren, wenn im Kopf »Reinigungsarbeiten« notwendig sind und der »Abfall« beseitigt wird, den wir nicht mehr brauchen. Sich regelmäßig solche echten, bedeutungsvollen Auszeiten zu gönnen kann die Konzentration ganz allgemein verbessern. Green bezeichnet es als »mentale Ruhe«. Für mich ist das die schwierigste Anweisung. Jeder von uns hat schon erlebt, wie schwierig es ist, »mental ruhig« zu sein. Was genau uns dabei hilft, muss jeder für sich ausprobieren und herausfinden. Vielleicht ist es die Tätigkeit selbst, oder aber – wenn wir eine Kunst wie Zeichnen oder Stricken im Sitzen ausüben – wir müssen unserem Körper durch Tanzen, Tai-Chi, Yoga oder etwas Ähnliches ein wenig Bewegung verschaffen, damit unser bewegungssüchtiges Gehirn sich regelmäßig mit »mentaler Ruhe« entspannen kann. Auch das Bewusstsein dafür zu schärfen, dass es in Ordnung ist, anders zu sein, ist ein Weg, mentale Ruhe zu finden und sich mit Leistungsdruck auseinanderzusetzen.

Ganz großartig ist, dass wir die Inspiration dafür, wie wir uns am besten in unsere Kunst vertiefen, gar nicht lange suchen müssen: Wir finden sie – in uns selbst! Blicken wir einmal auf die letzten 300.000 Jahre, auf den *Homo sapiens,* zurück. Denn schon damals, mitten im Zentrum aller prähistorischen Menschengesellschaften, finden wir *die Künste.*

Komm mit auf diese Zeitreise und lerne das älteste Hilfsmittel der Menschheit zur Selbstregulation kennen.

Kapitel 9
Moderne Probleme, alte Lösungen?

»In der Kreativität gibt es so etwas wie Fehler nicht«, sagt John Cleese in seinem Buch *Kreativ sein und anders denken*.[1] Historikern und Archäologen zufolge wurden viele Funde, die wir heute als Kunstwerke bezeichnen, überhaupt nicht mit der Absicht geschaffen, Kunst zu sein. Sie dienten wahrscheinlich Ritualen, der Anbetung, Feiern oder dem Ausdruck von Wünschen. Heute bewundern und behandeln wir solche Schätze als wertvolle Kunstwerke – wir stellen sie in Vitrinen, aber für die Menschen, die sie schufen, war vielleicht gar nicht in erster Linie das Ergebnis von Bedeutung, sondern der *Prozess*, der (Selbst-)Ausdruck. Manche spirituellen Praktiken gingen sogar noch weiter und schrieben vor, dass das gestaltete Objekt verbrannt oder auf andere Weise zerstört werden musste, damit niemand sein Herz daran hängte. Es scheint, als habe es auch damals schon Menschen wie James Pennebaker gegeben, die predigten, die eigene Kunst niemandem zu zeigen und stattdessenden den Schaffensprozess zu würdigen und von vornherein zu planen, das Ergebnis wegzuwerfen!

Wir können diese intuitive Inspiration, etwas zu erschaffen, ohne uns um den ästhetischen (oder kommerziellen) Reiz unserer Kunst zu kümmern, wiederfinden – indem wir uns auf die Ausdrucksmöglichkeiten zurückbesinnen, die künstlerische Tätigkeiten uns bieten. So betrachtet, haben künstlerische Tätigkeiten erstaunliche Parallelen zu spirituellen Praktiken wie Ritualen, religiöser Verehrung und/oder Yogameditation. Wir haben eine *Absicht*, einen *Gedanken* oder einen *Wunsch* im Kopf – beispielsweise Anbetung, Bewunderung, Liebe –, und das bringen wir dann zum *Ausdruck*. Dieser Ausdruck kann die Form von Dichtung, Gesang, Tanz, Zeichnen oder Musizieren haben. Wie nützlich es ist, unsere Kunst regelmäßig auszuüben wie ein Gebet oder ein Mantra, wurde bereits in Kapitel 7 im Zusammenhang mit der Strategie 2 erwähnt, der Aufmerksamkeitslenkung. Was wir durch unsere Kunst alles ausdrücken können, ist grenzenlos. Wir können ein Amulett um den Hals tragen, das sowohl dekorativ ist als auch eine Bedeutung ausdrückt, wie beispielsweise die Hand der Fatima oder das blaue Auge als Schutz gegen den bösen Blick. Und so weiter. Die Beschäftigung mit den evolutionären Ursprüngen künstlerischer Verhaltensweisen kann uns helfen, Inspiration für unsere eigene künstlerische Tätigkeit zu finden und uns über die unerwarteten positiven Wirkungen unseres Höhlenmenschengehirns zu freuen.

Ende der 1930er-Jahre fand in der russischen Republik Karelien, ungefähr 200 Kilometer von der Grenze zu Finnland entfernt, eine archäologische Bergungsaktion statt.[2] Archäologen hatten auf der Insel Yuzhniy Oleniy (Hirschinsel) eine Grabstätte mit den Überresten von ungefähr 177 Personen gefunden, die rund 8000 Jahre v. Chr. gelebt haben mussten. Die Funde beschäftigen die Archäologen bis heute: Sie sind immer noch dabei, das Material zu durchkämmen, um Schritt für Schritt verworrene Knoten und Rätsel zu lösen.

Neben den Toten in den Gräbern fanden die Archäologen auch wichtige Artefakte, darunter Werkzeuge und Kleidungsstücke. Sie lieferten uns wichtige Erkenntnisse darüber, wie die Menschen vor so vielen Jahren unter Bedingungen lebten, die uns aus heutiger Sicht vollkommen undenkbar erscheinen. Trotz Kälte und aller Gefahren, die ständig um sie herum lauerten, gelang es unseren Vorfahren, zu überleben, einen klaren Kopf zu behalten und damit die Grundlagen für unsere moderne Zivilisation zu schaffen.

Auf den vorangegangenen Seiten habe ich mehrfach die Ansicht vertreten, dass Kunst das älteste Hilfsmittel zur Selbststeuerung sei, das uns Menschen zur Verfügung steht.

Was die Archäologin Dr. Riitta Rainio und ihre finnisch-russische Arbeitsgruppe an den Ausgrabungen von Yuzhniy Oleniy besonders faszinierte, waren Kleidungsstücke, in die ordentliche Reihen von Zähnen eingewoben waren, wie auf einer Kette angeordnet.[3] Diese Zähne trugen seltsame Abnutzungsspuren. Von Abnutzungsspuren sprechen Archäologen, wenn sie an ausgegrabenen Artefakten und Werkzeugen »Spurensuche« betreiben und, nun ja, darauf buchstäblich nach *Spuren* suchen.[4]

An den Elchzähnen von Yuzhniy Oleniy hatte man Spuren gefunden, die durch normale Abnutzung nicht zu erklären waren. Wie kam es, dass rund um die Zahnkronen aller Zähne derart seltsame Vertiefungen und Spitzen entstanden waren, und das auch noch so regelmäßig? Heute ist ziemlich klar nachgewiesen, dass die Menschen in prähistorischen Gesellschaften während ihrer rituellen Praktiken recht viel tanzten. Deshalb fragten sich die Archäologen: Könnten die Spuren entstanden sein, weil die Zähne beim Tanz immer wieder aneinander kratzten, scheuerten und schlugen?

Und so kam es, dass Riitta in buchstäblich altertümlicher, wunderbar mit Elchzähnen geschmückter Kleidung tanzte. Den faszinierenden Tanz, den sie in Zusammenarbeit mit dem Künstler Juha Valkeapää entwickelt hatte, kann man auf YouTube bewundern. Und die Abnutzungsspuren, die Riitta mit ihrem nachgestellten prähistorischen Tanz an den Elchzähnen erzeugte, bestätigten die Hypothese: Die Spuren an heutigen Elchzähnen sahen genauso aus wie jene, die 8000 Jahre alt waren. Der Unterschied bestand nur darin, dass die Spuren an den alten Zähnen viel tiefer waren, was vermuten lässt, dass die prähistorischen Menschen mit ihren Steinzeitrasseln viel länger getanzt hatten als Riitta.

Die Geräuschkulisse, die Riitta mit ihrem Tanz erzeugte, war für die Archäologen eine Überraschung. Eigentlich hatten sie nur vorgehabt, nach dem Tanz die Zähne auf Spuren zu untersuchen, aber nach ihrem Auftritt sagte die Archäologin, das Geräusch der Steinzeitklapper habe es »einfacher gemacht, in die Klanglandschaft einzutauchen, sodass am Ende Klang und Rhythmus die Kontrolle über deine Bewegungen übernehmen. Es ist, als würde die Tänzerin während des Tanzes von jemandem geführt.« Damit waren die Archäologen nicht nur der Beantwortung der Frage, wie Steinzeittänze aussahen, ein Stück näher gekommen, sondern man wusste nun auch, wie sie *klangen*. Das Einssein mit dem Rhythmus und das aus dem Tanz erwachsende Verbundenheitsgefühl legen die Vermutung nahe, dass Geräusch und

Bewegung zu dem kreativen Ausdruck gehörten, der auf den Zähnen die Spuren hinterlassen hatte.

Die Elchzähne, die auf Yuzhniy Oleniy zur Anregung für Tänze wurden, sind ungefähr 8000 Jahre alt – aber wenn wir wissen wollen, wo die Kreativität geboren wurde, müssen wir noch weiter in die Vergangenheit gehen. Unsere Spezies, der *Homo sapiens*, ist in seiner heutigen Form ungefähr 300.000 Jahre alt. Systematische Schriften, aus denen wir Rückschlüsse über das Leben und die Tätigkeiten unserer Vorfahren ziehen können, gibt es weltweit aber erst ab ungefähr 300 bis 500 n. Chr., und selbst diese liegen nur in Fragmenten vor. Noch weiter in die Geschichte zurückblicken können wir aber glücklicherweise mit archäologischen Ausgrabungen, und darin finden wir Hinweise für den kreativen Ausdruck von Menschen, die weit älter sind als alle Aufzeichnungen.

Nach Auffassung mancher Archäologen kam es vor rund 35.000 bis 45.000 Jahren zu einer Art »kognitiver Revolution«, die unsere Kognitionssysteme so veränderte, dass eine kulturelle Revolution möglich wurde.[5] Diese Vermutung wird vor allem damit begründet, dass die Zahl der archäologischen Funde – Werkzeuge und künstlerische Artefakte – nach dieser Zeit explosionsartig zunimmt; so stammen beispielsweise die möglicherweise ersten Knochenflöten aus der Zeit von vor 35.000 Jahren.[6] Ob unsere Spezies durch irgendeine Veränderung, die sich zu jener Zeit abspielte, plötzlich besonders gut Kunstwerke und Werkzeuge herstellen konnte, wissen wir nicht mit Sicherheit.[7] Vielleicht haben wir auch einfach noch keine älteren Artefakte gefunden, oder die Überreste wurden zerstört. Oder unsere Vorfahren taten, was Menschen so gut können: Sie lernten voneinander[8,9], wie man sich durch Kunst ausdrücken kann, sodass nicht jede Generation das Rad (oder den Malpinsel) neu erfinden musste.

In der Blombos-Höhle in Südafrika fand man Hinweise auf die erste abstrakte »Malerei« der Welt. Dieses prähistorische »Gekritzel«[10] stammt aus der Zeit von vor 73.000 Jahren und zeigt, dass schon unsere Vorfahren Farben benutzten, um Dinge zu verzieren[11,12] und sich selbst auszudrücken, lange bevor Kandinsky 1911 mit seinem Gemälde

»Bild mit Kreis« den Startschuss für die zeitgenössische abstrakte Kunst gab.

Aber wir können noch weiter in die Vergangenheit vordringen: In einer Höhle nicht weit von Taforalt in Marokko fanden Archäologen 82.000 Jahre alte Muschelschalen[13], die wie kleine Perlen aussehen. Auch hier zeigt die archäologische Spurensuche mehr, als man mit bloßem Auge erkennt: Die Perlen haben Löcher und tragen auf der Außenseite Farbreste. Waren sie vielleicht rot bemalt? Oder wurden sie wie Schmuck an einer Schnur getragen und rieben an gefärbtem Material, beispielsweise an Tierhäuten oder Gewebe? Möglicherweise handelt es sich um einen der ältesten Beweise dafür, dass Menschen schon frühzeitig Spaß an Körperschmuck hatten.[11]

Mit immer raffinierteren technischen Mitteln bringen die Archäologen ständig neue verborgene Schätze früherer Zivilisationen ans Licht. Damit gewinnen wir nicht nur neue Erkenntnisse über Werkzeuge, Ernährung und die Behausungen, in denen unsere Vorfahren während dieser vielen Zehntausend Jahre lebten; eine wichtige »Klasse« von Objekten, die Archäologinnen immer wieder entdecken, sind auch künstlerisch gestaltete Gegenstände. Das Wort »Klasse« habe ich in Anführungszeichen gesetzt, weil ich möchte, dass wir in der Frage, was »Kunst« ausmacht, unvoreingenommen sind. Die Grenzen sind fließend. Der Versuch, zu definieren, was Kunst ist und was nicht, treibt Künstler, Forschende und alle anderen zur Verzweiflung. So sind dicke Bücher über archäologische Funde entstanden. Wann ist etwas »nur« ein Werkzeug, wann ist es Kunst, und worin besteht der Unterschied? Und wie verhält es sich, wenn eine Waffe (das heißt ein Werkzeug) künstlerische Verzierungen trägt? Dann ist der Gegenstand sowohl ein Werkzeug als auch ein Kunstwerk – und wo liegt dann die Grenze zum Spirituellen? Zeigen die Strichfiguren auf einer Vase eine Kriegsszene, oder erheben sie die Waffen im Rahmen eines Tanzes?[14–16] Natürlich sah die Beschäftigung mit dem, was wir heute »Kunst« nennen, in prähistorischer Zeit ganz anders aus als heutige künstlerische Arbeit, aber die archäologischen Funde zeigen, dass sich Menschen, soweit wir in die Vergangenheit zurückblicken können, immer um kreativen Ausdruck bemüht haben.

Erste Anzeichen für symbolisches Denken

Manche dieser uralten Kunstgegenstände zeigen, dass Kunst für unsere Vorfahren nicht nur ein Mittel des kreativen Ausdrucks war, sondern dass sie damit auch abstrakte Ideen vermittelten. Einer der ältesten bekannten Belege für die »rituelle Bestattung« von Menschen fand man in der Skhul-Höhle im Karmel-Gebirge, unmittelbar südlich der heutigen Stadt Haifa in Israel. Die Stätte ist 132.000 Jahre alt.[17,18] Ein hier bestatteter Leichnam hatte offenbar zwischen den gekreuzten Armen eine Art Amulett, ein Stück vom Kiefer eines Wildschweins. Ähnlich ein anderer Leichnam, den man in der Nachbarhöhle Qafzeh fand: Hier wurde ein junger Mensch mit einem Hirschgeweih in der Hand bestattet. Solche Funde deuten darauf hin, dass es unseren Vorfahren nicht gleichgültig war, was mit ihren Toten geschah; sie ließen die Leichen nicht einfach liegen, sondern verbanden ihren Tod mit symbolischen Ritualen.

Symbolisches Denken ist auch heute für die künstlerische Praxis wichtig. Seine Grundlage ist eine neuronale Veranlagung, mit deren Hilfe wir Schrift und Kunst nutzen können, um mit uns selbst oder mit anderen zu kommunizieren; manche Menschen kommunizieren auf diese Weise auch mit dem, was wir in unserer religiösen Praxis unter Gott oder Schöpfung verstehen. Symbolisches Denken ermöglicht es uns, Kunstwerken eine Bedeutung zu geben und diese auch zu entschlüsseln, und das gilt auch für unsere eigenen Kreationen – wie wir bereits in Kapitel 7 gesagt haben.

Viele Kunstgegenstände, die man auf der ganzen Welt gefunden hat, wurden vermutlich im Rahmen religiöser oder ritueller Praktiken geschaffen, so als Amulette (beispielsweise verschiedenfarbige Perlen gegen den bösen Blick), als Opfergaben für Götter oder andere spirituelle Wesen, als Mittel der Anbetung (zickzackförmige Kratzer, Zeichnungen und Schablonen auf Wänden und Keramikgegenständen, später auch auf Metallen), als Mittel der Verbindung mit etwas, das größer ist als das eigene Ich (Zeichnungen, Kalligrafie, Gedichte oder »Gebete«), oder zu dem Zweck, im Rahmen solcher Praktiken einen tranceähnlichen Zustand zu erreichen (Tanz, Trommeln, Flötespielen, Beten, Aufsagen von Mantras, Gesang). Das alles spricht nachdrücklich dafür, dass Menschen sich immer auf den Weg zum Flow begeben haben, um die Klarheit, das Gemeinschaftsgefühl, die Konzentration, die Ehrfurcht und Inspiration zu erlangen, die wir mit dem Flowzustand freisetzen, und dass sie dies immer als besonderen Seinszustand anerkannt haben.

Kunstverbot

Wir genießen und schaffen Kunst nicht im luftleeren Raum. Vielmehr sind wir von einer Gesellschaft und einer Kultur umgeben, an die wir uns anpassen. Und wie wir bereits wissen, tragen die entsprechenden Erfahrungen, die wir beim Aufwachsen sammeln, entscheidend dazu bei, wie wir unsere Welt wahrnehmen.

In unserer »modernen« Zeit waren Künste häufig aus politischen oder gesellschaftlichen Gründen verboten. In den Augen mancher Menschen ist Kunst gefährlich, je nachdem, was sie mit ihren tieferen Bedeutungsebenen zum Ausdruck bringt. Rein dekorative oder oberflächliche Kunst wird in der Regel akzeptiert, weil sie die Menschen unterhält und ablenkt; dagegen kann Kunst, die unsere Philosophen aus dem Lager 2 anspricht, gefährlich werden – vielleicht stellt sie Autoritäten infrage, oder sie putscht die Menschen angeblich auf und gefährdet die »Gesellschaftsordnung«. Der 1984 erschienene Musikfilm *Footloose* des Regisseurs Herbert Ross erzählt zum Beispiel die Geschichte einer US-amerikanischen Kleinstadt in den 1950er-Jahren, wo das Tanzen verboten ist, weil es »junge Menschen verleitet, sich unanständig zu verhalten«. Der Film lehnt sich locker an eine wahre Geschichte an, die sich in Elmore City in Oklahoma zugetragen hat, eine amerikanische Ortschaft, in der das Tanzverbot bis in die 1980er-Jahre Bestand hatte. F. R. Johnson, ein Geistlicher aus dem Ort, soll gesagt haben:[19] »Aus dem Tanz ist noch nie etwas Gutes entstanden. Wenn irgendwo eine Tanzveranstaltung stattfindet, wird sie jemand stürmen, und dann denken sie nur an zwei Dinge: Frauen und Schnaps. Wenn Jungen und Mädchen sich in den Armen halten, werden sie sexuell erregt. Du kannst glauben, was du willst, aber das eine führt zum anderen.« Solche Verbote kommen immer da häufig vor, wo Menschen panische Angst vor den kulturellen Veränderungen haben, die um sie herum stattfinden.

Die Freiheit der Kunst ist im Artikel 27 der Allgemeinen Erklärung der Menschenrechte festgeschrieben. Ich schlage deshalb vor, künstlerischen Ausdruck nicht zu verbieten, sondern stattdessen wissenschaftliche Erkenntnisse heranzuziehen und auf dieser Basis fundierte Entscheidungen über unser Verhalten zu treffen. Das ist das Wesen der kumulativen Kultur: Die nächsten Generationen werden mithilfe des Wissens herangebildet, das frühere Generationen gesammelt haben. In diesem Fall können wir den nächsten Generationen helfen, ihre eigene Biologie besser zu verstehen und zu erkennen, welche Folgen es haben kann, wenn wir der Biologie ihren Lauf lassen, wenn wir blind der Verlockung der in Kapitel 3 geschilderten Fallstricke folgen, die zu impulsivem Risiko- und Konkurrenzverhalten führen und uns nach kurzfristigem Vergnügen streben lassen. Dann können wir sie über Erregungsfehlattribution und affektiven Realismus aufklären (siehe Kapitel 2), aber auch über die Aspekte des sozialen Gehirns, die man, wie wir in Kapitel 4 erfahren haben, kennen sollte.

Gleichzeitig sagt die Erklärung der Menschenrechte, dass Freiheit für alle in gleichem Maß einhergeht mit Verantwortung für unsere Tätigkeiten – und zwar ebenfalls für alle. Damit wir begründete Entscheidungen über unser Verhalten treffen und uns der Freiheit, die uns gegeben wurde, würdig erweisen können, müssen wir uns selbst und jeden neuen Menschen, der nach uns geboren wird, erziehen. Wissen wird nicht genetisch weitergegeben; es muss gelehrt werden. Wir wachsen aus problematischen Verhaltensweisen nicht heraus, solange man uns nicht beibringt, sie zu verändern, und ebenso werden wir wahrscheinlich nicht in gesunde Verhaltensweisen »hineinwachsen«, wenn wir sie nicht erlernen. Wenn wir es zulassen, wird unser Höhlenmenschgehirn nach Konkurrenzkampf, Vergnügen und Nervenkitzel streben, denn wir haben einen Körper, der in einer prähistorischen Welt überleben musste. Einen Weg zu finden, um damit umzugehen – dazu dient die kumulative Kultur.

Kein Sex vor der Ehe

Ein Weg, mit dem Gesellschaften unbotmäßige Menschen unter Kontrolle halten wollten, wenn diese es reizte, Kunst zu schaffen und zu konsumieren, waren religiöse Vorschriften und Regeln. Spirituelle Führungsgestalten etikettieren manche Kunstformen einfach als »sündig« oder »haram« – Ende der Diskussion. Westliche Kulturen kontrollierten die Massen und ihre künstlerischen Bestrebungen seit dem Mittelalter auch dadurch, dass manche Kunstformen als »klassisch« bezeichnet und damit überhöht wurden.

Ungefähr seit dem 16. Jahrhundert stuften die Könige an verschiedenen Höfen der westlichen Welt manche Kunstformen höher ein als andere und bezeichneten sie als »klassische« Künste. Es gab beispielsweise klassische Musik, das klassische Ballett oder den klassischen Malstil. Wie Michael Church in seinem Buch *The Other Classical Musics* erläutert, musste Musik, um als »klassisch« zu gelten, am Hof stattfinden, wo mächtige Menschen sie zu etwas Besonderem erklärten. Das Gleiche tat der Sonnenkönig Ludwig XIV. mit dem klassischen Ballett. Es gab Meister der Kunstformen, ein System, um sie aufzuzeichnen, und einen Kanon der aufgeführten Stücke. Die »klassischen Künste« zu überhöhen sollte anscheinend einen Rahmen schaffen, in dem man die Künste nicht verbieten musste, sondern sie »gefahrlos« konsumieren konnte.[20]

Wer schon einmal im Westen in einem klassischen Konzert war oder ein klassisches Ballett gesehen hat, der weiß, dass es dort ganz bestimmte Verhaltensregeln gibt. Alle sitzen still und genießen die Kunst schweigend in einer abgehobenen Verzückung. Selbst das Husten ist auf die Pausen zwischen den Stücken beschränkt! Spontanen Applaus bitte unbedingt vermeiden. Das verstößt gegen die Regeln. Und ganz grundsätzlich: Bloß keine Gefühlsregung zeigen! Unterdrücke bitte jeden Gefühlsausdruck!

Kinder reagieren auf Musik natürlich ganz anders. Sobald der Groove einsetzt, sind sie auf den Beinen, hüpfen und schwingen die Hüften. Zwischen dem intuitiven Hüftenschwingen und den sehr stillen, fest auf einem Sitz eingezwängten Hüften in einem klassischen Konzert liegt ein langer Prozess der »kulturellen Prägung« – das heißt, eine Kultur bringt ihren jungen Menschen bei, wie sie sich als Teil einer ganz bestimmten Gesellschaft zu verhalten haben.[21] Ihr Vorhersagegehirn war immer wieder mit der Forderung konfrontiert, angesichts von Musik still zu sitzen und ihre Bewegungen zu beschränken – das ging so weit, dass manche von uns im Westen die Fähigkeit zu tanzen völlig verloren haben.[22] Unser Vorhersagegehirn überschreibt den natürlichen Impuls, sich zu einem Rhythmus zu wiegen.

In anderen Gesellschaften sind die Guckkastenbühne, die klare Trennung von Kunstschaffenden und Publikum, und das unbewegliche Dasitzen ein ganz und gar künstliches Konzept. Viele nicht westliche Kulturen kombinieren bis heute alles – so wie bei den echten Flamenco-Jamsessions, die in Hinterzimmern stattfinden, weit weg von der verwestlichten Touristenversion dieser Kunstform. In solchen Kulturen gilt der Gedanke, alles zu systematisieren und einen »Kanon« sowie ein Notationssystem zu schaffen, als Zwang, der die natürliche Entwicklung der Kunstform behindert. Ein wenig von dieser natürlichen Wechselbeziehung zwischen Mitwirkenden und Publikum kann man spüren, wenn man zur Pantomime geht, denn dort *teilen* Publikum und Mitwirkende das Erlebnis. Das Publikum tritt mit den Schauspielern in Wechselbeziehung, die reagieren darauf und nehmen Improvisation in ihre Handlung auf. Nach Angaben des Theaterproduzenten Gyles Brandreth ist die Kunst der Pantomime, die sich bei der verstorbenen Königin Elizabeth II. großer Beliebtheit erfreute[23], auch eine erstaunliche Fortsetzung des Kindertheaters.[24]

Unsere Spezies hat in der Vergangenheit immer wieder Künste verboten, die das Potenzial hatten, uns zu Herzen zu gehen und uns zu törichtem Handeln zu veranlassen. Der Körper ist Teil unseres Lebens auf Erden, aber man bringt uns bei, alles, was damit zu tun hat, zu unterdrücken, zu ignorieren, zu vermeiden und uns so gut wie möglich davon abzulenken. Ein Netz aus gesellschaftlichen und kulturellen Konventionen wurde aufgespannt, um insbesondere die Jüngsten vor den bösartigen Künsten zu schützen, die ihren Geist »untergraben«.

Nach meiner Überzeugung sind wir durch die wissenschaftlichen Fortschritte der letzten Jahrzehnte, mit denen wir unseren Körper und seine Verflechtungen mit Gehirn und Verhalten besser verstehen, mehr als ausreichend darauf vorbereitet, die Künste auf neue Weise zu verstehen und uns mit ihnen zu beschäftigen.

Dancing Queen

In Toilettenräumen, die von Politikern in den Regierungsgebäuden mehrerer europäischer Länder genutzt werden, so in Whitehall in Großbritannien[25], im Deutschen Bundestag[26,27] und auch im Europäischen Parlament in Brüssel[28], hat die Polizei Berichten zufolge auf verschiedenen Oberflächen Spuren von Kokain gefunden. Jedes Mal, wenn ein Politiker in die Schlagzeilen gerät, weil er oder sie außer für Politik auch für anderes eine Nase hat, sind die Menschen empört. Zu Recht. Die Empörung ist aber eine Kleinigkeit im Vergleich zu dem, was sich abspielte, als die finnische Premierministerin Sanna Marin im Sommer 2022 ein wenig Dampf ablassen wollte.

»Finnische Premierministerin beim *Tanzen* erwischt!«, verkündete nicht nur eine große Nachrichtenagentur. Die sozialen Medien waren voll von Kontroversen.

Beim Tanzen *erwischt*? Hatte sie also etwas Verbotenes getan? In den Islamischen Republiken Iran und Afghanistan ist das Tanzen in der Öffentlichkeit derzeit aus kulturellen Gründen stark beschränkt, insbesondere für Mädchen und Frauen. In den meisten westlichen Ländern wurden Tanzverbote dagegen den historischen Quellen zufolge zu Beginn des 20. Jahrhunderts abgeschafft, und das Bewusstsein für die starken gesundheitlichen Wirkungen des Tanzens in der Freizeit verbreitet sich wie ein Lauffeuer. Tanzverbote gibt es nur noch – beispielsweise in Deutschland – während kirchlicher Feiertage wie Karfreitag.

Die Premierministerin Sanna Marin hatte in Finnland in einer Sommernacht mit Freunden getanzt. Schnell meldeten sich Stimmen, die ihre anfänglichen Verurteilungen nachbesserten. Es gehe gar nicht darum, *dass* sie getanzt hatte, sondern *wie* und wo sie getanzt hatte, welche *Bewegungen* sie im Einzelnen ausgeführt hatte und wie sie *gekleidet* war. Dann gingen die üblichen Missverständnisse im Zusammenhang mit dem Tanzen durch die Medien: Da sie tanzte, hatte sie vermutlich auch Drogen genommen und war ihrem Ehemann untreu. Tanzende Frauen sind »leichte Mädchen«. Warum sonst hätte sie *so* tanzen sollen?

Wie eigentlich genau? Die Premierministerin Sanna Marin konnte sich gut bewegen und hatte eine schöne Ausdruckskraft. In den Videos sieht man, wie eine mächtige Frau die Tanzfläche beherrscht.

Die kluge, bewundernswerte, verantwortungsbewusste Sanna Marin rollte mit ihren weisen Augen und unterzog sich natürlich sehr schnell einem Drogentest, um den Kritikern den Wind aus den Segeln zu nehmen. Ihr Ehemann stimmte in das Augenrollen ein und verbreitete eine Mitteilung, wonach er sich nicht betrogen fühlte. Und Sanna selbst wirkte bereitwillig und vollständig an der nachfolgenden Untersuchung mit. Hatte sie das Land in Gefahr gebracht und »unbeaufsichtigt« gelassen, *während sie tanzte*? Natürlich nicht. Im November 2022 wurde sie schließlich von jedem Fehlverhalten freigesprochen. Ende der Geschichte.

Im Zusammenhang mit den Künsten gibt es viele Missverständnisse. Für manche Menschen sind Kunstformen wie das Tanzen etwas besonders Schlimmes. Solche Missverständnisse sind oft auf die puritanische Vorstellung zurückzuführen, der Körper sei etwas »Schlechtes«. Aber wie wir in den vorangegangenen Kapiteln erfahren haben, müssen wir uns paradoxerweise »auf unseren Körper zurückbesinnen«, wenn wir einen gesunden Geist haben wollen. Und Tanzen, wie Sanna Marin es tat, ist eine der natürlichsten Verhaltensweisen der menschlichen Spezies.

In der Psychologie gibt es den Begriff des »ästhetischen Erlebens«; damit ist eigentlich das Gefühl gemeint, das durch ein Kunstwerk ausgelöst wird. Lange Zeit glaubte man, tief greifende ästhetische Erlebnisse könne man nur bei einer bestimmten »Kunst« haben, bei einer anderen aber nicht. Das ist vollkommen klassistisch. Von Kant inspirierte Denker zogen künstliche Grenzen dafür, was »Kunst« ausmacht und welche Formen besonders »gut«, »gesund« und »rein« sind – das waren natürlich die Künste, die man künstlich als »klassisch« eingestuft hatte. Heute sprechen viele Belege dafür, dass es sich dabei um ein ausschließlich gesellschaftliches Konstrukt handelt: Es hat nicht das Geringste damit zu tun, wie unser Gehirn die Eindrücke aus unserer Umgebung verarbeitet. Unser Gehirn versteht Kategorien, aber ob ein einzelnes Gehirn eine Kategorie wie »klassische Kunst« versteht, hängt davon ab, ob es mit dieser Kategorie aufgewachsen ist (erinnerst du dich noch an das prädiktive Codieren in Kapitel 6?). Im Kopf gibt es natürlich keine Unterscheidung für die Verarbeitung von »Kunst« und »Nichtkunst«, denn zwischen beiden kann unser Gehirn keine klare Grenze ziehen. Vielmehr besteht ein kontinuierlicher Übergang zwischen Dingen, die Kunst und keine Kunst sind. Und allmählich sprechen immer mehr wissenschaftliche Befunde dafür, dass es stark vom Individuum abhängt, wo man solche künstlichen Grenzen zieht.

Unter dem Strich kann man sagen: Auch wenn man uns im Laufe einer langen Geschichte etwas anderes erzählt hat, gibt es keinen wissenschaftlichen Grund, zwischen verschiedenen Kunstformen zu unterscheiden – du kannst dich gefahrlos und erfolgreich mit jeder ausdrucksvollen Kunstform auf den Weg zum Flow begeben, vom Stricken über Musik und Kritzeln bis zum Tanz, und das in jedem Stil, den du dir vorstellen kannst.
Und während du das tust, denke an John Cleese und daran, was er am Anfang des Kapitels sagte: In der Kreativität gibt es so etwas wie Fehler nicht.

Kapitel 10
Auf die Plätze, fertig, Flow

Eine der wichtigsten Ursachen für psychisches Leid in unserer modernen Welt ist das Gefühl, keine Verbindung mehr zu dem zu haben, was dem Leben einen Sinn gibt. Durch unsere Erziehung und unser kulturelles Umfeld lernen wir viel darüber, wie man beruflich erfolgreich sein kann, aber wir erfahren nicht unbedingt, wie wir glücklich werden.[1] Unser Lebensweg ist mit guten, aber fehlgeleiteten Vorstellungen darüber gepflastert, was ein erfülltes Leben ausmacht.

Ganz sicher wird der Sinn des Lebens nicht irgendwann von selbst an unsere Tür klopfen. Wir müssen ihn Schritt für Schritt erschaffen, indem wir unser prädiktiv codierendes Gehirn den richtigen Erlebnissen aussetzen, wie wir in Kapitel 6 und 7 erfahren haben. Damit das klappt, bedarf es aber einer geheimen und sehr wichtigen Zutat: Während wir etwas erschaffen, müssen wir *uns selbst treu bleiben.*[2–7] Das ist lebenswichtig: Ansonsten erschafft unser Vorhersagegehirn eine Illusion, ein Image, das weit von unserem wirklichen Ich entfernt ist. So etwas kann nie der Sinn *meines* Lebens sein. Das bin *ich* nicht.

Groß werden, um sich anzupassen

Ungefähr im Alter von 12 bis 24 Monaten fangen wir an, laufen zu lernen. Die Konventionen der Gesellschaft, in der wir aufwachsen, kennen wir noch nicht. Mehr als einmal begehen wir »Fehltritte« – und das sowohl buchstäblich als auch im übertragenen Sinn. Im Laufe der Zeit lernen wir, den Konventionen zu entsprechen, die uns umgeben – Konformität sorgt sogar dafür, dass die Belohnungssysteme im Gehirn in Begeisterung schwelgen.[8–10] Das ist ein Lernsignal, und so tun wir es immer wieder. Auf unserem Weg zum Konformismus unterlaufen uns zwar viele Irrtümer, aber durch das Gefühl der Belohnung, das sich mit der Anpassung einstellt, lernen wir die Spielregeln schnell.

Ungefähr mit einem Jahr krabbeln wir, ziehen uns hoch und stehen auf wackeligen Beinen. Ungefähr zur gleichen Zeit sehen wir uns um, imitieren andere und spielen Nachahmungsspiele (Kuck-kuck!).[11,12] Ungefähr mit 12 bis 19 Monaten erlangen unsere Füße allmählich die Fertigkeit, mit Hilfe eine Treppe hochzusteigen, und wir imitieren die Tätigkeiten anderer Menschen.[13] Mit 18 Monaten rennen und hüpfen wir herum, steigen Treppen ohne Hilfe hoch und »reden am Telefon« wie Mama. Nach zwei bis drei Jahren verstehen wir, was in den Köpfen anderer vorgeht – Psychologen sprechen von der »Theory of Mind«.[14] Unter anderem begreifen wir, dass andere einen Geist haben, der von unserem eigenen unabhängig ist. Wir trösten jemanden, der traurig ist, und teilen Dinge mit anderen, wenn wir glauben, dass es ihnen gefällt. Wenn wir mit drei Jahren auf dem Dreirad herumfahren, reift auch unsere Fertigkeit heran, raffinierte »Als-ob-Spiele« und »Rollenspiele« zu spielen.[15,16]

Parallel zu unseren motorischen Fertigkeiten entwickelt sich also auch die Fertigkeit, die Handlungen und Absichten anderer zu imitieren. Zu diesem Zeitpunkt setzt auch die »Sozialisation« ein, ein großes Als-ob-Spiel, das wir unsere Kinder spielen lassen, indem wir auf ihr authentisches »Ich« eine Schicht an gesellschaftlichem Firnis nach der anderen auftragen. Sie lernen, wann man lächelt und wann nicht und auch sonst alles, was sie brauchen, um mit anderen in unserer Gesellschaft zurechtzukommen. Das ist Fluch und Segen zugleich.[4,7,17,18]

Sich in bestimmte gesellschaftliche Normen »einzufügen« ist für die Gruppe und auch für den Einzelnen gut – wenn wir uns ein Stück weit darüber einig sind, wie wir uns verhalten und uns gegenseitig behandeln wollen, sind wir vor unseren eigenen Stachelschweinstacheln und denen anderer besser geschützt. Auch für die Gruppe ist es gut, denn es sorgt für Zusammenhalt und weniger Konflikte – es macht die Gruppe stärker. Unabhängig davon, was wir persönlich von Konformität halten: Unserem Gehirn gefällt sie, und es belohnt uns, wenn wir entsprechend handeln. Das Ganze ist ein niedrigschwelliger, grundlegender Überlebensmechanismus, der unserer Gruppe in freier Wildbahn einen Vorteil verschafft hat.

Aber einem Bild zu entsprechen, einem Standard, der nicht von Natur aus der unsere ist, hat auch seine Nachteile. Wenn wir uns immer weiter von uns selbst entfernen, fühlen wir uns einfach unwohl, und je stärker wir ein Image anstreben, desto schwieriger wird es, den Flow zu finden.[19] Künstler und kreative Tätigkeiten bieten einen Freiraum, in dem wir endlich wir selbst sein, den Flow verwirklichen und seine nützlichen Effekte erleben können. Wenn wir in dem, was wir tun, für uns selbst eine Bedeutung finden, sind wir im Flow.

Die acht Prinzipien des Flow

Der Vater der Flow-Forschung, Mihaly Csíkszentmihályi, ist der Auffassung, dass Flow ein ganz bestimmtes Gefühl erzeugt, das sich mit acht Merkmalen zusammenfassen lässt.[20–23] Wenn du im Flow bist,

1. bist du vollständig konzentriert und in die Tätigkeit vertieft;
2. hast du eine klare Vorstellung davon, was du erreichen willst (Ziele), und du bekommst zuverlässig Rückmeldung darüber, ob du es richtig machst (du hast also klare Lernsignale, die dein Belohnungssystem anregen);
3. hast du ein verändertes Zeitgefühl (die Zeit fliegt oder verlangsamt sich);
4. tust du es aus intrinsischen Gründen, für eine intrinsische Belohnung;
5. fühlt sich das, was du tust, mühelos an;
6. befindest du dich in einem vollkommenen Gleichgewicht zwischen dem, was du kannst, und dem, was du tust, die Tätigkeit ist weder zu leicht noch zu schwierig;

7. erlebst du eine Verschmelzung deiner Tätigkeit mit deiner Wahrnehmung, und die Grübelschleifen verschwinden;
8. hast du das Gefühl, alles unter Kontrolle zu haben und der Unberechenbarkeit des Lebens zu entgehen.

Damit ist hervorragend beschrieben, wie es sich anfühlt, im Flow zu sein. Aber wie jeder weiß, der es schon einmal versucht hat, können wir nicht einfach entscheiden, dass wir uns jetzt so fühlen wollen, während wir etwas tun. Deshalb wollen wir jetzt mit den wissenschaftlichen Erkenntnissen, die wir in diesem Buch zusammengefasst haben, das Gefühl des Flows »zerlegen«; wir wollen uns also anschauen, was wir tun müssen, um den Flow zu erreichen. Den Weg haben wir ja nun geebnet und den Kompass dazu in der Hand, jetzt wollen wir jede einzelne Etappe betrachten.

Du weißt jetzt, was du tun musst, um Konzentration zu finden: Du musst dich regelmäßig, am besten zu bestimmten Tageszeiten, von den geistigen Fallstricken fernhalten (Kapitel 1–3), Unsicherheiten vermeiden und deinen Sinnen, den Menschen um dich herum und deiner Arbeit hin und wieder Grenzen setzen (Kapitel 4–5). So kannst du deine Aufmerksamkeit darauf trainieren, bei einer bestimmten Sache zu bleiben. Für die intrinsische Belohnung, die dich weitermachen lässt, muss die ausgesuchte Tätigkeit sowohl für die Hedonisten des Lagers 1 als auch die Eudämonisten des Lagers 2, also die sinngebenden Strukturen deines Gehirns, reizvoll sein. Erinnere dich dazu an das Prinzip des Wohlfühl-Wollens aus Kapitel 3: Du solltest dir eine kreative Tätigkeit aussuchen, die du *gerne tust, während* du sie tust, und nicht eine, bei der du eigentlich nur das *willst*, was du durch die Tätigkeit am Ende *hast*. Du weißt auch, dass du die Macht hast, die dazu benötigten Erlebnisse und Gefühle zu schaffen, indem du den Mechanismus der prädiktiven Codierung nutzt (Kapitel 6) und mit gezielten Strategien zur Emotionssteuerung deinen Alltag bewältigst; vielleicht bedienst du dich sogar der kognitiven Umstrukturierung, um die schädlichen Gedanken über dich selbst zu verändern, die dich daran hindern, dein Potenzial vollständig auszuschöpfen (Kapitel 7).

Du weißt auch, dass es dein Ziel sein muss, Spaß zu haben, während du kopierst, nachahmst, deine Fantasie spielen lässt und deine Fertigkeit immer und immer wieder übst; nur so erzeugst du beim Lernen in deinem Gehirn dopaminbeladene Lernsignale und Aha-Momente (Kapitel 8). Das schafft Gewohnheitsschleifen, weil das Myelin dank der vielen Wiederholungen deine Neuronen umarmt, und die Fertigkeit geht vom expliziten ins implizite Gedächtnis über, sodass sie sich mühelos anfühlt. Deine Kunst wird damit zur zweiten Natur, zu einer Sprache, mit der du dich ausdrücken kannst. Du weißt auch, dass du dich auf den emotionalen Ausdruck konzentrieren solltest, und zwar sowohl auf die oberflächliche als auch auf die tiefere Bedeutung der Kunst, die du schaffst oder konsumierst; auf diese Weise wird die Kunst für dich zu einer intrinsischen Motivation, denn sie knüpft an dein Ichgefühl an und aktiviert sowohl dein Ruhezustandsnetzwerk als auch die Entspannungsreaktion deines Körpers. Dabei kann die Fantasie dir helfen (siehe ebenfalls Kapitel 8).

Das alles klingt anfangs vielleicht ein wenig technisch. Deshalb habe ich einen praktischen Kompass mit sieben Verhaltensweisen entwickelt, von denen ich überzeugt bin, dass sie uns zuverlässig helfen können, den Flow zu finden, wenn wir sie in die von uns ausgewählte kreative Tätigkeit aufnehmen. In diesem Buch ging es zum größten Teil darum, wie wir Gehirn und Körper so vorbereiten, dass wir den Flow finden können. Jetzt wollen wir den Flow selbst genauer betrachten. Wenn wir unsere Tätigkeit an diesem Kompass mit seinen sieben Sternen ausrichten, kommen wir ans Ziel.

Sieben Sterne und der Kompass zum Flow

In der Geschichte der Menschheit dienten Sternhaufen am Himmel Seeleuten und Wanderern schon immer als Orientierung auf bewegten Gewässern und verschlungenen Pfaden. Ein solcher uralter Wegweiser sind die sogenannten sieben Schwestern, der Sternhaufen der Plejaden. Auf der Himmelsscheibe von Nebra, der weltweit ältesten bekannten Darstellung des Kosmos, wurden die Plejaden für die Ewigkeit festgehalten. Sie wurde 1999 in Deutschland entdeckt und ist vermutlich rund 4000 Jahre alt. Höchstwahrscheinlich wurde auch das Schiff, auf dem Prinzessin Sisi nach Korfu reiste, von Seeleuten gelenkt, die genau wussten, wie sie an den Sternen die Richtung ablesen und unbeschadet an ihren Bestimmungsort gelangen konnten.

Seit Menschengedenken waren die Sterne immer auch eine Inspirationsquelle für Geschichten. So basieren beispielsweise das Märchen von Schneewittchen und den sieben Zwergen, aber auch die Geschichte der sieben Nymphen in der griechischen Mythologie (der Töchter des Titans Atlas und der Meeresnymphe Pleione) auf dem mystischen Anblick der glitzernden Plejaden am Himmel über uns.

Warum sollen wir die Vorliebe unseres Gehirns für Geschichten nicht noch einmal nutzen? Die Plejaden bestehen aus sieben Sternen, und ebenso gibt es sieben »Wirkprinzipien«, deren wir uns auf unserem Weg zum Flow bewusst sein sollten. Alle sieben wurden in den vorangegangenen Kapiteln bereits angeschnitten; stellen wir sie nun einmal nebeneinander.

In Dänemark gibt es die Redensart »for lidt og for meget«, was so viel bedeutet wie »zu wenig und zu viel«. Der Ausdruck besagt, wir sollten für alles das richtige Maß finden. Wenn du in deiner künstlerischen Tätigkeit nach diesen sieben »Wirkprinzipien« suchst, achte darauf, dass du von jedem in deinem Leben weder zu wenig noch zu viel hast.

Stern Nummer 1: Gib dir eine Routine

Entgehe der Angst vor der Angst, die aus Unsicherheiten im Leben erwächst, mit kleinen Routinen, die auch dazu beitragen, die richtigen Gewohnheitsschleifen hervorzubringen – innerhalb stabiler Grenzen wird dein Geist ein neues Niveau von Kreativität und Flow erreichen.

Rosarote Elefanten leben von Unsicherheit. Ob es dabei um etwas Gutes oder Schlechtes geht – Unsicherheit ist ein Killer. Das liegt an den tiefer liegenden binären Überlebensmechanismen, die in unser Bewusstsein hineinflüstern (Kapitel 1) und das Ballett der rosaroten Elefanten in Gang setzen. Erinnern wir uns noch einmal an Kapitel 6: Unser Gehirn ist eine Vorhersagemaschine; wenn etwas vorhersagbar ist, gefällt ihm das. Wenn nicht, wird unser Gehirn nervös, und wir auch.

In Kapitel 2 haben wir erfahren, dass es keine gute Idee ist, sich allzu sehr den Hedonisten des Lagers 1 zu überlassen. Wenn wir wahllos jeder Gelegenheit nachjagen, einem der drei Fallstricke für unseren Geist (Konkurrenzkampf, das Streben nach hohlem Vergnügen oder Nervenkitzel und Risikolust) frönen zu können, trainieren wir uns einen sehr unruhigen Geist an. In Kapitel 3 haben wir am Beispiel der Ratte Barnaby gesehen, wie die zufällig auftretende, variable Belohnung, die uns diese Fallstrick-motivierten Verhaltensweisen bescheren, zur Sucht führen können wie beim Tangotänzer Hamish.

Wie wir aus der psychologischen Forschung wissen, ist nagende Angst – deren Ursache wir oft nicht genau benennen können – eine Folge von Unsicherheit und Kontrollverlust, beispielsweise der erlernten Hilflosigkeit, die uns in Kapitel 5 begegnet ist. Wenn wir nicht steuern können, was uns widerfährt (zufällig auftretende Eventualitäten, wie das wissenschaftlich heißt), wenn wir das Gefühl haben, nicht über uns selbst bestimmen zu können, lässt eine seltsame schleichende Angst in unserem Kopf die rosaroten Elefanten kreisen. Manche Menschen, die in die Hände der Erbsenzähler bei der Einwanderungsbehörde geraten oder sich auch sonst irgendwo im Dschungel der Bürokratie verlaufen, kennen dieses Gefühl sehr gut.

Entwirrt

Vermeide Dinge, durch die du dir Hedonismus oder (als Folge von zufällig auftretenden Eventualitäten) Hilflosigkeit beibringst. Dazu kannst du dir zunutze machen, dass unser Vohersagegehirn Regelmäßigkeit besonders gerne mag (Kapitel 6). Durch Regelmäßigkeit bringt es unsere Erfahrungen und unser Selbstwertgefühl hervor. Statt also *ständig* zu Opfern der Unsicherheit zu werden, können wir unserem Vorhersagegehirn mit unserer künstlerischen Tätigkeit helfen, zumindest *zeitweise* eine *gewisse* Sicherheit zu erlangen. Gib ihm also regelmäßig Bewegungen und Routinen, *die es kennt.*

»Repetitive Bewegungen sind Waschmaschinen für den Geist!«, sagt Simon Baker alias Patrick Jane in der Fernsehserie *The Mentalist*, als er mit seinem Team ein Golf-Übungsgelände beobachtet, wo eine große Gruppe von Menschen immer wieder die Bälle schlägt. Spirituelle

Praktiken schreiben schon seit Jahrtausenden wiederholte Bewegungen vor, weil sie auf uns eine beruhigende Wirkung ausüben, so beispielsweise, wie wir in den Kapiteln 7 und 9 erfahren haben, beim Gebet. Wiederholung verschafft unserem Gehirn ein Gefühl der Sicherheit. Baue einen Altar auf und begib dich von Zeit zu Zeit in einen Zufriedenheitskokon (siehe Kapitel 5), in dem es keine Unsicherheit gibt.

Und natürlich – der Rhythmus macht's: Sorge dafür, dass du in deinem Leben einen Rhythmus hast, einschließlich aller Verstärkungs- und Beruhigungseffekte, die er mit sich bringt (Kapitel 8).

Achtung, ein Hinweis: Denke daran, dass man all diesen Sternen nur in Maßen folgen sollte. Halte nicht starr an Routinen, Regeln und Vorschriften fest, wenn es deinem Wohlbefinden insgesamt schadet. Brich aus dem Perfektionismus deiner Routine aus, sonst fährst du mit deinen rosaroten Elefanten auf einem anderen Karussell im Kreis und verletzt sowohl dich selbst als auch diejenigen, die du am meisten liebst. Beherzige, was Professor Walsh in Kapitel 8 gesagt hat: Wir müssen *ein bisschen besessen sein*, aber nicht zu viel. Außerdem brauchen wir genügend Schlaf und Pausen zum Ausbrüten (Kapitel 7).

Stern Nummer 2: Übe und verbessere deine Technik

Beherrsche die Technik; sie ist aber nicht das Ziel, sondern ein eigenständiges Mittel zum Zweck – du lernst den Wortschatz deiner Kunst wie die Wörter einer Sprache, um dich ausdrücken zu können, also behalte die Bedeutung im Blick.

Um eine Kunst zu unserem Flow-Werkzeug zu entwickeln, müssen wir üben und an unserer Technik feilen. Das fühlt sich zu Anfang unter Umständen wie eine gewaltige Hürde an. Dann stehen dir deine eigenen Erwartungen im Weg. Man kann sie aber überwinden, indem man *mit dem ersten Schritt beginnt.*

»Wichtig ist nicht, *was* du zeichnest, sondern *dass* du zeichnest.« In Kapitel 8 haben wir erfahren, wie das Gehirn Bewegungen erzeugt und wie es lernt – dass es dabei Spaß braucht und dass wir am besten *mithilfe unseres Körpers* lernen. Diesen Prozess können wir unterstützen, indem wir *mit dem ersten Schritt beginnen* und unsere persönlichen Flow-Trigger gestalten. Das hilft unserem Gehirn, die Gewohnheitsschleifen zu schaffen, sodass unsere erlernte Fertigkeit von den expliziten in die impliziten Gedächtnissysteme übergeht und uns zur zweiten Natur wird.

Denke noch einmal daran, dass du mit Kopieren und Nachahmen beginnst und deine Tätigkeit *dann* erweiterst. Weißt du noch, wie ein Kind lernt? Habe ich das schon einmal gesagt? Denke daran, *Spaß zu haben* wie der Maler Kasper Købke.

Entwirrt

Manchmal gibt es so etwas wie Anfängerglück. Du legst los, und dir gelingen sofort zwei Pirouetten. Dann bist du plötzlich wie gelähmt, kannst es nicht mehr, flippst aus und willst aufgeben. Aber höre vorher, was die Wissenschaft zu sagen hat.

Es gibt dafür zwei Gründe:

Erstens fängst du an, darüber nachzudenken. Deine bewussten, präfrontalen Nervensysteme arbeiten. Wie gesagt: Jazz-Berufsmusiker konnten schlechter auf ihren Instrumenten improvisieren, sobald ihr präfrontaler Kortex mit elektrischen Impulsen stimuliert wurde. Vielleicht bist du gestern intuitiver an die Sache herangegangen?

Der zweite Grund ist die motorische Variabilität. Unser sensomotorisches System arbeitet nicht sehr präzise. Das bedeutet, dass nicht alle Körperteile von unserem Gehirn mit der gleichen Genauigkeit gesteuert werden können. In unserem Körper gibt es ungefähr 206 Knochen, 360 Gelenke und 900 Bänder. Das bedeutet ziemlich viel Spielraum, wenn wir uns bewegen; bei neuen Bewegungen gibt es viel zu koordinieren, und nicht alle Bewegungen sind so gut geübt wie das Gehen, das Autofahren oder das Essen mit Messer und Gabel. Unser Körper ist ein vieldimensionales System, das gesteuert werden will, und Bewegung ist bekanntermaßen ein sehr komplexes Rechenproblem. Es ist sehr unwahrscheinlich, leicht und gezielt immer wieder die gleiche Bewegung machen zu können – ohne ausgiebiges Üben kann das gar nicht gelingen.

Beachte die folgenden drei Anweisungen, um das Anfängerglück wegzustecken und die Technik einer Kunst zu lernen:

1. **Raus aus deinem Kopf und rein in deinen Körper.** Hast du vielleicht äußere statt innere sensorische Informationen zu nutzen versucht? Die Verarbeitung äußerer sensorischer Informationen zu nutzen, um die Muskeltätigkeit zu aktualisieren, ist für komplexe Bewegungsabläufe wie Tanzen, Laufen, Skifahren und so weiter einige Millisekunden zu langsam. Tauche also in deinen Körper ein: Du musst auf innere oder intuitive Informationen zurückgreifen, denn die haben unmittelbaren Zugang zum motorischen Programm.
2. **Nutze deine Fantasie.** Dein Körper ist ein mehrdimensionales System; alles zu einer flüssigen Bewegung zu verbinden gelingt dir nur, wenn du es auf dem Weg über die Fähigkeit deines Gehirns zu fließenden Prozessen verbindest. Dieses »Fließende« erreichst du, wenn du deine Gedanken entsprechend einer sinnvollen Bewegung fließen lässt, die du dir vorstellst. In Kapitel 8 war bereits davon die Rede. Sportler und Sportlerinnen bezeichnen eine solche Visualisierung auch als »mentales Training«. Beispiele für »Visualisierungshilfen« kannst du für jede Sportart googeln. Wenn du dir die Bewegung vor Augen führst, musst du dir vorstellen, wie sie sich *von innen* anfühlen wird.
3. **Übe mit Intention.** »Spüre es einfach!« Wie setzt man eine solche Anweisung um? Zunächst einmal gar nicht. Sie ist wahrscheinlich erst dann nützlich, wenn du einen gewissen Wortschatz deiner Kunst verinnerlicht hast, wenn dein Gehirn Gewohnheiten entwickelt und an dein implizites Gedächtnis weitergegeben hat. Hab damit also Geduld, und fang mit den grundlegenden Fertigkeiten an!

Achtung, ein Hinweis: Auch beim Lernen müssen wir Ausschau halten nach geistigen Fallstricken, die der Perfektionismus für uns bereithält. Wenn wir zu schnell besser werden wollen, kehren unsere rosaroten Elefanten zurück, und dieses Mal mit Peitschen im Rüssel. Damit schlagen sie im Rhythmus der Perfektionismus-Symphonie auf uns ein. Die Nebenniere schüttet gewaltige Mengen von Stresshormonen ins Blut aus. Die Wände unserer Blutgefäße werden dünner, und unser Herz gerät in Gefahr, weil der kleine, oben auf dem Herzen gelegene Sinusknoten durch die vielen zusätzlichen Schläge, die von den Stresshormonen befohlen werden, völlig durcheinandergerät. Dann werden wir durch das Üben nicht neu belebt, vielmehr macht ungesundes, allein auf Technik konzentriertes Üben unsere kreative Auszeit zu einer weiteren Ursache von Stress. Sei also bereit, eine Pause zu machen, wenn du spürst, dass dein Geist kurz davor ist, sich auf irgendwelche Fallstricke einzulassen.

Stern Nummer 3: Schaffe eine Gemeinschaft

Bekämpfe die Einsamkeit und setze die neurobiologischen Mechanismen der Bindung und Gesundheit in Gang, indem du deine Tätigkeit mit anderen teilst – das soziale Gehirn des Menschen braucht andere, um bei Verstand und gesund zu bleiben; die Künste sind ein Kommunikations- und Verbindungskanal, der über Worte hinausgeht.

Wenn wir ein Gemeinschaftsgefühl empfinden, ist unser Hypophysenvorderlappen dabei eines der wichtigen Organe: Er spült Bindungshormone wie das Prolactin in unser Blut. Das vermittelt uns ein Gefühl von Zugehörigkeit.

Wie wir in Kapitel 4 am Beispiel von Sheila und Joyce erfahren haben, ist soziale Isolation für unsere Gesundheit eine höchst belastende Situation. Ohne zwischenmenschliche Verbindungen gerät die Regulation von Immunsystem und Stoffwechsel durcheinander, und im Kopf tanzen die rosaroten Elefanten.

Entwirrt

Kunstgemeinschaften bieten jede Menge Möglichkeiten, unter Leute zu kommen und Verbindungen zu knüpfen. Wie wir in Kapitel 4 erfahren haben, binden uns Umarmungen und Berührungen, Synchronizität und die kleinen chemischen Botensubstanzen an die Gruppe. Nebenbei bemerkt: Wenn Oxytocin und andere Bindungshormone durch unsere Nervenbahnen strömen, gibt uns das die intrinsische Motivation, an etwas festzuhalten. Genießen wir die Freude eines geteilten herzhaften Lachens, erhalten unsere gemeinsamen kreativen Tätigkeiten noch eine zusätzliche Bedeutung, denn die Lager 1 und 2 in unserem Gehirn bahnen neue Wege. Wie ich in Kapitel 7 erwähnt habe, bieten die Künste uns auch eine Gemeinschaft, in der wir um Hilfe und Rat bitten und Problemlösungen üben können.

Achtung, ein Hinweis: Der Abschnitt »Gut zu wissen« in Kapitel 4 erinnert uns an die Stacheln der Stachelschweine. Und aus Kapitel 5 wissen wir, dass wir manchmal Grenzen setzen und uns in einen kreativen Zufriedenheitskokon begeben müssen, um unseren Sinnen (und unserem Gehirn) eine Pause zu gönnen. In diesem Kapitel war bereits davon die Rede, dass der Konformismus, der in Menschengesellschaften so weit verbreitet und für unser friedliches Zusammenleben auch notwendig ist, uns von unserem authentischen Ich ablenken kann, sodass wir uns entsetzlich fühlen. Reservierst du dir nur etwas Zeit und Raum für deinen persönlichen Ausdruck mit einer kreativen Tätigkeit, kann das schon sehr viel helfen.

Stern Nummer 4: Strebe nach Verbundenheit und ästhetischen Gefühlen

Meide leeren Nervenkitzel, und strebe stattdessen nach Tätigkeiten, die in dir ein Staunen und ein Gefühl der tieferen Bedeutung hervorrufen – Kunst bewegt dich und verbindet dich mit deinem Ichgefühl.

Verbinde die Lager 1 und 2, indem du kreative Tätigkeiten oder Künste wählst, die diese beiden Schichten *deines* limbischen Systems miteinander verbinden, sodass sie durch deine Sinne in deinem Gehirn zu den tieferen sinngebenden Systemen vordringen.

Seit Beginn der Nullerjahre gibt es ein neues Fachgebiet, die Neuroästhetik: Man geht dort der Frage nach, wie Gehirn, Psyche und Körper des Menschen auf bestimmte Gegenstände und Erlebnisse wie die

Kunst reagieren. Gemälde, Tänze, Filme und anderes lassen uns ehrfürchtig staunen, sorgen dafür, dass wir uns klein und ein wenig überfordert fühlen; sie fesseln uns, geben uns Rätsel auf, verwirren uns und zwingen uns, immer wieder neu nachzudenken – und neu zu fühlen. »Ästhetische Gefühle« spüren wir sowohl in unserem Alltagsleben als auch als Reaktion auf Kunst; dazu gehören Staunen, Rührung, Neugier, Spannung und so weiter. In Kapitel 5 war davon die Rede, wie verschiedene Orte in uns staunende Ehrfurcht und ein Gefühl der Rührung hervorrufen können. Und in den Kapiteln 6 und 7 haben wir Ideen kennengelernt, die uns sagen, wie wir Gefühle kreativ hervorbringen können, indem wir verschiedene Strategien der Emotionsregulation anwenden.

Entwirrt

Die emotionalen Auswirkungen von Kunstwerken, Tänzen, einem Lied, einem Musikstück können ein Leben verändern. Solche starken Gefühle haben die Macht, einen Wandel herbeizuführen, und vielleicht sind sie sogar stark genug, um schädliche Ansichten über uns selbst und die Welt zu verändern, wie wir es in Kapitel 7 erörtert haben. In mehreren Live-Experimenten, etwa bei Konzerten[24,25] oder in Museen[26,27], sollten Versuchspersonen spontan sagen, was sie fühlten. Wenn wir uns mit etwas beschäftigen, was unseren neurobiologischen Systemen solche Gefühle verschafft, kann das die oberflächlichen Schichten schmelzen lassen wie Lava einen zugefrorenen See und uns wieder eine Verbindung mit unserem authentischen Ich bringen.

Achtung, ein Hinweis: Auch die schönste und faszinierendste Tätigkeit langweilt uns unter Umständen nach einiger Zeit, und unser Geist verabschiedet sich in die Teilnahmslosigkeit oder verfällt erneut in das Grübeln über alles, was uns beunruhigt. Wenn wir ausschließlich nach ästhetischen Gefühlen streben, ergibt sich daraus für unser Gehirn kein Sinn.

Wenn du die Verbindung zu dir selbst herstellst, hüte dich auch vor einem zu stark aufgeblasenen Ego; authentisch »du selbst« zu sein kann für andere schmerzhaft werden. In Kapitel 7 war davon die Rede, wie nützlich es ist, ein stärkeres Gefühl für uns selbst aufzubauen, damit wir gesündere Reaktionen auf Reize aus unserer Umgebung fördern können (wodurch sich in unserem Kopf auch weniger rosarote Elefanten herumtreiben). Ein Weg, Selbstwertbewusstsein (wieder) aufzubauen, kann eine kreative Tätigkeit oder auch Sport sein. Wenn unser Geist dann aber in die Falle des Konkurrenzkampfs (Fallstrick!) tappt, bestimmt dieses übermäßig aufgeblasene Selbstbewusstsein auch darüber, wie wir auf Auslöser reagieren.

Tritt zum Beispiel jemand in den Raum (**A** wie *Antecedent*, Auslöser), in dem *ich das Wichtigste auf der Welt bin* – und damit natürlich auch höher stehe als der andere (**B** wie *Belief*, Überzeugung) –, lächle ich nicht und halte ihm auch ganz bestimmt die Tür nicht auf (**C** wie *Consequence*, Konsequenz). Wenn dann beim nächsten Mal die Rollen vertauscht sind, wird der andere mich genauso behandeln, und damit sind wir wieder bei den Stachelschweinstacheln aus Kapitel 4, die unser Ballett der rosaroten Elefanten tanzen lassen.

Merk dir also dieses **ABC**, und denk daran: Wir sollten gesündere Ansichten über uns selbst und die Welt fördern, damit wir auch möglichst gesund auf Ereignisse und Auslöser reagieren können. Damit werden unser Geist und unsere Interaktionen gesünder und tragen dazu bei, *unseren* Weg zum Flow zu ebnen.

Stern Nummer 5: Nutze deine Fantasie

Nutze deine Fantasie, um neue Nervenverbindungen herzustellen, damit deine kreative Gewohnheit auch in andere Lebensbereiche und deine Gedankenmuster ausstrahlen kann – das Gehirn des Menschen lernt am besten, wenn der Lernprozess durch die Fantasie angetrieben wird und in eine Geschichte eingewoben ist, die den Prozess lenkt.

Lege die Hände einmal mit gespreizten Fingern auf den Kopf. Ungefähr einen halben Zentimeter unter deinen Händen befindet sich der »assoziative Kortex«, ein wichtiger Teil unseres Gehirns, der Kreativität und Fantasie in Gang setzt. Ist die Fantasie tätig, verbindet sich der assoziative Kortex auf vielfältige Weise mit Strukturen in tieferen Gehirnregionen, darunter das Gedächtnis, in dem Erinnerungen an frühere Sinneseindrücke gespeichert sind. Das ist der Grund, warum wir uns alles vorstellen können: Drachen, die durch den Weltraum reisen, den Mathelehrer als Primaballerina in Spitzentanzschuhen oder eine Parade tanzender rosaroter Elefanten. Unsere Fantasie hat keine Grenzen, und ihre Fundamente liegen im Gehirn; wir können sie mitnehmen und immer auf sie zurückgreifen, wenn wir Trost brauchen. Wir haben auch angesprochen, wie wir die Fantasie zur Optimierung von Bewegungen (Kapitel 8) oder zur Unterstützung des »mentalen Trainings« (Stern Nummer 2) einsetzen können.

Entwirrt

Denke einmal daran, wie oft du auf dem Sofa eingeschlafen bist, während du einen Film gesehen, ein Buch gelesen oder ein Hörbuch gehört hast, sodass dein Geist auf magische Weise von deinen verrückten rosaroten Elefanten abgelenkt wurde. Oder denke daran, wie leicht ein Kind einschläft, wenn die Eltern ihm eine Gutenachtgeschichte erzählen. Bevor die modernen Wolkenkratzer der Einsamkeit erfunden wurden, haben Menschen jahrtausendelang um das Lagerfeuer gesessen und sich Geschichten erzählt. Wie wir aus Studien wissen, schützten die isländischen Sagen während des dunklen Winters am Polarkreis den Geist der Menschen vor den rosaroten Elefanten der Depression, und für vom Krieg im Gazastreifen betroffene Kinder linderte das Geschichtenerzählen die Symptome von Angst und Trauma. Wenn du dich in deine kreative Tätigkeit vertiefst und die Seele baumeln lässt, erzählt das, was wir tun, im Geist und durch unsere Bewegungen eine Geschichte. Wir erzählen uns selbst die Geschichte unserer jüngsten Erfahrungen, stellen unser Leben in einen neuen Zusammenhang (mehr darüber in den Kapiteln 6 und 7) und schaffen ganz neue Welten und Ereignisse, mit deren Hilfe wir verarbeiten können, was wir über die Welt wissen. Die Fantasie kann uns helfen, bei unserer kreativen Tätigkeit neue Ausdrucksformen zu entdecken, weil wir es uns gestatten, mit den Ideen zu experimentieren, die uns durch den Kopf gehen. Und wir nutzen die Fantasie auch, wenn wir die sechste Strategie zur Emotionsregulation anwenden und unsere Gedanken mit Gold einfassen, indem wir uns vorstellen, dass das, was wir am meisten fürchten, lächerlich ist und uns zum Lachen bringt.

Unsere Fantasie ist auch ein Verhalten, das uns dabei hilft, die Dinge, die wir tun, zu *mögen*, während wir sie tun.

Achtung, ein Hinweis: Die Schlösser unseres Geistes sind mit Vorsicht zu genießen. Du kannst sie benutzen, um dich in deine Fantasie zu flüchten und damit negative Gefühle zu vermeiden. Doch wenn wir sie unterdrücken oder uns davon ablenken, nutzen wir, wie wir in den Kapiteln 1 und 7 erfahren haben, die falschen Strategien der Emotionsregulation, und das verschafft uns auf lange Sicht keinen Seelenfrieden. Im Gegenteil: Mithilfe der Fantasie zu flüchten ist ein sicherer Weg zum Grübeln. Nutze die Fantasie als Leitfaden, um deine Tätigkeit zu erlernen und *deine gelebte Erfahrung* zu erweitern.

Stern Nummer 6: Übe Bewegung und Ausdruck

Steig aus Stillstand und Konformität aus. Wenn du gesund bleiben und dich wohlfühlen willst, drücke dich mit den Bewegungen deines Körpers aus. Lebe als authentisches Ich im geschützten Raum der Kunst und sammle intrinsische Belohnungen, um damit gesunde Gewohnheitsschleifen zu schaffen.

In den Kapiteln 1 und 8 war davon die Rede, dass unser Körper und das Gehirn für Bewegungen geschaffen sind, und wenn wir beide zu lange stillhalten, ist ein unangenehmes Ballett rosaroter Elefanten die Folge.[28] Um uns davor zu schützen, müssen wir uns regelmäßig bewegen. Die angesagte Zahl sind ungefähr 150 bis 180 Minuten Aerobic in der Woche[29–32], wobei die Herzfrequenz bei mehr als 140 liegen sollte. Wenn du eine Bewegungskunst wie das Tanzen praktizierst, hast du diese 180 Minuten unter Umständen sehr schnell absolviert. Hast du dich dagegen für eine eher sitzende Kunst entschieden, musst du so planen, dass du dich außerhalb deiner Kunst genügend bewegst. Vielleicht blätterst du noch einmal zu Kapitel 8 zurück und vergegenwärtigst dir, wie man Flow-Trigger am besten einsetzt.

Entwirrt

Wie wir in Kapitel 1 erfahren haben, hält Bewegung die Welt in Gang, und deinen Körper und Geist erhält sie gesund. »Erschaffe deine

Gefühle durch deine Tätigkeiten« war das Mantra aus Kapitel 6 und 7, und wenn dir Bewegung dazu dient, dich mit deiner Kunst *auszudrücken*, verbinden sich die Lager 1 und 2 in deinem Gehirn und zeigen dir den Weg zum Flow.

Achtung, ein Hinweis: Dich bei der Ausführung von Bewegungen auf den Konkurrenzaspekt, Vergnügen und Risiken zu konzentrieren (Kapitel 2) führt nirgendwohin außer in eine Grübelhölle, in der rosarote Elefanten in deinem Kopf kreisen.

Stern Nummer 7: Kultiviere Lebenssinn und -zweck

Umgehe die Fixierung auf Konkurrenz, indem du sinnvolle Ziele entwickelst und intrinsische Belohnungen kultivierst – trainiere mit deiner Kunst die Nervenbahnen zwischen einfachen und komplexen Belohnungen (Lager 1 und 2).

Seit Kapitel 2 habe ich immer wieder viel davon geredet, dass wir die *Wahl* haben, was unsere Verhaltensweisen angeht. Wir können selbst entscheiden, welchen gesunden Reizen wir uns aussetzen (zum Beispiel, indem wir wie in Kapitel 5 in einen Zufriedenheitskokon eintreten) und ob wir gesunden oder ungesunden Tätigkeiten wie in den Kapiteln 5 und 6 nachgehen. Wir können wählen, ob wir uns über die Folgen unseres Handelns klar sein möchten, und wir können uns entscheiden, es *anders* zu machen.

Dank des Wissens, dass du dir mit diesem Buch verschafft hast, weißt du jetzt, woran dein Geist sich aufhängen und was ihn auf Abwege bringen kann. Versuche die Auslöser zu erkennen, die deine schlechten Gewohnheiten lostreten, und *plane* deine Verhaltensweisen und Tätigkeiten, damit du nicht ständig wieder in die gleichen Gewohnheitsschleifen fällst.

Entwirrt

Setzt du dir ein klares Ziel für deine kreative Tätigkeit, bist du währenddessen besser vor geistigen Fallstricken geschützt. Und du verhinderst, dass dein Geist in die Abwärtsspirale zum unangenehmen Grübeln gerät. Das geht zum Beispiel, indem du deine Kunst praktizierst wie ein Künstler, der sich aufwärmt: wenn du wie Turner und Købke, die wir in Kapitel 8 kennengelernt haben, lockere Skizzen zeichnest, die absichtlich unvollkommen sind und niemand anders je zu Gesicht bekommen wird – wie bei Pennebakers expressivem Schreiben, das sich völlig darauf konzentriert, wie du dich fühlst. Dir für deine kreative Tätigkeit ein klares Ziel zu setzen und sie damit absichtlich von der nervtötenden Zeit des Übens um des Übens willen abzugrenzen, sodass du nachdenken und dich selbst ausdrücken kannst, wird deinen Weg zum Flow besser schützen.

Achtung, ein Hinweis: Sei andererseits aber auch vorsichtig und setze dir keine zu starren Ziele. Wenn wir einem Ziel nachjagen und geradezu besessen davon sind, es zu finden und zum Ausdruck zu bringen, sind wir unter Umständen bald erschöpft, und dann befinden wir uns, wie in Kapitel 3 und 7 erwähnt, schnell auf dem Weg zum Grübeln. Du kannst dir zwar das Ziel setzen, bestimmte Kompositionsformen oder Choreografien zu erlernen, um so deine Fertigkeiten weiterzuentwickeln, versuche aber der Diktatur des Zwecks zu entkommen, indem du einfach ungehindert kreativ bist, deine Fähigkeiten immer wieder übst oder eine Pause einlegst, wie Professor Walsh es in Kapitel 8 empfohlen hat.

Zurück auf den Planeten Erde

Insgesamt werden solche Verhaltensweisen zu einem schönen Reigen, der alle Systeme unseres Organismus auf Entspannung einstimmt und unsere Gesundheit fördert, während wir gleichzeitig tun, was wir lieben. Wenn wir bei unserer kreativen Tätigkeit alle sieben Sterne versammeln, wird sie zu mehr als der Summe ihrer Teile. Insgesamt machen solche Erfahrungen uns in Geist und Körper gesund.

Bemerken wir, dass wir die eine oder andere dieser Verhaltensweisen vielleicht etwas vernachlässigt haben, hilft uns dieses Wissen um die sieben Sterne, zu verstehen, welchen davon wir wieder einmal besonders ins Visier nehmen sollten.

Jedem Anfang wohnt ein Zauber inne

Wenn du umziehst, ist für deine Sinne alles neu. Überall finden sich neue Auslöser, die Informationen in dein Gehirn lenken und ihm neue Eindrücke verschaffen – und das ist eine Gelegenheit, auch neue Gewohnheitsschleifen zu schaffen! Neue Auslöser bieten die Gelegenheit, etwas Neues zu tun und damit neue Gewohnheiten anzulegen. Vielleicht hast du nicht die Gelegenheit, umzuziehen und damit neue Schleifen zu erzeugen. Du kannst aber etwas anderes tun: Tauche einfach in der Stadt, in der du wohnst, in eine neue Welt ein – durch eine neue künstlerische Tätigkeit und Gemeinschaft. Dort findest du eine Fülle von neuen Auslösern, mit denen du Flow-Trigger schaffen kannst, um daran bestimmte Handlungen festzumachen. Entscheidend ist, dass du neue Auslöser findest, um dich in das zu vertiefen, *was du magst,* was dich intrinsisch motiviert und aktiv werden lässt (siehe auch Kapitel 3, das Prinzip des Wohlfühl-Wollens). Das letzte Kapitel soll dir dabei helfen, deine Kunst oder kreative Tätigkeit zu finden, damit anzufangen und sie regelmäßig auszuüben. Und denk außerdem an die Diskussion um die Verkörperung in Kapitel 8: Jede künstlerische Fertigkeit, die du dir aneignest, die du übst und ausübst, erweitert auch dein Erlebnis, wenn du die gleiche Kunst von anderen genießt, statt selbst schöpferisch aktiv zu sein.

»Sie sind Wissenschaftlerin?«, fragte der Taxifahrer erstaunt, während er mich im Rückspiegel musterte.

Ich trug Glitzerkleidung, ein einigermaßen üppiges Make-up und eine ziemlich glamouröse Frisur. Es war Freitagabend, und ich war in London unterwegs zur ersten Milonga-Veranstaltung des Jahres 2016.

»Ja«, antwortete ich.

»Und Sie arbeiten mit dem Gehirn?«, erkundigte sich der Taxifahrer. »Was hat das mit Kunst zu tun?«

Ich weiß nicht mehr genau, wie wir auf Kunst und das Gehirn zu sprechen kamen, aber im Laufe unseres Gesprächs unterhielten wir uns über seine iranische Herkunft und meine Arbeit mit iranischen Künstlerinnen und Wissenschaftlern. Er sagte mir, er habe vor, Kalligrafie zu lernen und damit Gott näherzukommen; an der nächsten roten Ampel zog er sein Handy heraus und zeigte mir Beispiele für Holzschnitzereien und Kalligrafie, in denen sich Anbetung und Glaube ausdrückten. Ich erzählte ihm von unseren Erkenntnissen, wonach Kunst in früheren Zeiten häufig im Rahmen von Ritualen stattfand und damit ein Akt der Anbetung war. Ich erwähnte Zeichnungen in heiligen Büchern und viele Tänze, die wir heute aufführen und die rituelle Ursprünge haben. Er hörte aufmerksam zu, und als wir über die Themsebrücke fuhren, dachte er laut darüber nach, welches Material und welchen Raum er für den Anfang brauchte; ich erzählte ihm, dass man wissenschaftlich gesehen am besten einfach anfangen solle: ohne die drei geistigen Fallstricke und mit ganz simpler Ausrüstung. Nehmen wir einen neuen künstlerischen Weg in Angriff, machen es uns dann aber zu kompliziert und kaufen eine Menge teure Ausrüstung, wird es für uns selbst unter Umständen schwieriger, weil wir dann zu hohe Erwartungen haben. Um etwas Neues zu lernen und lange genug dabeizubleiben, bis wir die Grundlagen beherrschen, beseitigen wir am besten möglichst viele Übungshindernisse, indem wir mit einfachen Dingen anfangen, damit wir uns nicht überfordert fühlen und keine Angst vor Fehlern haben – die Warnung hat John Cleese am Anfang dieses Kapitels ausgesprochen. Der Taxifahrer und ich verfielen in vielsagendes Schweigen, beide in unsere eigenen Gedanken über unsere Kunst vertieft. Manchmal tauchte er freudestrahlend aus einem Gedanken auf und stellte mir eine Frage nach Kunst und Gehirn, um dann wieder in nachdenkliche Stille zu verfallen. Am Ende der Fahrt sagte er scherzhaft: »Bis bald – in der *Flow-Zone*!«

Ganz einfach anfangen

Aber wie sieht es aus, wenn du im Gegensatz zu unserem Taxifahrer nicht weißt, für welche Kunst du dich entscheiden sollst? Wenn dich bis jetzt noch keine Kunstform so richtig anzieht? Wie wählst du dann eine kreative Tätigkeit aus, um den Flow zu finden?

Nun – das hängt stark davon ab, wer du bist und was du brauchst, welche rosaroten Elefanten in deinem Kopf tanzen, auf welche Auslöser du anspringst, von deinem Charakter, deinen genetischen Veranlagungen, deiner täglichen Umgebung, deiner Lebenserfahrung und so weiter. Und es sollte etwas sein, was dich *von innen heraus,* eben *intrinsisch* motiviert, stundenlang zu üben, sodass du den Flow manchmal schon durch die bloße Wiederholung »deiner« Bewegungen erreichst.

Deine Kunst

Du kannst dich nur schwer für eine bestimmte Kunst entscheiden? Dann habe ich für dich sieben Schritte zusammengestellt, die dir helfen können, die richtige zu finden. Bist du allerdings erst einmal in den Schöpfungsmodus verfallen, wird dir unter Umständen klar, dass die Grenzen zwischen verschiedenen Kunstformen nicht so eindeutig sind, wie unsere Kultur uns glauben machen will. Vielleicht wählst du auch verschiedene kreative Tätigkeiten für verschiedene Strategien der Emotionsregulation. Du kannst wirklich nach Herzenslust mischen und kombinieren.

Wenn du wissen willst, welche Künste für dich die richtigen sind, kannst du einige Antworten auf folgende Fragen aufschreiben:

1. **Unternimm eine Reise in deine Kindheit**: Welche Tätigkeiten haben dir in der Schule und zu Hause am meisten Spaß gemacht? Haben dir deine Eltern Geschichten darüber erzählt, dass du bestimmten Tätigkeiten stundenlang nachgegangen bist?
2. **Unternimm eine Zeitreise**: Was hast du an einem Tag getan, an dem die Stunden wie im Flug vergangen sind? Erinnerst du dich an schöne Erlebnisse, bei denen die Zeit einfach verflog und du dich hinterher glücklich, frei, beschwingt und selbstbewusst gefühlt hast?
3. **Informiere dich über die Möglichkeiten**: Lies beispielsweise in Büchern und Zeitschriften etwas über verschiedene Kunstformen, googele »Kunstformen«, stelle eine Liste zusammen und verteile dann Einstu-

fungen von einem bis zu fünf Sternen, je nachdem, was sie in dir beim Lesen anklingen lassen. Vielleicht möchtest du auch ein Gespür dafür bekommen, was für Menschen dir in der entsprechenden Community begegnen werden. Welche Möglichkeiten hast du am höchsten eingestuft?

4. **Zeichne Häufigkeiten auf**: Stöbere in Läden, die Hilfsmittel für die verschiedenen Möglichkeiten anbieten. In welchem Shop bleibst du am längsten? Und wenn du online verschiedene Möglichkeiten recherchierst: Auf welchen Seiten hältst du dich am längsten auf?
5. **Mach eine Liste deiner Stärken und Vorlieben**: Führe alle Dinge auf, die du gern tust, deine Lieblingsfächer in der Schule, deine Lieblingsfernsehsendungen und so weiter. Nimm in die Liste auch Dinge auf, die du schon immer gern lernen wolltest oder bei anderen bewunderst. Wobei du es nie gewagt hast, es selbst zu versuchen. Was für Dinge sind das?
6. **Frage deine Freundinnen oder Freunde**: Vielleicht findest du in dem, was sie tun, eine Seelenverwandtschaft. Ihr seid schließlich befreundet und versteht euch gut, also bestehen gute Aussichten, dass dir Ähnliches gefallen könnte wie ihnen. Vielleicht können sie dir sogar helfen, damit anzufangen.
7. **Probiere mehrere Hobbys aus**: Melde dich für kurze Kurse für verschiedene Tätigkeiten an, die für dich längerfristig geeignet sein könnten (und nimm sie ernst). Bei welchem bleibst du? Welchen findest du spannend, und bei welchem wartest du schon sehnsüchtig auf die nächste Unterrichtsstunde? Nach welchem Kurs bist du froh, dass es vorüber ist, und bei welchem bist du enttäuscht, wenn die Zeit abläuft? Übe, auf deine innere Stimme zu hören.

Und jetzt: drei Schritte

Mittlerweile wissen wir, dass es nicht nur darum geht, was du tust, sondern vor allem darum, wie du an die Sache herangehst. Um für dich die richtige Tätigkeit zu entwickeln, schlage ich drei Schritte vor:

Schritt 1: Kenne dich selbst

Lerne deine *intrinsische* Motivation kennen.

Vielleicht würdest du gern malen wie Picasso oder tanzen wie John Travolta, aber wir müssen unsere Träume – die auch ihre Berechtigung haben! – von dem trennen, was uns zum so wichtigen Flow verhilft. Welche Kunst umfasst Tätigkeiten, die du gern und über endlose Stunden ausführen möchtest? Drei Vorschläge können dir helfen, das zu erkennen.

Formuliere eine Intention. Formuliere eine klare Absicht, was du mit deiner Tätigkeit fühlen und zum Ausdruck bringen willst; konzentriere dich nicht auf das, was du produzieren möchtest. Schließe die Augen, und spüre einen Augenblick in die Mitte deiner Brust hinein. Was fühlst du? Bringe *das* zum Ausdruck. Es wird dir die Möglichkeit eröffnen, dich auf den Prozess zu konzentrieren und ergebnisorientierte Gedanken zu verbannen. Welche Kunst erlaubt es dir am besten, *das* auszudrücken?

Finde dein Warum. Die Wissenschaft zeigt, dass gesundheitliche Nutzeffekte insbesondere dann erzielt werden, wenn wir unsere Kunst zur Erholung praktizieren und dabei authentisch wir selbst sein können. Trenne also echtes Vergnügen von äußerer Verpflichtung. Sorge dafür, dass du dich nicht nur mit der Kunst beschäftigst, von der du das Gefühl hast, sie »sollte« dir Spaß machen, oder die zu dem Bild passt, das andere von dir haben. Erkenne außerdem, für welche Strategie der Emotionsregulation du deine Kunst nutzen willst. Eskapismus? Anerkennung und Neubewertung? Kognitive Neustrukturierung? Problemlösung?

Vertraue auf deinen Geschmack. Das ist besonders wichtig, wenn du die Kunst anderer konsumierst. Künstlerische Tätigkeit kann tiefere Bedeutungen »freisetzen«, die ansonsten unsichtbar bleiben.

Kunst ist »richtig«, wenn sie sich für *dich* gut anfühlt. Was deine Freunde richtig finden, muss sich für dich nicht richtig anfühlen, und das ist auch gut so. Die Menschen um dich herum sehen in deiner Kunst vielleicht nicht das, was du siehst. Hier musst du dich fragen, was dir gefällt, was dich anzieht, was für dich die Möglichkeit bietet, dich so auszudrücken, wie du wirklich bist, und was dich das Zeitgefühl verlieren lässt. Erinnere dich noch einmal daran, dass die scheinbar starre Grenze, was Kunst ist und was nicht, in Wirklichkeit, naja, völlig künstlich ist: Versuche, dich von diesen Kategorien zu lösen und die Welt von außen zu betrachten. Welche kreative Tätigkeit reizt dich, unabhängig davon, ob sie zur gesellschaftlichen »Kategorie« der klassischen Kunst gehört oder nicht?

Für unser Gehirn sind »die Künste« nur eine weitere Ausdrucksform. Die künstlichen Trennungen zwischen ihnen sind kulturbedingt. Löse in deinem Gehirn diese Fesseln, und erfinde dich selbst neu.

Deine Kunst *könnte* auch der Bauchtanz sein, selbst wenn deine Religion ihn verbietet …

Schritt 2: Nichts im Übermaß

Schaffe dir Gewohnheiten, die das von dir gewünschte Leben *ausmachen*. Bemühe dich, *deine* Auslöser zu erkennen.

Mithilfe der vorangegangenen Kapitel kannst du dir beibringen, wie du herausfindest, welche Aspekte einer Tätigkeit Flowpotenzial haben und bei welchen es sich um geistige Fallstricke handelt, die deinen Geist in Grübelschleifen versetzen. Selbst die gesündeste Verhaltensweise kann zu einer schlechten Gewohnheit werden, wenn wir zulassen, dass wir uns in den geistigen Fallstricken verheddern; lerne also, dich von ihrer Anziehungskraft fernzuhalten, und lerne die Warnzeichen kennen.

Stelle dich darauf ein, dich mit dem Fallstrick des Konkurrenzkampfes auseinandersetzen zu müssen. Wenn du mit einer neuen kreativen Tätigkeit beginnst, darf es keinen Leistungsdruck und keine Konkurrenz geben. Du willst mit dieser Tätigkeit den Weg zum Flow finden und die Kunst nicht professionell betreiben.

Entscheidend ist mehr als je zuvor *der Weg* – denke daran: *Fortkommen ist wichtiger als Fortschritt.* Riskierst du im Unterricht einen Blick auf deinen Nachbarn, um eure Bewegungen zu *vergleichen*? Nein. Sieh nur hinüber, um zu *beobachten, nachzuahmen* oder dich zu *verbessern*. Machst du dir, noch während du dein Werk schaffst, Gedanken darüber, ob du es anderen zeigst und dafür gelobt wirst oder auch nicht? Lass es einfach bleiben. Schenk dir selbst Privatsphäre, und behalte deine neue, frischgebackene Tätigkeit für dich. Konzentriere dich lieber darauf, dich selbst auszudrücken, und frage dich, was du lernen musst, um das auszudrücken, was du ausdrücken willst. Nur das ist wichtig. Entscheidend ist dabei, nicht das Endprodukt im Auge zu haben, sondern den Schaffensprozess. Nutze deine Fantasie, lade sie auf das Papier, den Tanz, die Tastatur herunter – und lass sie dort.

Stelle dich darauf ein, dem Fallstrick von Risikolust und Nervenkitzel (Sensation Seeking) widerstehen zu müssen. Auf deinem Weg zum Flow gilt: Weniger ist mehr. Fange mit den Grundlagen an. Wenn es um körperliche Kunstformen wie Tanz oder Gymnastik geht, versuche dich nicht an fortgeschrittenen Bewegungen, solange du nicht dazu bereit bist: Zu schnell zu sein und das Aufwärmen zu überspringen oder nicht die Kondition zu haben, die du durch Üben erst noch erwirbst, kann zu schweren Verletzungen führen. Und bedenke auch: Gemeinschaft kann ein wunderbares Gut sein, wenn du Frieden und Ruhe finden willst, aber beurteilt zu werden, bevor wir so weit sind, kann uns auch vom Kurs abbringen. Das ist eine Gefahr. Denke an das Dilemma der Stachelschweine – akzeptiere es und bewerte es neu. Nebenbei bemerkt: Die Menschen, die uns am nächsten stehen, haben manchmal ein ganz bestimmtes Bild von uns, und wenn wir etwas Neues beginnen (was vielleicht nicht genau zu diesem Bild passt), kann das zu Rückmeldungen führen, auf die wir gut und gerne verzichten können. Sei mutig, wage es, etwas falsch zu machen, und vollziehe die vier Schritte aus Kapitel 8 zur Bekämpfung der Leistungsangst, die deine Muskeln lähmt. Ob du dein Hobby eine Zeit lang für dich behältst oder dich einer neuen Gemeinschaft anschließt und deine Gedanken mit Menschen austauschst, die mit dir zusammen lernen: Entscheidend ist, dass du es zu deiner persönlichen Entscheidung machst.

Stelle dich darauf ein, dem Fallstrick des hohlen Vergnügens widerstehen zu müssen. Beginne mit den einfachsten Hilfsmitteln. Denke daran: Es geht darum, innere Belohnungen zu sammeln. Halte dich nicht damit auf, dich mit allen möglichen neuen Ausrüstungsgegenständen auszustatten, bevor du überhaupt angefangen hast. Wenn du zeichnen willst, brauchst du nur einen Bleistift. Zum Stricken brauchst du zwei Nadeln und ein Wollknäuel. Zum Tanzen: Sportkleidung und eine Tanzschule, einen YouTube-Clip, eine App. Für den Flow ist das Einfache schon viel. Denke auch daran, dass du nicht weißt, welches Material und welche Ausrüstung für dich richtig sind, solange du deine Kunst nicht besser kennengelernt hast; also spare dein Geld für die Zeit auf, wenn du bereit bist, das nächste Niveau deiner Fertigkeiten zu erreichen.

Schritt 3: Hybris bringt den Ruin

Lass nicht zu, dass deine Kunst zu deinem neuen Dogma wird.
Klammere dich nicht an Regeln, sondern meistere die Unsicherheit, indem du die kleinen Erfolge feierst; wie du dich fühlst, ist dabei wichtiger als das, was du erschaffen hast. Unser Gehirn lernt gern in handlichen Brocken. Erlebe, wie befriedigend es ist, wenn du kleine Zwischenziele erreichst. Achte auf das kleine Gefühl: »Aha, ich hab's!« Und denke daran, dass es Zeit braucht, Nervenbahnen zu stärken. Habe Geduld mit dir selbst.

Mach deine Kunst zu einer Art Gebet.
Halte dir in deinem Tagesablauf Zeit für deine künstlerische Tätigkeit frei. Denke an regelmäßige, sich wiederholende Bewegungen für dein Vorhersagegehirn. Wenn du die künstlerische Tätigkeit zur Routine machst, hat dein Gehirn ausreichend Sicherheit, um mit der Unsicherheit außerhalb der Tätigkeit umzugehen. Die Regelmäßigkeit setzt in deinem Gehirn mentale Energie frei, mit der du neue Wege zur Lösung von Problemen finden kannst. Regelmäßiges Üben ist auch der sicherste Weg, um die Nervenverbindungen herzustellen, die deine Kunst zu deiner »Sprache« machen, weil die Fertigkeiten von den expliziten Systemen des präfrontalen Gehirns in das implizite, prozedurale Gedächtnis übergehen.

Baue dir einen »Altar«.

Suche dir in deiner Wohnung, deinem Büro oder an deinem Arbeitsplatz eine Stelle aus, die für deine Kunst reserviert ist. Die Eindrücke, die dieser »Altar« bei Augen, Ohren, Nase und so weiter hinterlässt, werden mit der Zeit zu »konditionierten Reizen«, wie Psychologen es nennen, und dann helfen sie dir, leichter in die Zone einzutreten. Hast du schon einmal etwas gerochen oder ein Lied gehört, das dich sofort an einen anderen Ort und in eine andere Zeit versetzt hat? Das ist die Wirkung des *assoziativen Lernens*: Sinneseindrücke verbinden sich mit Erinnerungen an die Situationen und Reize, die diese Eindrücke ausgelöst haben. Damit werden solche Sinneseindrücke (Gerüche, Geräusche, Bewegungen) zu *konditionierten Reizen* – sie lösen immer wieder die gleichen Erinnerungen aus. Wir wollen viele Auslöser schaffen, mit denen du die Erinnerung an deine zufriedenstellende Kunstausübung auslösen kannst, denn sie sind Teil einer gesunden Gewohnheitsschleife und werden für dich ein zuverlässiger Weg zum Flow.

Nutze die Macht der Fantasie.

Du kannst mental selbst dann zu deiner Kunst zurückkehren, wenn du nicht in der Lage bist, sie physisch auszuüben. Du kannst dir ein Gedicht ausdenken, ein Bild malen, eine Choreografie tanzen – alles vor deinem geistigen Auge. Die Praxis des »mentalen Trainings«, derer sich professionelle Tänzerinnen, Musiker, Maler und Bildhauerinnen bedienen, hat viele Vorteile. Zum einen baust du weiterhin einen zuverlässigen Weg zum Flow auf, weil du deine Neuronen darauf trainierst, entlang der richtigen Nervenbahnen ihre Impulse abzugeben und ein motorisches Programm zu bilden. Und zweitens kannst du deine künstlerische Tätigkeit als zuverlässigen Kompass für deine Gedanken benutzen, um sie vom Alltagsstress wegzuführen, und so innere Ruhe und Frieden finden, wann *du* willst, auch wenn du in diesem Augenblick deine Malutensilien gerade nicht zur Hand hast.

Im Idealfall findest du eine Kunst, die dir hilft, deine psychologischen Bedürfnisse zu befriedigen, und zwar durch Verhaltensweisen, die dich dein Körperorchester dirigieren lassen.

Der Kreislauf des Phönix

Bevor du mit deiner Kunst beginnst, verrate ich dir noch einen letzten kleinen Trick. Ich nenne ihn den Kreislauf des Phönix. Er hat drei Teile und trägt dazu bei, dass du in Bewegung bleibst und dich durch dein Üben weiterentwickelst. Als Beispiel nehmen wir die Handarbeiten.

Nachmachen – erweitern – ausdrücken

Wenn du mit dem Stricken beginnst, dann vielleicht deshalb, weil du einen Schal mit einem Muster gesehen hast, das dir wirklich gefällt. Also besorgst du dir Material und Anleitungen, fängst an und strickst, bis du den Schal deiner Träume erfolgreich nachgearbeitet hast. Aber wenn du fertig bist, stellst du fest, dass du das Muster mit wenigen Veränderungen oder einer geringfügig anspruchsvolleren Technik so abwandeln kannst, dass es noch besser wird und dir noch mehr entspricht; dadurch angeregt, machst du dich an das nächste Projekt und nutzt das, was du gelernt hast, um wieder etwas Neues zu schaffen.

Das ist der endlose Kreislauf des Phönix in der Kunst: Du bist nie fertig. Er ist absichtlich zyklisch und dreht sich im Kreis, wie eine Waschmaschine für den Geist.

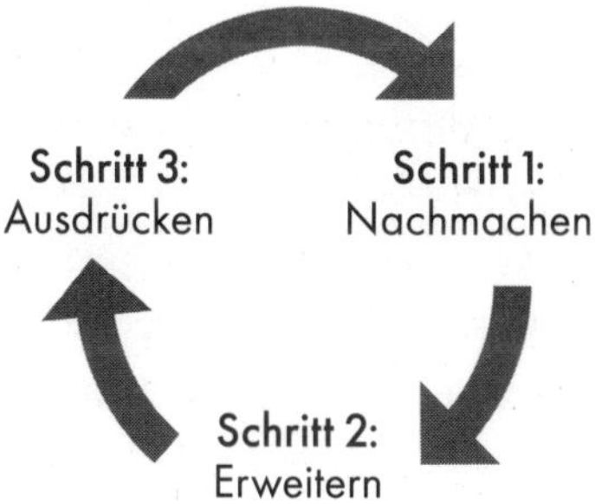

Schritt 1: Nachmachen

Mache zu Anfang »Wörter« und einfache »Sätze« deiner Kunst nach. Wenn es sich um Handarbeit handelt, heißt das, den grundlegendsten Stich zu finden und ihn zu üben. Immer und immer wieder. Die Stiche oder Maschen haben in den einzelnen Handarbeitsformen eigene

Namen; also finde heraus, womit andere in dieser Kunstform angefangen haben, und mach es ihnen nach. Wiederhole es, so oft du musst, bis es automatisch abläuft. Am besten funktioniert das, wenn du dich bereits entschieden hast, einen Gegenstand herzustellen. Etwas Einfaches, damit die Chance besteht, dass du es auch als Anfänger vollendest. Ein Verkäufer oder jemand, der bereits mehr Übung hat, kann dir sagen, was für ein Gegenstand es sein könnte. Ein Schal, eine Blume, ein Lesezeichen und so weiter. Etwas, dessen Fertigstellung keine Ewigkeit dauert und das du mit einer einzigen Art von Stichen herstellen kannst.

Schritt 2: Erweitern

Jetzt musst du deine Kenntnisse über Grammatik und Kultur dieser Kunstform erweitern. Wenn du den einen Stich beherrschst, versuche, mehr darüber in Erfahrung zu bringen. Wozu wird er genutzt, wie sieht seine Vergangenheit aus (wann wurde er beispielsweise zum ersten Mal angewandt und wozu dient er?). Wechsle mit den Farben ab. Gib dir Mühe, mehr über die dahinterstehende Technik zu erfahren, und finde heraus, wie man sie optimieren kann.

Schritt 3: Ausdrücken

Jetzt kannst du dich mit »dieser Kunstform« ausdrücken. Irgendwann kommt der Zeitpunkt, an dem du über das reine Nachmachen hinauskommen und abenteuerlustig werden willst. Gehe auch dabei Schritt für Schritt vor. Wenn du dir zu ehrgeizige Ziele setzt, bist du unter Umständen schnell entmutigt. Denke daran: Das Ziel ist hier nicht das Endprodukt, sondern die Tätigkeit als solche. Wenn sich irgendetwas anstrengend anfühlt: Mach es dir leichter. Einfach ist besser, einfach ist eine Menge.

Wenn du beim Handarbeiten für eine Art von Stichen oder Tätigkeiten das Stadium 3 erreicht hast, kannst du wie Phönix aus der Asche aufsteigen und mit einem neuen Stich, einer neuen Tätigkeit, einem neuen Muster oder einem neuen Werk, das du kreierst, von vorn anfangen. In manchen Fällen kannst du dir solche Fertigkeiten natürlich parallel aneignen, wenn du erst einmal den Bogen raushast. Und während du in der einen Disziplin schon Profi bist, sitzt du vielleicht in der Nationalgalerie in einem Anfängerkurs über Turner und versuchst seine Kunst zu verstehen.

Für die frühere amerikanische First Lady Michelle Obama ist Stricken eine Überlebensstrategie in einer unsicheren Welt. »Etwas an diesem winzigen, exakten, sich stetig wiederholenden Bewegungsablauf, dem sanften Klicken der Nadeln führt meine Gedanken in eine neue Richtung.« Genauso verhält es sich mit dem Tanzen, dem Nähen, dem Zeichnen, dem Musizieren und so weiter. Führe die Bewegung, die für dich die richtige ist, immer wieder mit der richtigen Intention und mit *deiner* Ausdruckskraft aus.

Wenn du das tust, treten die Systeme deines Gehirns und Körpers miteinander in Verbindung und lassen den Geist frei fliegen ... Und schon bist du auf dem Weg in den *Flow*.

Fazit: Kunst ist wichtig

Verhaltensweisen beeinflussen unsere Biologie fast ein bisschen wie Medikamente. Genau wie medizinische Wirkstoffe greifen sie auf Botenstoffe und Rezeptoren zurück, die im Körper bereits vorhanden sind. Deshalb können kreative Verhaltensweisen unter Umständen wie Medizin wirken und in uns gute oder schlechte Wirkungen hervorrufen.

Verschiedene Arzneistoffe haben unterschiedliche Wirkprinzipien, die gezielt an unterschiedlichen Symptomen oder Problemen ansetzen. Einer Patientin wird vielleicht Naratriptan gegen Migräne verschrieben, weil der Wirkstoff ein »selektiver Serotoninrezeptor-Agonist« ist, wie Mediziner es nennen. Triptane docken an bestimmten Rezeptoren auf den Blutgefäßen an und sorgen dafür, dass diese sich *verengen*. Die Wirkung ist bei Migräne hilfreich: Die Schmerzen verflüchtigen sich. Menschen mit Bluthochdruck und ähnlichen Herzkrankheiten wird man dagegen keine Triptane verschreiben. Solche Patienten brauchen vielmehr »Kalziumkanalblocker«, Wirkstoffe wie Amlodipin oder Diltiazem, die den Blutdruck senken, weil sie die Blutgefäße *erweitern*.

Etwas Ähnliches dürfte für die Künste gelten – auch sie haben »Wirkprinzipien«. Wie sich in einer Studie gezeigt hat, stieg durch eine Tanzstunde die Schmerzschwelle der Teilnehmenden[1], und bei einer anderen kam heraus, dass das Schmerzniveau bei Patientinnen mit chronischen Schmerzen abnahm.[2] Eine Längsschnittstudie ergab, dass Menschen, die regelmäßig tanzen, insgesamt seltener an Herzkrankheiten leiden.[3] Die Sache hat aber einen Haken: Warum das so ist, wissen wir nicht; deshalb können wir Künste nicht genauso zielgerichtet einsetzen wie Arzneistoffe.

»Wirkprinzipien« der Künste

Bei der Beantwortung der Frage, welche unterschiedlichen »Wirkprinzipien« die einzelnen Künste haben, steht die Wissenschaft noch ganz am Anfang;[4–7] manche Künste nützen uns – unserer körperlichen und geistigen Gesundheit – mehr als andere und helfen uns besser, Flow zu finden. Wie wir aus der wissenschaftlichen Pionierarbeit von Professorin Daisy Fancourt wissen, wirkt die »gesellschaftliche Verschreibung« kreativer Tätigkeiten nicht einfach so, egal wie wir sie einsetzen. Es funktioniert zum Beispiel nicht, wenn wir unsere künstlerische Gemeinschaft nutzen, um vor dem wirklichen Leben, den Verpflichtungen und der Verantwortung zu fliehen und sie aufzuschieben – das wird uns auf Dauer kaum Gesundheit und Wohlbefinden bringen. In Kapitel 7 haben wir außerdem erfahren, wo möglicherweise der Schlüssel zum Erfolg liegt: Wir sollten lernen, auf dem Weg über kreative Tätigkeiten die sechs Strategien zur Emotionssteuerung anzuwenden.

Manche »Wirkprinzipien«, beispielsweise die in Kapitel 9 vorgeschlagenen »sieben Sterne«, dürften allen Künsten gemeinsam sein, aber innerhalb der einzelnen Künste gibt es beträchtliche Unterschiede, beispielsweise, was die Beteiligung unseres »sozialen Gehirns« betrifft.

Als Beispiel soll uns weiterhin das Tanzen dienen. Tanzen hat eine wichtige soziale Komponente. Für den »Solotanz« (beispielsweise Bauchtanz oder Ballett) gilt das weniger; manche Paartänze erfordern, dass die Partner wie bei Swing oder Salsa auf Armeslänge voneinander entfernt sind, während sie sich bei anderen (so dem traditionellen Tango Argentino) eng umschlingen. Die einzelnen Tänze bieten also ganz unterschiedliche Gelegenheiten für zwischenmenschliche Berührungen, und ebenso unterschiedlich ist auch ihre Wirkung auf Gehirn und Körper. Wenn du das soziale Prinzip brauchst, damit deine kreisenden Gedanken sich auseinanderwinden, sind manche Tanzstile dafür besser geeignet als andere.

Wenn dagegen jemand ein Missbrauchsopfer ist, sodass die Auslöser, die den Geist kreisen lassen, mit körperlicher Nähe zu tun haben, sollte man vielleicht nicht gerade Tango Argentino tanzen. Dann wählt man besser einen Solotanz oder eine Kunst, bei der andere Menschen einem erst dann nahekommen, wenn man dazu bereit ist.

Ein Parkinson-Patient dagegen könnte von Tango Argentino profitieren, vom Walzer jedoch weniger – auch das liegt an den »Wirkprinzipien« dieser Tänze.[8–10] Zu den Symptomen der Parkinson-Krankheit gehören eine Hemmung, mit dem Gehen zu beginnen, und Schwierigkeiten, das Gleichgewicht zu halten. Für den Tango Argentino sind viele Stop-and-go-Bewegungen charakteristisch, aber auch Schritte, bei denen der eine Partner mit dem Fuß vorsichtig den des anderen berührt und darübersteigt. Für die Parkinson-Symptomatik ist das Üben von Losgehen und Anhalten sowie der Einsatz von Auslösern (das heißt in diesem Fall Berührungen), die das Gehen in Gang setzen, ebenso von großem Wert wie die Balanceübung, kurz auf einem Bein zu stehen. Wenn du Tango Argentino tanzt, sind alle diese Übungen in eine fließende Bewegung verwoben, und unterstützt werden sie durch einen tollen Rhythmus; außerdem hörst du schöne Musik und amüsierst dich köstlich. Die ständigen Drehungen beim Walzer machen zwar ebenfalls Spaß, aber dabei bewegt man sich gleichmäßiger und ohne die Stop-and-go- und Gleichgewichtsübungen.

Wie sehen die Symptome *deiner* rosaroten Elefanten aus? Das ist die Frage nach der Dosierung und dem Behandlungsspektrum der Kunst, für die du dich entscheidest. Die Wissenschaft ist noch nicht so weit, dass man eine Differenzialdiagnose stellen und die »beste« auswählen könnte. Es liegt also an dir, deine Kunst zu finden.

Kann man Kunst wissenschaftlich erforschen?

Ja, das kann man. Aber das ist noch nicht allgemein bekannt. Ich möchte ein Beispiel aus der vordersten Front dieser Wissenschaft nennen. Bei einem öffentlichen Vortrag in London 2019 fragte jemand aus dem Publikum spitz: »Sie zeigen da auf dem Bildschirm einen Tanz – könnte der Tänzer denn genau dieselben Bewegungen noch einmal machen? Und wenn nicht, ist das, was Sie da machen, dann überhaupt Wissenschaft?« Ich musste innerlich seufzen – immer gibt es mindestens einen, der solche Fragen stellt.

Die Tänzer im Publikum fingen an zu kichern und mir zuzuzwinkern. Ihre Augen waren wie kleine Sonnen, die in der Dunkelheit dieser Frage leuchteten; sie ist in meinem Forschungsgebiet allgegenwärtig – *ist das, was Sie machen, überhaupt Wissenschaft?* Für die Tänzer unter den Zuhörern lag es natürlich auf der Hand, dass der Tänzer in dem Video, das ich gezeigt hatte, ganz leicht die gleichen Bewegungen noch einmal machen könnte – das nennt man Choreografie. Selbst ein improvisierter Tanz kann von einem Tänzer nachgestellt werden, und das können wir mit wissenschaftlichen Methoden studieren.[11–16] Aber die Frage, die mir davor und danach schon viele Male gestellt wurde, führt uns zu einem viel größeren Problem, mit dem wir es in der Wissenschaft der empirischen Ästhetik, Neuroästhetik und gesundheitswissenschaftlichen Erforschung der Künste jeden Tag zu tun haben. Angesichts der sonstigen Fragen, die dieser Zuhörer während meines Vortrages gestellt hatte, konnte ich mit Fug und Recht annehmen, dass er Professor in einem verwandten Fachgebiet war. Er war also ein Kollege.

Ich lächelte den Tänzern im Publikum kurz zu und nahm ihre Warmherzigkeit mit, als ich mich an das ganze Publikum wandte. Um das eisige Schweigen zu durchbrechen, versuchte ich es zunächst mit einem Scherz: Es sei nett, populärwissenschaftlich unterwegs zu sein, und dann wäre immer ein Wissenschaftler im Publikum, der eine streng wissenschaftliche Debatte fordere und mit Wissenschaftsjargon um sich werfe. Die meisten Zuhörerinnen und Zuhörer, insbesondere die Tänzer, lachten.

Mit der Einstellung dieses Professors haben wir, die wir Künste mit wissenschaftlichen Methoden erforschen, ständig zu tun. Leute wie er säen Zweifel an unserer wissenschaftlichen Glaubwürdigkeit und an der Seriosität unserer Forschungsmethoden, und das sowohl bei der Begutachtung von Fachartikeln als auch bei der Beurteilung von Anträgen auf Fördergelder. Deshalb erhalten wir nicht die notwendigen Finanzmittel für die großen Forschungsprojekte, die notwendig wären, um das Fachgebiet voranzubringen. Im Disclaimer am Anfang dieses Buches habe ich darauf hingewiesen, dass das Fachgebiet noch in den Kinderschuhen steckt – viele weitere Experimente sind notwendig, um die spannenden Ergebnisse zu bestätigen, die wir mittlerweile erzielen. Ich hoffe, ich konnte in diesem Buch zeigen, dass die Künste tatsächlich ein wichtiges Hilfsmittel für gesundheitsfördernde Tätigkeiten sein *könnten*, wenn sie stärker unterstützt würden: durch langfristige Finanzierung der Forschung und durch Fördermittel für alle in unserer Gesellschaft, damit sie sich ungeachtet ihrer sozioökonomischen Herkunft mit den Sprachen der Kunst beschäftigen und sie erlernen können.

Aber der Zugang zu Finanzmitteln wird durch zu viele »altgediente« Professoren blockiert; das liegt wahrscheinlich daran, dass sie nicht begreifen, was Künste sind und wie man auf dem Gebiet der kreativen Tätigkeiten wissenschaftlich arbeiten kann. Ihre Haltung ist verständlich angesichts der Tatsache, dass wir alle Produkte der Gesellschaften sind, in denen wir aufwachsen. Und in den meisten westlichen Gesellschaften verstehen viele Menschen »die Künste« als eine seltsame, besondere Klasse exotischer Tätigkeiten, die eigentlich niemand wirklich versteht und wenn überhaupt, dann nur die »Profis«. In Kapitel 9 habe ich kurz erläutert, warum ich das für ein Problem halte und was wir dagegen tun könnten – wir könnten die Künste dahin zurückholen, wohin sie gehören: in den Mittelpunkt jeder Gesellschaft.

Um solche Vorstellungen zu verändern und das Wissenschaftsgebiet voranzubringen, brauchen wir eine hochgradig fachübergreifende Forschung – das heißt, es reicht nicht, wenn Naturwissenschaftler sich beteiligen. Damit eine solche Forschung Erfolg haben kann, brauchen wir ebenso professionelle Künstler und Fachleute aus den Geisteswissenschaften. Nur so ist gewährleistet, dass es sich um sinnvolle Forschung handelt und dass Steuergelder – die uns zum größten Teil finanzieren – klug angelegt sind.

Ich holte tief Luft, wandte mich zu dem misstrauischen Professor im Publikum und erklärte ihm, was er im Zusammenhang mit seiner eigenen Forschung sicher wusste, in Bezug auf unsere aber anzweifelte: dass wir in der Forschung genau nach einem Plan vorgehen und unsere »wissenschaftlichen Fragestellungen« operationalisieren müssen.

Eine solche Fragestellung könnte beispielsweise lauten: »Wann stellen sich durch das Tanzen gesundheitliche Effekte ein?« Wenn wir in der Wissenschaft »operationalisieren«, heißt das: Wir beobachten ein Phänomen, beispielsweise Tanz, Musizieren, Fußball oder ein anderes Hobby, und arbeiten dann die verschiedenen »Variablen« heraus, die dieses Verhalten ausmachen. Anschließend studieren wir das Phänomen im Labor, bis wir nach vielen Wiederholungen verstehen, welche Variablen – in ihren Wechselbeziehungen – am stärksten zum Ergebnis beitragen, beispielsweise zur gesundheitlichen Wirkung. Im Zusammenhang mit unserer Frage nach dem Tanz könnten wir beispielsweise den Cortisolspiegel im Blut (Ergebnisvariable) an Wettkampftagen und zu anderen Zeiten messen (die Studienvariable ist dann der Wettkampf). Das Prinzip kennst du schon aus Kapitel 2: Dort habe ich berichtet, wie unser Forschungsteam im Zusammenhang mit dem Tanzen die Variable »Wettbewerb« untersucht hat.

Eine andere wissenschaftliche Fragestellung könnte sich auf die Variable »Musik« beziehen: »Wann erzielen wir das beste gesundheitliche Ergebnis – wenn wir mit Musik oder ohne Musik tanzen?«[17] Oder: »Sind bestimmte Tanzstile oder Tanzbewegungen für ein bestimmtes Ergebnis oder eine gesundheitliche Wirkung besonders hilfreich?«[18–20]

Wie die Fragestellung auch aussehen mag – wenn wir unser Experiment einmal gemacht haben, müssen wir als Nächstes die beobachteten Wirkungen in unterschiedlichen Situationen, im Labor, vielleicht auch in verschiedenen Labors und mit verschiedenen Forschenden, reproduzieren: Nur so können wir sicher sein, dass die Wirkung echt ist. Im nächsten Schritt holen wir das Phänomen zurück in die Wirklichkeit und studieren es dort systematisch weiter. In der Wissenschaft spricht man dabei von einer »ökologisch validen« Forschung – sie ist nicht einfach, aber möglich.[21,22]

Kunst und andere kreative Tätigkeiten sind »multivariate« Phänomene, wie man sie in der Wissenschaft nennt. Das heißt, dass dafür viele »Variablen« eine Rolle spielen. In diesem Buch haben wir einige davon untersucht, die zu kreativen Tätigkeiten wie Tanz, Musizieren, Kochen oder Filmemachen gehören können. Die sieben Sterne sind

Variablen, die zu den meisten kreativen Tätigkeiten gehören. Es gibt aber noch viele andere, beispielsweise: »Ist die Tätigkeit mit Konkurrenzkampf, dem Streben nach hohlem Vergnügen oder Nervenkitzel und Risikolust verbunden?« (Kapitel 2). Solche Variablen sind oftmals in mehr oder weniger großem Umfang Aspekte unseres Hobbys und spielen eine Rolle dabei, wie wir uns fühlen und wie gesund wir sind – das heißt für den »Output«. In der Wissenschaft studieren wir solche Variablen systematisch Schritt für Schritt, was unter Umständen Jahrzehnte dauern kann und von Geldgebern und Kollegen viel Vertrauen verlangt. Ich hoffe, dass wir in den kommenden Jahren viele, viele weitere blühende Forschungsprojekte erleben werden, die sich genau damit beschäftigen: mit einer systematischen Erforschung der Künste mittels bewährter naturwissenschaftlicher Methoden, wozu die Durchführung von angemeldeten Studien mit Peer-Review und randomisierten kontrollierten Studien gehören.

Solche Forschungsarbeiten werden hoffentlich auch die Zweifler überzeugen und in den nächsten Jahrzehnten an Durchschlagskraft gewinnen; vorerst können wir alle, die wir Menschen sind und über »Variablen« Bescheid wissen, damit in unserem Alltagsleben experimentieren. Werde auch du zum Wissenschaftler oder zur Wissenschaftlerin im Dienste deiner eigenen Gesundheit und deines Wohlbefindens, und finde heraus, welche Variablen bei *deiner* kreativen Tätigkeit am stärksten zum Ergebnis beitragen – dazu, dass *du* dich wohlfühlst.

Ich wünsche dir eine sichere, spannende Reise und einen guten Kompass auf deinem Weg zum Flow. Und ich freue mich darauf, dich schon bald im *Flow* zu treffen!

Danksagung

Den Weg, der zu diesem Buch führte, bin ich nicht allein gegangen; ich bin einer ganzen Reihe großartiger Menschen, die mich treu und vertrauensvoll begleitet haben, zutiefst dankbar.

Mein innigster Dank gilt meinen Eltern. Ihnen widme ich dieses Buch. Danke, dass ihr Kunst und Kreativität zu einem unverzichtbaren Teil unseres Lebens gemacht habt. Und ich danke Nadine, meiner Schwester und Freundin, danke, dass du immer da warst. Besonders bedanken möchte ich mich auch bei Freundinnen und Freunden, die mit ihren Anregungen und ihrer Unterstützung zur Entstehung des Buches beigetragen haben. Isa mit ihrer Kunst der Schmuckherstellung und ihr Ehemann (oho!) Pep Lluís mit seiner Segelkunst. Und natürlich Miguel, den wir auf Seite 226 kennengelernt haben und der die seltsamen Wendungen des Lebens zu Comedy macht. Und ich danke Dong-Seon Chang, meinem lieben Kollegen und guten Freund, danke, für deine unschätzbaren Ratschläge all die Jahre hindurch. Ich hoffe, wir werden eines Tages zusammen Swing tanzen. Meinem *compi* Lluís danke ich für unsere wunderbar nerdigen wissenschaftlichen Diskussionen bei Kaffee und *ensaïmada* – und danke, dass du mir die Kunst der Miniatur-Figurenmalerei erschlossen hast.

Meine Leidenschaft für die Kunst des Schokoladengenusses, der Kleidung, des Shoppens und der japanischen Kunst hat sicher Fahrt aufgenommen, seit ich meine vertraute Freundin und Mentorin Shelley Channon kennengelernt habe. Mein Interesse an der Kunst der Mathematik wurde seither durch ihren Ehemann befeuert, David Hand: Er ist Mathematikprofessor, liebt die Kunst des Zauberns und findet in seiner Freizeit Flow beim Schreiben von Büchern wie *Amy's Luck*, mit denen er uns einen großartigen Blick auf sein Fachgebiet eröffnet. Ich danke euch beiden sehr. Dankbar bin ich auch Toni Gomila, der mich immer unterstützt – und auch dafür, dass er jedes Jahr zu Weihnachten seine Leidenschaft, in einem Chor zu singen, mit uns allen teilt.

Ein Buch wie dieses stammt nicht von einem einzelnen Menschen. Ich habe von der Unterweisung, der klugen Anleitung und kreativen Inspiration der besten Vertreter ihrer jeweiligen Fachgebiete profitiert – ohne euch wäre das alles nicht möglich gewesen: Kate Evans, meine großartige Agentin mit ihrer wunderbaren Fähigkeit, zu verstehen, wie mein Geist funktioniert, und mir mit den richtigen Fragen zu helfen, mein Wissen auf bestmögliche Weise zu formulieren. Großer Dank gilt auch dem wunderbaren, netten und ungeheuer hilfreichen Team von PFD London: Rebecca Wearmouth, Lucy Barry und alle anderen aus dem Team für internationale Rechte – ihr seid fantastisch! Besonderer Dank gilt Tessa David und Tim Binding, die vor vielen Jahren als Erste Potenzial in der Idee sahen, die zu diesem Buch führte. Ebenso möchte ich meine Freude und meinen ungeheuren Dank gegenüber den Teams bei den Verlagen zum Ausdruck bringen, die dieses Buch als Erste herausbringen werden: der außergewöhnlich kreativen, freundlichen und hilfsbereiten Marianne Tatepo (unsere Unterhaltungen über Kochkunst und Gitarrenspiel waren einfach toll!) und ihrem unglaublich kenntnisreichen, anregenden Team bei Square Peg, Vintage mit Emily Martin (Tanzkollegin!), Rhiannon Roy (die Flow findet beim Erklimmen der heimischen Berge fern ihres Zuhauses, Eryri), Fiona Brown (Weihnachten, Silvester und Freya's in Island – eine höchst denkwürdige Zeit!) und vielen anderen. Mein herzlicher Dank gilt auch Ihnen, Daniel Oertel und dem ungeheuer tüchtigen Team bei den Ullstein-Buchverlagen. Ihnen allen danke ich für das Vertrauen in dieses Projekt und Ihre Geduld, als mein Wissenschaftlerinnenkopf jeden Satz zum x-ten Mal überprüfen musste. Außerdem danke ich Anne Flückiger und Sebastian Vogel, den beiden außergewöhnlichen deutschen Übersetzern vom *Flow-Kompass*. Ich habe Ihre deutsche Übersetzung von Philipp Dettmers *Immune* gelesen, die mir sehr gut gefallen hat, und ich war begeistert, als ich hörte, dass Sie beide auch bei diesem Buch mit im Boot sind (danke, Daniel, dass das möglich wurde!). Ebenso danke ich den großartigen Teams der Verlage Garzanti S.r.l. (Italien), Alfabet Uitgevers (Niederlande) und Huazhang (China) (China Machine Press), die das Buch in ihren jeweiligen Sprachen ebenfalls herausbringen werden und vom ersten

Planungsstadium an Vertrauen in den *Flow-Kompass* hatten!

Die Wichtigsten, denen ich hier danken muss, sind allerdings in vielerlei Hinsicht die vielen Forschenden, deren Arbeiten ich herangezogen habe, um dieses Buch zu schreiben. Das Buch enthält über 800 Literaturangaben, und viele weitere konnte ich aus Platzgründen nicht aufführen. Ihnen allen danke ich für ihre atemberaubende Forschung. Der Samen für dieses Buch wurde vor Jahren am Londoner Warburg Institute in meinem Geist gepflanzt. Besonders dankbar bin ich für die Gespräche mit den Professoren Guido Giglioni und Manos Tsakiris. Wir haben gemeinsam einen Artikel darüber verfasst, auf welch raffinierten Wegen die Künste unseren Geist zu Höhenflügen veranlassen können und damit unsere Gesundheit und unser Wohlbefinden verbessern: »Let the soul dangle: How mind-wandering spurs creativity« erschien 2017 in der schönen redaktionellen Bearbeitung von Sally Davies in AEON. Danke an euch alle.

Meine wissenschaftliche Erforschung des Tanzes wird derzeit von der Max-Planck-Gesellschaft finanziert; sehr dankbar bin ich den Professoren Fredrik Ullén, Melanie Wald-Fuhrmann und zuvor Winfried Menninghaus vom Max-Planck-Institut für empirische Ästhetik in Frankfurt am Main. Der Tanz ist selbst in der empirischen Ästhetik ein Nischenthema, und ich danke Ihnen, dass Sie ihm eine Chance gegeben haben. Ebenso danke ich allen meinen lieben Kolleginnen und Kollegen am MPIEA und den vielen großartigen internationalen Forschungsteams, mit denen zu arbeiten ich die Ehre hatte! Ein besonderer Dank geht auch an die Tanz-Neurowissenschaftlerin und Professorin Emily S. Cross für ihre jahrelange freundliche Unterstützung aus verschiedenen Teilen der Welt und dafür, dass sie unermüdlich die Tanzforschung trotz aller Widrigkeiten voranbringt. Professor Joe T. Devlin vom University College in London und dem Labor für angewandte Verbraucher-Neurowissenschaft danke ich für anregende Gespräche über Neuro-Marketing, über die Künste und das Gehirn, für freundliche, hilfsbereite Ratschläge und für seinen herrlichen Humor – und dafür, dass er als mein »kritischer Freund« das Buch Korrektur gelesen hat. Sehr dankbar bin ich auch Ihnen, Vince Walsh vom UCL. Sie waren während meiner Londoner Jahre einer meiner konstruktivsten Kritiker und haben dafür gesorgt, dass ich meine Fühler in neue Richtungen ausgestreckt habe. Ich danke Ihnen sehr. Danke auch dafür, dass Sie mich mit ins Arsenal-Stadion in Highbury genommen und mir Ihre Erkenntnisse über die erstaunliche Empfindung mitgeteilt haben, während eines Fußballspiels zum Publikum zu gehören.

Viele weitere Menschen haben mich mit ihrer Klugheit und ihren Glaubenssätzen inspiriert und sind in diesem Buch zu Wort gekommen. Das gilt insbesondere für Mansur Nazarli, der das Bild der rosaroten Elefanten liebt und mich auf die großartige Idee brachte, die drei Fallstricke für den Geist mit den Namen griechischer Gottheiten zu versehen (Konkurrenzbewusstsein – *Nike,* Göttin der Konkurrenz; Streben nach hohlem Vergnügen – *Dionysos,* Gott des Vergnügens und des Weins; Risikobereitschaft und Nervenkitzel – *Tyche,* Göttin des Glücks). In die Endfassung des Buches haben es die Gottheiten nicht geschafft, aber es war unglaublich hilfreich, jahrelang in diesen Kategorien zu denken und damit insbesondere das Kapitel 2 richtig zu formulieren. Danke, M.! Danke auch an Lucciana Perreira, die im Yogaunterricht immer wieder sagt: »Ich kann nicht in eure Köpfe kriechen und es für euch machen. In euch seid nur ihr selbst, und nur ihr könnt die Entscheidung treffen, *diese Bewegung zu verändern.*« Das Mantra von Lili Ribeiro im Yogaunterricht lautet: »Seht nicht immer in den Spiegel, um herauszufinden, wie es *aussieht,* sondern fühlt, wie es sich *anfühlt,* dann kommt der Fortschritt.« Mein Dank gilt auch Christian Mayer von der *Süddeutschen Zeitung*, der im Gespräch den Film *Das Dilemma mit den sozialen Medien* erwähnte, sodass ich mich in Kapitel 2 darauf beziehen konnte. Michael Davelis zeigte mir den archäologischen Fachartikel über die neu entdeckten Elchzähne, von denen in Kapitel 8 die Rede war. Matthias Blattmann von Gutmann Events schrieb das großartige Buch *Sie verlassen nun die Komfortzone* – danke für die unschätzbar wertvolle Unterstützung, mit der ihr unsere Tanzforschung im Laufe der Jahre in den Tanz-Communitys weithin bekannt gemacht habt.

Und natürlich vielen Dank für eure Unterstützung und das viele Lachen – danke an alle von der Pandilla del Pastel Danés und an euch, die Tango Science Gang! Und danke an euch, ihr vielen großartigen

Tango-Tänzer, die ihr mir die Nächte durch Tanz verschönert habt – die gemeint sind, wissen Bescheid. Ich praktiziere Yoga, und neben Schreiben, Tanzen und Zeichnen hilft mir gerade Hot Yoga gegen meine chronischen Schmerzen. Ich danke den Hot-Yoga-Lehrkräften in mehreren Studios in Palma, London, Kiel, Stockholm, Wien, Hamburg und Berlin. Und danke an dich, Martje Schubert, für die Klugheit beim Zusammenstellen von Vinyasa- und Hatha-Flow-Sequenzen, mit denen Menschen stärker werden.

Was sehr wichtig ist: Ich habe dieses Buch fast ausschließlich in Cafés in ganz Europa geschrieben – ja, auch an der Kunst des Kaffees habe ich Spaß. Besonders danke ich den großartigen Mitarbeitenden des Ca'n Joan de s'Aigo in Palma, die mich während endloser Stunden an dem Tisch in der Ecke neben der Großvateruhr schreiben ließen und mir den speziellen *Café con leche* mit einem Hauch Schokolade brachten. Das liebenswürdige Team des Café Wacker in Frankfurt am Main versüßte mir den frühen Morgen, ebenso der Kaffee und Kuchen des Café Guldægget und Lagkagehuset irgendwo in Dänemark. Und danke schließlich an euch alle, liebe Familie, Freunde und Kolleginnen, für euer Verständnis und eure Geduld, wenn ich nicht zum Kaffee, zu Ausflügen, Partys, Gesprächen, Abendessen und ähnlichen Dingen zu euch stoßen konnte, weil ich dieses Buch schreiben musste. Danke, dass ihr immer noch da seid.

Und danke an *dich* fürs Lesen.

Anmerkungen

Einleitung: Warum sich unsere Gedanken im Kreis drehen – neu erforscht

1 Csikszentmihalyi, Mihaly: *Flow. Das Geheimnis des Glücks*, Stuttgart 1992.

2 Massimini, F./Csikszentmihalyi, M./Fave, A. D.: »Flow and biocultural evolution«, in: *Optimal Experience: Psychological Studies of Flow in Consciousness, hrsg. von* M. Csikszentmihalyi und I. S. Csikszentmihalyi, Cambridge 1988, S. 60–81.

3 Thissen, B. A. K./Menninghaus, W./Schlotz, W.: »The Pleasures of Reading Fiction Explained by Flow, Presence, Identification, Suspense, and Cognitive Involvement«, in: *Psychology of Aesthetics, Creativity, and the Arts* 15/4 (2021), S. 710–724.

4 Thissen, B. A. K./Menninghaus, W./Schlotz, W.: »Measuring Optimal Reading Experiences: The Reading Flow Short Scale«, in: *Frontiers in Psychology* 9 (2018), 2524.

5 de Manzano, O./Theorell, T./ Harmat, L./Ullén, F.: »The Psychophysiology of Flow During Piano Playingg«, in: *Emotion* 10/3 (2010), S. 301–311.

6 Biasutti, M./Antonini Philippe, R.: »Editorial: I Got Flow! The Flow State in Music and Artistic Sport Contexts«, in: *Frontiers in Psychology* 14 (2023).

7 Bernardi, N. F./ Bellemare-Pepin, A./Peretz, I.: »Dancing to ›Groovy‹ Music Enhances the Experience of Flow«, in: *Annals of the New York Academy of Sciences* 1423 (2018), S. 415–426.

Kapitel 1: Hab-Acht!-samkeit

1 Damasio, Antonio R.: *Descartes' Irrtum. Fühlen, Denken und das menschliche Gehirn*, Berlin 2004.

2 Critchley, Hugo D.: »Neural Mechanisms of Autonomic, Affective and Cognitive Integration«, in: *The Journal of Comparative Neurology* 493 (2005), S. 154–166.

3 Critchley, Hugo D.: »Psychophysiology of Neural, Cognitive and Affective Integration: fMRI and Autonomic Indicants«, in: *International Journal of Psychophysiology* 73/2 (2009), S. 88–94.

4 Critchley, H. D./Eccles, J./Garfinkel, S. N.: »Interaction Between Cognition, Emotion and the Autonomic Nervous System«, in: *Handbook of Clinical Neurology* 117 (2013), S. 59–77.

5 Damasio, A. R./Carvalho, G. B.: »The Nature of Feelings: Evolutionary and Neurobiological Origins«, in: *Nature Reviews Neuroscience* 14 (2013), S. 43–152.

6 Damasio, A. R. et al.: »Subcortical and Cortical Brain Activity During the Feeling of Self-Generated Emotions«, in: *Nature Neuroscience* 2 (2000), S. 1049–1056.

7 Niedenthal, P. M.: »Embodying Emotion«, in: *Science* 316 (2007), S. 1002–1005.

8 Nisbett, R. E./Wilson, T. D.: »Telling more than we can know: verbal reports on mental processes«, in: *Psychological Review* 84/3 (1977), S. 231–259.

9 Carver, C. S./Harmon-Jones, E.: »Anger is an approach-related affect: evidence and implications«, in: *Psychological Bulletin* 135/2 (2009), S. 183–204.

10 Bechara, A.: »The role of emotion in decision-making: evidence from neurological patients with orbitofrontal damage«, in: *Brain and Cognition* 55/1 (2004), S. 30–40.

11 Birbaumer, N./Flor, H.: »Psychobiology«, in: *Comprehensive Clinical Psychology*, hrsg. von A.S. Bellack und M. Hersen. Oxford 1998, S. 115–172.

12 Dantzer, R.: »Psychoneuroendocrinology of Stress«, in: *Encyclopedia of Behavioral Neuroscience*, hg. von G.F. Koob/M. Le Moal und R.F. Thompson, Oxford 2010, S. 126–131.

13 Pévet, P.: »Melatonin«, in: *Dialogues in Clinical Neuroscience* 4/1 (2002), S. 57–72.

14 Hardeland, R. et al.: »Melatonin«, in: *International Journal of Biochemistry and Cell Biology* 38/3 (2006), S. 313–316.

15 Sequeira, H. et al.: »Electrical autonomic correlates of emotion«, in: *International Journal of Psychophysiology* 71/1 (2009), S. 50–56.

16 Bechara, A./Naqvi, N.: »Listening to your heart: interoceptive awareness as a gateway to feeling«, in: *Nature Neuroscience* 7/2 (2004), S. 102–103.

17 Jackman, S. L./Regehr, W. G.: »The Mechanisms and Functions of Synaptic Facilitation«, in: *Neuron* 94/3 (2017), S. 447–464.

18 Sheffler, Z. M./Reddy, V./Pillarisetty, L. S.: »Physiology, Neutransmitters«, in: *StatPearls*, hrsg. von *StatPearls Publishing*, Treasure Island, FL, 2024. https://www.ncbi.nlm.nih.gov/books/NBK539894/

19 Suszkiw, J. B.: »Synaptic Transmission«, in: *Cell Physiology Source Book, hrsg. von* N. Sperelakis, Oxford 2012, S. 563–578.

20 Tähkämö, L./Partonen, T./Pesonen, A. K.: »Systematic review of light exposure impact on human circadian rhythm«, in: *Chronobiology International* 36/2 (2019), S. 151–170.

21 Basta, M./Chrousos, G. P./Vela-Bueno, A./Vgontzas, A. N.: »Chronic insomnia and stress system«, in: *Sleep Medicine Clinics* 2/2 (2007), S. 279–291.

22 Scher, A./Hall, W.A./Zaidman-Zait, A./Weinberg, J.: »Sleep quality, cortisol levels, and behavioral regulation in toddlers«, in: *Developmental Psychobiology* 2/1 (2010), S. 44–53.

23 Eşer, I./Khorshid, L./Güneş, U. Y./Demir, Y.: »The effect of different body positions on blood pressure«, in: *Journal of Clinical Nursing* 16/1 (2007), S. 137–140.

24 Barone Gibbs, B. et al.: »Effect of alternating standing and sitting on blood pressure and pulse wave velocity during a simulated workday in adults with overweight/obesity«, in: *Journal of Hypertension* 35/12 (2017), S. 2411–2418.

25 Zeigler, Z. et al.: »Effects of Standing and Light-Intensity Activity on Ambulatory Blood Pressure«, in: *Medicine and Science in Sport and Exercise* 48/2 (2016), S. 175–181.

26 Sundquist, K. et al.: »The long-term effect of physical activity on incidence of coronary heart disease: a 12-year follow-up study«, in: *Preventive Medicine* 41/1 (2005), S. 219–225.

27 Siebers, M./Biedermann, S. V./Fuss, J.: »Do Endocannabinoids Cause the Runner's High? Evidence and Open Questions«, in: *Neuroscientist* 29/3 (2023), S. 352–369.

28 Sotolongo, J.: »Chasing that elusive ›runner's high‹? Seattle-area experts talk about their experiences«, in: *The Seattle Times*, 9. 2. 2022).

29 Carlson, N. R.: *Physiology of Behavior,* London 2004.

30 Craig, A. D.: »Interoception: the sense of the physiological condition of the body«, in: *Current Opinion in Neurobiology* 13/4 (2003), S. 500–505.

31 Craig, A. D.: »How do you feel – now? The anterior insula and human awareness«, in: *Nature Reviews Neuroscience* 10/1 (2009), S. 59–70.

32 Raichle, Marcus E. et al.: »A default mode of brain function«, in: *Proceedings of the National Academy of Sciences of the United States of America* 98/2 (2001), S. 676–682.

33 Raichle, M. E./Snyder, A. Z.: »A default mode of brain function: A brief history of an evolving idea«, in: *Neuroimage* 37/4 (2007), S. 1083–1090.

34 Vessel, E. A. et al.: »The Brain on Art: Intense Aesthetic Experience Activates the Default Mode Network«, in: *Frontiers in Human Neuroscience* 6/66 (2007), S. 1–17.

35 Vessel E. A. et al.: »Art reaches within: aesthetic experience, the self and the default mode network«, in: *Frontiers in Neuroscience* 7 (2013), 258.

36 Vessel, E. A. et al.: »The default-mode network represents aestehtic appeal that generalizes across visual domains«, in: *Proceedings of the National Academy of Sciences in the United States of America* 116/38 (2019), S. 19155–19164.

37 Du, F. et al.: »Tightly coupled brain activity and cerebral ATP metabolic rate«, in: *Proceedings of the National Academy of Sciences* 105/17 (2008), S. 6409–6419.

38 Wegner, Daniel M.: »Setting free the bears: escape from thought suppression«, in: *The American Psychologist* 66/7 (2011), S. 671–680.

39 Wegner, Daniel M. et al.: »Paradoxical effects of thought suppression«, in: *Journal of Personality and Social Psychology* 53/1 (1987), S. 5–13.

40 Wenzlaff, R. M./Wegner, D. M.: »Thought suppression«, in: *Annual Review of Psychology* 51 (2000), S. 59–91.

41 Wegner, D. M./Schneider, D. J.: »The White Bear Story«, in: *Psychological Inquiry* 14/3&4 (2003), S. 326–329.

42 Dostoevsky, Fyodor. *Winter Notes on Summer Impressions* (1863/2016). Alma Classics, London, UK , P. 1–105

43 Lewin, K.: *A Dynamic Theory of Personality*, New York 1938, S. 300–314.

44 McKinney, Fred: »Studies in the retention of interrupted learning activities«, in: *Journal of Comparative Psychology* 19/2 (1935), S. 265–296.

45 Moot, S. A. III/Teevan, R.C./Greenfeld, N.: »Fear of failure and the Zeigarnik effect«, in: *Psychological Reports* 63/2 (1988), S. 459–464.

46 Hirsch, C. R./Mathews, A.: »A cognitive model of pathological worry«, in: *Behaviour Research and Therapy* 50/10 (2012), S. 636–646.

47 Watkins, Edward R.: »Constructive and unconstructive repetitive thought«, in: *Psychological Bulletin* 134/2 (2008), S. 163–206.

48 Syrek, Christine J. et al.: »Zeigarnik's sleepless nights: How unfinished tasks at the end of the week impair employee sleep on the weekend through rumination«, in: *Journal of Occupational Health Psychology* 22/2 (2017), S. 225–238.

49 Syrek, Christine J./Antoni, Conny H.: »Unfinished tasks foster rumination and impair sleeping – particularly if leaders have high performance expectations«, in: *Journal of Occupational Health Psychology* 19/4 (2014), S. 490–499.

Kapitel 2: Fallstricke des Geistes

1 Syrek, Christine J./Antoni, Conny H.: »Unfinished tasks foster rumination and impair sleeping – particularly if leaders have high performance expectations«, in: *Journal of Occupational Health Psychology* 19/4 (2014), S. 490–499.

2 Bechara, Antoine: »The role of emotion in decision-making: evidence from neurological patients with orbitofrontal damage«, in: *Brain and Cognition* 55/1 (2004), S. 30–40.

3 Bechara, A./Damasio, H./Damasio, A.R.: »Emotion, decision making and the orbitofrontal cortex«, in: *Cerebral Cortex* 10/3 (2000), S. 295–307.

4 Bechara, A./Naqvi, N.: »Listening to your heart: interoceptive awareness as a gateway to feeling«, in: *Nature Neuroscience* 7/2 (2004), S. 102–103.

5 Damasio, A. R./Carvalho, G. B.: »The Nature of Feelings: Evolutionary and Neurobiological Origins«, in: *Nature Reviews Neuroscience* 14 (2013), S. 143–152.

6 Damasio, Antonio R.: »Investigating the biology of consciousness«, in: *Philosophical Transactions of the Royal Society of London Series B – Biological Sciences* 353 (1998), S. 1879–1882.

7 Berridge, Kent C./Kringelbach, Morten L.: »Building a neuroscience of pleasure and well-being«, in: *Psychology of Well-Being* 1/1 (2011), S. 1–3.

8 Kringelbach, Morten L./Berridge, Kent C.: »Towards a functional neuroanatomy of pleasure and happiness«, in: *Trends in Cognitive Science* 13/11 (2009), S. 479–487.

9 Kringelbach, Morten L./Berridge, Kent C.: »The Neuroscience of Happiness and Pleasure«, in: *Social Research* 77/2 (2010), S. 659–678.

10 Kamali, Arash et al.: »Revealing the ventral amygdalofugal pathway of the human limbic system using high spatial resolution diffusion tensor tractography«, in: *Brain Structure & Function* 221/7 (2015), S. 3561–3569.

11 Kamali, Arash et al.: »Mapping the trajectory of the stria terminalis of the human limbic system using high spatial resolution diffusion tensor tractography«, in: *Neuroscience Letters* 608 (2015), S. 45–50.

12 Dong, H.-W./Petrovich, G. D./Swanson, L. W.: »Topography of projections from amygdala to bed nuclei of the stria terminalis«, in: *Brain Research Reviews* 38/1–2 (2001), S. 192–246.

13 Bechara, A: »Decision making, impulse control and loss of willpower to resist drugs: a neurocognitive perspective«, in: *Nature Neuroscience* 8 (2005), S. 1458–1463.

14 Rolls, Edmund T.: »Limbic systems for emotion and for memory, but no single limbic system«, in: *Cortex; A Journal Devoted to the Study of the Nervous System and Behavior* 62 (2015), S. 119–157.

15 Craig, Arthur D. et al.: »Thermosensory activation of insular cortex«, in: *Nature Neuroscience* 3 (2000), S. 184–190.

16 Mateos-Aparicio, P./Rodríguez-Moreno, A.: »The Impact of Studying Brain Plasticity«, in: *Frontiers in Cellular Neuroscience* 13 (2019), S. 1–5.

17 Craig, Arthur D.: »How do you feel – now? The anterior insula and human awareness«, in: *Nature Reviews Neuroscience* 10 (2009), S. 59–70.

18 Critchley, Hugo D.: »Neural mechanisms of autonomic, affective, and cognitive integration«, in: *The Journal of comparative neurology* 493/1 (2005), S. 154–166.

19 Critchley, H. D./Eccles, J./Garfinkel, S. N.: »Interaction Between Cognition, Emotion and the Autonomic Nervous System«, in: *Handbook of Clinical Neurology* 117 (2013), S. 59–77.

20 Carver, Charles S./Harmon-Jones, Eddie: »Anger is an approach-related affect: evidence and implications«, in: *Psychological Bulletin* 135/2 (2009), S. 183–204.

21 Frijda, Nico: »Emotion, cognitive structure, and action tendency«. In: *Cognition and Emotion* 1 (1987), S. 115–143.

22 Hietanen, Jari K. et al.: »Seeing direct and averted gaze activates the approach-avoidance motivational brain systems«, in: *Neuropsychologia* 46/9 (2008), S. 2423–2430.

23 Whalen, Paul J. et al.: »A functional MRI study of human amygdala responses to facial expressions of fear versus anger«, in: *Emotion* 1/1 (2001), S. 70–83.

24 Craig, Arthur D.: »Interoception: the sense of the physiological condition of the body«, in: *Current Opinion in Neurobiology* 13/4 (2003), S. 500–505.

25 Critchley, Hugo D.: »Psychophysiology of neural, cognitive and affective integration: fMRI and autonomic indicants«, in: *International Journal of Psychophysiology* 73/2 (2009), S. 88–94.

26 Seth, Anil K.: »Interoceptive inference, emotion, and the embodied self«, in: *Trends in Cognitive Science* 17/11 (2013), S. 565–573.

27 Newson, Martha et al.: »Devoted fans release more cortisol when watching live soccer matches«, in: *Stress and Health* 36/2 (2020), S. 220–227.

28 Slimani, Maamer et al.: »Steroid hormones and psychological responses to soccer matches: Insights from a systematic review and meta-analysis«, in: *PLoS One* 12/10 (2017), e0186100.

29 Segerstrom, Suzanne C./Miller, Gregory E.: »Psychological stress and the human immune system: a meta-analytic study of 30 years of inquiry«, in: *Psychological Bulletin* 130/4 (2004), S. 601–630.

30 Nes, Lise S./Segerstrom, Suzanne C.: »Psychoneuroimmunology«, in: *Encyclopedia of Applied Psychology*, hrsg. von. Charles D. Spielberger, Amsterdam 2004, S. 191–195.

31 Forsdike, K./O'Sullivan, G./Hooker, L.: »Major sports events and domestic violence: A systematic review«, in: *Health and Social Care* 30/6 (2022), e3670–e3685.

32 Card, David/Dahl, Gordon B.: »Family violence and football: the effect of unexpected emotional cues on violent behavior«, in: *The Quarterly Journal of Economics* 126/1 (2011), S. 103–143.

33 Piquero, A. R./Piquero, N. L./Riddell, J. R.: »Do (sex) crimes increase during the United States Formula 1 Grand Prix?«, in: *Journal of Experimental Criminology* 17/2 (2021), S. 87–108.

34 Curci, Antonietta et al.: »Negative emotional experiences arouse rumination and affect working memory capacity«, in: *Emotion* 13/5 (2013), S. 867–880.

35 Moulds, M. L./Kandris, E./Williams, A. D.: »The impact of rumination on memory for self-referent material«, in: *Memory* 15/8 (2007), S. 814–821.

36 Kuo, Janice R. et al.: »Trait Rumination Is Associated with Enhanced Recollection of Negative Words«, in: *Cognitive Therapy and Research* 36/6 (2012), S. 722–730.

37 Christensen, Julia. F./Chang, Dong-Seon: *Tanzen ist die beste Medizin. Warum es uns gesünder, klüger und glücklicher macht,* Reinbek bei Hamburg 2018.

38 Rohleder, Nicolas et al.: »Stress on the Dance Floor: The Cortisol Stress Response to Social-Evaluative Threat in Competitive Ballroom Dancers«, in: *Personality and Social Psychology Bulletin* 33/1(2007), S. 69–84.

39 Quested, Eleanor et al.: »Basic psychological need satisfaction, stress-related appraisals, and dancers' cortisol and anxiety responses«, in: *Journal of Sport & Exercise Psychology* 33/6 (2011), S. 828–846.

40 Vrinceanu, Tudor et al.: »Dance your stress away: comparing the effect of dance/movement training to aerobic exercise training on the cortisol awakening response in healthy older adults«, in: *Stress* 22/6 (2019), S. 687–695.

41 Skinner, Burrhus F.: »A case history in scientific method«, in: *American Psychologist* 11 (1956), S. 221–233.

42 Christensen, Julia F. et al.: »Choice Hygiene for ›Consumer Neuroscientists‹? Ethical Considerations and Proposals for Future Endeavours«, in: *Frontiers in Neuroscience* 15 (2022), S.1-24.

43 Small, Dana M.: »Individual differences in the neurophysiology of reward and the obesity epidemic«, in: *International Journey of Obesity* 33 Suppl. 2 (2009), S. 44–48.

44 Chentsova-Dutton, Yulia/Hanley, Kaitlin: »The effects of anhedonia and depression on hedonic responses«, in: *Psychiatry Research* 179/2 (2010), S. 176–180.

45 Singh, Minati: »Mood, food, and obesity«, in: *Frontiers in Psychology* 5/925 (2014).

46 Mason, Tyler B. et al.: »Emotional disorder symptoms, anhedonia, and negative urgency as predictors of hedonic hunger in adolescents«, in: *Eating Behaviors* 36 (2020), 101343.

47 Bellis, Mark A. et al.: »Ibiza uncovered: changes in substance use and sexual behaviour amongst young people visiting an international night-life resort«, in: *International Journal of Drug Policy* 11/3 (2000), S. 235–244.

48 Bellis, Mark A. et al.: »The role of an international nightlife resort in the proliferation of recreational drugs«, in: *Addiction* 98/12 (2003), S. 1713–1721.

49 Bellis, Mark A. et al.: »Relative contributions of holiday location and nationality to changes in recreational drug taking behaviour: a natural experiment in the Balearic Islands«, in: *European Addiction Research* 15/2 (2009), S. 78–86.

50 Bellis, Mark A. et al.: »Sexual behaviour of young people in international tourist resorts«, in: *Sexually Transmitted Infections* 80/1 (2004), S. 43–47.

51 Vivancos, R./Abubakar, I./Hunter, P. R.: »Foreign travel, casual sex, and sexually transmitted infections: systematic review and meta-analysis«, in: *International Journal of Infectious Diseases* 14/10 (2010), e842–851.

52 Fernandes, Daniel M. et al.: »The spread of steppe and Iranian-related ancestry in the islands of the western Mediterranean«, in: *Nature Ecology & Evolution* 4/3 (2020), S. 334–345.

53 Alcover, Josep A.: »The First Mallorcans: Prehistoric Colonization in the Western Mediterranean«, in: *Journal of World Prehistory* 21/1 (2008), S. 19–84.

54 He, Q./Turel, O./Bechara, A.: »Brain anatomy alterations associated with Social Networking Site (SNS) addiction«, in: *Scientific Reports* 7 (2017), 45064.

55 Ergün, N./Özkan, Z./Griffiths, M. D.: »Social Media Addiction and Poor Mental Health: Examining the Mediating Roles of Internet Addiction and Phubbing«, in: *Psychological Reports*, März 2023, 332941231166609.

56 Limone, P./Ragni, B./Toto, G. A.: »The epidemiology and effects of video game addiction: A systematic review and meta-analysis«, in: *Acta Psychologica* 241 (2023),104047.

57 Lemmens, J. S./Valkenburg, P. M./Peter, J.: »The effects of pathological gaming on aggressive behavior«, in: *Journal of Youth and Adolescence* 40/1 (2011), S. 38–47.

58 Leknes, Siri/Tracey, Irene: »A common neurobiology for pain and pleasure«, in: *Nature Reviews Neuroscience* 9 (2008), S. 314–320.

59 Pattamadilok, Chotiga et al.: »Automaticity of phonological and semantic processing during visual word recognition«, in: *Neuroimage* 149 (2017), S. 244–255.

60 Johnston, W. M./Davey, G. C. L.: »The psychological impact of negative TV news bulletins: the catastrophizing of personal worries«, in: *British Journal of Psychology* 88/1/1 (1997), S. 85–91.

61 Pfefferbaum, B./Palka, J.M./North, C.: »Associations between News Media Coverage of the 11 September Attacks and Depression in Employees of New York City Area Businesses«, in: *Behavioral Sciences* 11/3 (2021), 10.3390/bs11030029.

62 Pfefferbaum, Betty et al.: »Disaster media coverage and psychological outcomes: descriptive findings in the extant research«, in: *Current Psychiatry Reports* 16/9 (2014), 464.

63 Szabo, Attila/Hopkinson, Katey L.: »Negative psychological effects of watching the news in the television: relaxation or another intervention may be needed to buffer them!«, in: *International Journal of Behavioural Medicine* 14/2 (2007), S. 57–62.

64 Dutton, Donald G./Aron, Arthur P.: »Some evidence for heightened sexual attraction under conditions of high anxiety«, in: *Journal of Personality and Social Psychology* 30/4 (1974), S. 510–517.

65 Jiang, Xintong et al.: »Effects of sensation seeking on habituation to novelty: An EEG study«, in: *Neuropsychologia* 129 (2019), S. 133–140.

66 Dubois-Deruy, Emilie et al.: »Oxidative Stress in Cardiovascular Diseases«, in: *Antioxidants* 9/9 (2020), 864.

67 D'Oria, Rossella et al.: »The Role of Oxidative Stress in Cardiac Disease: From Physiological Response to Injury Factor«, in: *Oxidative Medicine and Cellular Longevity*, eCollection 2020, 5732956.

68 Segura-Sampedro, Juan J. et al.: »Balconing: An alcohol-induced craze that injures tourists. Characterization of the phenomenon«, in: *Injury* 48/7 (2017), S. 1371–1375.

Kapitel 3: Das Ballett der rosaroten Elefanten

1 Smith, J. M./Alloy, L. B.: »A roadmap to rumination: a review of the definition, assessment, and conceptualization of this multifaceted construct«, in: *Clinical Psychology Review* 29 (2009), S. 116–128.

2 Hirsch, C. R./Mathews, A.: »A cognitive model of pathological worry«, in: *Behaviour Research and Therapy* 50/10 (2012), S. 636–646.

3 Watkins, E. R.: »Constructive and unconstructive repetitive thought«, in: *Psychological Bulletin* 134/2 (2008), S. 163–206.

4 Kifer, Y. et al.: »The good life of the powerful: the experience of power and authenticity enhances subjective well-being«, in: *Psychological Science* 24/3 (2013), S. 280–288.

5 Kelley, A. E./Berridge, K. C.: »The neuroscience of natural rewards: relevance to addictive drugs«, in: *The Journal of Neuroscience: the Official Journal of the Society for Neuroscience* 22 (2002), S. 3306–3311.

6 Shah, M./Vella, A.: »Effects of GLP-1 on appetite and weight«, in: *Reviews in Endocrine & Metabolic Disorders* 15/3 (2014), S. 181–187.

7 Caron, A. et al.: »Leptin and brain-adipose crosstalks«, in: *Nature Reviews Neuroscience* 19/3 (2018), S. 153–165.

8 Fruhwürth, S. et al.: »Novel Insights into How Overnutrition Disrupts the Hypothalamic Actions of Leptin«, in: *Front Endocrinol* 9/89 (2018).

9 Berthoud, H. R.: »Interactions between the ›cognitive‹ and ›metabolic‹ brain in the control of food intake,. in: *Physiology & Behavior* 91 (2007), S. 486–498.

10 Avena, Nicole: *Hedonic Eating: How the Pleasure of Food Affects our Brains and Behavior*, Oxford 2015.

11 Astrup, A. et al.: »The role of low-fat diets and fat substitutes in body weight management: what have we learned from clinical studies?«, in: *Journal of the American Dietetic Association* 97 (1997), S. 82–87.

12 Flood-Obbagy, J. E./Rolls, B. J.: »The effect of fruit in different forms on energy intake and satiety at a meal«, in: *Appetite* 52 (2009), S. 416–422.

13 Wojcicki, J. M./Heyman, M. B.: »Reducing childhood obesity by eliminating 100 % fruit juice«, in: *American Journal of Public Health* 102 (2012), S. 1630–1633.

14 Horton, T. J. et al.: »Fat and carbohydrate overfeeding in humans: different effects on energy storage«, in: *The American Journal of Clinical Nutrition* 62/1 (1995), S. 19–29.

15 McDevitt, R. M. et al.: »Macronutrient disposal during controlled overfeeding with glucose, fructose, sucrose, or fat in lean and obese women«, in: *The American Journal of Clinical Nutrition* 72/2 (2000), S. 369–377.

16 Moss, M.: »The extraordinary science of addictive junk food«, in: *The New York Times*, 20. 2. 2013.

17 Avena, N. M./Rada, P./ Hoebel, B. G.: »Evidence for sugar addiction: behavioral and neurochemical effects of intermittent, excessive sugar intake, in: *Neuroscience and Biobehavioral Reviews* 32/1 (2008), S. 20–39.

18 Moss, M.: »The extraordinary science of addictive junk food«, in: *The New York Times*, 20. 2. 2013.

19 Halford, J. C. & Harrold, J. A.: »Satiety-enhancing products for appetite control: science and regulation of functional foods for weight management«, in: *The Proceedings of the Nutrition Society* 71/2 (2012), S. 350–362.

20 van Kleef, E. et al.: »Successful development of satiety enhancing food products: towards a multidisciplinary agenda of research challenges«, in: *Critical Reviews in Food Science and Nutrition* 52/7 (2012), S. 611–628.

21 Ebd.

22 Gearhardt, A. N. et al.: »Can food be addictive? Public health and policy implications«, in: *Addiction* 106/7 (2011), S. 1208–1212.

23 Bechara, Antoine: »Decision making, impulse control and loss of willpower to resist drugs: a neurocognitive perspective«, in: *Nature Neuroscience* 8 (2005), S. 1458–1463.

24 Kanoski, S. E./Boutelle, K. N.: »Food cue reactivity: Neurobiological and behavioral underpinnings«, in: *Reviews in Endocrine & Metabolic Disorders* 23/4 (2022), S. 683–696.

25 Goldstein, R. Z./Volkow, N. D.: »Dysfunction of the prefrontal cortex in addiction: neuroimaging findings and clinical implications«, in: *Nature Reviews Neuroscience* 12 (2011), S. 652–669.

26 Noël, X./van der Linden, M./Bechara, A.: »The neurocognitive mechanisms of decision-making, impulse control and loss of willpower to resits drugs«, in: *Psychiatry* 3 (2006), S. 30–41.

27 Bechara, Antoine: »Decision making, impulse control and loss of willpower to resist drugs: a neurocognitive perspective«, in: *Nature Neuroscience* 8 (2005), S. 1458–1463.

28 Gupta, A./Osadchiy, V./Mayer, E. A.: »Brain-gut-microbiome interactions in obesity and food addiction«, in: *Nature Reviews. Gastroenterology & Hepatology* 17/11 (2020), S. 655–672.

29 Goldstein, R. Z./Volkow, N. D.: »Dysfunction of the prefrontal cortex in addiction: neuroimaging findings and clinical implications«, in: *Nature Reviews Neuroscience* 12 (2011), S. 652–669.

30 Noël, X./van der Linden, M./Bechara, A.: »The neurocognitive mechanisms of decision-making, impulse control and loss of willpower to resits drugs«, in: *Psychiatry* 3 (2006), S. 30–41.

31 Kalivas, P. W./Volkow, N. D.: »The neural basis of addiction: a pathology of motivation and choice«, in: *The American Journal of Psychiatry* 162/8 (2005), S. 1403–1413.

32 Olsen, C. M.: » Natural Rewards, Neuroplasticity, and Non-Drug Addictions«, in: *Neuropharmacology* 61/7 (2011), S. 1109–1122.

33 Grant, J. E. et al.: »Introduction to Behavioral Addictions«, in: *The American Journal of Drug and Alcohol Abuse* 36/5 (2010), S. 233–241.

34 Ryan, T. et al: »The uses and abuses of Facebook: A review of Facebook addiction«, in: *Journal of Behavioral Addictions* 3 (2014), S. 133–148.

35 Andreassen, C. S./Pallesen, S.: »Social network site addiction – an overview«, in: *Current Pharmaceutical Design* 20/25 (2014), S. 4053–4061.

36 Kuss, D. J./Griffiths, M. D.: »Online social networking and addiction – a review of the psychological literature«, in: *International Journal of Environmental Research and Public Health* 8/9 (2011), S. 3528–3552.

37 Boecker, H. et al.: »The Runner»s High: Opioidergic Mechanisms in the Human Brain«, in: *Cerebral Cortex* 18/11 (2008), S. 2523–2531.

38 Berczik, K. et al.: »Exercise addiction: symptoms, diagnosis, epidemiology, and etiology«, in: *Substance Use & Misuse* 47/4 (2012), S. 403–417.

39 Weinstein, A./Weinstein, Y. »Exercise addiction – diagnosis, bio-psychological mechanisms and treatment issues«, in: *Current Pharmaceutical Design* 20/25 (2014), S. 4062–4069.

40 Freimuth, M./Moniz, S./Kim, S. R.: »Clarifying exercise addiction: differential diagnosis, co-occurring disorders, and phases of addiction«, in: *International Journal of Environmental Research and Public Health* 8 (2011), S. 4069–4081.

41 Kuss, D. J./Griffiths, M. D./Karila, L./Billieux, J.: »Internet addiction: a systematic review of epidemiological research for the last decade«, in: *Current Pharmaceutical Design* 20/25 (2014), S. 4026–4052.

42 Hickman, B. et al.: »Dance for Chronic Pain Conditions: A Systematic Review«, in: *Pain Medicine* 23/12 (2022), 2022–2041.

43 Tarr, B. et al.: »Synchrony and exertion during dance independently raise pain threshold and encourage social bonding«, in: *Biology Letters* 11/10 (2015).

44 Targhetta, R./Nalpas, B./Pascal, P.: »Argentine tango: Another behavioral addiction?«, in: *Journal of Behavioral Addictions* 2/3 (2013), S. 179–186.

45 Christensen, J. F.: »Pleasure junkies all around – why it matters and why ›the arts‹ might be the answer«, in: *Proceedings of the Royal Society B – Biological Sciences* (2017), S. 1–8.

46 Paulus, M. P. & Stewart, J. L.: »Interoception and Drug Addiction«, in: *Neuropharmacology* 76 (2014), S. 342–350.

47 Alavi, S. S. et al.: »Behavioral Addiction versus Substance Addiction: Correspondence of Psychiatric and Psychological Views«, in: *International Journal of Preventive Medicine* 3/4 (2012), S. 290–294.

48 Naqvi, N. H./Rudrauf, D./Damasio, H./Bechara, A.: »Damage to the insula disrupts addiction to cigarette smoking«, in: *Science* 315 (2007), S. 531–534.

49 Duhigg, Charles: *Die Macht der Gewohnheit: Warum wir tun, was wir tun*, München 2013.

50 Karsh, N. /Eitam, B.: »I control therefore I do: judgments of agency influence action selection«, in: *Cognition* 138 (2015), S. 122–131.

51 Karsh, N./Eitam/B., Mark, I./Higgins, E. T.: »Bootstrapping agency: How control-relevant information affects motivation«, in: *Journal of Experimental Psychology, General* 145/10 (2016), S. 1333–1350.

52 Haggard, P.: »Sense of agency in the human brain«, in: *Nature Reviews Neuroscience* 18 (2017), S. 196–207.

53 Marshall, T. C./Lefringhausen, K./Ferenczi, N.: »The Big Five, self-esteem, and narcissism as predictors of the topics people write about in Facebook status updates«, in: *Personality and Individual Differences* 85 (2015), S. 35–40.

54 Nadkarni, A./Hofmann, S. G.: »Why Do People Use Facebook?«, in: *Personality and individual differences* 52/3 (2012), S. 243–249.

55 Evraire, L. E. & Dozois, D. J.: »An integrative model of excessive reassurance seeking and negative feedback seeking in the development and maintenance of depression«, in: *Clinical Psychology Review* 31/8 (2011), S. 1291–1303.

56 Starr, L. R./Davila, J.: »Excessive reassurance seeking, depression, and interpersonal rejection: a meta-analytic review«, in: *Journal of Abnormal Psychology* 117/4 (2008), S. 762–775.

57 Orosz, G. et al.: »Elevated romantic love and jealousy if relationship status is declared on Facebook«, in: *Frontiers in Psychology* 6 (2015), 214.

58 Muscanell, N. L. et al.: »Don't it make my brown eyes green? An analysis of Facebook use and romantic jealousy«, in: *Cyberpsychology, Behavior and Social Networking* 16/4 (2013), 237–242.

59 Elphinston, R. A./Noller, P.: »Time to face it! Facebook intrusion and the implications for romantic jealousy and relationship satisfaction«, in: *Cyberpsychology, Behavior and Social Networking* 14/11 (2011), S. 631–635.

60 Muise, A./Christofides, E./Desmarais, S.: »More information than you ever wanted: does Facebook bring out the green-eyed monster of jealousy?«, in: *Cyberpsychology & Behavior* 12/4 (2009), S. 441–444.

61 Lup, K./Trub, L./Rosenthal, L.: »Instagram #instasad?: exploring associations among instagram use, depressive symptoms, negative social comparison, and strangers followed«, in: *Cyberpsychology, Behavior and Social Networking* 18/5 (2015), S. 247–252.

62 Nesi, J./Prinstein, M. J.: »Using Social Media for Social Comparison and Feedback-Seeking: Gender and Popularity Moderate Associations with Depressive Symptoms«, in: *Journal of Abnormal Child Psychology* 43/8 (2015), S. 1427–1438.

63 Hagerty, C.: »Silicon Valley Parents Banning Tech for Their Kids«, *BBC NEWS*, 6. 6. 2019, https://www.bbc.com/news/av/world-us-canada-48533999 (letzter Zugriff: 25. 4. 2024).

64 Fleming, A.: »Screen Time v. Play Time: What Tech Leaders Won't Let Their Own Kids Do«, in: *The Guardian*, 23. 5. 2015, https://www.theguardian.com/technology/2015/may/23/screen-time-v-play-time-what-tech-leaders-wont-let-their-own-kids-do.

65 Bowles, N.: »Silicon Valley Nannies Are Phone Police for Kids«, in: *The New York Times*, 26. 10. 2018, https://www.nytimes.com/2018/10/26/style/silicon-valley-nannies.html).

66 Huang, Z.: »ByteDance's New TikTok for Kids in China Limits Access to 40 Minutes a Day«, in: *Time*, 20. 9. 2021

67 Crone, E. A./Konijn, E. A.: »Media use and brain development during adolescence«, in: *Nature Communications* 9 (2018), S. 588.

68 Koob, G. F./Volkow, N. D.: »Neurobiology of addiction: a neurocircuitry analysis«, in: *Lancet Psychiatry* 3 (2016), S. 760–773.

69 Carmi, L. et al.: »A prospective clinical cohort-based study of the prevalence of OCD, obsessive compulsive and related disorders, and tics in families of patients with OCD«, in: *BMC Psychiatry* 22/1 (2022), S. 190.

70 Benzina, N. et al.: »Cognitive Dysfunction in Obsessive-Compulsive Disorder«, in: *Current Psychiatry Reports* 18/9 (2016), S. 80.

71 Figee, M. et al.: »Dysfunctional reward circuitry in obsessive-compulsive disorder«, in: *Biological psychiatry* 69/9 (2011), S. 867–874.

72 Alves-Pinto, A. et al.: »Altered reward-related effective connectivity in obsessive-compulsive disorder: an fMRI study«, in: *Journal of Psychiatry & Neuroscience* 44/6 (2019), S. 395–406.

73 Lagemann, T. et al.: »Early orbitofrontal hyperactivation in obsessive-compulsive disorder«, in: *Psychiatry Research* 202/3 (2012), S. 257–263.

74 Xie, C. et al.: »Imbalanced functional link between reward circuits and the cognitive control system in patients with obsessive-compulsive disorder«, in: *Brain Imaging and Behavior* 11/4 (2017), S. 1099–1109.

75 Moriarity, D. P. et al.: »Reward Responsiveness and Ruminative Styles Interact to Predict Inflammation and Mood Symptomatology«, in: *Behavior Therapy* 51/5 (2020), S. 829–842.

76 Sansone, R. A./Sansone, L. A.: »Rumination: relationships with physical health«, in: *Innovations in Clinical Neuroscience* 9/2 (2012), S. 29–34.

77 Smith, J. M./Alloy, L. B.: »A roadmap to rumination: A review of the definition, assessment, and conceptualization of this multifaceted construct«, in: *Clinical Psychology Review* 29/2 (2009), S. 116–128.

78 Lyubomirsky, S. et al.: »Thinking about rumination: the scholarly contributions and intellectual legacy of Susan Nolen-Hoeksema«, in: *Annual Review of Clinical Psychology* 11 (2015), S. 1–22.

79 Clark, D. A./Purdon, C./Wang, A.: »The Meta-Cognitive Beliefs Questionnaire: development of a measure of obsessional beliefs«, in: *Behaviour Research and Therapy* 41/6 (2003), S. 655–669.

80 Monroe, S. M.: »Modern approaches to conceptualizing and measuring human life stress«, in: *Annual Review of Clinical Psychology* 4 (2008), S. 33–52.

81 Nolen-Hoeksema, S./Wisco, B. E./Lyubomirsky, S.: »Rethinking Rumination«, in: *Perspectives on Psychological Science* 3/5 (2008), S. 400–424.

82 Nolen-Hoeksema, S./Morrow, J.: »A prospective study of depression and posttraumatic stress symptoms after a natural disaster: the 1989 Loma Prieta Earthquake«, in: *Journal of Personality and Social Psychology* 61/1 (1991), S. 115–121.

83 Segal, Z. V./Ingram, R. E.: »Mood priming and construct activation in tests of cognitive vulnerability to unipolar depression«, in: *Clinical Psychology Review* 14 (1994), S. 663–695.

84 Aldao, A./Nolen-Hoeksema, S./Schweizer, S.: »Emotion-regulation strategies across psychopathology: A meta-analytic review«, in: *Clinical Psychology Review* 30 (2010), S. 217–237.

85 Purdon, C./Rowa, K./Antony, M. M.: »Thought suppression and its effects on thought frequency, appraisal and mood state in individuals with obsessive-compulsive disorder«, in: *Behaviour Research and Therapy* 43/1 (2005), S. 93–108.

86 Watkins, E. R.: »Depressive Rumination and Co-Morbidity: Evidence for Brooding as a Transdiagnostic Process«, in: *Journal of Rational-Emotive & Cognitive-Behavior Therapy* 27/3 (2009), S. 160–175.

87 Raines, A. M. et al.: »Associations between rumination and obsessive-compulsive symptom dimensions«, in: *Personality and Individual Differences* 113 (2017), S. 63–67.

88 Watkins, E./Moulds, M./Mackintosh, B.: »Comparisons between rumination and worry in a non-clinical population«, in: *Behaviour Research and Therapy* 43/12 (2005), S. 1577–1585.

89 Ehring, T.: »Thinking too much: rumination and psychopathology«, in: *World Psychiatry* 20/3 (2021), S. 441–442.

90 Szabo, Y. Z./Burns, C. M./Lantrip, C.: »Understanding associations between rumination and inflammation: A scoping review«, in: *Neuroscience and Biobehavioral Reviews* 135 (2022), 104523.

91 Thomsen, D. K. et al.: »Negative thoughts and health: associations among rumination, immunity, and health care utilization in a young and elderly sample«, in: *Psychosomatic Medicine* 66/3 (2004), S. 363–371.

92 Burtscher, J. et al.: »The interplay of hypoxic and mental stress: Implications for anxiety and depressive disorders«, in: *Neuroscience & Biobehavioral Reviews* 138 (2022), 104718.

93 Chiappelli, F./Khakshooy, A./Gilardi, J.: »Immune suppression«, in: *Stress: Immunology and Inflammation*, hrsg. von George Fink, Oxford 2024, S. 39–45.

94 Hori, H./Hakamata, Y.: »Inflamation and traumatic stress«, in: *Stress: Immunology and Inflammation*, hrsg. von George Fink, Oxford 2024, S. 65–75.

95 Marshall, G. D./Morris, M. C.: »Toward identifying individual stress susceptibility«, in: *Stress: Immunology and Inflammation*, hrsg. von George Fink Oxford 2024, S. 1–8.

96 Yin, W., Godbout, J. P./Sheridan, J. F.: »Interleukin-1 beta in psychosocial stress«, in: *Stress: Immunology and Inflammation*, hrsg. von George Fink. Oxford 2024, S. 53–63.

97 Tavris, C./Aronson, E.: *Mistakes Were Made (But Not by Me): Why We Justify Foolish Beliefs, Bad Decisions, and Hurtful Acts*, Boston 2008.

98 Harmon-Jones, E./Mills, J. (Hrsg.): *Cognitive Dissonance: Progress on a Pivotal Theory in Social Psychology*, American Psychological Association 1999.

99 Nisbett, R. E./Wilson, T. D.: »Telling more than we can know: Verbal reports on mental processes«, in: *Psychological Review* 84 (1977), S. 231–259.

100 Johansson, P. et al.: »Failure to detect mismatches between intention and outcome in a simple decision task«, in: *Science* 310 (2005), S. 116–119.

101 Westen, D. et al.: »Neural bases of motivated reasoning: an FMRI study of emotional constraints on partisan political judgment in the 2004 U.S. Presidential election«, in: *Journal of Cognitive Neuroscience* 18/11 (2006), 1947–1958.

102 Knutson, K. M. et al.: »Politics on the brain: an FMRI investigation«, in: *Social Neuroscience* 1/1 (2006), S. 25–40.

103 Kringelbach, M. L./Berridge, K. C.: »Towards a functional neuroanatomy of pleasure and happiness«, in: *Trends Cogn Sci* 13 (2009), S. 479–487.

104 Pelowski, M./Akiba, F.: »A model of art perception, evaluation and emotion in transformative aesthetic experience«, in: *New Ideas in Psychology* 29 (2011), S. 80–97.

105 Pelowski, M. et al.: »Move me, astonish me... delight my eyes and brain: The Vienna Integrated Model of top-down and bottom-up processes in Art Perception (VIMAP) and corresponding affective, evaluative, and neurophysiological correlates«, in: *Physics of Life Reviews* 21/1 (2017), S. 80–125.

106 Pelowski, M.: »Tears and transformation: feeling like crying as an indicator of insightful or ›aesthetic‹ experience with art«, in: *Frontiers in Psychology* 6 (2015), 1006.

Kapitel 4: Das Stachelschwein-Dilemma

1 Mar, R. A./Oatley, K.: »The Function of Fiction is the Abstraction and Simulation of Social Experience«, in: *Perspectives on Psychological Science* 3/3 (2008), S. 173–192.

2 Oatley, K.: »Fiction: Simulation of Social Worlds«, in: *Trends in Cognitive Sciences* 20/8 (2016), S. 618–628.

3 Schopenhauer, A./Janaway, C.: *Parerga and Paralipomena.* Cambridge 1851/2015.

4 Sirigu, A./Lefevre, A.: »Oxytocin's influence on social decions-making«, in: *Decision Neuroscience, hrsg. von* Jean-Claude Dreher und Léon Tremblay, London/New York 2017, S. 387–96.

5 Noonan, M. et al.: »Organization of the Social Brain in Macaques and Humans«, in: *Decision Neuroscience* 15 (2016), S. 189–98.

6 Dominy, N. J.: »Evolution of sensory receptor specializations in the glabrous skin«, in: *Encyclopedia of Neuroscience,* hrsg. von Larry R. Squire, (2009), S. 39–42.

7 Crucianelli, L. et. al.: »Modeling affective touch pleasantness across skin types at the individual level reveals a reliable and stable basic function«, in: *Journal of Neurophysiology* 128 (2022), S. 1435–52.

8 Harlow, H. F. et al.: »Total social isolation in monkeys«, in: *Proceedings of the National Academy of Sciences of the United States of America* 54 (1965), S. 90–97.

9 McGlone, F./Spence, C.: »The cutaneous senses: Touch, temperature, pain/itch, and pleasure«, in: *Neuroscience & Biobehavioral Reviews* 34 (2010), S. 145–147.

10 McGlone, F. et al.: »Discriminative and Affective Touch: Sensing and Feeling«, in: *Neuron* 82 (2014), S. 737–755.

11 Walker, S. C./McGlone, F. P.: »The Social Brain: Neurobiological Basis of Affiliative Behaviours and Psychological Well-Being«, in: *Neuropeptides* 47/6 (2013), S. 379–93.

12 Cacioppo, S. et al.: »Loneliness: Clinical Import and Interventions«, in: *Perspectives on Psychological Science* 10/2 (2015), S. 238–249.

13 Baarck, J. et al.: »Loneliness in Europe before and during the COVID-19 pandemic«, in: *Health Policy* 126/4 (2022), S. 1124–1129.

14 Christodoulou, P.: »This is how it feels to be lonely: A report on migrants and refugees' experiences with loneliness in London«, in: *The Forum* (1993)

15 Kirmayer, M.: »It's time to rethink what loneliness is«, in: *The Guardian*, 22.7.2021.

16 Bargh, J. A./Williams, E. L. »The Automaticity of Social Life«, in: *Current Directions in Psychological Science* 15/1 (2006), S. 1–4.

17 Williams, L. E./Bargh, J. A.: »Experiencing physical warmth promotes interpersonal warmth«, in: *Science* 322 (2008), S. 606–607.

18 Sumioka, H. et al.: »Huggable communication medium decreases cortisol levels«, in: *Scientific Reports* 3 (2013), 3034.

19 Farley, H.: »Why was my neighbour's body not found for two years?«, *BBC Radio 4 Today*, 3.4.2023.

20 Morley, C.: »Joyce Carol Vincent: How could this young woman lie dead and undiscovered for almost three years?«, in: *The Guardian*, 9.10.2011.

21 »Awaab Ishak: Guidance on mould to be reviewed after toddler's death«, *BBC NEWS*, 14.1.2023.

22 Porges, S. W.: »Vagal tone: an autonomic mediator of affect«, in: *The Development of Emotion Regulation and Dysregulation, hrsg. von* J. Garber und K. A. Dodge, Cambridge 1991, S. 111–128.

23 Porges, S. W.: »Vagal tone: a physiologic marker of stress vulnerability«, in: *Pediatrics* 90 (1992), S. 498–504.

24 Porges, S. W.: »Emotion: an evolutionary by-product of the neural regulation of the autonomic nervous system«, in: *Annuals of the New York Academy of Sciences* 807 (1997), S. 62–77.

25 Porges, S. W.: »The Polyvagal Perspective«, in: *Biological Psychology* 74/2 (2007), S. 16–43.

26 Porges, S. W.: »The polyvagal theory: new insights into adaptive reactions of the autonomic nervous system«, in: *Cleveland Clinic Journal of Medicine* 76/ Suppl. 2 (2009), S. 86–90.

27 Porges, S. W. et al.: »Vagal tone and the physiological regulation of emotion«, in: *Monographs of the Society for Research in Child Development* 59 (1994), S. 167–186.

28 Porges, S. W.: »Orienting in a defensive world: mammalian modifications of our evolutionary heritage. A Polyvagal Theory«, in: *Psychophysiology* 32 (1995), S. 301–318.

29 Segerstrom, S. C./Nes, L. S.: »Psychoneuroimmunology«, in: *Encyclopedia of Applied Psychology*, hrsg. von Charles D. Spielberger, Amsterdam 2004, S. 191–195.

30 Helliwell, J. F. et al.:*World Happiness Report 2022*. New York 2022.

31 Saner, E.: »Forget regret! How to have a happy life – according to the world's leading expert«, in: *The Guardian*, 6. 2. 2023.

32 Bachner-Melman, R./Ebstein, R. P.: »The role of oxytocin and vasopressin in emotional and social behaviors«, in: *Handbook of Clinical Neurology* 124 (2014), S. 53–68.

33 Carter, C. S. et al.: »Oxytocin, vasopressin and sociality«, in: *Progress in Brain Research* 170 (2008), S. 331–336.

34 Meyer-Lindenberg, A. et al.: »Oxytocin and vasopressin in the human brain: social neuropeptides for translational medicine«, in: *Nature Reviews Neuroscience* 12 (2011), S. 524–538.

35 Zhong, C. B./Leonardelli, G. J.: »Cold and lonely: does social exclusion literally feel cold?«, in: *Psychological Science* 19/9 (2008), S. 838–842.

36 Williams, K. D. et al.: »Cyberostracism: Effects of being ignored over the internet«, in: *Journal of Personality and Social Psychology* 79/5 (2000), S. 748–762.

37 Kelly, M. et al.: »All alone with sweaty palms – physiological arousal and ostracism«, in: *International Journal of Psychophysiology* 83/3 (2012), S. 309–314.

38 Zadro, L. et al.: »How low can you go? Ostracism by a computer is sufficient to lower self-reported levels of belonging, control, self-esteem, and meaningful existence«, in: *Journal of Experimental Social Psychology* 40 (2004), S. 560–567.

39 LeDoux, Joseph E.: *Das Netz der Gefühle: Wie Emotionen entstehen*, München 2004.

40 Carlowe, J.: »Back to the beginning«, in: *The Observer*, 20. 1. 2002.

41 Fuchs, E./Flügge, G. »Adult Neuroplasticity: More Than 40 Years of Research«, in: *Neural Plasticity* 5 (2014), 541870.

42 Ehlers, A./Clark, D.M.: »A cognitive model of posttraumatic stress disorder«, in: *Behaviour Research and Therapy* 15/3 (2000), S. 249–275.

43 van der Kolk, Bessel A.: *Verkörperter Schrecken: Traumaspuren im Gehirn, Geist und Körper und wie man sie heilen kann, Lichtenau 2017.*

44 van der Kolk, Bessel A.: »The Compulsion to Repeat the Trauma: Re-enactment, Revictimization, and Masochism«, in: *Psychiatric Clinics of North America* 12/2 (1989), S. 389–411.

45 Yehuda, R./Lehrner, A.: »Intergenerational transmission of trauma effects: putative role of epigenetic mechanisms«, in: *World Psychiatry 17/3* (2018), S. 243–257.

46 Bhattacharya, S. et al.: »Stress Across Generations: DNA Methylation as a Potential Mechanism Underlying Intergenerational Effects of Stress in Both Post-traumatic Stress Disorder and Pre-clinical Predator Stress Rodent Models«, in: *Frontiers in Behavioral Neuroscience* 13 (2019), S. 113.

47 Dias, B.G./Ressler, K.J.: »Parental olfactory experience influences behavior and neural structure in subsequent generations«, in: *Nature Neuroscience* 17 (2014), S. 89–96.

48 Debiec, J./Sullivan, R.M.: »Intergenerational transmission of emotional trauma through amygdala-dependent mother-to-infant transfer of specific fear«, in: *Proceedings of the National Academy of Sciences of the United States of America* 111 (2014), 12222–12227.

49 Pennebaker, J.W.: »Traumatic experience and psychosomatic disease: Exploring the roles of behavioural inhibition, obsession, and confiding«, in: *Canadian Psychology/Psychologie canadienne* 26 (1985), S. 82–95.

50 Pennebaker, J.W.: »Confession, Inhibition, and Disease«, in: *Advances in Experimental Social Psychology* 22 (1989), S. 211–244.

51 Pennebaker, J.W. et al.: »Accelerating the coping process«, in: *Journal of Personality and Social Psychology* 58/3 (1990), S. 528–537.

52 Smyth, J.M. et al.: »Effects of writing about stressful experiences on symptom reduction in patients with asthma or rheumatoid arthritis: A randomized trial«, in: *Journal of the Americam Medical Association* 281/14 (1999), S. 1304–1309.

53 Smith, H.E. et al.: »The effects of expressive writing on lung function, quality of life, medication use, and symptoms in adults with asthma: A randomized controlled trial«, in: *Psychosomatic Medicine* 77/4 (2015), S. 429–437.

54 Lumley, M.A. et al.: »Does emotional disclosure about stress improve health in rheumatoid arthritis? Randomized, controlled trials of written and spoken disclosure«, in: *Pain* 152/4 (2011), 866–877.

55 Broderick, J.E. et al.: »Written emotional expression produces health benefits in fibromyalgia patients«, in: *Psychosomatic Medicine* 67/2 (2005), S. 326–334.

56 Halpert, A. et al.: »Expressive writing is a promising therapeutic modality for the management of IBS: a pilot study«, in: *American Journal of Gastroenterology* 105/11 (2010), S. 2440–2448.

57 Cash, T.V./Lageman, S.K.: »Randomized controlled expressive writing pilot in individuals with Parkinson's disease and their caregivers«, in: *BMC Psychology* 3/1 (2015), S. 44.

58 Graham, J.E. et al.: »Effects of written anger expression in chronic pain patients: making meaning from pain«, in: *Journal of Behavioral Medicine* 31/3 (2008), S. 201–212.

59 McGuire, K.M. et al.: »Autonomic effects of expressive writing in individuals with elevated blood pressure«, in: *Journal of Health Psychology* 10/2 (2005), S. 197–209.

60 Rosenberg, H.J. et al.: »Expressive disclosure and health outcomes in a prostate cancer population«, in: *The International Journal of Psychiatry in Medicine* 32/1 (2002), S. 37–53.

61 Zakowski, S.G. et al.: »Written emotional disclosure buffers the effects of social constraints on distress among cancer patients«, in: *Health Psychology* 23/6 (2004), S. 555–563.

62 La Marca, L. et al.: »Efficacy of Pennebaker's expressive writing intervention in reducing psychiatric symptoms among patients with first-time cancer diagnosis: a randomized clinical trial«, in: *Supportive Care in Cancer* 27 (2019), S. 1801–1809.

63 Smyth, J.M. et al.: »Expressive writing and post-traumatic stress disorder: effects on trauma symptoms, mood states, and cortisol reactivity«, in: *British Journal of Health Psychology* 13/Pt.1 (2008), S. 85–93.

64 Mogk, C. et al.: »Health effects of expressive writing on stressful or traumatic experiences – a meta-analysis«, in: *Psychosocical Medicine* 3 (2006), Doc06.

65 DiMenichi, B.C. et al.: »Writing About Past Failures Attenuates Cortisol Responses and Sustained Attention Deficits Following Psychosocial Stress«, in: *Frontiers of Behavioral Neuroscience* 12/45 (2018), S. 1–9.

66 Soul, M./John, D.H.: »Writing therapy: a new tool for general practice?«, in: *British Journal of General Practice* 62 (2012), S. 661.

67 Frisina, P.G. et al.:. »A meta-analysis of the effects of written emotional disclosure on the health outcomes of clinical populations«, in: *The Journal of Nervous and Mental Disease* 192/9 (2004), S. 629–634.

68 Sloan, D.M. et al.: »Expressive writing buffers against maladaptive rumination«, in: *Emotion* 8 (2008), S. 302–306.

69 Baikie, K.A. et al.: »Expressive writing and positive writing for participants with mood disorders: an online randomized controlled trial«, in: *Journal of Affective Disorders* 136/3 (2012), S. 310–319.

70 Pachankis, J. E./Goldfried, M. R.: »Expressive writing for gay-related stress: psychosocial benefits and mechanisms underlying improvement«, in: *Journal of Consulting and Clinical Psychology* 78/1 (2010), S. 98–110.

71 Petrie, K. J. et al.: »Disclosure of trauma and immune response to a hepatitis B vaccination program«, in: *Journal of Consulting and Clinical Psychology* 63/5 (1995), S. 787–792.

72 Robinson, H. et al.: »The effects of expressive writing before or after punch biopsy on wound healing«, in: *Brain Behavior and Immunity* 61 (2017), S. 217–227.

73 Robinson, H. et al.: »The effect of expressive writing on wound healing: Immunohistochemistry analysis of skin tissue two weeks after punch biopsy wounding«, in: *Journal of Psychosomatic Research* 161/3 (2022), 110987.

74 Koschwanez, H. et al.: »Randomized clinical trial of expressive writing on wound healing following bariatric surgery«, in: *Health Psychology* 36/7 (2017), S. 630–640.

75 Koschwanez, H. E. et al.: »Expressive writing and wound healing in older adults: a randomized controlled trial«, in: *Psychosomatic Medicine* 75 (2013), S. 581–590.

76 Broadbent, E. et al.: »The effects of expressive writing on wound healing in surgical patients«, in: *Brain, Behavior, and Immunity* 57 (2016), S. 217–227.

77 Zhu, Z. et al.: »Effect of calligraphy training on hyperarousal symptoms for childhood survivors of the 2008 China earthquakes«, in: *Neuropsychiatric Disease and Treatment* 10 (2014), S. 977–985.

78 Scullin, M. K. et al.: »The effects of bedtime writing on difficulty falling asleep: A polysomnographic study comparing to-do lists and completed activity lists«, *Journal of Experimental Psychology, General* 147 (2018), S. 139–146.

79 Cash, T. V./Lageman, S. K.: »Randomized controlled expressive writing pilot in individuals with Parkinson's disease and their caregivers«, in: *BMC Psychology* 3 (2015), 44.

80 Pennebaker, J. W.: »Putting stress into words: health, linguistic, and therapeutic implications«, in: *Behaviour Research and Therapy* 31/6 (1993), S. 539–548.

81 Moy, J. D.: »Reading and Writing One's Way to Wellness: The History of Bibliotherapy and Scriptotherapy«, in: *New Directions in Literature and Medicine Studies*, hrsg. von Stephani M. Hilger, London 2017, S. 15–30.

82 Andersson, M. A./Conley, C. S.: »Optimizing the perceived benefits and health outcomes of writing about traumatic life events«, in: *Stress Health* 29/1 (2013), S. 40–49.

83 Ehlers, A. et al.: »Intrusive re-experiencing in post-traumatic stress disorder: phenomenology, theory, and therapy«, in: *Memory* 12/4 (2004), S. 403–415.

84 Francis, M. E./Pennebaker, J. W.: »Putting stress into words: the impact of writing on physiological, absentee, and self-reported emotional well-being measures«, in: *American Journal of Health Promotion* 6/4 (1992), S. 280–287.

85 Pennebaker, J. W./Francis, M. E.: »Cognitive, Emotional, and Language Processes in Disclosure«, in: *Cognition and Emotion* 10/6 (1996), S. 601–626.

86 Pennebaker, J. W./Evans, J. F.: *Expressive Writing: Words That Heal.* Bedford 2014.

87 Wiltermuth, S. S./Heath, C.: »Synchrony and cooperation«, in: *Psychological Science* 20/1 (2009), S. 1–5.

88 von Zimmermann, J. et al.: »The Choreography of Group Affiliation«, in: *Topics in Cognitive Science* 10/1 (2018), S. 80–94.

89 Valdesolo, P. et al.:. »The rhythm of joint action: Synchrony promotes cooperative ability«, in: *Journal of Experimental Social Psychology* 46 (2010), S. 693–695.

90 Tschacher, W. et al.: »Audience synchronies in live concerts illustrate the embodiment of music experience«, in: *Scientific Reports* 13/1 (2023), 14843.

91 Tarr, B. et al.: »Synchrony and exertion during dance independently raise pain threshold and encourage social bonding«, in: *Biology Letters* 11/10 (2015).

92 Schmidt, R. C./Richardson, M. J.: »Dynamics of Interpersonal Coordination«, in: *Coordination: Neural, Behavioral and Social Dynamics,* hrsg. von A. Fuchs und V. K. Jirsa. Berlin/Heidelberg 2008, S. 281–308.

93 Reddish, P. et al.: »Let's dance together: synchrony, shared intentionality and cooperation«, in: *PLoS One* 8 (2018), e71182.

94 Oullier, O. et al.: »Social coordination dynamics: measuring human bonding«, in: *Social Neuroscience* 3/2 (2008), S. 178–192.

95 Marsh, K. L. et al.: »Social connection through joint action and interpersonal coordination«, in: *Topics in Cognitive Science* 1/2 (2009), S. 320–339.

96 Launay, J. et al.: »Synchrony as an Adaptive Mechanism for Large-Scale Human Social Bonding«, in: *Ethology* 122 (2016), S. 779–789.

97 Launay, J et al.: »Synchronising movements with the sounds of a virtual partner enhances partner liking«, in: *Cognitive Processing* 15/4 (2014), S. 491–501.

98 Lakens, D./ Stel, M.: »If they move in sync, they must feel in sync: Movement synchrony leads to attributions of rapport and entitativity«, in: *Social Cognition* 29/1 (2011), S. 1–14.

99 Jackson, J. C. et al.: »Synchrony and Physiological Arousal Increase Cohesion and Cooperation in Large Naturalistic Groups«, in: *Scientific Reports* 8/1 (2018), S. 127.

100 Hove, M. J./Risen, J. L.: »It's all in the timing: Interpersonal synchrony increases affiliation«, in: *Social Cognition* 27 (2009), S. 949–961.

101 Fischer, R. et al.: »How do rituals affect cooperation? An experimental field study comparing nine ritual types«, in: *Hum Nature* 24/2 (2013), S. 115–125.

102 Ellamil, M. et al.: »One in the Dance: Musical Correlates of Group Synchrony in a Real-World Club Environment«, in: *PloS one* 11 (2016), e0164783.

103 Bhattacharya, J./Petsche, H.: »Shadows of artistry: Cortical synchrony during perception and imagery of visual art«, in: *Cognitive Brain Research* 13/2 (2002), S. 179–86.

104 Noy, L. et al.: »The mirror game as a paradigm for studying the dynamics of two people improvising motion together«, in: *Proceedings of the National Academy of Sciences of the United States of America* 108/52 (2011), 20947–20952.

105 Santos, P. S. et al.: »New evidence that the MHC influences odor perception in humans: a study with 58 Southern Brazilian students«, in: *Hormones and Behavior* 47/4 (2005), S. 384–388.

106 Ackerl, K. et al.: »The scent of fear«, in: *Neuro Endocrinology Letters* 23/2 (2002), S. 79–84.

107 Daly, M.: »More dancers allege body-shaming and bullying at UK ballet schools«, *BBC News*, 20. 12. 2023.

108 Winship, L.: »›You're very fat up here‹: was dance god George Balanchine a controlling monster?«, in: *The Guardian*, 1. 5. 2023.

109 Connolly, K:. »›Still in the stone age‹: movie world in shock as Germany's MeToo moment arrives«, in: *The Observer*, 7. 5. 2023).

110 Chrisafis, A.: »Gérard Depardieu documentary shows ›vile‹ footage of sexist behaviour«, in: *The Guardian*, 8. 12. 2023.

111 Wallis, L.: »Picasso's twisted beauty – and the ›trail of female carnage‹ he left behind«, *BBC News*, 23. 9. 2023.

112 Reid, T./Mckay, R.: »California shooting suspect was regular at Monterey Park dance studio«, in: *Reuters*, 24. 1. 2023.

Kapitel 5: Wie und wann man Grenzen setzt

1 Rubinstein, J. S. et al.: »Executive control of cognitive processes in task switching«, in: *Journal of Experimental Psychology. Human perception and performance* 27/4 (2001), S. 763–797.

2 Becker, L. et al.: »Biological stress responses to multitasking and work interruptions: A randomized controlled trial«, in: *Psychoneuroendocrinology* 156/1 (2023), 106358.

3 Rogers, R. D./Monsell, S.: »Costs of a predictible switch between simple cognitive tasks«, in: *Journal of Experimental Psychology, General* 124/2 (1995), S. 207–231.

4 American Psychological Association: »Multitasking: Switching costs«, in: *American Psychological Association*, März 2006.

5 Anderson, C. A. et al.: »Hot years and serious and deadly assault: empirical tests of the heat hypothesis«, in: *Journal of Personality and Social Psychology* 73/6 (1997), S. 1213–1223.

6 Buss, A.: *Investigating Aggression in the Laboratory. The psychology of aggression*, New York 1961, S. 35–52.

7 Taylor, S. P.: »Aggressive behavior and physiological arousal as a function of provocation and the tendency to inhibit aggression«, in: *Journal of Personality* 35/2 (1967), S. 297–310.

8 Blair, R. J. R.: »Considering anger from a cognitive neuroscience perspective«, in: *Wiley Interdisciplinary Reviews. Cognitive Science* 3/1 (2012), S. 65–74.

9 Andrews, G. R. & Debus, R. L.: »Persistence and causal perception of failure: Modifying cognitive attributions«, in: *Journal of Educational Psychology* 70/2 (1978), S. 154–166.

10 Adler, A. *The science of Living (Psychology Revivals)*. (1st edn) (Rout-ledge, 2013).

11 Whalen, Paul J./Kelley, William M.: »To Apply Yourself Is Human, to Reapply Divine«, in: *Neuron* 83/6 (2014), S. 1227–1228.

12 Seligman, M. E.: »Learned helplessness«, in: *Annual Reviews of Medicine* 23 (1972), S. 407–412.

13 Winefield, A. H.: »Frustration-instigated behavior and learned helplessness«, in: *The Journal of Psychology* 102 (1979), S. 267–274.

14 Rosellini, R. A./Seligman, M. E.: »Frustation and learned helplessness«, in: *Journal of Experimental Psychology: Animal Behavior Process* 1/2 (1975), S. 149–157.

15 Wagner, H. R. II et al.: »The applicability of inescapable shock as a source of animal depression«, in: The *Journal of General Psychology* 96 (1977), S. 313–318.

16 Mineka, S./Hendersen, R. W.: »Controllability and Predictability in Acquired Motivation«, in: *Annual Review of Psychology* 36 (1985), S. 495–529.

17 Karsh, N./Eitam, B.: »I control therefore I do: judgments of agency influence action selection«, in: *Cognition* 138 (2015), S. 122–131.

18 Wang, K. S. & Delgado, M. R.: »The Protective Effects of Perceived Control During Repeated Exposure to Aversive Stimuli«, in: *Frontiers in Neuroscience* 15 (2021), 625816.

19 Leotti, L. A./Delgado, M. R.: »The inherent reward of choice«, in: *Psychological Science* 22/10 (2011), S. 1310–1318.

20 Leotti, L. A./Delgado, M. R.: »The value of exercising control over monetary gains and losses«, in: *Psychological Science* 25/2 (2014), S. 596–604.

21 Tricomi, E. M. et al.: »Modulation of caudate activity by action contingency«, in: *Neuron* 41/2 (2004), S. 281–292.

22 Skinner, Burrhus F.: *Science and Human Behavior*, London 1953.

23 Boddez, Y. et al.: »Learned helplessness and its relevance for psychological suffering: A new perspective illustrated with attachment problems, burnout, and fatigue complaints«, in: *Cognition and Emotion* 36/2 (2022), S. 1027–1036.

24 Polastri, M./Truisi, M. C.: »Meritocracy? Ask yourself«, in: *Journal of the Intensive Care Society* 18/4 (2017), S. 276–278.

25 Finkielsztein, M./Wagner, I.: »The sense of meaninglessness in bureaucratized science«, in: *Social Studies of Science* 53/2 (2023), S. 271–286.

26 Tacconelli, E. et al.: »Science without meritocracy. Discrimination among European specialists in infectious diseases and clinical microbiology: A questionnaire survey«, in: *BMJ Open* 2/6 (2012), S. 1–9.

27 Marino, I. R.: »Working toward meritocracy in Italy«, in: *Science* 320 (2008), 1289.

28 Marino, I. R.: »A step backward for Italy's meritocracy«, in: *Science* 336 (2012), 541.

29 Snooks, H. et al.: »Is bureaucracy being busted in research ethics and governance for health services research in the UK? Experiences and perspectives reported by stakeholders through an online survey«, in: *BMC Public Health* 23/1 (2023), 1119.

30 Zaleznik, A. et al.: »Stress reactions in organizations: syndromes, causes and consequences«, in: *Systems Research and Behavioral Science* 23/3 (1977), S. 151–162.

31 Pascoe, K. M. et al.: »Social Workers' Experiences of Bureaucracy: A Systematic Synthesis of Qualitative Studies«, in: *The British Journal of Social Work* 53/3 (2022), S. 513–533.

32 Charlton, B. G.: »The cancer of bureaucracy: how it will destroy science, medicine, education; and eventually everything else«, in: *Medical Hypotheses* 74/6 (2010), S. 961–965.

33 Keulemans, S./van de Walle, S.: »Understanding street-level bureaucrats' attitude towards clients: Towards a measurement instrument«, in: *Public Policy and Administration* 35/1 (2020), S. 84–113.

34 Wiley, K./Berry, F.: »Compassionate Bureaucracy: Assuming the Administrative Burden of Policy Implementation«, in: *Nonprofit and Voluntary Sector Quarterly* 47/4 (2018). S. 55–75.

35 Blom, J. D. et al.: »Red tape in psychiatry: on bureaucracy, bureaucratism, and our secret fondness for procedures«, in: *Tijdschrift voor Psychiatrie* 58/7 (2016), S. 520–528.

36 Bozeman, B. et al.: »Death by a Thousand 10-Minute Tasks: Workarounds and Noncompliance in University Research Administration«, in: *Administration & Society* 53/4 (2021), S. 527–568.

37 Hattke, F. et al.: »Emotional Responses to Bureaucratic Red Tape«, in: *Public Administration Review* 80 (2020), S. 53–63.

38 Eysenck, H. J.: *The Biological Basis of Personality*, New York 1967.

39 Eysenck, H. J.: *A Model for Personality*, New York 1981.

40 Mitchell, R. L. C./Kumari, V.: »Hans Eysenck's interface between the brain and personality: Modern evidence on the cognitive neuroscience of personality«, in: *Personality and Individual Differences* 103 (2016), S. 74–81.

41 Zaghari-Ratcliffe, N.: »›Escape to another world‹: Nazanin Zaghari-Ratcliffe on reading in prison«, in: *The Guardian*, 27. 11. 2023.

42 McTiernan, J./Black, S./Arnott, D.: *Last Action Hero* (USA, 1993).

43 Shimamura, A. P.: *Psychocinematics: Exploring Cognition at the Movies*, Oxford 2013.

44 Devlin, J. T.: »Why Watching a Movie Could Improve Wellbeing«, UCL Division of Psychology and Language Sciences, 20.1. 2020, https://www.ucl.ac.uk/brain-sciences/news/2020/jan/why-watching-movie-could-improve-wellbeing (letzter Zugriff: 28. 4. 2024)

45 Cohen, A. L. et al.: »The Power of the Picture: How Narrative Film Captures Attention and Disrupts Goal Pursuit«, in: *PLoS One* 10 (2015), e0144493.

46 Bower, I. et al.: »Impact of built environment design on emotion measured via neurophysiological correlates and subjective indicators: A systematic review«, *Journal of Environmental Psychology* 66 (2019), 101344.

47 Budge, H: »The Science Behind the Impact of Cinema«, *CJ NEWS*, 4. 8. 2022.

48 Reeves, B. et al.: »The Effects of Screen Size and Message Content on Attention and Arousal«, in: *Media Psychology* 1 (1999). S. 49–67.

49 Dunbar, R. I. et al.: »Emotional arousal when watching drama increases pain threshold and social bonding«, in: *R Soc Open Sci* 3 (2016), 160288.

50 Williams, J. et al.: »Cinema audiences reproducibly vary the chemical composition of air during films, by broadcasting scene specific emissions on breath«, in: *Scientific Reports* 6 (2016), 25464.

51 Gerrig, R. J. *Experiencing Narrative Worlds: On the psychological activities of reading*, New Haven 1993.

52 Parks, K. M. A. et al: »The Task Matters: A Scoping Review on Reading Comprehension Abilities in ADHD«, in: *J Atten Disord* 26 (2022), S. 1304–1324.

53 Richardson, D. C. et al.: »Engagement in video and audio narratives: Contrasting self-report and physiological measures«, in: *Sci Rep* 10 (2020), 11298.

54 Devlin, J. T./Richardson, D. C.: »The Physiology of Narrative«, in: *ACN Labs*, 1. 6. 2018.

55 Stein Duker, L. I. et al.: »Use of Audiobooks as an Environmental Distractor to Decrease State Anxiety in Children Waiting in the Pediatric Emergency Department: A Pilot and Feasibility Study«, in: *Front Pediatr* 8 (2020), 556805.

56 Konlaan, B. B. et al.: »Visiting the cinema, concerts, museums or art exhibitions as determinant of survival: a Swedish fourteen-year cohort follow-up«, in: *Scand J Public Health* 28 (2000), S. 174–178.

57 Bygren, L. O. et al.: »Attendance at cultural events, reading books or periodicals, and making music or singing in a choir as determinants for survival: Swedish interview survey of living conditions«, in: *Bmj* 313 (1996), S. 1577–1580.

58 Uhrig, S. C. N.: »Cinema is good for you: The effects of cinema attendance on self reported anxiety or depression and ›happiness‹«, in: *ISER Working Paper Series No. 2005–14*, 2005 Institute for Social and Economic Research, University of Essex, S.1–37.

59 Smith, J. K.: *The Museum Effect: How Museums, Libraries, and Cultural Institutions Educate and Civilize Society*, Lanham 2014.

60 Higuera-Trujillo, J. L. et al.: »The Cognitive-Emotional Design and Study of Architectural Space: A Scoping Review of Neuroarchitecture and Its Precursor Approaches«, in: *Sensors* 21 (2021), S. 1-49.

61 Edelstein, E. A./Macagno, E. in Rassia und P. M. Pardalos (Hrsg.): *Sustainable Environmental Design in Architecture*, Berlin 2012, S. 27–41.

62 Higuera-Trujillo, J. L. et al.: »Multisensory stress reduction: a neuro-architecture study of paediatric waiting rooms«, in: *Building Research & Information* 45/10 (2020), S. 269–285.

63 Eftekhari, M./Ghomeishi, M.: »Evaluation of Multisensory Interactions Between the Healing Built Environment and Nurses in Healthcare Nursing Stations: Case Study of Tehran Hospitals«, in: *HERD: Health Environments Research & Design Journal* 16/3 (2023), S. 210–237.

64 van Leeuwen, J. E. P. et al.: »More Than Meets the Eye: Art Engages the Social Brain«, in: *Frontiers in Neuroscience* 16 (2022), 738865.

65 »The Grand Factory«, in: *Time Out*, 1. 4. 2015.

66 McWeeny, F.: »Global Dancefloor: Beirut«, in: *The Documentary Podcast*, BBC News World Service, 24. 5. 2023.

67 Beselia, A. et al.: »Nightlife and Drug Use in Tbilisi, Georgia: Results of an Exploratory Qualitative Study«, in: *Journal of Psychoactive Drugs* 51 (2019), S. 247–253.

68 Kurtz, S. P. et al.: »Benzodiazepine dependence among multidrug users in the club scene«, in: *Drug Alcohol Depend* 119 (2011), S. 99–105.

69 Gripenberg-Abdon, J. et al.: »Measuring substance use in the club setting: a feasibility study using biochemical markers«, in: *Substance Abuse Treatment Prevention and Policy* 7/1 (2012), 7.

70 Tajadura-Jiménez, A. et al.: »When room size matters: acoustic influences on emotional responses to sounds«, in: *Emotion* 10/3 (2010), S. 416–422.

71 Jimenez, M. P. et al.: »Associations between Nature Exposure and Health: A Review of the Evidence«, in: *International Journal of Environmental Research and Public Health* 18/9 (2021), 4790.

72 Gonçalves, G. et al.: »Restorative Effects of Biophilic Workplace and Nature Exposure during Working Time: A Systematic Review«, in: *International Journal of Environmental Research and Public Health* 20/21 (2023), 6986.

73 Adkins, F./Latham, K.: »The surprising benefits of blue spaces«, *BBC Future*, 9.11.2022.

74 Ke, J./Yoon, J.: »Design for Breathtaking Experiences: An Exploration of Design Strategies to Evoke Awe in Human-Product Interactions«, in: *Multimodal Technologies and Interaction* 4/4 (2020), S. 82.

75 Lucht, A./van Schie, H. T.: »The Evolutionary Function of Awe: A Review and Integrated Model of Seven Theoretical Perspectives«, in: *Emotion Review* 16/1 (2023), 17540739231197199.

76 Keltner, D. *Awe: The New Science of Everyday Wonder and How It Can Transform Your Life*, London 2023.

77 Monroy, M./Keltner, D.: »Awe as a Pathway to Mental and Physical Health«, in: *Perspectives on Psychological Science* 18/2 (2023), S. 309–320.

78 Anderson, C. L. et al.: »Awe in nature heals: Evidence from military veterans, at-risk youth, and college students«, in: *Emotion* 18/8 (2018), S. 1195–1202.

79 Bai, Y. et al.: »Awe, daily stress, and elevated life satisfaction«, in: *Journal of Personality and Social Psychology* 120/4 (2021), S. 837–860.

80 van Kleef, G. A./Lelieveld, G. J.: »Moving the self and others to do good: The emotional underpinnings of prosocial behavior«, in: *Current Opinion in Psychology* 44 (2022), S. 80–88.

81 Al-Yaaribi, A. et al.: »The Effects of Prosocial and Antisocial Behaviors on Emotion, Attention, and Performance During a Competitive Basketball Task«, in: *Journal of Sport and Exercise Psychology* 40/6 (2018), S. 303–311.

82 Piff, P. K. et al.: »Awe, the small self, and prosocial behavior«, in: *Journal of Personality and Social Psychology* 108/6 (2015), S. 883–899.

83 Bai, Y. et al.: »Awe, the diminished self, and collective engagement: Universals and cultural variations in the small self«, in: *Journal of Personality and Social Psychology* 113/2 (2017), S. 185–209.

84 Perlin, J. D./Li, L. »Why Does Awe Have Prosocial Effects? New Perspectives on Awe and the Small Self«, in: *Perspectives on Psychological Science* 15/2 (2020), S. 291–308.

85 Sturm, V. E. et al.: »Big smile, small self: Awe walks promote prosocial positive emotions in older adults«, in: *Emotion* 22 (2022), S. 1044–1058.

86 Gebauer, J. E. et al.: »Mind-Body Practices and the Self: Yoga and Meditation Do Not Quiet the Ego but Instead Boost Self-Enhancement«, in: *Psychological Science* 29/8 (2018), S. 1299–1308.

87 Robson, D.: »How mindfulness could make you selfish«, *BBC Worklife,* 17.8.2021.

88 Hafenbrack, A.C. et al.: »Mindfulness meditation reduces guilt and prosocial reparation«, in: *Journal of Personality and Social Psychology* 123 (2022), S. 28–54.

89 van Dam, N.T. et al.: »Mind the Hype: A Critical Evaluation and Prescriptive Agenda for Research on Mindfulness and Meditation«, in: *Perspectives on Psychological Sciences* 13/1 (2018), S. 36–61.

90 van Dam, N.T. et al.: »Letter to the Editor: Miscommunicating Mindfulness«, in: *Perspectives on Psychological Science* 15/5 (2020), S. 1289–1290.

91 Poulin, M.J. et al.: »Minding Your Own Business? Mindfulness Decreases Prosocial Behavior for People With Independent Self-Construals«, in: *Psychological Science* 32/11 (2021), S. 1699–1708.

92 Jung, C.G.: *Psychology and the East,* Princeton University Press 1978, S. 77–86.

93 Schlosser, M. et al.: »Unpleasant meditation-related experiences in regular meditators: Prevalence, predictors, and conceptual considerations«, in: *PLoS One* 14 (2019), e0216643.

94 Britton, W. B.: »Can mindfulness be too much of a good thing? The value of a middle way«, in: *Current Opinion in Psychology* 28 (2019), S. 159–165.

95 Trumbull, D. »Shame: An Acute Stress Response to Interpersonal Traumatization«, in: *Psychiatry* 83/1 (2020), S. 2–14.

96 Garcia-Campayo, J. et al.: »Joint hypermobility and anxiety: The state of the art«, in: *Current Psychiatry Reports* 13/1 (2011), S. 18–25.

97 Bulbena, A. et al.: »Anxiety disorders in the joint hypermobility syndrome«, in: *Psychiatry Research* 46 (1993), S. 59–68.

98 Martín-Santos, R. et al.: »Association between joint hypermobility syndrome and panic disorder«, in: *The American Journal of Psychiatry* 155/11 (1998), S. 1578–1583.

99 Bulbena, A. et al.: »Joint hypermobility syndrome is a risk factor trait for anxiety disorders: A 15-year follow-up cohort study«, in: *General Hospital Psychiatry* 33/4 (2011), S. 363–370.

Kapitel 6: Erweiterung des Geistes: Ruf deine Gefühle durch dein Tun hervor

1 Engelmann, J. M. et al.: »Chimpanzees consider alternative possibilities«, in: *Curr Biol* 31 (2021), R1377–8.

2 van der Kolk, B.: »Posttraumatic stress disorder and the nature of trauma«, in: *Dialogues Clin Neurosci* 2 (2000), S. 7–22.

3 Frewen, P. A. et al.: »Assessment of anhedonia in psychological trauma: psychometric and neuroimaging perspectives«, in: *Eur J Psychotraumatol* 3 (2012). S. 1-12.

4 Ekman, P.: »Darwin's contributions to our understanding of emotional expressions«, in: *Philosophical transactions of the Royal Society of London. Series B – Biological sciences* 364 (2009), S. 3449–3451.

5 Levenson, R. W.: »The Autonomic Nervous System and Emotion«, in: *Emotion Review* 6 (2014), S. 100–12.

6 Tooby, J. & Cosmides, L.: »The Evolutionary Psychology of the Emotions and Their Relationship to Internal Regulatory Variables«, in: *Handbook of Emotions*, hrsg. von Lewis, M., Haviland-Jones, J.M. and L.F. Barrett, The Guilford Press, New York, 2008, S. 114–37.

7 Gendron, M. et al.: »Universality Reconsidered: Diversity in Making Meaning of Facial Expressions«, in: *Curr Dir Psychol Sci* 27 (2018), S. 211–19.

8 Heyes, C.: »Grist and mills: on the cultural origins of cultural learning«, in: *Philosophical Transactions of the Royal Society of London*, Series B – Biological Sciences 367 (2012), S. 2181–2191.

9 Heyes, C.: »What's social about social learning?«, in: *J Comp Psychol* 126 (2012), S. 193–202.

10 Barrett, L. F.: »Categories and Their Role in the Science of Emotion«, in: *Psychol Inq* 28 (2017), S. 20–26.

11 Barrett, L. F. & Satpute, A. B.: »Historical pitfalls and new directions in the neuroscience of emotion«, in: *Neuroscience letters* 693 (2019), S. 9–18.

12 Gendron, M. et al.: »Emotion Perception in Hadza Hunter-Gatherers«, in: *Sci Rep* 10 (2020), 3867.

13 Huberty, S. et al.: »Neural mechanisms of language development in infancy«, in: *Infancy* 28 (2023), S. 754–770.

14 Fibla, L. et al.: »Language Exposure and Brain Myelination in Early Development«, in: *The Journal of Neuroscience: The official journal of the Society for Neuroscience* 43 (2023), S. 4279–4290.

15 Sanchez-Alonso, S. & Aslin, R. N.: »Towards a model of language neurobiology in early development«, in: *Brain and Language* 224 (2022), 105047.

16 Waxman, S. R. & Markow, D. B.: »Words as invitations to form categories: evidence from 12- to 13-month-old infants«, in: *Cogn Psychol* 29 (1995), S. 257–302.

17 Gendron, M. & Barrett, L. F.: »Emotion Perception as Conceptual Synchrony«, *Emotion Review* 10 (2018), S. 101–110.

18 Barrett, L. F.: »Solving the emotion paradox: categorization and the experience of emotion«, in: *Pers Soc Psychol Rev* 10 (2006), S. 20–46.

19 Hoemann, K. et al.: »Context facilitates performance on a classic cross-cultural emotion perception task«, in: *Emotion* 19 (2019), S. 1292–1313.

20 Schiller, D. et al.: »The Human Affectome«, in: *Neuroscience & Biobehavioral Reviews* (2023), 1–32.

21 Lisa Feldman Barrett: *Wie Gefühle entstehen: Eine neue Sicht auf unsere Emotionen*, Hamburg 2023.

22 Lindquist, K. A. et al.: »The brain basis of emotion: a meta-analytic review«, in: *The Behavioral and brain sciences* 35 (2012), S. 121–143.

23 Barrett, L. F.: »Are Emotions Natural Kinds?«, in: *Perspectives on Psychological Science* 1 (2006), S. 28–58.

24 Barrett, L. F. et al.: »The experience of emotion«, in: *Annu Rev Psychol* 58 (2007), S. 373–403.

25 Benton, D.: »Carbohydrate ingestion, blood glucose and mood«, in: *Neurosci Biobehav Rev* 26 (2002), S. 293–308.

26 Bushman, B. J. et al.: »Low glucose relates to greater aggression in married couples«, in: *Proceedings of the National Academy of Sciences of the United States of America* 111 (2014), S. 6254–6257.

27 Anderberg, R. H. et al.: »The Stomach-Derived Hormone Ghrelin Increases Impulsive Behavior«, in: *Neuropsychopharmacology* 41 (2016), S. 1199–1209.

28 MacCormack, J. K. & Lindquist, K. A.: »Feeling hangry? When hunger is conceptualized as emotion«, in: *Emotion* 19 (2019), S. 301–319.

29 Danziger, S. et al.: »Extraneous factors in judicial decisions«, in: *Proceedings of the National Academy of Sciences of the United States of America* 108 (2011), S. 6889–6892.

30 Feldman, M. J. et al.: »Affect and Social Judgment: The Roles of Physiological Reactivity and Interoceptive Sensitivity«, in: *Affect Sci* 3 (2022), S. 464–479.

31 Wormwood, J. B. et al.: »You are what I feel: A test of the affective realism hypothesis«, in: *Emotion* 19 (2019), S. 788–798.

32 Anderson, E. et al.: »Out of sight but not out of mind: unseen affective faces influence evaluations and social impressions«, in: *Emotion* 12 (2012), S. 1210–1221.

33 Barrett, L. F. & Bar, M.: »'See it with feeling: affective predictions during object perception«, in: *Philosophical Transactions of the Royal Society B – Biological Sciences* 364 (2009), S. 1325–34.

34 Garg, N. et al.: »The Influence of Incidental Affect on Consumers' Food Intake«, in: *Journal of Marketing* 71 (2007), S. 194–206.

35 Quigley, K. S. et al.: »Functions of Interoception: From Energy Regulation to Experience of the Self«, in: *Trends in Neurosciences* 44 (2021), S. 29–38.

36 Brown, C. L. et al.: »Coherence Between Subjective Experience and Physiology in Emotion: Individual Differences and Implications for Well-Being«, in: Emotion (2019), S. 818–829.

37 Côté, S. et al.: »The ability to regulate emotion is associated with greater well-being, income, and socioeconomic status«, in: *Emotion* 10 (2010), S. 923–933.

38 Mauss, I. B. et al.: »The tie that binds? Coherence among emotional experience, behavior, and autonomic physiology«, in: *Emotion* 5 (2005), S. 175–90.

39 Bagby, R. M. et al.: »The twenty-item Toronto Alexithymia Scale: I. Item selection and cross-validation of the factor structure«, in: *Journal of psychosomatic research* 38 (1994), S. 23–32.

40 Taylor, G. J. et al.: »The twenty-item Toronto Alexithymia Scale: IV. Reliability and factorial validity in different languages and cultures«, in: *Journal of psychosomatic research* 55 (2003), S. 277–83.

41 Vorst, H. C. M. & Bermond, B.: »Validity and reliability of the Bermond-Vorst Alexithymia Questionnaire«, in: *Personality and Individual Differences* 30 (2001), S. 413–34.

42 de Saint-Exupéry, A.: *The Little Prince* (Reynal & Hitchcock (1943)/ Harper-Collins: Farshore (2017).

43 Bar, M.: »Visual objects in context«, in: *Nature Reviews Neuroscience* 5 (2004), S. 617–29.

44 Bar, M.: »The proactive brain: using analogies and associations to generate predictions«, in: *Trends Cogn Sci* 11 (2007), S. 280–89.

45 Rousselet, G. et al.: »How long to get to the ›gist‹ of real-world natural scenes?«, in: *Visual Cognition* 12 (2005), S. 852–77.

46 Rossel, P., Peyrin, C., Roux-Sibilon, A. & Kauffmann, L. et al.: »It makes sense, so I see it better! Contextual information about the visual environment increases its perceived sharpness«, in: *Journal of Experimental Psychology. Human perception and performance* 48 (2022), S. 331–50.

47 Roux-Sibilon, A. et al.: »Influence of peripheral vision on object categorization in central vision«, in: *Journal of Vision* 19 (2019), S. 7.

48 Kirchner, H. & Thorpe, S. J.: »Ultra-rapid object detection with saccadic eye movements: visual processing speed revisited«, in: *Vision Res* 46 (2006), S. 1762–1776.

49 Oh, Y. et al.: »An insight-related neural reward signal«, in: *Neuroimage* 214 (2020), 116757.

50 Tik, M. et al.: »Ultra-high-field fMRI insights on insight: Neural correlates of the Aha!-moment«, in: *Human brain mapping* 39 (2018), S. 3241–3252.

51 Kizilirmak, J. M. et al.: »Generation and the subjective feeling of ›aha!‹ are independently related to learning from insight«, in: *Psychol Res* 80 (2016), S. 1059–1074.

52 Shen, W. et al.: »Feeling the Insight: Uncovering Somatic Markers of the ›aha‹ Experience«, in: *Appl Psychophysiol Biofeedback* 43 (2018), S. 13–21.

53 Salvi, C. et al.: »Sudden insight is associated with shutting out visual inputs«, in: *Psychon Bull Rev* 22 (2015), S. 1814–1819.

54 Kounios, J. & Beeman, M.: »The cognitive neuroscience of insight«, in: *Annu Rev Psychol* 65 (2014), S. 71–93.

55 Gross, J. J.: »Emotion regulation: affective, cognitive, and social consequences«, in: *Psychophysiology* 39 (2002), S. 281–91.

56 Critchley, H. D.: »Neural mechanisms of autonomic, affective, and cognitive integration«, in: *The Journal of comparative neurology* 493 (2005), S. 154–66.

57 Dayan, P. et al.: »The Helmholtz machine«, in: *Neural Comput* 7 (1995), S. 889–904.

58 Rao, R. P. & Ballard, D. H.: »Predictive coding in the visual cortex: a functional interpretation of some extra-classical receptive-field effects«, in: *Nat Neurosci* 2 (1999), S. 79–87.

59 Lee, M. A. & Song, R.: »Childhood abuse, personality traits, and depressive symptoms in adulthood«, in: *Child Abuse Negl* 65 (2017), S. 194–203.

60 Knill, D. C. & Pouget, A.: »The Bayesian brain: the role of uncertainty in neural coding and computation«, in: *Trends in Neurosciences* 27 (2004), S. 712–19.

61 Massimini, F. et al.: »Flow and biocultural evolution«, in: Optimal *Experience: Psychological studies of flow in consciousness*, hrsg. von M. Csikszentmihalyi & I. S. Csikszentmihalyi, Cambridge University Press 1988, S. 60–81.

62 Thissen, B. A. K. et al.: »The pleasures of reading fiction explained by flow, presence, identification, suspense, and cognitive involvement«, in: *Psychology of Aesthetics, Creativity, and the Arts* 15 (2021), S. 710–24.

63 Thissen, B. A. K. et al.: »Measuring Optimal Reading Experiences: The Reading Flow Short Scale«, in: *Front Psychol* 9 (2018), S. 2542.

64 de Manzano, O. et al.: »The psychophysiology of flow during piano playing«, in: *Emotion* 10 (2010), S. 301–11.

65 Biasutti, M. & Philippe, R. A.: »Editorial: I got flow! The flow state in music and artistic sport contexts«, in: *Front Psychol* 14 (2023), 1138638.

66 Bernardi, N. F. et al.: »Dancing to ›groovy‹ music enhances the experience of flow«, in: *Ann N Y Acad Sci* (2018), S. 415–426.

67 Gaston, E. et al.: »Can flow experiences be protective against mental and cardiovascular health problems? A genetically informed prospective cohort study«, (accepted).

68 Mosing, M. A. et al.: »Can flow experiences be protective of work-related depressive symptoms and burnout? A genetically informative approach«, in: *J Affect Disord* 226 (2018), S. 6–11.

69 Aust, F. et al.: »The Relationship between Flow Experience and Burnout Symptoms: A Systematic Review«, in: *Int J Environ Res Public Health* 19 (2022), S. 1–30.

70 Csikszentmihalyi, M.: »Play and Intrinsic Reward«, in: *Journal of Humanistic Psychology* 15 (1975), S. 41–63.

71 Deci, E. & Ryan, R. M.: *Self Determination Theory*, Plenum Press, New York City 1985.

72 McClelland, D. C.: *Human Motivation*, Scott Foresman Publishing, Northbrook, IL, 1985.

73 McClelland, D. C.: »How motives, skills, and values determine what people do«, in: *American Psychologist* 40 (1985), S. 812–825.

74 Schüler, J. et al.: »Implicit need for achievement moderates the relationship between competence need satisfaction and subsequent motivation«, in: *Journal of Research in Personality* 44 (2010), S. 1–12.

75 Schüler, J. et al.: »Do implicit motives and basic psychological needs interact to predict well-being and flow? Testing a universal hypothesis and a matching hypothesis«, in: *Motivation and Emotion* 37 (2013), S. 480–95.

76 Csikszentmihalyi, M.: *Das Flow-Erlebnis*, Stuttgart 2005.

77 Thissen, B. A. K. et al.: »At the Heart of Optimal Reading Experiences: Cardiovascular Activity and Flow Experiences in Fiction Reading«, in: *Reading Research Quarterly* 57 (2022), S. 831–845.

78 Dewey, J.: *Kunst als Erfahrung*, Frankfurt am Main 1995.

79 Fingerhut, J. & Prinz, J. J.: »Wonder, appreciation, and the value of art«, in: *Progress in Brain Research* 237 (2018), S. 107–128.

80 Sarasso, P. et al.: »›Stopping for knowledge‹: The sense of beauty in the perception-action cycle«, in: *Neurosci. Biobehav. Rev.* 118 (2020), S. 723–738.

81 Kühnapfel, C. et al.: »How Do We Move in Front of Art? How Does This Relate to Art Experience? Linking Movement, Eye Tracking, Emotion, and Evaluations in a Gallery-Like Setting«, in: *Empirical Studies of the Arts* 42 (2024), S. 86–146.

82 Eskine, K. J. et al.: »Stirring images: Fear, not happiness or arousal, makes art more sublime«, in: *Emotion* 12 (2012), S. 1071–1074.

83 Chatterjee, A. & Vartanian, O.: »Neuroaesthetics«, in: *Trends Cogn Sci* 18 (2014), S. 370–375.

84 Schino, G. et al.: »Applying bodily sensation maps to art-elicited emotions: An explorative study«, in: *Psychology of Aesthetics, Creativity, and the Arts* (2021).

85 Kühnapfel, C. et al.: »The role of the body in the experience of installation art: A case study of visitors' bodily, emotional, and transformative experiences in Tomás Saraceno's ›in orbit‹«, in: *Front Psychol* 14 (2023), 1192689.

86 Tackett, S. et al.: »Transformative experiences at art museums to support flourishing in medicine«, in: *Med Educ Online* 28 (2023), 2202914.

87 Aluri, J. et al.: »The role of arts-based curricula in professional identity formation: Results of a qualitative analysis of learner's written reflections«, in: *Med Educ Online* 28 (2023), 2145105.

88 Preminger, S.: »Transformative art: Art as means for long-term neurocognitive change«, in: *Front Hum Neurosci* 6 (2012), S. 96.

89 Plomin, R. et al.: »Top 10 Replicated Findings From Behavioral Genetics«, in: *Perspect Psychol Sci* 11 (2016), S. 3–23.

90 Neumann, R. et al.: »Motor Compatibility: The Bidirectional Link Between Behavior and Evaluation«, in: *The Psychology of Evaluation: Affective processes in cognition and emotion*, hrsg. von J. Musch, K.C. Klauer, Routledge, Abingdon, Uk, 2003, S. 371–91.

91 Gross, J. J. & Thompson, R. A.: »Emotion regulation: Conceptual foundations«, in: Handbook of emotion regulation, hrsg. von Gross, J.J., Guildford Press, New York, 2007, S. 3–24.

92 Helmholz., H.: *Handbuch der physiologischen Optik*, Leopold Voss, Leipzig, 1860/1962.

93 Gregory, R. L.: »Perceptions as hypotheses«, in: *Philosophical Transactions of the Royal Society of London*, Series B – Biological Sciences 290 (1980), S. 181–97.

94 Mumford, D.: »On the computational architecture of the neocortex. II. The role of cortico-cortical loops«, in: *Biol Cybern* 66 (1992), S. 241–251.

95 Seth, A. K.: »Interoceptive inference, emotion, and the embodied self«, in: *Trends Cogn Sci* 17 (2013), S. 565–573.

96 Friston, K. & Kiebel, S.: »Predictive coding under the free-energy principle«, in: *Philosophical Transactions of the Royal Society of London,* Series B – Bioloical Sciences 364 (2009), S. 1211–1221.

97 Feldman Barrett, L.: »The theory of constructed emotion: an active inference account of interoception and categorization«, in: *Social Cognitive and Affetive Neuroscience* 12 (2017), S. 1–23.

98 Guendelman, S. et al.: »Mindfulness and Emotion Regulation: Insights from Neurobiological, Psychological, and Clinical Studies«, in: *Front Psychol* 8 (2017), S. 220.

99 Okon-Singer, H. et al.: »The neurobiology of emotion-cognition interactions: Fundamental questions and strategies for future research«, in: *Front Hum Neurosci* 9 (2015), S. 58.

100 Doré, B. P. & Ochsner, K. N.: »Emotion regulation«, in: *Brain Mapping: An Encyclopedia* Vol. 3, hrsg. von Arthur W. Toga und Matthew. D. Lieberman, Elsevier: Oxford, 2015, S. 53–58.

101 Gross, J. J. & Barrett, L. F.: »Emotion generation and emotion regulation: One or two depends on your point of view«, in: *Emotion Review* 3 (2011), S. 8–16.

102 Chenery, S.: »›A visceral experience of psychosis‹: why one artist spent three years painting bipolar disorder«, in: *The Guardian,* 8. 6. 2022.

103 Wesseldijk, L. W. et al.: »The effects of playing music on mental health outcomes«, in: *Scientific Reports* 9 (2019), 12606.

104 Wesseldijk, L. W. et al.: »Gene-environment Interaction in Expertise: The importance of Childhood environment for musical achievement«, in: *Developmental Psychology* 2019, S. 1473–1479.

105 Peña-Sarrionandia, A. et al.: »Integrating emotion regulation and emotional intelligence traditions: a meta-analysis«, in: *Front Psychol* 6 (2015), S. 160.

106 Bushman, B. J.: »Does Venting Anger Feed or Extinguish the Flame? Catharsis, Rumination, Distraction, Anger, and Aggressive Responding«, in: *Personality and Social Psychology Bulletin* 28 (2002), S. 724–731.

107 Anderson, J. C. et al.: »Influence of apologies and trait hostility on recovery from anger«, in: *J Behav Med* 29 (2006), S. 347–358.

108 Wohl, M. J. et al.: »Why group apologies succeed and fail: Intergroup forgiveness and the role of primary and secondary emotions«, in: *J Pers Soc Psychol* 102 (2012), S. 306–322.

109 Wohl, M. J. et al.: »Belief in the malleability of groups strengthens the tenuous link between a collective apology and intergroup forgiveness«, in: *Personality & social psychology bulletin* 41 (2015), S. 714–725.

110 Philpot, C. R. & Hornsey, M. J.: »What happens when groups say sorry: The effect of intergroup apologies on their recipients«, in: *Personality and Social Psychology Bulletin* 34 (2008), S. 474–487.

111 Hornsey, M. J. et al.: »Embodied remorse: Physical displays of remorse increase positive responses to public apologies, but have negligible effects on forgiveness«, in: *Journal of Personality and Social Psychology* 119 (2020), S. 367–389.

112 Dalebroux, A. et al.: »Short-term mood repair through art-making: Positive emotion is more effective than venting«, in: *Motivation and Emotion* 32 (2008), S. 288–295.

113 Rimé, B.: »Emotion Elicits the Social Sharing of Emotion: Theory and Empirical Review«, in: *Emotion Review* 1 (2009), S. 60–85.

114 Ehlers, A. & Clark, D. M.: »Post-traumatic stress disorder: The development of effective psychological treatments«, in: *Nord J Psychiatry* 62, Suppl. 47 (2008), S. 11–18.

115 Ehlers, A. et al.: »Intrusive re-experiencing in post-traumatic stress disorder: Phenomenology, theory, and therapy«, in: *Memory* 12 (2004), S. 403–415.

116 Ehlers, A. & Clark, D. M.: »A cognitive model of posttraumatic stress disorder«, in: *Behav Res Ther* 38 (2000), S. 319–345.

117 Pennebaker, J. W. & Beall, S. K.: »Confronting a traumatic event: toward an understanding of inhibition and disease«, in: *Journal of Abnormal Psychology* 95 (1986), S. 274–81.

118 Pennebaker, J. W. & Chew, C. H.: »Behavioral inhibition and electrodermal activity during deception«, in: *Journal of Personality and Social Psychology* 49 (1985), S. 1427–1433.

119 Bedard-Gilligan, M. et al.: »Individual differences in trauma disclosure«, in: *J Behav Ther Exp Psychiatry* 43 (2012), S. 716–23.

120 Pennebaker, J. W. & O'Heeron, R. C.: »Confiding in others and illness rate among spouses of suicide and accidental-death victims«, in: *Journal of abnormal psychology* 93 (1984), S. 473–476.

121 Cooper, C. L. & Faragher, E. B.: »Psychosocial stress and breast cancer: the inter- relationship between stress events, coping strategies and personality«, in: *Psychol Med* 23 (1993), S. 653–662.

122 Pennebaker, J. W.: »Putting stress into words: Health, linguistic, and therapeutic implications«, in: *Behav Res Ther* 31 (1993), S 539–548.

123 Pennebaker, J. W.: »Traumatic experience and psychosomatic disease: Exploring the roles of behavioural inhibition, obsession, and confiding«, in: *Canadian Psychology/Psychologie canadienne* 26 (1985), S. 82–95.

124 Pennebaker, J. W. et al.: »The psychophysiology of confession: linking inhibitory and psychosomatic processes«, in: *J Pers Soc Psychol* 52 (1987), S. 781–793.

125 Sutton, R. I.: *Der Arschloch-Faktor: Vom geschickten Umgang mit Aufschneidern, Intriganten und Despoten in Unternehmen*, München 2006.

126 Sutton, R. I.: »Why I wrote the No Asshole Rule«, in: *Harvard Business Review* 17th March 2007.

127 Coberly-Holdt, P. & Braun, C.: »Bullies in the Academy«, in: *Conference proceedings of the adult higher education alliance 35th annual conference,* hrsg. von C. Boden-McGill, E. Oluwakemi, B. Flynn und F. Prasun, Florida, Jahr 2015, S. 1–9.

128 Farrell, L. U.: »Workplace bullying's high cost: $180M in lost time, productivity«, in: *Orlando Business Journal,* 18. 3. 2002.

129 Heames, J. & Harvey, M.: »Workplace bullying: a cross-level assessment«, in: *Management Decision* 44 (2006), S. 1214–1230.

130 Harvey, M. G. et al.: »Bullying: From the Playground to the Boardroom«, in: *Journal of Leadership & Organizational Studies* 12 (2006), S. 1–11.

131 Crookston, R. K.: *Working with Problem Faculty: A six-step guide for department chairs,* 2012.

132 Moss, S.: »Why some bosses bully their best employees«, in: *Harvard Business Review* 7th June, 2016.

133 Mallick, M.: »How to Intervene When a Manager Is Gaslighting Their Employees«, in: *Harvard Business Review,* Datum 16th September, 2021.

134 Laderer, A.: »Gaslighting explained and 17 things that gaslighters say to manipulate you«, in: *Business Insider Reviews,* Datum 26th May, 2023.

135 Carle, M.: »Six signs you're the bully at work«, in: *Harvard Business Review,* Datum 15th May, 2023.

136 Rakovec-Felser, Z.: »Domestic Violence and Abuse in Intimate Relationship from Public Health Perspective«, in: *Health Psychol Res* 2 (2014), 1821.

137 van der Kolk, B. A.: »The compulsion to repeat the trauma. Re-enactment, revictimization, and masochism«, in: *Psychiatr Clin North Am* 12 (1989), S. 389–411.

138 Adams, T.: »Their trauma, our entertainment: what happens to documentary subjects when the cameras leave?«, in: *The Guardian,* 12. 2. 2023.

139 Meyer, J.: »I don't think that comedy is a safe space«, in: *MYP Magazine,* 15. 9. 2021.

Kapitel 7: Sechs Strategien, um den Geist zu entspannen

1 Gross, J. J. & Feldman Barrett, L.: »Emotion Generation and Emotion Regulation: One or Two Depends on Your Point of View«, in: *Emotion Review* 3 (2011), S. 8–16.

2 Fancourt, D. et al.: »The relationship between demographics, behavioral and experiential engagement factors, and the use of artistic creative activities to regulate emotions«, in: *Psychology of Aesthetics, Creativity, and the Arts* (2020).

3 Gross, J. J.: »Emotion regulation: affective, cognitive, and social consequences«, in: *Psychophysiology* 39 (2002), S. 281–291.

4 Lazarus, R. S. & Folkman, S.: *Stress, Appraisal and Coping*, Springer Publishing Company, New York City, 1984.

5 Rothbaum, F. et al.: »Changing the world and changing the self: A two-process model of perceived control«, in: *Journal of Personality and Social Psychology* 42 (1982), S. 5–37.

6 Proust, M. *In Search of Lost Time* (Modern Library, New York, 1927/2003).

7 Rugg, M. D. et al.: »Brain regions supporting intentional and incidental memory: A PET study«, in: *Neuroreport* 8 (1997), S. 1283–1287.

8 Branigan, B. & Tadi, P.: »Physiology, Olfactory«, in: *StatPearls* Branigan B, Tadi P. Physiology, Olfactory. 2023 May 1. In: StatPearls [Internet]. Treasure Island (FL): StatPearls Publishing; 2024 Jan–. PMID: 31194396.

9 El Haj, M. et al.: »From Nose to Memory: The Involuntary Nature of Odor-evoked Autobiographical Memories in Alzheimer's Disease«, in: *Chem Senses* 43 (2017), S. 27–34.

10 El Haj, M. et al.: »The involuntary nature of music-evoked autobiographical memories in Alzheimer's disease«, in: *Conscious Cogn* 21 (2012), S. 238–246.

11 Leary, M. R.: »Affective and Behavioral Components of Shyness. Implications for Theory, Measurement, and Research«, in: *Shyness: Perspectives on Research and Treatment*, hrsg, von Warren H. Jones, Jonathan M. Cheek und Stephen R. Briggs, Springer, New York, 1986, S. 27–38.

12 Weber, R. et al.: »Soap Opera Exposure and Enjoyment: A Longitudinal Test of Disposition Theory«, in: *Media Psychology* 11 (2008), S. 462–487.

13 Chang, Y.-J. & Peng, C.-Y.: »Exploring experiences of binge-watching and perceived addictiveness among binge-watchers: A qualitative study«, in: *BMC Public Health* 22 (2022), 2285.

14 Griffiths, M.: »A ›components‹ model of addiction within a biopsychosocial framework«, in: *Journal of Substance Use* 10 (2005), S. 191–197.

15 Anschutz, D. et al.: »Watching your weight? The relations between watching soaps and music television and body dissatisfaction and restrained eating in young girls«, in: *Psychol Health* 24 (2009), S. 1035–1050.

16 Ahmed, A.: »New Era of TV-Watching Behavior: Binge Watching and its Psychological Effects«, in: *Media Watch* 8 (2017), S. 192–207.

17 Sun, J. J. & Chang, Y. J.: »Associations of Problematic Binge-Watching with Depression, Social Interaction Anxiety, and Loneliness«, in: *Int J Environ Res Public Health* 18 (2021), S. 1–9.

18 de Wit, L. et al.: »Are sedentary television watching and computer use behaviors associated with anxiety and depressive disorders?«, in: *Psychiatry research* 186 (2011), S. 239–243.

19 Boudali, M. et al.: »Depression and anxiety among Tunisian medical students ›binge viewers«, in: *European Psychiatry* 41 (2017), S. 675–676.

20 Sung, Y. H., Kang, E. Y. & Lee, W. N.: »A Bad Habit for Your Health? An exploration of psychological factors for binge watching behavior«, in: *Semantic Scholar*, 21. 5. 2015.

21 Nix, G. et al.: »Reducing depressive affect through external focus of attention«, in: *Journal of Social and Clinical Psychology* 14 (1995), S. 36–52.

22 Doré, B. P. & Ochsner, K. N.: »Emotion regulation«, in: *Brain Mapping: An Encyclopedia* Vol. 3, eds. Arthur W. Toga & Matthew. D. Lieberman, Elsevier: Oxford, 2015, S. 53–58.

23 O'Hare, C. et al.: »Childhood trauma and lifetime syncope burden among older adults«, in: *Journal of psychosomatic research* 97 (2017), S. 63–69.

24 Samanta, S. et al. »Dark chocolate: An overview of its biological activity, processing, and fortification approaches«, in: *Curr Res Food Sci* 5 (2022), S. 1916–1943.

25 Shin, J. H. et al.: »Consumption of 85 % cocoa dark chocolate improves mood in association with gut microbial changes in healthy adults: A randomized controlled trial«, in: *J Nutr Biochem* 99 (2022), 108854.

26 Berends, L. M. et al.: »Flavan-3-ols, theobromine, and the effects of cocoa and chocolate on cardiometabolic risk factors«, in: *Curr Opin Lipidol* 26 (2015), S. 10–19.

27 Hooper, L. et al.: »Effects of chocolate, cocoa, and flavan-3-ols on cardiovascular health: A systematic review and meta-analysis of randomized trials«, in: *Am J Clin Nutr* 95 (2012), S. 740–751.

28 Boden, J. M. & Baumeister, R. F.: »Repressive coping: distraction using pleasant thoughts and memories«, in: *J Pers Soc Psychol* 73 (1997), S. 45–62.

29 Baird, B. et al.: »Inspired by distraction: Mind wandering facilitates creative incubation«, in: *Psychol Sci* 23 (2012), S. 1117–1122.

30 Remoli, T. C. & Santos, F. H.: »Interactions between working memory and creativity: A systematic review«, in: *Psicologia em Estudo* 22 (2017), S. 53–65.

31 Baas, M. et al.: »A meta-analysis of 25 years of mood-creativity research: Hedonic tone, activation, or regulatory focus?«, in: *Psychol Bull* 134 (2008), S. 779–806.

32 De Dreu, C.K. et al.: »Hedonic tone and activation level in the mood-creativity link: toward a dual pathway«, in: *Journal of Personality and Social Psychology* 94 (2008), S. 739–756

33 Boot, N. et al.: »Creative cognition and dopaminergic modulation of fronto-striatal networks: Integrative review and research agenda«, in: *Neuroscience & Biobehavioral Reviews* 78 (2017), S. 13–23.

34 Ritter, S.M. & Ferguson, S.: »Happy creativity: Listening to happy music facilitates divergent thinking«, in: *PLoS One* 12 (2017), e0182210.

35 Yamada, Y. & Nagai, M.: »Positive mood enhances divergent but not convergent thinking«, in: *Japanese Psychological Research* 57 (2015), S. 281–287.

36 Smallwood, J. et al.: »When attention matters: The curious incident of the wandering mind«, in: *Memory & Cognition* 36 (2008), S. 1144–1150.

37 Csikszentmihalyi, M. & Sawyer, K.: »Shifting the Focus from Individual to Organizational Creativity«, in: *The Systems Model of Creativity: The Collected Works of Mihaly Csikszentmihalyi*, hrsg. von Mihaly Csikszentmihalyi, Dordrecht 2014, S. 73–98.

38 Segal, E.: »Incubation in Insight Problem Solving«, in: *Creativity Research Journal* 16 (2004), S. 141–148.

39 Mar, R.A. & Oatley, K.: »The Function of Fiction is the Abstraction and Simulation of Social Experience«, in: *Perspect Psychol Sci* 3 (2008), S. 173–192.

40 Oatley, K.: »Fiction: Simulation of Social Worlds«, in: *Trends Cogn Sci* 20 (2016), S. 618–628.

41 Helliwell, J. F. et al.: *World Happiness Report 2022.*

42 Saner, E.: »Forget regret! How to have a happy life – according to the world's leading expert«, in: *The Guardian*, 6. 2. 2023.

43 Sio, U.N. & Ormerod, T. C.: »Does incubation enhance problem solving? A meta- analytic review«, in: *Psychol Bull* 135 (2009), S. 94–120.

44 John, O.P. & Gross, J.J.: »Healthy and unhealthy emotion regulation: Personality processes, individual differences, and life span development«, in: *J Pers* 72 (2004), S. 1301–1333.

45 Kalisch, R.: »The functional neuroanatomy of reappraisal: Time matters«, in: *Neurosci Biobehav Rev* 33 (2009), S. 1215–1226.

46 Zaki, J. et al.: »Overlapping activity in anterior insula during interoception and emotional experience«, in: *Neuroimage* 62 (2012), S. 493–499.

47 Opitz, P.C. et al.: »Prefrontal mediation of age differences in cognitive reappraisal«, in: *Neurobiol Aging* 33 (2012), S. 645–655.

48 Speer, M.E. et al.: »Finding positive meaning in memories of negative events adaptively updates memory«, in: *Nat Commun* 12 (2021), 6601.

49 Buhle, J.T. et al.: »Cognitive reappraisal of emotion: A meta-analysis of human neuroimaging studies«, in: *Cereb Cortex* 24 (2014), S. 2981–2990.

50 Shiota, M.N. & Levenson, R.W.: »Turn down the volume or change the channel? Emotional effects of detached versus positive reappraisal«, in: *J Pers Soc Psychol* 103 (2012), S. 416–429.

51 McRae, K. et al.: »Gender Differences in Emotion Regulation: An fMRI Study of Cognitive Reappraisal«, in: *Group Process Intergroup Relat* 11 (2008), S. 143–162.

52 Goldin, P.R. et al.: »The neural bases of emotion regulation: reappraisal and suppression of negative emotion«, in: *Biological Psychiatry* 63 (2008), S. 577–586.

53 Shiota, M.N. & Levenson, R. W.: »Effects of aging on experimentally instructed detached reappraisal, positive reappraisal, and emotional behavior suppression«, in: *Psychol Aging* 24 (2009), 890–900.

54 Denny, B.T. & Ochsner, K.N.: »Behavioral effects of longitudinal training in cognitive reappraisal«, in: *Emotion* 14 (2014), S. 425–433.

55 Dörfel, D. et al.: »Common and differential neural networks of emotion regulation by Detachment, Reinterpretation, Distraction, and Expressive Suppression: A comparative fMRI investigation«, in: *Neuroimage* 101 (2014), S. 298–309.

56 Folkman, S.: »Positive psychological states and coping with severe stress«, in: *Soc Sci Med* 45 (1997), S. 1207–1221.

57 Moskowitz, J.T. et al.: »What works in coping with HIV? A meta-analysis with implications for coping with serious illness«, in: *Psychological Bulletin* 135 (2009), S. 121–41.

58 Moskowitz, J.T. et al. »Positive affect uniquely predicts lower risk of mortality in people with diabetes«, in: *Health Psychol* 27 (2008), S. 73–82.

59 Shiota, M.N.: »Silver linings and candles in the dark: Differences among positive coping strategies in predicting subjective well-being«, in: *Emotion* 6 (2006), S. 335–339.

60 Bhanji, J.P. & Delgado, M. R.: »Perceived control influences neural responses to setbacks and promotes persistence«, in: *Neuron* 83 (2014), S. 1369–1375.

61 Bhanji, J.P. et al.: »Perceived control alters the effect of acute stress on persistence«, in: *Journal of Experimental Psychology. General* 145 (2016), S. 356–365 .

62 Whalen, Paul J. & Kelley, William M.: »To Apply Yourself Is Human, to Reapply Divine«, in: *Neuron* 83 (2014), S. 1227–1228.

63 Tugade, M.M. & Fredrickson, B. L.: »Resilient individuals use positive emotions to bounce back from negative emotional experiences«, in: *J Pers Soc Psychol* 86 (2004), S. 320–333.

64 Heyes, C.: »Evolution, development and intentional control of imitation«, in: *Philosophical Transactions of the Royal Society of London.* Series B – Biological Sciences 364 (2009), S. 2293–2298.

65 Heyes, C.: »Grist and mills: on the cultural origins of cultural learning«, in: *Philosophical Transactions of the Royal Society of London.* Series B – Biological Sciences 367 (2012), S. 2181–2191.

66 Brandl, E. et al.: »The cultural evolution of teaching«, in: *Evolutionary Human Sciences* 5 (2023), e14.

67 Birch, J. & Heyes, C.: »The cultural evolution of cultural evolution«, in: *Philosophical Transactions of the Royal Society of London.* Series B – Biological Sciences 376 (2021), 20200051.

68 Leder, H. & Pelowski, M.: »Metaphors or mechanism? Predictive coding and a (brief) history of empirical study of the arts«, in: *Philosophical transactions of the Royal Society of London.* Series B – Biological Sciences 379 (2024), 20220427.

69 Niedenthal, P. M. et al.: »Embodiment in attitudes, social perception, and emotion«, in: *Pers Soc Psychol Rev* 9 (2005), S. 184–211.

70 Wellman, H. M. et al.: »Meta-analysis of theory-of-mind development: the truth about false belief«, in: *Child Dev* 72 (2001), S. 655–684.

71 Garvey, C. J. & Berndt, R. S.: »The Organization of Pretend Play«, National Institute of Mental Health, Bethesda, MD, 1975.

72 Seitz, J. A.: »Metaphor, symbolic play, and logical thought in early childhood«, in: *Genet Soc Gen Psychol Monogr* 123 (1997), S. 373–391.

73 Vallotton, C. D. & Ayoub, C. C.: »Symbols Build Communication and Thought: The Role of Gestures and Words in the Development of Engagement Skills and Social- Emotional Concepts during Toddlerhood«, in: *Soc Dev* 19 (2010), S. 601–626.

74 Malik F.: »Cognitive Development«, *StatPearls [Internet]* 2023. https://www.ncbi.nlm.nih.gov/books/NBK537095/

75 Fein, G. G.: »Pretend play in childhood: An integrative review«, in: *Child Development* 52 (1981), S. 1095–1118.

76 Garvey, C.: *Play*, Vol. 27, Cambridge 1990.

77 Haddon, M.: *Supergute Tage oder die sonderbare Welt des Christopher Boone*, München 2015.

78 Barret, S.: »I have autism and the lack of authentic autistic voices in books angers me«, in: *The Guardian*, 3. 4. 2016.

79 Aldao, A. et al.: »Emotion-regulation strategies across psychopathology: A meta- analytic review«, in: *Clinical psychology review* 30 (2010), S. 217–237.

80 Dalebroux, A. et al.: »Short-term mood repair through art-making: Positive emotion is more effective than venting«, in: *Motivation and Emotion* 32 (2008), S. 288–295.

81 McRae, K. et al.: »Bottom-up and top-down emotion generation: Implications for emotion regulation«, in: *Social Cognitive and Affective Neuroscience* 7 (2012), S. 253–262.

82 Kashdan, T. B. et al.: »A contextual approach to experiential avoidance and social anxiety: Evidence from an experimental interaction and daily interactions of people with social anxiety disorder«, in: *Emotion* 14 (2014), S. 769–781.

83 Goldin, P. R. et al.: »Emotion Regulation in Social Anxiety Disorder«, in: *Social Anxiety*, 3. Auflage, hrsg. von Stefan G. Hofmann und Patricia M. DiBartolo, Cambridge 2014, S. 511–529.

84 Schmidt, E.-M. et al.: »Mood induction through imitation of full-body movements with different affective intentions«, in: *British Journal of Psychology* (2023), S. 148–180.

85 Ehlers, A.: »Understanding and Treating Unwanted Trauma Memories in Posttraumatic Stress Disorder«, in: *Z Psychol* 218 (2010), 141–145.

86 Ochsner, K. N. et al.: »Rethinking feelings: An fMRI study of the cognitive regulation of emotion«, in: *J Cogn Neurosci* 14 (2002), S. 1215–1229.

87 Ochsner, K. N. & Gross, J. J.: »The cognitive control of emotion«, in: *Trends Cogn Sci* 9 (2005), S. 242–249.

88 Banks, S. J. et al.: »Amygdala-frontal connectivity during emotion regulation«, in: *Social cognitive and affective neuroscience* 2 (2007), S. 303–312.

89 Wager, T. D. et al.: »Prefrontal-subcortical pathways mediating successful emotion regulation«, in: *Neuron* 59 (2008), S. 1037–1050.

90 Gross, J. J. & Levenson, R. W.: »Emotional suppression: physiology, self-report, and expressive behavior«, in: *J Pers Soc Psychol* 64 (1993), S. 970–986.

91 Lévesque, J. et al.: »Neural circuitry underlying voluntary suppression of sadness«, in: *Biological psychiatry* 53 (2003), S. 502–510.

92 Beck, J. S.: *Cognitive behavior therapy: Basics and beyond*, 2. Auflage, New York 2011.

93 Sarracino, D. et al.: »When REBT Goes Difficult: Applying ABC-DEF to Personality Disorders«, in: *Journal of Rational-Emotive & Cognitive-Behavior Therapy* 35 (2017), S. 278–295.

94 Clark, D. A. et al.: *Scientific Foundations of Cognitive Theory and Therapy of Depression*, Hoboken, NJ 1999.

95 Ellis, A.: *Overcoming Resistance*, 2. Auflage, Springer Publishing Company, New York, 2002.

96 Beck, A. T.: *Wahrnehmung der Wirklichkeit und Neurose. Kognitive Psychotherapie emotionaler Störungen*, München 1979.

97 Hayes, S. C. et al.: »Open, aware, and active: Contextual approaches as an emerging trend in the behavioral and cognitive therapies«, in: *Annu Rev Clin Psychol* 7 (2011), S. 141–168.

98 DiGiuseppe, R.: *RET-Training: Einführung in die Praxis der rational-emotiven Therapie*, Stuttgart 2005.

99 Will, G.-J. et al.: »Neurocomputational mechanisms underpinning aberrant social learning in young adults with low self-esteem, in: *Translational Psychiatry* 10 (2020), 96.

100 Sträter, T.: *Du kannst alles lassen, du musst es nur wollen: Neue Storys vom Meister der Sprachkomik*, Berlin 2022.

101 Southward, M.W. et al.: »Flexible, yet firm: A model of healthy emotion regulation«, in: *J Soc Clin Psychol* 37 (2018), S. 231–251.

102 Webb, T.L. et al.: »Dealing with feeling: A meta-analysis of the effectiveness of strategies derived from the process model of emotion regulation«, in: *Psychol Bull* 138 (2012), S. 775–808.

Kapitel 8: Fortschreiten statt Fortschritt: Wie wir eine neue Fertigkeit erlernen

1 Clear, J.: *Atomic Habits: An Easy & Proven Way to Build Good Habits & Break Old Ones*, New York 2018.

2 Carlson, N.R.: *Physiology of Behavior*, 8. Auflage, London 2004.

3 Hebb, D.: *The Organization of Behaviour*, Hoboken, NJ 1949.

4 Ding, X. & Rasband, M.N.: »Dynorphin, won't you myelinate my neighbor?«, in: *Neuron* 109 (2021), S. 3537–3539.

5 Osso, L.A. et al.: »Experience-dependent myelination following stress is mediated by the neuropeptide dynorphin«, in: *Neuron* 109 (2021), 3619–32. e3615.

6 Saab, A.S. et al.: »The role of myelin and oligodendrocytes in axonal energy metabolism«, in: *Curr Opin Neurobiol* 23 (2013), S. 1065–1072.

7 Michalski, J.P. & Kothary, R.: »Oligodendrocytes in a Nutshell«, in: *Front Cell Neurosci* 9 (2015), 340.

8 Xin, W. & Chan, J.R.: »Myelin plasticity: Sculpting circuits in learning and memory«, in: *Nat Rev Neurosci* 21 (2020), S. 682–694.

9 Bonetto, G. et al.: »Unraveling Myelin Plasticity«, in: *Front Cell Neurosci* 14 (2020), 156.

10 Berke, J.D. »What does dopamine mean?«, in: *Nat Neurosci* 21 (2018), S. 787–793.

11 Hamid, A.A. et al.: »Mesolimbic dopamine signals the value of work«, in: *Nat Neurosci* 19 (2016), S. 117–26.

12 Harley, C. W.: »Norepinephrine and dopamine as learning signals«, in: *Neural Plast* 11 (2004), S. 191–204.

13 Heyes, C.: »What's social about social learning?«, in: *J Comp Psychol* 126 (2012), S. 193–202.

14 Heyes, C.: »Evolution, development and intentional control of imitation«, in: *Philosophical Transactions of the Royal Society of London.* Series B – Biological Sciences 364 (2009), S. 2293–2298.

15 Heyes, C. M.: »Social learning in animals: categories and mechanisms«, in: *Biol Rev Camb Philos Soc* 69 (1994), S. 207–231.

16 Mackenzie, N.: »From drawing to writing: What happens when you shift teaching priorities in the first six months of school?«, in: *The Australian Journal of Language and Literacy* 34 (2011), S. 322–340.

17 Burkitt, E. et al.: »The Attitudes and Practices that Shape Children's Drawing Experience at Home and at School«, in: *International Journal of Art & Design Education* 29 (2010), S. 257–270.

18 Oskala, A. et al.: »Encourage children today to build audiences for tomorrow – Evidence from the taking part survey«, in: *Arts Council England* Jg. (2009), S. 1–20.

19 Jolley, R. & Zhang, Z.: »How Drawing is Taught in Chinese Infant Schools«, in: *International Journal of Art & Design Education* 31 (2012), S. 30–43.

20 Jindal-Snape, D. et al.: »Impact of arts participation on children's achievement: A systematic literature review«, in: *Thinking Skills and Creativity* (2018), S. 59–70.

21 Iordanou, C. et al.: »Drawing and Memory: What is the Content of Children's Drawings and How Does it Differ From Their Verbal Reports?«, in: *Empirical Studies of the Arts* 40 (2022), S. 245–258.

22 Smith, C. P. et al.: »Learning angles through movement: Critical actions for developing understanding in an embodied activity«, in: *The Journal of Mathematical Behavior* 36 (2014), S. 95–108.

23 McCluskey, C. et al.: »The role of movement in young children's spatial experiences: A review of early childhood mathematics education research«, in: *Mathematics Education Research Journal* 35 (2023), S. 287–315.

24 Deans, J. & Cohrssen, C.: »Young Children Dancing Mathematical Thinking«, in: *Australasian Journal of Early Childhood* 40 (2015), S. 61–67.

25 Scheiter, K. et al.: »Why Sketching May Aid Learning From Science Texts: Contrasting Sketching With Written Explanations«, in: *Top Cogn Sci* 9 (2017), S. 866–882.

26 Kastner, L. et al.: »Designing Visual-Arts Education Programs for Transfer Effects: Development and Experimental Evaluation of (Digital) Drawing Courses in the Art Museum Designed to Promote Adolescents' Socio-Emotional Skills«, in: *Front Psychol* 11 (2020), 603984.

27 Wesson, M. & Salmon, K.: »Drawing and showing: helping children to report emotionally laden events«, in: *Applied Cognitive Psychology* 15 (2001), S. 301–319.

28 Gross, J. & Hayne, H.: »Drawing facilitates children's verbal reports of emotionally laden events«, in: *Journal of Experimental Psychology: Applied* 4 (1998), S. 163–179.

29 Gross, J. & Hayne, H.: »Drawing facilitates children's verbal reports after long delays«, in: *Journal of Experimental Psychology: Applied* 5 (1999), S. 265–283.

30 Købke, K.: *https://kasperkobke.dk/om-kobke/.*

31 Lupien, S. J. et al.: »The effects of chronic stress on the human brain: From neurotoxicity, to vulnerability, to opportunity«, in: *Front Neuroendocrinol* 49 (2018), S. 91–105.

32 Mendelsohn, A. I.: »Creatures of Habit: The Neuroscience of Habit and Purposeful Behavior«, in: *Biological Psychiatry* 85 (2019), e49–51.

33 Yin, H. H.: »From actions to habits: Neuroadaptations leading to dependence«, in: *Alcohol Res Health* 31 (2008), S. 340–44.

34 Gardner, B.: »A review and analysis of the use of ›habit‹ in understanding, predicting and influencing health-related behaviour«, in: *Health Psychol Rev* 9 (2015), S. 277–295.

35 Wolpert, D. M. et al.: »Perspectives and problems in motor learning«, in: *Trends Cogn Sci* 5 (2001), S. 487–494.

36 Chan, T.-W. et al.: »Interest-driven creator theory: Towards a theory of learning design for Asia in the twenty-first century«, in: *Journal of Computers in Education* 5 (2018), S. 435–61.

37 Chen, W. et al.: »IDC theory: Habit and the habit loop«, in: *Research and Practice in Technology Enhanced Learning* 15 (2020), 10.

38 Yamaguchi, M. & Logan, G. D.: »Pushing typists back on the learning curve: Revealing chunking in skilled typewriting«, in: *Journal of Experimental Psychology. Human perception and performance* 40 (2014), S. 592–612.

39 Clegg, B. A. et al.: »Sequence learning«, in: *Trends Cogn Sci* 2 (1998), S. 275–281.

40 Luft, A. R. & Buitrago, M. M.: »Stages of motor skill learning«, in: *Mol Neurobiol* 32 (2005), S. 205–216.

41 Ungerleider, L. G. et al.: »Imaging brain plasticity during motor skill learning«, in: *Neurobiol Learn Mem* 78 (2002), S. 553–564.

42 Wenger, E. et al.: »Expansion and Renormalization of Human Brain Structure During Skill Acquisition«, in: *Trends Cogn Sci* 21 (2017), S. 930–939.

43 Sakai, K. et al.: »Chunking during human visuomotor sequence learning«, in: *Exp Brain Res* 152 (2003), S. 229–242.

44 Bera, K. et al.: »Motor Chunking in Internally Guided Sequencing«, in: *Brain Sci* 11 (2021), S. 1–11.

45 Dayan, E. & Cohen, L. G.: »Neuroplasticity subserving motor skill learning«, in: *Neuron* 72 (2011), S. 443–444.

46 Riley, J. et al.: »The Benefits of Knitting for Personal and Social Wellbeing in Adulthood: Findings from an International Survey«, in: *British Journal of Occupational Therapy* 76 (2013), S. 50–57.

47 Lamont, A. & Ranaweera, N. A.: »Knit One, Play One: Comparing the Effects of Amateur Knitting and Amateur Music Participation on Happiness and Wellbeing«, in: *Applied Research in Quality of Life* (2019), S. 1353–1374.

48 Fabrigoule, C. et al.: »Social and Leisure Activities and Risk of Dementia: A Prospective Longitudinal Study«, in: *Journal of the Amercian Geriatrical Society* (1995), S. 485–490.

49 Geda, Y. E. et al.: »Engaging in Cognitive Activities, Aging, and Mild Cognitive Impairment: A Population-Based Study«, in: *Journal of Neuropsychiatry and Clinical Neuroscience* (2011), S. 149–154.

50 Fodor, J. A.: *The Language of Thought*, Cambridge 1975.

51 Pylyshyn, Z. W.: *Computation and Cognition*, Cambridge 1984.

52 Barsalou, L. W.: »Grounded cognition«, in: *Annu Rev Psychol* 59 (2008), S. 617–645.

53 Gibson, J. J.: *The Senses Considered as Perceptual Systems*, Boston 1966).

54 Kiefer, M. & Pulvermüller, F.: »Conceptual representations in mind and brain: Theoretical developments, current evidence and future directions«, in: *Cortex: a journal devoted to the study of the nervous system and behavior* 48 (2012), S. 805–825.

55 Meteyard, L. et al.: »Coming of age: A review of embodiment and the neuroscience of semantics«, in: *Cortex: a journal devoted to the study of the nervous system and behavior* 48 (2012), S. 788–804.

56 Koch, S. C. & Fuchs, T.: »Embodied arts therapies«, in: *The Arts in Psychotherapy* 38 (2011), S. 276–280.

57 Koch, S. C.: »Arts and health: Active factors and a theory framework of embodied aesthetics«, in: *The Arts in Psychotherapy* 54 (2017), S. 85–91.

58 Koch, S. C. et al.: »Effects of Dance Movement Therapy and Dance on Health-Related Psychological Outcomes. A Meta-Analysis Update«, in: *Frontiers in Psychology* 10 (2019), 1806.

59 Niedenthal, P. M. et al.: »Embodiment in attitudes, social perception, and emotion«, in: *Pers Soc Psychol Rev* 9 (2005), S. 184–211.

60 Rosen, D. S. et al.: «Anodal tDCS to Right Dorsolateral Prefrontal Cortex Facilitates Performance for Novice Jazz Improvisers but Hinders Experts«, in: *Front Hum Neurosci* 10 (2016), 579.

61 Pinho, A. L. et al.: »Connecting to create: Expertise in musical improvisation is associated with increased functional connectivity between premotor and prefrontal areas«, in: *The Journal of Neuroscience: The official journal of the Society for Neuroscience* 34 (2014), S. 6156–6163.

62 Vergara, V. M. et al.: »Functional network connectivity during jazz improvisation«, in: *Sci Rep* 11 (2021), 19036.

63 Beaty, R. E.: »The neuroscience of musical improvisation«, in: *Neuroscience & Biobehavioral Reviews* 51 (2015), S. 108–117.

64 Wasielewski, H.: »Imitation is necessary for cumulative cultural evolution in an unfamiliar, opaque task«, in: *Hum Nat* 25 (2014), S. 161–179.

65 Tomasello, M. et al.: »Cultural learning«, in: *Behavioral and Brain Sciences* 16 (1993), S. 495–552.

66 Kirschner, S. & Tomasello, M.: »Joint drumming: Social context facilitates synchronization in preschool children«, in: *Journal of Experimental Child Psychology* 102 (2009), S. 299–314.

67 Tomasello, M.: »The ontogeny of cultural learning«, in: *Current Opinion in Psychology* 8 (2016), S. 1–4.

68 Kirschner, S. & Tomasello, M.: »Joint music making promotes prosocial behavior in 4-year-old children«, in: *Evolution and Human Behavior* 31 (2010), S. 354–64.

69 Moll, H. & Tomasello, M.: »Cooperation and human cognition: the Vygotskian intelligence hypothesis«, in: *Philosophical Transactions of the Royal Society:* B – Biological Sciences 362 (2007), S. 639–648.

70 Tomasello, M.: *Die kulturelle Entwicklung des menschlichen Denkens. Zur Evolution der Kognition*, Frankfurt am Main 2006.

71 Snapes, L.: »The greatest pop music dance crazes – ranked!«, in: *The Guardian*, 4. 1. 2019.

72 Manioudaki, A.: »Vincent van Gogh Copying Other Artists«, *Daily Art*, 11. 7. 2023.

73 »The value of Picasso's napkin«, *Good2Great: Realising the dreams of business owners* (https://good-2-great.co.uk/blog/the-value-of-picassos-napkin/).

74 Schlegel, A. et al.: »The artist emerges: Visual art learning alters neural structure and function'«, in: *Neuroimage* 105 (2015), S. 440–451.

75 Doyon, J. & Benali, H.: »Reorganization and plasticity in the adult brain during learning of motor skills«, in: *Curr Opin Neurobiol* 15 (2005), S. 161–167.

76 Csikszentmihalyi, M. & Sawyer, K.: » Shifting the Focus from Individual to Organizational Creativity«, in: *The Systems Model of Creativity: The Collected Works of Mihaly Csikszentmihalyi*, hrsg. von Mihaly Csikszentmihalyi, Dordrecht, 2014, S. 73–98.

77 Getzels, U. J. W. & Csikszentmihalyi, M.: *The Creative Vision: A longitudinal study of problem finding in art*, Hoboken, NJ 1976.

78 Pickersgill, J. W. et al.: »The Combined Influences of Exercise, Diet and Sleep on Neuroplasticity«, in: *Frontiers in Psychology* 13 (2022), S. 1–17.

79 Siengsukon, C. F. & Boyd, L. A.: »Does sleep promote motor learning? Implications for physical rehabilitation«, in: *Phys Ther* 89 (2009), S. 370–383.

80 Mindell, J. A. et al.: »Give children and adolescents the gift of a good night's sleep: A call to action«, in: *Sleep Medicine* 12 (2011), S. 203–204.

81 Drago, V. et al.: »Cyclic alternating pattern in sleep and its relationship to creativity«, in: *Sleep Med* 12 (2011), S. 361–366.

82 Walsh, V.: »Neuroscience and Creativity«, TEDxAldeburgh 2011.

83 Karin, J. et al.: »Mental Training«, in: *Dancer Wellness*, hrsg. von V. Wilmerding und D. Krasnow, Champaign, IL 2016.

84 Karin, J.: »Recontextualizing Dance Skills: Overcoming Impediments to Motor Learning and Expressivity in Ballet Dancers«, in: *Frontiers in Psychology* (2016), S. 1–7.

85 Decety, J. & Jeannerod, M.: »Mentally simulated movements in virtual reality: Does Fitt's law hold in motor imagery?«, in: *Behavioural brain research* 72 (1995), 127–134.

86 Moran, A. et al.: »Re-imagining motor imagery: Building bridges between cognitive neuroscience and sport psychology«, in: *Br J Psychol* 103 (2012), S. 224–247.

87 Smith, D. et al.: »It's All in the Mind: PETTLEP-Based Imagery and Sports Performance«, in: *Journal of Applied Sport Psychology* 19 (2007), 80–92.

88 Feltz, D. L. & Landers, D. M.: »The Effects of Mental Practice on Motor Skill Learning and Performance: A Meta-analysis«, in: *Journal of Sport Psychology* 5 (1983), S. 25–57.

89 Driskell, J. E. et al.: »Does mental practice enhance performance?«, in: *Journal of Applied Psychology* 79 (1994), S. 481–492.

90 Novembre, G. & Keller, P. E.: »A conceptual review on action-perception coupling in the musicians' brain: What is it good for?«, in: *Front Hum Neurosci* 8 (2014), 603.

91 Sevdalis, V. & Keller, P. E.: »Perceiving performer identity and intended expression intensity in point-light displays of dance«, in: *Psychol Res* 75 (2011), 423–434.

92 Sevdalis, V. & Keller, P. E.: »Captured by motion: Dance, action understanding, and social cognition«, in: *Brain Cogn* 77 (2011), S. 231–236.

93 Pecenka, N., & Keller, P. E.: »The role of temporal prediction abilities in interpersonal sensorimotor synchronization«, in: *Experimental Brain Research* 211 (2011), S. 505–515.

94 Shin, Y. K. et al.: »A review of contemporary ideomotor theory«, in: *Psychol Bull* 136 (2010), S. 943–974.

95 Stock, A. & Stock, C.: »A short history of ideo-motor action«, in: *Psychol Res* 68 (2004), S. 176–188.

96 Prinz, W.: »A Common Coding Approach to Perception and Action«, in: *Relationships Between Perception and Action: Current Approaches*, hrsg. von Odmar Neumann und Wolfgang Prinz, Berlin/Heidelberg 1990, S. 167–201.

97 Lahav, A. et al.: »Action representation of sound: Audiomotor recognition network while listening to newly acquired actions«, in: *The Journal of Neuroscience: The official journal of the Society for Neuroscience* 27 (2007), S. 308–314.

98 de Manzano, Ö. et al.: »Action-Perception Coupling and Near Transfer: Listening to Melodies after Piano Practice Triggers Sequence-Specific Representations in the Auditory-Motor Network«, in: *Cereb Cortex* 30 (2020), S. 5193–5203.

99 Jarvis, E. D.: »Evolution of vocal learning and spoken language«, in: *Science* 366 (2019), S. 50–54.

100 Patel, A. D.: »Language, music, syntax and the brain«, in: *Nat Neurosci* 6 (2003), S. 674–681.

101 Patel, A. D. et al.: »Experimental evidence for synchronization to a musical beat in a nonhuman animal«, in: *Curr Biol* 19 (2009), S. 827–830.

102 Audet, J.-N. et al.: »Songbird species that display more-complex vocal learning are better problem-solvers and have larger brains«, in: *Science* 381 (2023), S. 1170–1175.

103 Kleber, B. et al.: »The brain of opera singers: Experience-dependent changes in functional activation«, in: *Cereb Cortex* 20 (2010), S. 1144–1152.

104 Gaser, C. & Schlaug, G.: »Brain structures differ between musicians and non- musicians«, in: *The Journal of Neuroscience: the official journal of the Society for Neuroscience* 23 (2003), S. 9240–9245.

105 Mang, E.: »Intermediate Vocalizations: An Investigation of the Boundary between Speech and Songs in Young Children's Vocalizations«, in: *Bulletin of the Council for Research in Music Education* (2000), S. 116–121.

106 Healey, E. C. et al.: »Factors Contributing to the Reduction of Stuttering During Singing«, in: *Journal of Speech and Hearing Research* 19 (1976), S. 475–480.

107 Davidow, J. H. et al.: »Measurement of phonated intervals during four fluency-inducing conditions«, in: *J Speech Lang Hear Res* 52 (2009), S. 188–205.

108 Colcord, R. D. & Adams, M. R.: »Voicing Duration and Vocal SPL Changes Associated with Stuttering Reduction During Singing«, in: *Journal of Speech, Language, and Hearing Research* 22 (1979), S. 468–479.

109 Andrews, G. et al.: »Stuttering: Speech pattern characteristics under fluency-inducing conditions«, in: *J Speech Hear Res* 25 (1982), S. 208–216.

110 Wan, C. Y. et al.: »The Therapeutic Effects of Singing in Neurological Disorders«, in: *Music Percept* 27 (2010), S. 287–295.

111 Pearce, M. T. & Christensen, J. F.: »Conference report: The Neurosciences and Music-IV – Learning and Memory«, in: *Psychomusicology: Music, Mind, and Brain* 22 (2012), S. 70–73.

112 Rojo, N. et al.: »Music-supported therapy induces plasticity in the sensorimotor cortex in chronic stroke: A single-case study using multimodal imaging (fMRI-TMS)«, in: *Brain Inj* 25 (2011), S. 787–793 (2011).

113 Háden, G. P. et al.: »Beat processing in newborn infants cannot be explained by statistical learning based on transition probabilities«, in: *Cognition* 243 (2024), 105670.

114 Edalati, M. et al.: »Rhythm in the Premature Neonate Brain: Very Early Processing of Auditory Beat and Meter«, in: *The Journal of Neuroscience: The official journal of the Society for Neuroscience* 43 (2023), S. 2794–2802.

115 Honing, H. et al.: »Rhesus Monkeys (*Macaca mulatta*) Sense Isochrony in Rhythm, but Not the Beat: Additional Support for the Gradual Audiomotor Evolution Hypothesis«, in: *Front Neurosci* 12 (2018), 475.

116 Merchant, H. et al.: »Finding the beat: a neural perspective across humans and non- human primates«, in: *Philosophical Transactions of the Royal Society* –Biological Sciences (2015), S. 1–16.

117 Honing, H. & Merchant, H.: »Differences in auditory timing between human and nonhuman primates«, in: *The Behavioral and brain sciences* 37 (2014), S. 557–558; iscussion S. 577– 604.

118 Zarco, W. et al.: »Subsecond timing in primates: Comparison of interval production between human subjects and rhesus monkeys«, in: *J Neurophysiol* 102 (2009), S. 3191–3202.

119 Merchant, H. & Honing, H.: »Are non-human primates capable of rhythmic entrainment? Evidence for the gradual audiomotor evolution hypothesis«, in: *Frontiers in Neuroscience* 7 (2014), S. 1–8.

120 Stupacher, J. et al.: »The sweet spot between predictability and surprise: Musical groove in brain, body, and social interactions«, in: *Front Psychol* 13 (2022), 906190.

121 Rodríguez-Fornells, A. et al.: »The involvement of audio-motor coupling in the music- supported therapy applied to stroke patients«, in: *Ann N Y Acad Sci* 1252 (2012), S. 282–293.

122 Schneider, S. et al.: »Using musical instruments to improve motor skill recovery following a stroke«, in: *J Neurol* 254 (2007), S. 1339–1346.

123 Altenmüller, E. et al.: »Neural reorganization underlies improvement in stroke-induced motor dysfunction by music-supported therapy«, in: *Ann N Y Acad Sci* 1169 (2009), S. 395–405.

124 Ripollés, P. et al.: »Music supported therapy promotes motor plasticity in individuals with chronic stroke«, in: *Brain Imaging Behav* 10 (2016), S. 1289–1307.

125 Särkämö, T. et al.: »Music listening enhances cognitive recovery and mood after middle cerebral artery stroke«, in: *Brain: A journal of neurology* 131 (2008), S. 866–876.

126 Scharinger, M. et al.: »Melody in poems and songs: Fundamental statistical properties predict aesthetic evaluation«, in: *Psychology of Aesthetics, Creativity, and the Arts* 17 (2023), S. 163–177.

127 Kentner, G. et al.: »Poetics of reduplicative word formation: Evidence from a rating and recall experiment«, in: *Language and Cognition* 14 (2022), S. 333–361.

128 Menninghaus, W. et al.: »Poetic speech melody: A crucial link between music and language«, in: *PLoS One* 13 (2018), e0205980.

129 Menninghaus, W. et al.: »The emotional and aesthetic powers of parallelistic diction«, in: *Poetics* 63 (2017), S. 47–59.

130 Tillmann, B. & Dowling, W. J.: »Memory decreases for prose, but not for poetry«, in: *Mem Cognit* 35 (2007), S. 628–639.

131 Obermeier, C. et al.: »Aesthetic and emotional effects of meter and rhyme in poetry«, in: *Front Psychol* 4 (2013), 10.

132 Stager, S. V. et al.: »Common features of fluency-evoking conditions studied in stuttering subjects and controls: An H(2)15O PET study«, in: *J Fluency Disord* 28 (2003), S. 319–335; Quiz 336.

133 Geretsegger, M. et al.: »Music therapy for autistic people«, in: *Cochrane Database Syst Rev* 5 (2022), Cd004381.

134 Gemma, M.-G. et al.: »The role of music in the development of children with Down syndrome: A systematic review«, in: *Interdisciplinary Science Reviews* 45 (2020), S. 158–173.

135 Bodeck, S. et al.: »Tic-reducing effects of music in patients with Tourette's syndrome: Self-reported and objective analysis«, in: *J Neurol Sci* 352 (2015), S. 41–47.

136 Devlin, K. et al.: »Music Therapy and Music-Based Interventions for Movement Disorders«, in: *Curr Neurol Neurosci Rep* 19 (2019), 83.

137 Di Benedetto, P. et al.: »Voice and choral singing treatment: A new approach for speech and voice disorders in Parkinson's disease«, in: *Eur J Phys Rehabil Med* 45 (2009), S. 13–19.

138 Norton, A. et al.: »Melodic intonation therapy: shared insights on how it is done and why it might help«, in: *Ann N Y Acad Sci* 1169 (2009), 431–436.

139 Schlaug, G. et al.: »From Singing to Speaking: Why Singing May Lead to Recovery of Expressive Language Function in Patients with Broca's Aphasia«, in: *Music Percept* 25 (2008), S. 315–323.

140 Catmur, C. et al.: »Sensorimotor learning configures the human mirror system«, in: *Curr Biol* 17 (2007), S. 1527–1531.

141 Wilson, M. R. et al.: »High-stakes decision making«, in: *Anticipation and Decision Making in Sport*, hrsg. von A.M. Williams und Jackson, R., Milton Park u. a. 2019.

142 Kirchner, J. M.: »Incorporating flow into practice and performance«, in: *Work* 40 (2011), S. 289–296.

143 Green, D.: *Fight Your Fear and Win*, Portland, OR 2002.

Kapitel 9: Moderne Probleme, alte Lösungen?

1 Cleese, J.: *Kreativ sein und anders denken*, Igling 2021, S. 47.

2 Schulting, R. J. et al.: »Radiocarbon dating from Yuzhniy Oleniy Ostrov cemetery reveals complex human responses to socio-ecological stress during the 8.2 ka cooling event«, in: *Nat Ecol Evol* 6 (2022), S. 155–162.

3 Rainio, R. et al.: »Prehistoric Pendants as Instigators of Sound and Body Movements: A Traceological Case Study from Northeast Europe, c. 8200 cal. bp.«, in: *Cambridge Archaeological Journal* 31 (2021), S. 639–660.

4 Fullagar, R. & Matheson, C.: »Traceology: a summary«, in: *The Society AW-RANA*, (https://awrana.org/traceology/).

5 Pfeiffer, J. E.: *The Creative Explosion: An Inquiry into the Origins of Art and Religion*, Ithaca 1986.

6 Conard, N. J. et al.: »New flutes document the earliest musical tradition in southwestern Germany«, in: *Nature* 460 (2009), S. 737–740.

7 d'Errico, F. et al.: »Archaeological Evidence for the Emergence of Language, Symbolism, and Music – An Alternative Multidisciplinary Perspective«, in: *Journal of World Prehistory* 17 (2003), S. 1–70.

8 Brandl, E. et al.: »The cultural evolution of teaching«, in: *Evolutionary Human Sciences* 5 (2023), e14.

9 Heyes, C.: »Grist and mills: on the cultural origins of cultural learning«, in: *Philosophical Transactions of the Royal Society of London*. Series B – Biological Sciences 367 (2012), S. 2181–2191.

10 Barras, C.: »World's oldest drawing is Stone Age crayon doodle«, *Nature* (2018).

11 Henshilwood, C. S. et al.: »Engraved ochres from the Middle Stone Age levels at Blombos Cave, South Africa«, in: *Journal of Human Evolution* 57 (2009), S. 27–47.

12 Hovers, E. et al.: »An early case of color symbolism: Ochre use by modern humans in Qafzeh Cave«, in: *Current Anthropology* 44 (2003), S. 491–522.

13 Bouzouggar, A. et al.: »82,000-year-old shell beads from North Africa and implications for the origins of modern human behavior«, in: *Proceedings of the National Academy of Sciences* 104 (2007), S. 9964–9969.

14 Garfinkel, Y.: *Dancing at the Dawn of Agriculture*, Austin 2001.

15 Garfinkel, Y.: »Dancing or Fighting? A Recently Discovered Predynastic Scene from Abydos, Egypt«, in: *Cambridge Archaeological Journal* 11 (2001), S. 241–254.

16 Garfinkel, Y.: »Dance in Prehistoric Europe«, in: *Documenta Praehistorica* 37 (2010), S. 205–214.

17 Grün, R. et al.: »U-series and ESR analyses of bones and teeth relating to the human burials from Skhul«, in: *Journal of Human Evolution* 49 (2005), S. 316–334.

18 Cela Conde, C. J., Ayala, F. J.: *Human Evolution: Trails From the Past*, Oxford 2007.

19 Dorre, H.: »John Quincy Adams's Footloose Winter«, *Plodding though the Presidents*, 18. 10. 2017, (https://www.ploddingthroughthepresidents.com/2017/10/john- quincy-adams-dancing.html).

20 Christensen, J. F. et al.: »Iranian Classical Dance As a Subject For Empirical Research: An Elusive Genre«, in: *Annals of the New York Academy of Sciences* (accepted).

21 Katz-Gerro, T.: »Highbrow cultural consumption and class distinction in Italy, Israel, West Germany, Sweden, and the United States«, in: *Social Forces* 81 (2002), S. 207–229.

22 Chaplin, L. N. & Norton, M. I.: »Why we think we can't dance: theory of mind and children's desire to perform«, in: *Child Dev* 86 (2015), S. 651–658.

23 Foussianes, C.: »See Rare Photos from Queen Elizabeth and Princess Margaret's WWII-Era Christmas Plays«, in: *Town & Country Magazine*, 27. 10. 2021.

24 Brandreth, G.: »What the nation needs now – pantomime!«, (https://www.gylesbrandreth.net/blog/2020/6/21/what-the-nation- needs-now-pantomime).

25 Parkinson, J.: »Parliament drug use claims to be raised with police this week«, *BBC News*, 5. 12. 2021).

26 »Drogen im Parlament?: Kokainspuren beschäftigen Bundestag«, in: *Tagesspiegel*, 1. 11. 2000).

27 »Kokainspuren auf dem Klo«, in: *Frankfurter Allgemeine* Zeitung, 1. 11. 2000.

28 »Cocaine traces at EU parliament«, *BBC NEWS*, 15. 7. 2005.

Kapitel 10: Auf die Plätze, fertig, Flow

1 Skinner, B. F.: »What is wrong with daily life in the Western world?«, in: *American Psychologist* 41 (1986), S. 568–574.

2 Pinto, D. G. et al.: »A behavioral test of Horney's linkage between authenticity and aggression: People living authentically are less-likely to respond aggressively in unfair situations«, in: *Personality and Individual Differences* 52 (2012), S. 41–44.

3 Boyraz, G. et al.: »Authenticity, life satisfaction, and distress: A longitudinal analysis«, in: *J Couns Psychol* 61 (2014), S. 498–505.

4 Wang, Y. & Li, Z.: »Authenticity as a Mediator of the Relationship Between Power Contingent Self-Esteem and Subjective Well-Being«, in: *Frontiers in Psychology* 9 (2018), 1066.

5 Bryan, J. L., Baker, Z. G. & Tou, R. Y. et al.: »Prevent the blue, be true to you: Authenticity buffers the negative impact of loneliness on alcohol-related problems, physical symptoms, and depressive and anxiety symptoms«, in: *Journal of Health Psychology* 22 (2017), S. 605–616.

6 Smallenbroek, O. et al.: »Authenticity as a eudaimonic construct: The relationships among authenticity, values, and valence«, in: *The Journal of Positive Psychology* 12 (2017), S. 197–209.

7 Lenton, A. P. et al.: »State Authenticity in Everyday Life«, in: *European Journal of Personality* 30 (2016), S. 64–82.

8 Bhanji, J. P. & Delgado, M. R.: »The social brain and reward: Social information processing in the human striatum«, in: *Wiley Interdiscip Rev Cogn Sci* 5 (2014), S. 61–73.

9 Izuma, K. & Adolphs, R.: »Social manipulation of preference in the human brain«, in: *Neuron* 78 (2013), S. 563–573.

10 Klucharev, V. et al.: »Reinforcement learning signal predicts social conformity«, in: *Neuron* 61 (2009), S. 140–151.

11 Dosman, C. F. et al.: »Evidence-based milestone ages as a framework for developmental surveillance«, in: *Paediatr Child Health* 17 (2012), S. 561–568.

12 Gerber, R. J. et al.: »Developmental milestones: Motor development«, in: *Pediatr Rev* 31 (2010), S. 267–76; Quiz 277.

13 Fenson, L. & Ramsay, D. S.: »Effects of modeling action sequences on the play of twelve-, fifteen-, and nineteen-month-old children«, in: *Child Dev* 52 (1981), S 1028–1036.

14 Wellman, H. M. et al.: »Meta-analysis of theory-of-mind development: The truth about false belief«, in: *Child Dev* 72 (2001), S. 655–684.

15 Boyatzis, C. J. & Satyaprasad, C.: »Children's facial and gestural decoding and encoding: Relations between skills and with popularity«, in: *Journal of Nonverbal Behavior* 18 (1994), S. 37–55.

16 Boyatzis, C. J. & Watson, M. W.: »Preschool children's symbolic representation of objects through gestures«, in: *Child Dev* 64 (1993), S. 729–735 (1993).

17 Vainio, M. & Daukantaitė, P.: »Grit and different aspects of well-being: Direct and indirect relationships via sense of coherence and authenticity«, in: *Journal of Happiness Studies* 2015.

18 Wang, Y. N.: »Authenticity and Relationship Satisfaction: Two Distinct Ways of Directing Power to Self-Esteem«, in: *PloS one* 10 (2015), e0146050.

19 Bonaiuto, M. et al.: »Optimal Experience and Personal Growth: Flow and the Consolidation of Place Identity«, in: *Frontiers in psychology* 7 (2016), 1654.

20 Csikszentmihalyi, M.: *Das Flow-Erlebnis*, Stuttgart 1985.

21 Massimini, F. et al.: »*Flow in everyday life: A cross-national comparison*«, in: *Optimal Experience: Psychological studies of flow in consciousness*, hrsg. von *Mihaly Csikszentmihalyi & Isabella Selega Csikszentmihalyi*, Cambridge University Press, New York, *1988, S. 288–306*.

22 Csikszentmihalyi, M.: *Flow: The Psychology of Optimal Experience*, New York 2008.

23 Moneta, G. B.: »On the measurement and conceptualization of flow«, in: *Advances in Flow Research*, hrsg. von Stefan Engeser, New York 2012, S. 23–50.

24 Tschacher, W. et al.: »Audience synchronies in live concerts illustrate the embodiment of music experience«, in: *Sci Rep* 13 (2023), 14843.

25 Wald-Fuhrmann, M. et al.: »Music Listening in Classical Concerts: Theory, Literature Review, and Research Program«, in: *Front Psychol* 12 (2021), 638783.

26 Pelowski, M. et al.: »Beyond the lab: An examination of key factors influencing interaction with ›real‹ and museum-based art«, in: *Psychology of Aesthetics, Creativity, and the Arts* 11 (2017), S. 245–264.

27 Linden, C. & Wagemans, J.: »Presenting TaMuNaBe: A taxonomy of museum navigation behaviors«, in: *Psychology of Aesthetics, Creativity, and the Arts* 2021, (https://doi.org:10.1037/aca0000413).

28 Hötting, K. & Röder, B.: »Beneficial effects of physical exercise on neuroplasticity and cognition«, in: *Neurosci Biobehav Rev* 37 (2013), S. 2243–2257.

29 WHO guidelines on physical activity and sedentary behaviour: at a glance. Geneva: World Health Organization; 2020. Licence: CC BY-NC-SA 3.0 IGO.

30 Voelcker-Rehage, C. & Niemann, C.: »Structural and functional brain changes related to different types of physical activity across the life span«, in: *Neurosci Biobehav Rev* 37 (2013), S. 2268–2295.

31 Ploughman, M.: »Exercise is brain food: The effects of physical activity on cognitive function«, in: *Dev Neurorehabil* 11 (2008), S. 236–240.

32 Cassilhas, R. C. et al.: »Physical exercise, neuroplasticity, spatial learning and memory«, in: *Cell Mol Life Sci* 73 (2016), S. 975–983.

Schluss: Kunst ist wichtig

1 Tarr, B. et al.: »Synchrony and exertion during dance independently raise pain threshold and encourage social bonding«, in: *Biology Letters* 11 (2015), S. 1–4.

2 Hickman, B. et al.: »Dance for Chronic Pain Conditions: A Systematic Review«, in: *Pain Med* 23 (2022), S. 2022–2041.

3 Merom, D. et al.: »Dancing Participation and Cardiovascular Disease Mortality: A Pooled Analysis of 11 Population-Based British Cohorts«, in: *American Journal of Preventive Medicine* 50 (2016), S. 756–760.

4 Koch, S.C.: »Arts and health: Active factors and a theory framework of embodied aesthetics«, in: *The Arts in Psychotherapy* 54 (2017), S. 85–91.

5 de Witte, M. et al.: »From Therapeutic Factors to Mechanisms of Change in the Creative Arts Therapies: A Scoping Review«, in: *Front Psychol* 12 (2021), 678397.

6 Estel, S.M. & Koch, S.C.: »Wirkfaktoren von Tanz- und Bewegungstherapie im klinischen Kontext«, in: *Die Psychotherapie* 68 (2023), S. 280–288.

7 Koch, S.C. & Weidinger-von der Recke, B.: »Traumatised refugees: An integrated dance and verbal therapy approach«, in: *The Arts in Psychotherapy* 36 (2009), S. 289–96.

8 Hackney, M.E. & Earhart, G.M.: »Effects of dance on movement control in Parkinson's disease: a comparison of Argentine tango and American ballroom«, in: *Journal of Rehabilitation Medicine* 41 (2009), S. 475–481.

9 Hackney, M.E. & Earhart, G.M.: »Recommendations for Implementing Tango Classes for Persons with Parkinson Disease«, in: *Am J Dance Ther* 32 (2010), S. 41–52.

10 Lötzke, D. et al.: »Argentine tango in Parkinson disease – a systematic review and meta-analysis«, in: *BMC Neurol* 15 (2015), 226.

11 Calvo-Merino, B. et al.: »Action observation and acquired motor skills: An fMRI study with expert dancers«, in: *Cerebral Cortex* 15 (2005), S. 1243–1249.

12 Cross, E.S. et al.: »Building a motor simulation de novo: Observation of dance by dancers«, in: *Neuroimage* 31 (2006), S. 1257–1267.

13 Orgs, G. et al.: »Expertise in dance modulates alpha/beta event-related desynchronization during action observation«, in: *European Journal of Neuroscience* 27 (20008), S. 3380–3384.

14 Kirsch, L.P. et al.: »Shaping and reshaping the aesthetic brain: Emerging perspectives on the neurobiology of embodied aesthetics«, in: *Neuroscience & Biobehavioral Reviews* 62 (2016), S. 56–68.

15 Foster Vander Elst, O. et al.: »The Neuroscience of Dance: A Conceptual Framework and Systematic Review«, in: *Neurosci Biobehav Rev* 150 (2023), 105197.

16 Christensen, J. F. et al.: »A 5-emotions stimuli set for emotion perception research with full-body dance movements«, in: *Scientific Reports* 13 (2023), 8757.

17 Murcia, C. Q. et al.: »Emotional and Neurohumoral Responses to Dancing Tango Argentino: The Effects of Music and Partner«, in: *Music and Medicine* 1 (2009), S. 14–21.

18 Koch, S. C. et al.: »Effects of Dance Movement Therapy and Dance on Health-Related Psychological Outcomes. A Meta-Analysis Update«, in: *Frontiers in psychology* 10 (2019), 1806.

19 Millman, L. S. M. et al.: »Towards a neurocognitive approach to dance movement therapy for mental health: A systematic review«, in: *Clinical Psychology & Psychotherapy* 28 (2021), S. 24–38.

20 Christensen, J. F. et al.: »A Practice-Inspired Mindset for Researching the Psychophysiological and Medical Health Effects of Recreational Dance (Dance Sport)«, in: *Frontiers in Psychology* 11 (2021).

21 Christensen, J. F. & Calvo-Merino, B.: »Dance as a Subject for Empirical Aesthetics«, in: *Psychology of Aesthetics, Creativity, and the Arts* 7 (2013), S. 76–88.

22 Christensen, J. F. & Jola, C.: »Moving towards ecological validity in empirical aesthetics of dance«, in: *Art, Aesthetics, and the Brain*, hrsg. von M. Nadal et al., Oxford 2015.